三教論衡之
道教新論
龔鵬程 著

編序　人文的感應，友情的見證

陳曉林

編印這套「龔鵬程學、思、俠、遊特輯」，是由我向一些友人倡議，獲得熱烈回應而成事的。故而這一特輯問世之際，鵬程兄要我略綴數語以誌始末，我當然義不容辭。

鵬程兄是我深為敬重的朋友，就年齒言，尚小我數載，但他在人文學術上之造詣與著述，頗有非我所能企及的境域。更遑論他曾是佛光大學、南華大學的創校校長，及諸多民間著名學院、學會、學刊的創始人或主持者。我對鵬程這些與學術領域相關的煌煌履歷倒沒有什麼高山仰止的感覺，但對他於費心辦學與用世的同時，猶能寫出數量如此龐大、內容如此精湛的著作與論述，委實感佩無已。

在人文學術方面，我與鵬程論學脈則各有師承，論哲思亦各有宗主；但他對儒、釋、道三大主流的疏釋，及融貫三教而扼要詮述的創見，在大關大節處之把握，我率多能欣然認同，甚且歡喜讚嘆，至於若干考證或比勘上的細節，看法或有異同，則無關宏旨。總之，我認為鵬程在人文學術上的論述，其價值自有可大可久者在焉。

而我與鵬程能成為莫逆之交，亦非偶然，實因在一特定的時空情境下，他與我皆面對不測的凶險，卻不約而同表現了「臨大節而不可奪也」的氣概。後來發現，我與他皆從小認同俠義精神，並喜愛俠義傳奇，所以事到臨頭，能夠不畏強權、冷對橫逆，實也不足為奇。嗣後，鵬程和我及兩岸某些喜好俠義理念及武俠文學的朋友創辦中華武俠文學學會，推鵬程為會長，我則在主辦的出版社規畫出版古龍、梁羽生、倪匡、溫瑞安等的武俠經典，以迄於今，自也殊非偶然。

這套特輯的編選出自我的心裁，三教新論，是鵬程多年來對儒釋道三脈經典及相關理念的學術論述，海涵地負，自成一家。吟遊、大俠、武藝、食趣，是鵬程從文化與精神層面呈現古今詩人、文士、俠客的特殊風貌。九州心影，則是他遊歷神州大地的人文記錄，其間涵括論學的篇章、文化的光影，固不待言。

事實上，迄耳順之年，鵬程成稿的書籍早已遠逾百冊，由這十書編成的「學、思、俠、遊」特輯，不過只占其十分之一。但於我而言，這些是我在鵬程著作中特別珍視的篇章，充分凸顯了鵬程的深廣學思、俠義心性和淑世情懷；而這些，正是包括我及一些朋友和鵬程最能深心契合的交集所在。

常有關心的友人問我：你曾以文章述學抒懷，給人留下印象，何以多年未見大論述？我輒答以：在文化思想的大關節、大方向上與龔鵬程相近，他既寫下偌多著作，我便偷懶了。這雖或是戲言，卻真切反映了我對鵬程著作的契合和肯定。

此次和我一起出資集印這套特輯的友人，包括張正、黃滈權、吳安安、林鍾朝銓、龔明湘、古凌等位，皆是我引介給鵬程認識的朋友，且皆非人文學界中人（張正為陽明交大生技學院前院長，亦非人文學界）；他們與鵬程一見如故，多年來有機會便相聚暢敘，如平生歡。鵬程雖學養深厚，然為性情中人，與我們這些朋友尤其意氣相投，每聚皆開懷忘憂。他們一聽我有此倡議，皆熱烈回應，認為這套書可作為一個紀念，見證彼此友誼長在，文化價值長存。

自大陸經濟起飛後，常見內地一些具人文情懷的企業家基於對中華文化的認同，熱心拾穗蒐珍，捐資為在台灣漸被遺忘的文史大師們印行全集；而我確信，未來必有識貨之人會隆重編印鵬程的上百冊全集，當成重要文化典籍，垂諸久遠。然而鵬程畢竟是出身台灣的學者，是我們的好友，故此時推出這套特輯，誠然也不無微衷，意在彰示於所謂去中國化的狂潮下，台灣仍有對人文理念和實踐念茲在茲的明眼人也。

寫至此，忽憶起唐朝詩人韋應物的「喜會故人」五律，遂略易數字，藉以表達身邊這些俠氣朋友的情誼：

兩岸曾為客，相逢每醉還。
浮雲一別後，流水數年間。
歡笑情如舊，蕭疏鬢已斑。
何因不歸去？海上望空山。

自序

定光古佛今又來

龔鵬程

一、羊頭燉之已爛，挑燈說劍未央

晚清楊守敬以書名天下，友朋來往，箋札亦多妙趣。如梁鼎芬一短簡云：「燉羊頭已爛，不攜小真書手卷來，不得吃也。」詩人周棄子先生外祖母就是楊氏女兒，故後來看見此柬，不禁感歎「承平文宴，脯醊風流。神往前賢，心傷世變，不止妙墨劫灰之可為太息也！」

周棄公之嘆，當然與他們那一輩師友棄其鄉里、流散入台有關。但當年楊守敬、梁鼎芬等人的詩酒文墨之樂，台灣未必不能繼承。棄公自己在東坡生日時與友人劇談，便曾說：「清班台省夙迴翔，載酒江湖亦敢狂。直以友朋為性命，豈因才略掩文章……」。

當時他們一批輾轉入台的學仕文人，迴翔於故土和島嶼，歌哭於清班和江湖，正如此詩所云。大難之後，友朋尤親。我和陳曉林兄即在此時，因緣際會，輒與作歡，羊頭燉之已爛，挑燈說劍未央。

後來少年子弟江湖老，前輩師友漸漸消散，幸而陪著我們的共樂同袍卻始終不曾離去。從前孫悟空怕闖禍，連累了師父，所以起誓說「絕不敢提起師父，只說是我自家會的便罷！」希臘赫拉克利特（Heraclitus）也說自己不是誰的學生，辯證法皆出於自己的探討。我非老孫，豈敢說此違心之語？我的本領，都憑師友。早期的，是前文所述周棄公一類人，後來仰賴同行同業則愈來愈多。相信許多人也是如此。

但道遠而歧、術用而紛，靠知識專業或職業維繫下來的友誼，往往經不起消磨，因為人事變遷，知識專業和職業也隨之屢變。所以我還需要另一群非親、非故、非同鄉、非同行、非同業、也無任何利益交換的朋友。

不必噓寒問暖，不必引經據典，也不用家長里短，更不須以國破家亡、新愁舊怨來藉口。我鴻飛冥冥，他們也天南地北，擔簦異路，事業各別，彼此不能長聚。但想到王維形容古遊俠：「新豐美酒斗十千，咸陽遊俠多少年。相逢意氣為君飲，繫馬高樓垂柳邊」，或李白高歌「天生我材必有用，千金散盡還復來。烹羊宰牛且為樂，會須一飲三百杯」時，我馬上就會遇到他們了。

我是靠曉林兄跟他們聚起來的，非儒非墨，蓋近於俠乎？飲於山巔水涯，必以缺一人為憾。

今年我將返台，曉林說疫後久不見矣，應大集慶祝以補憾。乃輯編了我論儒道佛三教、論遊、論俠、論武、論飲食，以及在大陸十年間的遊記，合為十本，諸友贊助，共為紀念。

二、定光古佛今又來

我的感動是不消說的。但在此刻，正猶豫著，欲說感謝之辭還是休說為好呢，忽然想起從前恰好日本有位和尚就叫一休。

一休出身本也高貴，父親是後小松天皇，母親是藤原照子。可惜父母不合，照子逃出宮廷，生下了他。所以一休之名，意思大約同於「也罷」。

也罷之人，行止不免狂亂，狎妓縱酒，無所不為。「夜夜鴛鴦禪榻被，風流私語一身閑」「美人雲雨愛河深，樓子老禪樓上吟」。本應為名教所訶，不料竟暴得大名。晚年自稱「忍辱仙人常不經，菩提果滿已圓成。拔無因果任孤陋，一個盲人引眾盲」，也不知是自詡還是自傷。

我曾看過一休自己寫的「一個盲人引眾盲」書法條幅，拍賣價格三十八萬八。

其實此語是用典，早期丹霞天然、大慧宗杲等禪師都說過這等話。

大慧宗杲尤其是臨濟宗楊岐派高僧，與富季申，張九成等友善，積極參政。秦檜恐其議己，竟褫奪他僧籍，刺配衡陽。不料入城前夕「太守及市民皆夢定光佛入城，明日杲至」。所以百姓赴從者萬餘人，都說是定光佛降世。

一休寫這句詩，雖謙稱自己只是一盲導引眾盲，但心中不會沒有大慧宗杲這段故事，也不會不知道佛教自家的忍辱仙人故事。

我們學者文人，大抵皆如一休，乃時代之棄嬰。或苟全性命於亂世、或詩酒婦人以自晦、或議政干時以賈禍、或膺淡泊寧靜之空名、或蒙盲以導盲之譏誚，誰能僥倖有定光古佛之譽望哉？

詩曰：我亦定光佛，曾燃七寶燈，煮字三千萬，塊然土木僧。感激唯舊友，冰塍曾偕登，又觀雲中道，稽首謝鯤鵬。

三、莽蒼歲月，大海洄瀾

回首當年，我還年輕時，時代倒真是站在我們這邊的。梁啟超《少年中國說》曾經講得豪氣干雲：「今日之責任，不在他人，而全在我少年。少年智則國智，少年富則國富；少年強則國強，少年獨立則國獨立……」。

大概那時民國肇建，少年中國遂給了少年無窮底氣，故歌聲嘹亮若此。隨後毛澤東、方東美、王光祈都參加了的「少年中國學會」顯然即繼其風而起者，五四運動期間的北大「新青年」也是，但少年很快就成青年了。

青年都做了些什麼？壯烈者，如十萬青年十萬軍；陷於盲動者，如學潮不斷，趕老師、趕校長；到台灣以後，馮滬祥雖然還在寫著《青年與國運》，青年其實已對國運無從措手。

不只台灣如此。年輕的美國，才剛剛以年輕氣盛自誇，看不起老大腐朽的中國和英國；卻很快，二十世紀五十年代，青年就成了垮掉的一代（**或稱疲憊的一代，Beat Generation**）；然後是性解放、搖滾樂、衣衫襤褸、反戰和躺平。青年成了國家的對立面。

台灣不是美國，青年的氣焰張揚不起來，學潮都壓住了，時代也不一樣。一九四九年大批中壯老年學者來台，「新青年」只成為期待，老專家和中壯學者文化人才是主力。

張其昀、錢穆、唐君毅、牟宗三等在辦學；臺靜農、魏建功、洪炎秋、何欣等在台大、國語日報社；林尹、魯實先在師大；故宮、中研院、中央圖書館也是大老雲集。出版界，如王雲五的商務、劉國瑞的學生書局、劉紹唐的《傳記文學》等等更是。台灣及港澳新馬緬越各地不願附從紅旗之青年，乃亦因緣際會，群聚於此。

青年得前輩調護引導，甚或可以詩酒相從，無疑是幸運的。那些年，雖然李敖一直悻悻然喊著老人應該交棒，可實際上老輩愛才、獎掖青年，佳話頗多。

那時，美國流行大師為青年開設大一通識課程，台灣也頗從風。像我大一參加國學營，方東美先生居然親臨授課，大氣磅礡、渾淪浩瀚，令人難忘。

台北以外地區，隱士素儒，教化一方者也不罕見。友人王財貴，於師專畢業後去鄉間實習，聽聞當地有掌牧民先生，常指導鄉人讀書。財貴好奇，也跟著去看看。掌先生一問才知，除教科書外他並沒讀過任何古籍，於是才教他讀經之法。如今財貴在大陸推動兒童讀經，成果斐然，皆掌先生之賜也。

我最近在花蓮，地方人士也常與我談到當年老儒駱香林成立說頑精舍、奇萊吟社，編《洄瀾同人集》的事。花蓮青年受其裁成鼓舞者甚多。近年風氣澆薄，一說起五六十年代，好似白色恐怖之外，這些激揚文運、少長咸集的事都不值一提了。我對此，是深不以為然的。

四、出入三教，以實濟虛

當然，論斷老蔣在台功過，非我小文所能為。但相對於大陸之文化大革命、破四舊，老蔣主推的中華文化復興運動，無論如何，都是裨益千秋的大事，我自己亦深獲其益。

首先是潘重規、周何先生等所編語文課本，加上以四書為主的「中國文化基本教材」，對於國人之文化教養，植基甚厚。大陸至今引進、仿擬不斷，便足以見其價值。

我父立逑公，江西吉安（古名廬陵）人。鄉邦素以「文章節義」自許，崇拜歐陽修、文天祥。明正德年間，廬陵知縣王陽明又在當地青原山講學，嘉靖年間且在六祖惠能弟子行思的道場（淨居寺）旁創青原會館，並於附近安福、泰和、永豐、吉水、新建、南城等地廣設書院。一時人才稱勝，故黃宗羲說：「姚江之學，惟江右為得其傳。」

我生長雖在台灣，但廬陵父老很早就教會我歐陽文章、文山節義、陽明心學了。入學後，對於國語文課程植本立基之教自然也就少習若天成。

學校對我很滿意，要不就勸我跳級，不必浪費時間；要不就鼓勵我自學，免得在校淘氣；要不則留著我，派去各種國語文競賽（作文、閱讀、朗誦、演講、書法）得獎。我則樂於以此為保護傘，可以雖在校而嬉遊浪蕩為俠客行。老師輩憫其憨直，看了也只是笑笑。

其實那時已漸入魔道，不只是行為上練武、鬥狠、打架、爭地盤，更是從台灣武術秘笈漸漸搜羅到了香港《當代武壇》之類；從神打，進而講求神術神方如《秘術一千種》、《萬法歸宗》之類江湖術士的奇門道法，續命、起魂、入陰、養鬼、圓光、降神、修禪等等，差點還要去台北南懷瑾的十方叢林。

我家世傳之學，本來瞧不起這類江湖道術。伯父乾升公出身國立中正大學，可算新派知識份子。離開大陸時，與六十三代天師張恩溥大真人在韶關相遇，一時莫逆，竟爾結拜入台。天師後來主持政府冊封之嗣漢天師府，伯父翊贊甚力，而道法本諸易學易圖，從不講怪力亂神。即使後來以風水揚名，所用亦不過江西楊救貧、賴布衣之法。堂兄龔群後來輔佐天師多年，以符法精湛見稱，但大抵也是如此。

所以這時隱然覺得不妙，武人李小龍又猝死了，我則考上了大學，改弦更張，正當其時。乃下定決心由正道上去探微掘隱，闡發儒、道、佛的奧秘。

除了努力聽講，還要氾濫群書，充分利用淡江大學舊藏。其次是擔心遊騎散漫無歸，每年都要自訂功課，寫成稿本。大一是註解《莊子》，大二寫《謝宣城詩研究》，大三是《古學微論》，總說儒、道、名、法、墨、與陰陽，大四又寫了《近代詩家與詩派》。一年義理考據、一年詞章，交替而行。

五十年來，總是如此，縱橫求索，文學史、思想史、文化史、藝術史、社會史，什麼論題都要研究。每年不少於七十萬字，不徐不急，盈科而後進。

思想當然逐年遞有進境，範圍也愈來愈為廣袤，精勤博大，學界少有其比。古人常惋惜才子多半沒學問，因為揮灑其才即足以驚世了。享此才名，就懶得在書卷裡打熬氣力。這是才子的虛名和危險，所以我要下滿堅實工夫，不敢懈怠。

五、遊者不拘墟、百家不通竅

「我用我自己的流浪，換一個在你心裡放馬的地方，像那遊牧的人們一樣，把寂寞憂傷都奔到天上。」

讀書人何嘗不如此？他們雖只在書齋裡坐破蒲團，四體不勤、五穀不分；可總是自以為在書中流浪，尋找適合墾牧的地方。而學者思想流浪之處，也希望能成讀者心裡放馬馳騁的草原。

可是，流浪的歌者並不曉得學者所謂浪跡、放馬只是飾詞。守著地盤的專家哪需博學？田連阡陌，就耕不過來了，更何須草原連天？糊口學林，亦不能如孔子「博學而無所成名」，或如老子之為博大真人，只須簡單扼要、旗幟鮮明，便於品牌行銷即可。

此等專家，莊子就不滿了：「天下大亂，賢聖不明，道德不一。天下多得一察焉以自好。譬如耳目鼻口，皆有所明，不能相通。猶百家眾技也，皆有所長，時有所用。雖然，不該不遍，一曲之士也。判天地之美，析萬物之理，察古人之全。寡能備於天地之美，稱神明之容。是故內聖外王之道，暗而不明，鬱而不發，天下之人各為其所欲焉以自為方。」

我當年既註莊子，自然就不肯再做一曲之士，想要博通載籍，「判天地之美，析萬物之理，察古人之全」。內聖外王，能到不能到，不曉得，但立志當然如此。

我如此博、大、高、遠，迥異於一般學人，源頭雖皆本於孔子；入機，也就是方法和方法論卻無疑來自莊子。我自稱能「以逍遙遊為養生主」，當然也是從莊子那兒學來。

無論莊子孔子，所說道術當然沒能包括後世佛教道教，但論析判查他們的方法，我覺得可與研究古代道術一以貫之，也要通、博、美、備，不受某宗某派某時代之限。像道教，我傳承的是正一，但全真、金丹南北東西中也都講，辦「中華道教學院」時，於符籙、練養、文獻、科儀等更沒少傳授。佛教，我生長台中市，最盛的是李炳南居士的蓮社，但我沒參加，研究佛教仍從般若學六家七宗開始，空有雙輪，加上唯識和禪宗，原原本本。

後來我把這些三教論衡的文章稱為新論、新思、新解。是因為「三教講論」形成制度，是在唐高祖時期。每年祭孔後，邀請儒學祭酒、道教大法師、佛教大和尚一齊商兌義理。可是此等論辯，成果有限，甚至增添了誤解和火氣，原因在於沒一個人真能同時懂三教，所以爭來辯去，不免出主入奴、雞同鴨講，唯我乃期一洗舊觀，再開新局。

換言之，傳統整齊貫通了，自然就能脈絡井井，洞明諸家聚訟之癥結，並打開新思想的空間。

六、遊居四野，以義合天

想這樣，不只須要博極群書，也得遊半天下（這次特輯中《時光倒影》、《龍行於野》、《遊必有方》即是我一部分遊記）。

因爲學與遊不是一般人說「讀萬卷書，行萬里路」的分列關係。《論語》第一句話「學而時習之」就強調學本身就該時時練習熟習。朱子解習字為「鳥數飛也」。可見學本來就有實踐性，人不斷學，猶如鳥不斷飛。《莊子．逍遙遊》開頭大鵬小鳥那一大段，即是從《論語》這兒化出。遊即是學，學在遊中，故孔子「從心所欲，不踰矩」，就是消遙遊，學與遊是二而一的。學，依文獻、耳目見聞和思慮省查；遊就加上了貼地的人類學、鄉土志工夫，以及遊屐中偶得的機緣。

機緣屬於天，不可能以計劃、調查得之，而要靠我的性氣、人緣，「以人合天」庶幾得之。所謂性氣、人緣等說不清楚的條件，古人常統稱為俠氣。俠，很難從階級屬性、行為類型或是非善惡去辨認，但其共同點是「俠」，其人皆有俠氣，能聚眾。聚眾當然也可憑權、錢、勢，但涉及俠和遊，卻還有個「義」的性質需要考量。

義是什麼？我有次說自己寫書，有點俠義心腸。古詩《獨漉篇》云：「雄劍掛壁，時時龍鳴。不斷犀象，繡澀苔生。」在我看，中國文化現今就彷佛這柄原是神兵利器，可以斬犀斷象的寶劍，無端遭了冷落，瑟縮在牆角裡生苔長蘚。美人落難、明珠蒙塵，皆是世上大不堪之事，我遂深懷出而搭救之心。

這不就是義嗎？見義勇為；義不帝秦；義憤填膺；路見不平、拔刀相助……說的都是這個。

而這種義，有美國羅爾斯《正義論》或我國一般政治社會學者如陳喬見《義的譜系：中國古代的正義與公共傳統》之類所不能含括者，即是俠的精神。

俠有不軌於正義者，但正義不彰，俠者恥之，俠又是人間正義的持守者。凡事有可為、當為、不能不為，則俠客出焉，不出不足以為俠。學者的毛病，是書卷氣太重而人氣多半不足，所以要張天義、行俠道以振作之。這次特輯中《吟遊：遊的精神文化史論》、《大俠：俠的精神文化史論》、《武藝：俠的武術功法叢談》，即是例證。

七、集思，也集喜怒哀樂

我如此學、如此思、如此俠遊不已，當然成書數百種、交友無量數。此中是要有真正實踐工夫的，如人飲水。書要寫、酒要喝，一字一思，千折百轉，不是昏沉懵懂即可花開見佛。一人一緣，覿面相親，不是僅有「人類」、「人民」、「同胞」、「民主」等大詞就能歆血心傾。

歷年同學、同事，與我一同闖蕩社會，辦報、辦學、辦雜誌、辦活動之同懷友生，乃因此幾乎人人皆有可憶之處。

其中最特別的，當然是與這套書直接相關的陳曉林、吳安安、黃滈權、龔明湘、古凌、林鍾朝銓、張正諸位。曉林與我，文字骨肉，俠情尤為我所敬重。擅張鐵網之珊瑚，收輯神州欲散之文心；心光無量，又能傳將盡未盡之燈。黑白有集，宗風不替。他和安安、滈權等時日相聚，輒常邀我，或竟與我同其沉瀣。如我遠去新疆特克斯辦周易大會武林大會，他們也鷹揚草原，隨至雪山；明湘號召於台灣東北角觀海嘗鮮，我等亦簇湧而聚……，實踐並體驗著我這特輯中《食趣：飲饌叢談》的趣味。此時，定光佛亦跳牆過來矣！

孔子說詩可以興、可以觀、可以群，可以怨。友道裹人，未嘗不能如詩。故我的學、思、俠、遊，朋友們也最能欣賞。現在大家一起玩玩，把它印出來，也為時代添些光彩罷！

壬寅虎兒年，龔鵬程寫於泰山、倫敦、花蓮旅次

弁言　三教論衡

龔鵬程

儒、道、釋，在中國社會裡被並稱為三教，亦為中國社會與文化之骨幹，這是大家都曉得的事，但很少人能真正深入理解之。三教經傳浩如煙海，歷史又極複雜，理解起來也確乎不易。我因特勝因緣，得以略窺堂奧，漸乃兼通三教，而皆能得益。劉夢溪先生曾說我做學問：「於儒學能得其正，於道家能得其逸，於釋氏能得其無相無住。」這種境界當然是我所嚮往的，能否臻及，卻不敢說。但儒道釋三教既是中國社會與文化之骨幹，不知此或不汲潤於此，焉能得中國文化之精髓？因此鑽研含咀，不敢不勉。頻年積漸，成稿甚多。今承出版社朋友的好意，略輯一些，由艾英費心編為「三教論衡」，凡分說儒、論道、解釋三部。

儒家之學，我童而習之，對它感到熟悉、親切，自然不在話下。而與一般人不同的，是我還相信孔子、喜歡孔子。

相信，不是宗教式的感情或信仰；喜歡，不是道德文化使命式的敬愛。同樣地，我對孔子和儒學的理解，也不僅是客觀知識的掌握、考古材料的梳理或理論認知的拼圖。我能知孔子，殆如莊周之知魚於濠上，千古遙契，莫逆於心。我的性氣與處事方式，多幻設、喜遊戲、矜才情；我的學問，雜於道、釋、文、俠之間，皆與孔子貌不相似。然而，正因不求貌襲，所以神似，此則非他人所能知也。

孔子並不容易學，也不容易像。正如儒家之不易知。我自少年時期起，借徑於康有為、章太炎、劉師培、熊十力、馬一浮以及清代諸儒，以上窺周秦學術之大凡，著《古學微論》數十萬言，略申儒道會通之義。後治漢唐經學，撰《孔穎達周易正義研究》等，又數百萬言。更與當代新儒家諸師友摩習切磋數十載，上下其議論。積聞漸博，研練漸精，反覆思維而後知之，足證其難。

但孔子與儒學其實也是不難懂的。童年一晤，握手成歡，那時我事實上就已經懂了。後來的積聞研練，只不過是與那些把孔子和儒學解釋得歪七扭八的各種說法、把孔子和儒學亂批一通的各類反儒言論相糾纏罷了。為了證其誤、訂其譎、明其踳駁糾繚，而費了許多年許多工夫，回想起來，實在頗覺不值。學非所以見道，徒疲精神於辨訛，哀哉！

而這也就是吾人生於這個時代的無奈。在這個時代中，反思儒學之境況、擬測其發展，寫點東西，說明往哲時賢在儒學研究上的毛病，乃是不得已的。倘以儒家成己之學的標準來說，學貴自得，誰耐煩做這些捨己徇人的工作？而從現實上說，做這些事，那些被我指稱為走錯了路、少讀了書的人，當然也不會領情。吾人破費工夫為此吃力不討好之務，能說不無奈嗎？

《儒學新思》所輯，即為此類無奈之篇什。內容大體可分兩部分，一說明歷來儒者如何走錯了路；一為研究儒學的人補習補習，告訴大家儒學還有許多豐富的內涵有待抉發、還有許多面向可供開展。

談儒家的飲饌政治學、星象政治學、曆數政治學、聖典詮釋學、性學，以及儒家與道教之關係，都屬於替大家補習的性質。民國以來，對於這些課題，學界大抵不知道、沒想過，或是在視域中遮蔽、漠視之。開發這些課題出來，才有助於推展儒學之研究。否則學界講來講去，大家都以為已經很懂儒學，儒學也講得爛熟、聽得煩膩了，可是實際上還早著呢！許多材料，研究儒學的人根本沒看過；許多論域，大家根本沒想到。故現有的一些研究成果，也是淺陋不足以語儒學之深美閎約的。

正因儒學內涵豐富，所以過去談儒學或以儒者自居的人不僅所見不廣，瞎子摸象，還有不少人誤入了歧途。本書論以儒學經世的問題、宋明儒學喪失歷史性的危機等，就是要破邪顯正，以定真詮。

除了批評古今研究儒學者的錯誤，開發一些新的論域外，居今之世而論儒學，我當然還希望指出向上一路，提出一個值得努力的方向。

這個方向，乃是企圖順著當代新儒家所說的「生命的學問」，進一步發展，將儒學建立成一種「生活的學問」。我在一九九八年出版的《生活美學》一書中，即曾揭櫫此義，本書賡續發揮，來說明生活的儒學才是這個時代的儒學實踐之路。吾人可以此經世，亦可以此避免儒家喪失歷史性的危機。這個路向，過去幾年，除了理論上的闡明，我也與一些朋友做了不少實踐的嘗試，希望將來可以繼續做下去。

儒家以外，我又喜歡佛道，對各種宗教事務也都感興趣。蓋性喜幽奇，博涉多方，輒於此寄寓遐思也。但並不只是單純的宗教感情導引著我去接近宗教、試圖理解宗教，而是基於對中國文化的總體關懷，使得我必然注意到儒家及儒家以外的宗教狀況。

一九七八年左右，友人林明峪作《禪機》、《媽祖傳說》、《台灣民間禁忌》等書，我曾參與其研究過程，對佛教和民間信仰做了些初步的探討，零零碎碎寫了點文章。其後我又花了一些氣力研究我國的宗廟制度、祖先崇拜、宗族會社等，並試圖通過天命思想去鉤勒中國小說史的嬗變、利用佛家三性說去處理宋代詩學理論及「學詩如參禪」的問題、由儒佛對抗關係上去理解唐代孔穎達所編修的《五經正義》……這些研究，在發表時多少均引起過一些爭議，因為取徑略異於時賢，亦非純宗教之研究，乃是依我對文化史之研究方法和分期的整體看法來的。我的文化史研究，主要是想觀察一個文化體在時間和空間的延展中，如何與自覺的價值意識互相感應，而帶出意義的追求及處理事務時的不同取向。宗教所涉及的，正是一群人的終極信念與存在安頓之問題，由這個地方來審察其意義取向及性質，當然最為真確。因此我較喜歡由此切入，撥開表像，直探意義之核。

一九八九年，我在台灣淡江大學中文研究所籌辦了第一屆中華民族宗教國際學術研討會，其後並襄助道教協會成立中華道教學院。這個學院，在道教界是個創舉，我即擔任其教務長、副院長，並講授「道教文獻選讀」等課。一九九〇年，我又與靈鷲山般若文教基金會合作，創辦國際佛學研究中心。這些事務，使我與宗教界有更廣泛的接觸，也更直接地進行了宗教研究。

我家世原本即與道教有些淵源。家伯父龔乾升先生，在《歷代張天師傳．序》中提到「余與六十三代天師張恩溥真人，自韶關邂合，至浮海入台，時聆妙緒，既上書內政部以維道統，復翊創道教會以振玄風。交契苔岑，誼聯蘭譜」云云，即指其事。我幼年體弱，民間俗習，例須奉繼予僧道，因此我也就拜張真人為義父。義父與伯父、父親交好，常來往燕談。家堂兄龔群先生，則長期在嗣漢天師府任秘書長，且辦有《道教文化》雜誌，弘傳正一法脈。道教之科儀掌故，我因熏習日久，故亦漸有所知。借著辦道教學院的機緣，乃通讀《道藏》，並因往遊大陸之機會，參訪宮觀、檢輯資料，以與昔日所曾思慮者相印發。

我跟佛教的淵源，不如道教這般直接，但人生機緣倒也難說得很。我本來便兼做一點佛學研究，因為研究中國文化，豈能不懂佛學，故於此亦熏習久之。文士說禪，漸且氾濫於筆端。辦了國際佛學研究中心以後，在闡述義理、整齊文獻，積極與世界佛學哲界對話方面，自然又越來越熟稔。一九九三年起，籌辦佛光大學，先設了南華管理學院，嗣後改制為大學，乃又續辦佛光人文社會學院。替佛教奔走了十幾年，凡所倡議或創立之典章制度、觀念構想，不可勝數。對教界和佛學研究界，當然也有入乎其內的理解。

道教學院或佛光大學，均是佛道教數千年來之新猷，我因歷史之機遇，得以出入其間，自來儒者之福報，豈有過於我者？故我之深知佛道，恐怕也勝於古今諸儒。

但正因入乎其內出乎其外，我之理解和體會，便與教內教外都不相同。或以我為同盟之友，或視我為異端之邪，而我實有取於兩端而不為其所攝也。論佛論道的文章，取名《道教新論》、《佛學新解》，就表明了這種不與人同的意味。此等新論新解是否即為正論正解，唯通人知之耳。

戊子歲暮，風聲淒緊，序於燕京小西天如來藏

目錄

目錄

三教論衡之

道教新論

目錄

一 道教概說

（一）不信鬼神

宗教，在許多時候是指「對於人以外的力量之信仰」，相信這種力量能對人或社會產生影響，改變其命運。所謂「人以外的力量」，主要是指精魅或鬼神的作用。因為相信鬼神精魅能影響我們的生活，所以發展出了占卜等與鬼神溝通之術，希望能知其意向，並跟它打些商量，商量看看能不能改變它的意向，或改變我們的命運。

當然，要鬼神精魅答應我們的請求，必須付出一些代價，例如需要祭祀它奉獻它，之後鬼神精魅才有可能不害我們且保佑我們。從一般民間的求神拜拜，到基督教天主教，都是如此。

這種情形所顯示的人神關係，乃是報酬式的：神福佑人、人報謝神。彼此「相互給予」（do ut des, I give so that you give），形成交換關係。《左傳》成公五年記載趙嬰夢天使告訴他：「祭余，余福汝！」把這樣的關係講得再明白不過了。

僖公二十八年，另有一個例子說，楚子玉有個瓊弁玉纓，還沒戴哩，就夢到河神來說「畀余，余賜汝孟諸之麋」，意思是許諾他打勝仗，可獲得孟諸的土地。像這樣，公然來要東西吃或要東西戴的神，其實還真不少。後世小說戲曲中不都記載了一些神祇許諾人達成什麼願望，但要求人在如願以償之後，必須來神前「還願」的例子嗎？怎麼還願呢？不外乎殺豬宰羊、奉酒獻果、演戲酬神之類。如果不完成這種報酬交換關係，神就會生氣，會降災給這個健忘或者過河拆橋的傢伙。

鬼神「靈驗」、「不靈驗」，通常就是由這種關係中來觀察。神確實能保佑人升官發財、所求皆遂，則神廟必定香火鼎盛，靈驗事蹟騰播人口。反之，如果神祇享用了人們的祭祀奉獻，卻不能保佑人，不能讓人的願望得以實現，那麼它就是「不靈驗」的。當然人們也就懶得去祀奉它了。氣憤神只會吃飯而不曉得做事的人，甚至還會把神像砸毀，或將它斷頭截肢，扔進臭水溝裡去洩憤。台灣盛行「六合彩」時，到處看得到缺手斷頭的神像，就是這個原因。

此即所謂「福——報」之邏輯。我們燒紙錢給鬼、奉犧牲給神，都是在求這種福報，希望鬼神庇佑，不為咎戾，並能幫助我們財祿福壽俱全。

與福報相對的，稱為「解除」。福報求保佑、解除消災厄，故《論衡．解除篇》說：「世信祭祀，謂祭祀必有福。又然解除，謂解除必去凶。解除初體，先設祭祀。」解除災禍，同樣要祭祀謝神，所謂「鬼神解謝，殃禍去除」，其邏輯與福報乃是一樣的。

相信每個曾參加過祭祀活動的人均能理解這種宗教性質和經驗。台灣社會上普遍存在的殺豬公、迎神賽會、歌舞酹神、神明出巡、護境安民法會等等，也都提醒每一個人去參與這個人神「相互給予」的結構。

道教，卻剛好跟這樣的人神關係不同。因此它是個特殊的宗教，也是個難以理解的宗教。以東漢時期流傳最早的一部太平道經典《太平經》來說，第一它不認為人的命運是由鬼神等外在力量所決定的，第二不主張與鬼神溝通，以瞭解其意向，第三則更不想向鬼神禱祀以求福佑或解除。所以，它的神人關係根本脫離了「福──報」的架構，成為對一般世俗宗教觀的大革新。

要瞭解這樣的宗教，實在很不容易，讓我花點氣力略加說明。

依《太平經》的想法，宇宙運行的原理，在於它的生生不息，所謂天地之大德曰生。宇宙若有其道，其道就是生，故人也當「貴生」，寶貴生命、尊重生命、熱愛生命、喜歡長生延壽，而不喜歡死亡。但人能不能長生，須憑自己的作為，不是靠著神祇的庇佑。所謂「法由聖顯，道寄人弘」（卷八五），強調一切均須自治自養。

因此它是一種「自力宗教」，主張禍福無門，唯人自召，人種善因即得善果，種惡因便得惡果，跟鬼神毫無關係：「有身不自清，當清誰乎？有身不自愛，當愛誰乎？有身不自成，當成誰乎？有身不自念，當念誰乎？有身不自責，當責誰乎？復思此言，無怨鬼神。」（卷一一〇），「比若人種善得善，種惡得惡。」（卷四八）

若只如此說，它便與儒家思想無異。但它並不只是一套哲學，它是宗教思想，故接著它就主張積善以長生成仙：「古始學道之時，神遊守柔以自全，積德不止道致仙，乘雲駕龍行天門。」（卷九四）後世道教成仙理論中有「積善」一派，即由此導源。

其次，作為一個宗教思想，它也肯定有鬼神的存在。但神人關係卻與一般認為鬼神能主宰或影響人之命運者不同，而是以人為主、以神為輔的。所以說天道一陰一陽，陽德而陰刑、陽善而陰惡，人若為善，陽神助之，若為惡，陰神（鬼）助之。它說：

> 故人乃道之根柄，神之長也。當知其意，善自持養之，可得壽老。不善養神，為諸神所咎，神叛人去，身安得善乎？為善不敢失繩墨，不敢自欺。為善亦神自知之，惡亦神自知之，非為他神，乃身中神也。……故端身靖神，乃治之本也、壽之徵也。（《錄身正神法》）

這段話有幾個重點：

（1）人為神之長。經文中常把人神關係比喻為官長和吏使，又說神能助人，都是用以強調人應自己負責，自己去積善積德。

（2）人為善，陽神來助；為惡，則陰神來配合。這種關係，又稱為「應」，即感應之應。卷五十「相應者，乃當內究於心，外應於神祇，遠近相動」，遂有吉凶。故吉凶非神祇使其然，而是自己行為的結果。神只是與人的行為相呼應相感應罷了。

（3）一切吉凶都由自己造成，那麼這所謂鬼神，說穿了，其實僅是自己精神狀態的一種投射而已。這是最具關鍵性的觀念。鬼神非人以外的力量（extra-human power），甚至也不是人以外的存在物，它根本就在自己身上，即所謂身中神。《太平經》中並把「身中神」分隸五臟，用以具體指人的精神。影響到後來《黃庭經》、《上清大洞真經》等一系列存思身中神的養生修煉法。

（4）因為神祇其實只是指自己的精神，因此人必須養神還精，不能讓「神叛人去」。一旦人喪失了精神，人就要死了。此還精養神或端身靖神之道，便形成了道教的工夫論。其修道場所稱為「靖」，也就是這個緣故。

（5）陰神，有時又稱為鬼。人若積惡而不積善，鬼物即來相感應，故云「神道興，與君子同行。鬼物道者，與小人同行。故君子理以公正，神亦理公正。小人理邪偽，鬼物亦理邪偽，明於同氣類也」，「善事有善精神，惡事有惡精神，夫蓄積邪之家，後必有邪害也」（卷百二十），「神者致真神為治，鬼者致鬼為治。……鬼者，動作逃避人所，鬼倚陰中，竊隱語似鬼，故致鬼」（卷九二）。

（6）由於鬼只是人行為的配合者與呼應者，因此若想「解除」，就不應向鬼去謝解，而是要自己懺悔改過：「不敢小解，過輒有罰首，以是自省自愛，敬重禁忌，不敢有違失意。」（卷百十）

（7）因為人是道的根柄、神的官長，一切長壽之要訣，又只在於自己的精神持養以及道德作為，所以人根本不需要去祭祀鬼神。在《事死不得過生法》中，它說陽君陰臣，侍奉臣子的禮數超過了對君王的態度是逆政、事陰過陽則是逆氣，而鬼神都屬陰，所以應重視生人，不必侍奉鬼神。態度是非常明確的。

它也批評一般祭祀鬼神或號稱能夠降神的方術是邪道。例如它說：

「為社謀者，天地四時、社稷山川祭祀，神下人也，使人恍惚，欲妄言其神，暴仇狂邪，不可妄為也」，「為洋神者，言其神洋洋，其道無可繫屬，天下精氣下人也，使人妄言。半類真，半類邪」，「家先者，純見鬼，無有真道也。其有召呼者，純死人之鬼來也，此最道之下極也」（卷七一），又說：「勿信神象卜工之言，是卜不能有所增減」（卷百十四），更指責：「醫巫神家，但欲得人錢，為言可愈，多征肥美，及以酒脯呼召大神，從其寄精神……錢財殫盡，乃亡其命。」（同上）

凡此等等，可見它對一切降神、附體、見鬼、招魂、占卜之術都不信任，以酒肉祭祀鬼神以求治病長壽，更被嗤為騙局。

太平道，只是道教中一個系統。但它興起最早，尚在張道陵之前，故其許多觀點已成為道教的「原型」之一。這些基本型態或觀點，事實上也足以表明道教與一般民間信仰的差異。我們可以由上面簡略的介紹中，看到因鬼神觀不同而形成的整體差別。

把這種差別放入歷史脈絡中去看，則我們又會發現道教正是一種有意的宗教改革，其觀念恰好是針對先秦以來中國社會一般的宗教態度及信仰行為而發，有意地去建構一套新的宗教體系。

（二）自求多福

古信鬼神。神以上帝、日、月、山、川、雲、雷、風、雨等為主，動植物也可以有神。鬼則以人死之魂靈為主，故《禮記‧祭法》說：「大凡生於天地之間者皆曰命，其萬物死皆曰折，人死曰鬼。」

實際上鬼也包含其他的精靈，例如《楚辭・九歌》中就有《山鬼》一篇。又《詩・小雅・何人斯》說：「出此三物，以詛爾斯。為鬼為蜮，則不可得。」把鬼和狐狸精等合併起來說，可見它未必專指人的魂魄。近年在睡虎地出土的秦簡《日書》又曾提到：「犬恒夜入人室，執丈夫，戲女子，不可得也，是神狗偽為鬼。」此處所說的鬼，實近於妖。因此古書裡談到「鬼」，有時和「物」連在一塊說，如山精木魅花妖水魈之類，即並稱「鬼物」。

而「鬼」與「神」的區別也很模糊，《論語・為政》「非其鬼而祭之」，鄭玄注云「人神曰鬼」，可是《廣雅・釋夫》卻說「物神謂之鬼」。又《禮記》也說：「山林川谷丘陵能出雲為風雨見怪物，皆曰神。」似乎「鬼」、「神」兩字往往通用；神更可以作為形容詞，形容鬼的作用。

但不管如何，鬼神在古人的世界觀中是確實存在的，人的禍福吉凶也與鬼神有密切的關係。《墨子・明鬼篇》說鬼的存在以及它具有影響人生的力量，是「眾之所同見，眾之所同聞」的事，可一點也不假。

既然如此，對鬼神的祀奉便不可輕忽了，今存殷商卜辭，全都是人向鬼神卜問的記錄。借著向鬼神詢問以預知命運並設法趨吉避凶，其原理以及由此發展出對宇宙及人生的看法，則形成了《周易》、《連山》、《歸藏》這一類書。另據《詩經・國風・豳・七月》描寫：

> 四月之日，其早，獻羔祭韭。九月肅霜，十月滌場，朋酒斯饗，曰殺羔羊，躋彼公堂，稱彼兕觥，萬壽無疆。

可見祭祀時都是要殺羔羊、喝酒、狂歡的。而且不是王公貴族才祭祀，一般農民也都要參與這個祭祀體系，所以《呂氏春秋・孟冬紀》說：「是月也，大飲，烝天子，乃祈來年於天宗。大割，祠於公社及門閭，饗先祖五祀，勞農夫以休息之。」祭祀活動和整個生活節奏已完全結合在一起了。

這時，各種祭禮祭法十分複雜，但其共同特徵則是殺牲為祭。卜辭中祭河川，即可見到「沉二牛」、「沉三牛」、「沉五牛」、「沉十牛」、「沉三羊」之類記載，沉，是將供品放入江中。另外還有「瘞」，是將供品埋進土裡；「投」是把祭品放在地上；「懸」是把祭物吊掛起來等等。祭品豐儉不一，要看神威靈之大小而定，祭大神用大禮，拜小神則不妨簡單些。如禮華山得用太牢祭，祠其山神時，要齋百日，奉以百牲，酒用百尊。但祠管涔以至敦題之山十七座，僅用一雄雞、一小豬就可以了。

另外有些地方還用活人為犧牲，如卜辭中記載：「辛丑卜，于河妾」，「丁巳卜，其寮于河，牢，沉嬖」，所謂河妾，蓋即後世所謂河伯娶的妻；嬖，則可能是供犧牲的少女。這種祭禮，後世認為太過殘忍，其實卻是古代最一般的狀況。

許多宗教學者都推斷云：古代祭神本以殺人奉祭為主，猶如葬禮中常見的殺人殉葬陪葬風俗一般，現存許多少數民族尚有獵人頭之類「出草」的習慣，即為古禮之遺風。後世才漸以動物為犧牲，殺人也改為「殯屍」，只需請活人躺在祭台上裝成死屍的樣子即可。再晚一些，才改為用木俑或陶俑，以象徵之。至今民間喪祭，仍然流行紮紙人紙馬焚燒以祭的風俗，何況古代？而且，殺人祭祀的風俗雖然改變了，殺牲祭祀的風俗依然普遍存在著，每次拜拜，都要殺豬宰羊、大魚大肉一番。可見相信有鬼神、相信鬼神擁有影響人的力量，並運用奉獻酒肉的方式去祭祀鬼神，乃是整個中國社會裡最一般的宗教態度。

祭祀鬼神且備犧牲，同時也是世界上許多宗教共通的現象。因為它來自原始社會的人祭及吃人肉風俗。有些民族獵殺異族人頭為祭，有些民族把衰老的酋長殺了獻祭，也有些民族選人為犧牲。像「河伯娶妻」一類故事，即保留了此種風俗。「犧牲」一詞之含義，也由此而來。後來才以動物代替祭牲。祭祀之後，參與祭禮的信眾共食祭牲，也是通行於許多民族的風俗。眾人分食酒肉，乃是飲食祭牲的肉和血，以企求與神合一。

宗教學上把這種殺牲祭拜之後吃喝一頓的情形，稱為「聖餐」。其禮儀一般包含幾個要素：一、悲悼祭牲的死亡；二、祭牲被認為是神與人的仲介；三、祭牲呈獻給神之後，經過占卜或歌舞降神等儀式，確信它已被神所接納；四、人眾食用祭牲即可與神冥合，獲得神的庇佑；五、人眾因此而狂歡。《禮記》裡記載孔子看見蠟祭時，舉國若狂，講的就是這種情形。

埃及、巴比倫、波斯、小亞細亞各地也都有共用聖餐的儀式，猶太人也有。至今天主教則依然保持此一傳統，以麵餅象徵肉，以葡萄酒象徵血，以被殺的祭牲耶穌為人與上帝的仲介，謂飲食聖餐者可獲永生。「祆教、印度教都用一種使人陶醉的果汁當做神血，以企求達到神魂陶醉的境界，自覺與神合一。其他宗教也均舉行聖餐。聖餐的材料隨當地產品而異。希臘地區盛產葡萄，狄奧巴索的聖餐便是麵餅葡萄酒。波斯的日神教則用麵餅與水。」（池鳳桐《基督信仰探源》，恒毅月刊社，一九八九年，第十四至十五頁）

的儀式。

換言之，在一般宗教活動中，所謂聖餐，基本上就是飲酒以象徵食祭牲之血，並吃祭牲之肉為什麼人類對於血的靈力會表示崇拜，並相信犧牲之生命可在祭祀中與人相結合，問題較為複雜，此處暫不具論。但不論如何，「人祭拜神、神保佑人」的相互給予關係，在這種祭祀活動中是極為明顯的。

《左傳》僖公五年記載虞公說：「吾享祀豐潔，神必據我。」講得多麼有信心呀！《墨子》另記錄了一則故事，說宋文君時一位大臣，因「酒醴粢盛之不淨潔也、犧牲之不全肥」，竟被活活處死了。可見奉神必須要酒肉豐厚，否則神可能會生氣而不保佑他。反之，《詩・楚茨》說得好：「神嗜飲食，卜爾百福」，「神嗜飲食，使君壽考」，神一旦吃得滿意了，自然就會降福給人。

然而，相對於這種宗教態度或人神關係，我國也有另一種人神關係論，自周初便逐漸成形，如：

> 惟上帝不常，作善，降之百祥；作不善，降之百殃。（《書・伊訓》）
>
> 惟天無親，克敬惟親；民罔常懷，懷於有仁。鬼神無常享，享於克誠。（《書・太甲下》）

意思是說：上帝及鬼神都不會固定保佑某人，而是要看這個人的行為，若他為善，即可獲福佑；若他為惡，則會獲得災殃。換言之，人不再能用飲食祭祀來賄賂神了，一切要看自己，神只是道德的裁判者。

春秋時期，老子、孔子都繼續提倡這種新的人神關係。如老子說「天道無親，常與善人」；孔子有次生病時，子路替孔子去祈禱，孔子告訴他說「我已經祈禱過很久了」，意思是說我平日忠慎誠敬，就已經是一種祈禱了，神「享於克誠」，自然會保佑我這個好人，何必現在再去祈禱拜神呢？

順著這個觀念發展下去，就會發現鬼神存在與否其實並不重要，因為自己的道德行為才是吉凶禍福最大的保證。人不需要鬼神來改善自己的命運時，世間究竟有鬼神或無鬼神便不甚重要了。

但在當時，無論是社會習俗，甚或自己的心理狀況，都還不可能要孔子立刻去宣揚「無鬼論」。所以孔子的態度是維持祭禮、承認「神道設教」的政治社會功能。但對鬼神的看法則在若有若無之間，所謂「祭神，如神在」，「使天下之人齋明盛服以承祭祀，洋洋乎如在其上，如在其左右」。如神在、如在人之上下左右，「如」這個字，用得再巧妙不過了。

可是敏銳的墨子還是發現了這個「如」字的奧妙，驚覺到孔子這種講法乃是實質上的無鬼論。因此特別寫了《明鬼論》批評此類新說是「執無鬼而學祭禮，是猶無客而學客禮也，是猶無魚而為魚罟也」（《公孟》篇），仍然強調有鬼。

秦漢以後，雖然朝廷崇尚儒家思想，但有鬼之觀念顯然在朝野都較為普遍，「世俗飾偽行詐，為民巫祝。……是以街巷有巫，閭里有祝」（《鹽鐵論・散不足》），「婦人不修中饋，休其蠶織，而起學巫祝，鼓舞事神」（《潛夫論・浮侈》），不但占卜祭獻之事不絕，而且盛行厚葬，「故作偶人，以侍屍柩，多藏食物，以歆精魂」（《論衡・薄葬》），希望鬼在獲得這麼豐厚的奉獻後，也能庇佑其子孫。

道教興起，主要就是反對這種世俗觀念，而呼應老子、孔子的講法。所謂「天道無親，常與善人」，人應瞭解這個天道的原理，努力學道行善。《太平經》卷四九載：

今人不力學道。……無道之人，最為惡凶人也。……今人不力學仁，已不仁矣。夫不仁之人，乃與禽獸同路。……天不欲覆蓋、地不欲載也、神靈精鬼所不欲佑、天下所共苦也。……是故古者聖賢大儒，見無德之人，不與其通言語也。

太平道所說的道，就是指這個「天道」。謂上天有好善惡惡之心，人應善體天心、力學真道。至於行善的倫理內容，則大體採用儒家的觀點，例如孝悌忠信誠敬仁愛等等。人只有積極行善，才能獲得吉祥的符應。若不仁不善，鬼神是不會庇佑你的。

以此天道為教，故可稱為「道教」，其道亦為古儒家道家之說，而與民間通俗宗教拜祀鬼神以求福報者不同。因此，我說它是一種宗教革命。神不再是「神嗜飲食，使君壽考」的了。能不能壽考吉祥，全看個人的努力而定。

（三）各道其道

太平道，只是漢代崛起的道法之一，提倡新的鬼神觀，主張人應積善學道乃能壽考，其他的道法則未必如此。

道，本來是指道路。道路總是有條理的，否則就會走不通，因此，「道」又引申有條理之意。以至於提倡某種道理，就可稱是某某道。修其道的人，則通稱為道士。

漢代社會上流行的道很多，大家各道其道，用劍的有「劍道」，談房中術的有「陰道」，另有「上聖雜子道」、「神農雜子技道」之類，不勝枚舉。光是漢武帝時，就有講「穀道」，以祠灶神來抵抗衰老的李少君；和教武帝刻玉印，擔任「天道大將軍」的欒大等人。

這些人都稱為道士。在《漢書》、《後漢書》裡記載的道士有封君達、西門君惠、張巨君、王仲都、浮丘公等等。他們的道術頗不相同，除了前面所提過的房中術，講性交之道者外，有些人強調幻化，用符或用藥，隱遁變化，呼風喚雨，撒豆成兵，「含笑即為婦人，蹙面即為老翁，踞地即為小兒，執杖即成林木，種物即生瓜果可食，畫地為河，撮壤成山」（《抱朴子・遐覽》）。其來源，有一部分是《墨子五行記》所記載的五行變化之術，有些是古巫術，有些則屬於後世所說的戲法魔術。

又有一些人喜歡談煉丹。丹，本指丹砂，說煉丹砂成黃金之後，再用這種黃金做飲食器皿來吃東西，就可延年益壽。後來，又說要煉金丹，吃了就能不死。從淮南王所編《鴻寶》講這種神仙爐火黃白之術開始，到東漢，據說已有幾百卷文章在討論這套術法了。其中最重要的，是《周易參同契》。後來此書更被稱為「萬古丹經王」。

也有些不講煉丹而強調服食的人，說應服草木之藥以延年，例如當歸、茯苓之類。但也有人認為吃草木金石之藥，不如吞津咽氣，所以不談「服食」而說「服氣」。據《莊子》記載，早在春秋戰國時期，就已有不少人在進行「吹呴呼吸，吐故納新，熊經鳥申」之類活動，他稱這些人是「導引之士」。而這些導引之術在漢代當然也仍然是十分盛行的。

道法如此之多，其中必然頗有些會顯得有點邪氣。史書上說當時許多道士「挾左道」，甚或徑指某某人是「妖巫」，固然可能出自史官的偏見，但也不能否認其中可能確有些道術是層次不高、跡近邪魔的。

漢代太古老了，文獻資料不足，因此很難具體舉例說明這些「左道」何以被視為邪術，可是我們不妨用後代一些道術來推想一下。

前面曾經談到過的《抱朴子》，說過一種術法，說神仙之術「種物即瓜果可食」。聽起來好像十分神秘，令人對神仙肅然起敬，其實只是一種戲法：用一枚雞蛋，開一小孔，去蛋白、存黃，放入西瓜子搗和，將滿，用紙封好口，讓母雞去孵；孵了以後，將瓜子倒出來，用官桂、甘草各一錢為末，拌好，仍裝入殼中；封口，埋在潮濕的牆邊。等到要做法表演了，再取出，用棉花一團，把瓜子包起來，預先放在口袋裡。表演時，把瓜子拿出，種在松泥裡，澆水，便會立刻長大，生蔓展藤，須臾開花、結瓜。

這個術法，直到民國五年陳小樓所編《秘本中外戲法》中還有記載，可見江湖藝人恃此謀衣食者久矣。但在古代，卻被不少道士用來炫惑世人，讓人誤以為那是什麼仙法。

這個幻術只是被不肖道士借用來騙人而已，本身並不邪氣，有些術法本身卻顯得不甚平正。例如道士欲知人過去未來，多養有「耳報神」，替自己去打聽消息。養耳報之法甚多，有樟柳耳報、老猿耳報、陰魂耳報等各派。

所謂陰魂報，乃是用辰日死人蓋面紙一張，並其他物，設淨室拜祭二十一日，便可見死者鬼魂。見時，即與之訂盟，施術者答應供養鬼魂，鬼魂則替施術者報查遠近事件。役魂一段時間後，應放之脫生，以原紙燒毀，設湯飯送行。

這類術法，流行於後世道士之間。近日喧騰一時的太極門詐欺事件，檢察官以彼「養小鬼」提起公訴，就屬於這種術法。又例如古小說裡記載，幾位道士夜中聚會聊天，各施術以為戲，其中一人召喚仙女來跳舞。這便是耳報之類術法，稱為「邀舞仙女法」，其術亦是與病死女子之魂鬼訂盟。凡此等等，不能說它不是鬼氣森森吧。縱或不管它邪不邪氣，其層次實在也不甚高，被史家批評為「左道」，倒也並不太冤枉。

太平道就興起於這樣的環境中，因此它自稱「真道」，指責其他道法都是「偽伎」、「邪道」。稍後出現的天師道也是如此，自稱「正一盟威清約正教」，要斬鬼殺神、正法明威，態度十分強悍，革命的架勢頗為顯眼。

所謂正一，即「真正唯一」之意，其教法當然與其他道法或流俗奉祀鬼神的態度甚為不同。可是其他的道法也同時在社會上流行著，一般人未必能十分明確地區分其間的差別。何況，千萬年的傳統、鬼神崇拜的信仰，更非倉促之間即能改變，人們既接受太平道、天師道教人行善積德的講法，也維持其原有的福報鬼神習慣，乃是十分常見的事。巫俗道法，與新的教義折衷糅合，混在生活中，一點也不稀奇。即使是正一道士，要在社會上生存，也常不免被這個社會改造了，把一些原先屬於正一道所反對的東西，從俗從眾，納入了正一的體系中。這就是後世道教中竟可以看到那麼多原先被斥為「偽伎」、「邪道」，如占卜、殺牲獻祭、培胎煉形、附身、還精補腦房中術等等的緣故。

另一個重要的原因，則是「道」的混雜性。太平道、天道、穀道、陰道、帛家道、上聖雜子道等，本來是各行其是、各道其道的，彼此差異甚大。直到南朝齊梁時期，上清道還在《真誥》中批評「帛家道血食生民，逋愆宿責」，意思是說帛家道常以祭祀鬼神來逃避對自己行為的負責。可見它們是極為不同的。此外，方仙道專講如何尋求不死之藥以成仙，「形解銷化，依於鬼神之事」；講中黃太乙之道的，卻殺壞神壇，不拜鬼神。其道南轅北轍，雖都稱為道，但在道的通名之下，各自為政，涇渭不同流，倒也脈絡井然。

可是漢末佛教傳進中國後，情況就發生了重大的變化。佛教是一個宗教，我國本土這些道卻不是一個教，而是各家不同的道法。因此在和佛教相對稱呼時，就只好稱它們是「道家」。

這時，「道家」並不是指早期用來和儒家、墨家、兵家、法家相區分的道家老、莊，而是指這些道法，如《晉書・王獻之傳》「道家法，應首過」，劉勰《滅惑論》「道家之妙，妙在精思得一，而無死入聖。佛家之妙，妙在三昧通禪」，《抱朴子・黃白》「道家所至密至要者，莫過於長生之方」等都可證明古人是以「道家」來總括指稱這些道法，以與佛教、佛家對舉稱呼的。

當然，相對於「佛教」之稱呼，「道教」這個詞也出現了。《法苑珠林・破邪》便有「道教敬佛」一卷，道士顧歡也寫過《夷夏論》，說要「尋二教之源」。

另外，《甄正論》載：「吳赤烏年，術人葛玄上書孫權，云佛法是西域之典，中國先有道教，請弘其法。」可見在佛道相對舉的情境中，這些不同的道法，已經被視為一個綜合體了，它們可以合起來總稱為道教。

既然諸道總雜，並稱為道教，道教裡面當然就什麼都有了。既有談血食祭獻以求神解罪降福者，也有強調自力解脫的；既有講巫術幻化的，也有燒黃金煉丹藥的；既有談服食的，也有重視性交的。南轅北轍者，統歸一途，都稱為道教或道家。

這樣，道教就幾乎成了個大雜燴，包羅萬象。各道法之間，既同屬一教，彼此的壁壘便也不若以往那麼嚴明了，相互學習、漸漸雜糅的現象，亦時有所聞。一個歷史上異常特殊的宗教改革運動，遂因此而以改革始，以折衷損益、相容並蓄終，實在也是令人感慨良多的。

雖然如此，「道教」內部，各道法之間的分別仍然存在著，正一不同於金丹燒煉，太平不同於靈寶齋醮，教中有教。他們和早期巫俗及鬼神信仰間的分別，也是巨大的。我們看現在的道教，往往與民間鬼神信仰相雜，但同時也會發現它們的隔閡與差異，原因都在這裡。

（四）教中有教

道教，既是教中有教，內部分歧差異頗多，因此它與佛教、基督教、伊蘭蘭教等著名宗教型態都不一樣。那些宗教均是奉一教主或一至上神，如基督教奉上帝、伊斯蘭教奉真主阿拉、佛教則以釋迦牟尼為教主本師。教內雖也分派，但僅是同源分流的關係。道教則不然。

所謂道教，乃總括漢魏間流行的金丹、仙藥、黃白、玄素、吐納、導引、禁咒、符籙等道法道術之稱呼。這其中大多數根本無至上神信仰，也無所謂教主。例如相信呼吸吐納便能長壽，或篤信實踐房中術即可成仙，需要拜什麼神嗎？即使是太平道，所講的也只是天地陰陽運行之道，信的是那個道理，而不是主宰天地及人生運命的至上神。故彼僅泛說天，而並不崇拜天帝。談服食養生或燒煉金丹、合成藥物者，當然更不會有神祇崇拜的問題。

其次，這些道法不是同源分流的關係。他們並不適用「派別」這個觀念。因為所謂派別，正是由「源流」這個概念衍生來的，有流別才能分出流派，水分流故謂之派。佛教在佛陀滅度後，出現部派佛教，其後分為大乘小乘、北傳南傳、顯教密教，顯教有天台華嚴淨土諸宗、密教又分為東密藏密唐密等等，一源分流、宗派蜂起，而其本師則均為釋迦牟尼佛，此即「派別」之意，道教卻不是這樣的。

太平道、干君道、帛家道、李家道、天道、穀道、陰道，以及金丹、禁咒、導引……來源各異，術法之間又未必有其共通性，故此乃眾水分流的發展，而非教內分派一源下衍的型態。

比較一下佛教與道教經典編輯的情況，我們大概就能瞭解這其間的差異了：佛教經典，是以「經、律、論」為架構的。經，為教主釋迦牟尼所說。律，乃依教主所訂僧團規矩而形成之戒律。論，是對經說的解釋。一本萬殊，而同歸一脈。道教的經典，稱為道藏，自劉宋時代開始編輯，一直到明朝修《正統道藏》，基本上都運用一種特殊的「三洞四輔」七部分類法，亦即洞真部、洞神部、洞玄部、太平部、太清部、太玄部、正一部。這其實就是承認了所謂道教內部大抵可以分為七個系統，各種經典各自歸入這七大系統中。

目前《正統道藏》洞真部，所收大抵為上清道經典。洞玄部，所收大抵為靈寶道經典。洞神部，原收三皇道經典，隋唐以後，此一系統式微，遂將注釋老子、莊子、列子之書及一部分天師道經典歸入其中；講胎息、養氣、呼吸吐納，以及燒煉丹藥者，亦併入此部。太玄部則收內丹系統的著作，但偏於南宗。太平部，自然以太平道經典為主，另兼收北宗丹法。正一部，除正一天師道經典之外，也吸了一部分南北宗丹法及神霄、雷法等。太清部，則收了老、莊以外的諸子書，例如墨子、孫子、尹文子、韓非子、公孫龍子、淮南子、抱朴子之類。

三洞排名在前，是由於上清、靈寶、三皇在南北朝期間勢力較大。太平、正一為漢代流傳下來的老道法，也不能不予尊重，故列入四輔之中。太玄太清兩部，原收丹藥之類典籍，在南北朝期間也有其勢力。故三洞四輔，既可使各不同道法分別部居，保持其原本的面貌與體系，又可以綜合起來，放在一個道教的大架構中，不能說不是非常巧妙的安排。

這個架構，形成於劉宋以後。換言之，各家道法在漢魏間各行其是的局面，到了晉宋之際，由於佛教的刺激與對比，形成統合的壓力。於是各家道法或總稱為「道家」、「道教」，以與「佛法」、「佛家」、「佛教」相對稱；也有人開始考慮用一個特殊的框架來綜合各個不同的道。三洞四輔的道經分類法，即是其中之一。以「一氣化三清」之說來處理各道所崇奉的不同至上神，或制定神祇譜系，以分層級的方式重新安置各道的神祇，如陶弘景《真靈位業圖》之類，則是另一些同性質的工作。

前面說過，許多道法不但無至上神之觀念，甚且連鬼神信仰都沒有。在漢代，逐漸出現至上神信仰的一大關鍵，是「中央黃老君」的觀念。這個觀念，源於漢人的五行說，東青木、西白金、南赤火、北玄水、中央為黃為土為君；又東青童、西少女，中則為老君。這個「老君」，其實是一種擬說，說明五行之位德，並不是指一位位格化的神。但在信仰鬼神的社會習慣中，它遂漸漸被視為一位神。而且既是「君」，自然便是神中最大最重要的，於是，又或稱此為「太上老君」。太上，就是最上，就是至上神了。

太上老君，因為有個「老」字，故又與「老子」相混淆，不少人徑以老子為太上老君，或認為彼此有其相關性在，如正一道法，「臨奉老君三師」，又以《老子》五千文教授即是。但也有不少人認為老君與老子並非同一人。明曹學佺《蜀中廣記》卷七十二引《玄都律》說五神下降，授張陵為國師，「有五人，其一云是周柱下史也，一新出太上老君也」，顯見二者非一。又，陶弘景《真靈位業圖》也將二人分列。為了調和彼此的差異，說明老子與太上老君既是二人，又是一人，遂另有一套「老子變化說」出現，謂太上老君在不同時代，會以不同形相降化人間。黃帝時，他降化成為廣成子，周朝時就降化成老聃，到漢初，則降化為黃石公，如此變化不已，共有八十一化。其說亦甚巧，但不管如何，《玄都律》說這時降化人間的老君乃是「新出太上老君」，卻無意中點破了奧秘：太上老君，是漢末新形成的至上神。

上清道繼興，仿天師道之故技，也推出個新至上神：元始天尊。奉三皇文的道士們則當然不信太上老君與元始天尊，因為他們另有天皇地皇人皇的信仰。為了統合這些分歧，遂有人設想了「一氣化三清」之說，模仿老君變化說，謂元始天尊、太上老君和靈寶真君等，都是大道一氣所化，所以既是三又是一。《道藏經目錄》卷首說道生於一，分為三元，由混調太無元化生天黃君，居玉清境，由赤混太無元化生靈寶君，居上清境；由冥寂玄通元化生神寶君，居太清境，三君各說十二部真經云云，即是這類講法的代表。

藉由這些巧妙的說法，眾水分流、彼此不相統屬的關係，乃得到新的組織關聯，整合成一個大家族。而且這種整合並非會合為一體的方式，而是在尊重其內部差異的情況下，讓不同者各安其位。故雖整合為一大教，卻仍是教中有教的。後世道教不自稱某某派，而仍自稱為某某道、某某教，如元朝有全真教、玄教、真大道教、太一教，即本於此一傳統。這些教，固然可以說都是道教，但也可以說依然是各道其道的，無共同教主、無共同至上神、無共同教法、無共同經典，其實亦不妨視為許多教。

這樣的宗教型態，看起來怪異，實則或許最能反映中國哲學或文化的特點，所謂「一多相涵」，眾漚共成大海水，漚即海水，但海水不就等於眾漚，眾漚亦各不相等相同。非一源之流，又非一本之殊，乃是千燈互照，交光相攝，彼此共成其事，而自性未失，主體獨存。其獨立者自成一教，其共成者亦為一教，在宗教學上別開生面，值得再三玩味。

（五）不主老莊

歷來談道教的人，總有不少人誤持「一源分流」的觀念來理解道教，以為道教和佛教等教型態相同，或說它源於黃帝、老、莊、黃老、或神仙家。

其實，許多道法既不講鬼神，也不信仰神仙。如幻化之術，便不以長生久視為宗旨；黃神越章的禁咒之術，也與成仙無關；在莊子介紹當時已廣泛流行的熊經鳥申、呼吸吐納等導引術時，神仙家更是還沒有形成哩！謂道教源出於神仙家或陰陽家，殊覺牛頭不對馬嘴。畢竟，講陰陽的道法，只占極少數；談長生的道法，又未必希冀不死成仙（如大平道，就只求長壽，而不求成仙），故以「不死之探求」為道教的精神內核，或以神仙家陰陽家為其源頭，都是不妥當的。

說道教源於黃帝，情況也一樣。文廷式《純常子枝語》卷十八說得好：「李少君之前，言神仙者不特不托之老子，並未嘗托之黃帝。」道法托於黃帝所傳，是西漢中期以後的事，但往往與黃老虛靜之學無關。例如兵家中的陰陽家，便有《黃帝》十六篇，五行家有《黃帝陰陽》五卷，天文占驗家也有《黃帝雜子氣》三十三篇，雜占十八家中則有《黃帝長柳占夢》十一卷。此外，尚有講房中術者。所謂「優遊俯仰，極素女之經文；升降盈虛，盡軒皇之圖藝」（見徐陵《答周處士書》），絕非導引吐納存神練養之技。《漢書．藝文志》方伎類房中便收有《黃帝三王養陽方》一類書籍；後世道教備受甄鸞、寇謙之批評的黃赤之道、男女合氣之術，其所依據的《黃書》，殆即此類黃帝圖方之遺傳。

可是房中術也並不全法黃帝，另有效法彭祖及容成氏等人的，各有巧妙，非出一源。《漢書．藝文志》載有《容成陰道》二十六卷，後漢冷壽光、甘始、東郭延年、封君達等即行其術者，然乃御婦人法。別有一種採補之技，則為女施於男者，見《漢武故事》，謂女神君欲以太乙之精補霍光之精氣。彼此不同，其複雜可知。

再進一步說，各道法非出一源，黃老之學或老、莊與各道法的關係，卻連是否能成為其眾源之一，都很難說。此話怎講？

事實上我們只要去翻翻早期道教經典，例如《太平經》、《黃庭經》、《真文赤書人鳥五符》等太平、上清、靈寶道的根本經典，就會發現那裡面完全看不到黃老與老、莊的影子，既不徵引其言說，又不同於其思想，更不曾以老、莊、黃老為崇拜對象。天師正一道稍有不同，以《老子》為教授之典籍，但它並不講黃老，也不曾提到莊子。

漢人本來就不太重視莊子，故桓譚《新論・本造第一》云：「世人多云短書不可用，然論天閑莫明于聖人，莊周等雖虛誕，故當采其善，何云盡棄耶？」對莊子並不甚推崇。其《祛蔽第八》云：「莊周病劇，弟子對泣。應曰：我今死則誰先，更百年生而誰後，必不可免，何貪於須臾。」亦只做佚事來引用。馬融《長笛賦》將老、莊並舉，云：「論記其義，協比其象，彷徨縱肆，曠養敞罔，老、莊之概也。」這是指老、莊之論音樂。東漢人論及莊子者，如此而已。比較談得上是以莊子為主，並有以發揮其思想者，只有張衡《髑髏賦》。文謂張衡出遊，路上看到一個髑髏，一問之下，才知就是莊周，遂發了一番「生為役勞，死為休息」的議論。依此可見東漢人對莊子的義理，雖基本上已能掌握，但重視之程度，遠在老子之下。當時引述老子不但頻繁，且至遲在永平年間，老子即已被道體化，如王阜《老子聖母碑》說：「老子者，道也。乃生於無形之先，起於太初之前，行於太素之元。浮游六虛，出入幽冥。觀混合之未別，窺清濁之未分。」正一道之所以把老子視為道體、至上神，正是因為當時已有這種思想了。莊子在漢朝則無此地位，道教徒也不曾想到要利用莊子書。

到了六朝時期，孟智周作《老子義疏》和《道德玄義》、臧矜作《道德經疏》、庾承先屢講《道德經》等，都是六朝道士繼張陵父子《老子想爾》之後，進一步消化老子義理的事例。莊子學則不然。道教與莊子的關係，本來就很淡遠。正一道固然只尊崇老君；上清道依《大洞真經》、《黃庭經》等立教；靈寶道奉《度人經》；三皇道則有《三皇經》。他們各造經卷、各成體系，都用不著《莊子》。（當時人連《老子》似乎也不放在眼裡。故《二教論》言道士云：「老經五千，最為淺略，上清三洞，乃是幽深。」《抱朴子》也說：「五千文雖出老子，然皆注論較略耳，了不肯首尾全舉，其事有可承案也。至於文子、莊子、關令尹喜之徒，雖祖述黃、老，但演其大旨，永無至言。」對其書之評價如此之低。）所以魏晉南北朝間，難得看到道士參研《莊子》的例子。而且陸修靜的《三洞經書目錄》，據《笑道論》載，「本無雜書諸子之書」。其後的孟法師《玉緯七部經書目》，似乎也只收了一些有關老子的書。北朝道士所編《玄都經目》，雖收了諸子書八八四卷，但《笑道篇》指出《連山》、《歸藏》、《易林》、《太玄》、《金匱》、《六韜》等都不在其中，譏其所收為「八老黃白之方、陶朱變化之術、翻天倒海之符、辟兵殺息之法及藥方咒厭」，則《莊子》一書亦未必即在其中。可見從目錄上考察，也不能說當時道士已經重視《莊子》這本書了。

因此，綜括來說，有一部分道法與神仙家有關，一部分與陰陽家有關，一部分宣稱其源出於黃帝，一部分宗仰老子，此外尚有來自墨子、容成、彭祖、素女、龔子、太乙信仰、灶神信仰、神農、盤庚、堯、舜等的系統，以及一些根本無法考證其淵源來歷者（例如天一陰道、上聖雜子道、穀道等等）。反倒是它與黃老之學或老、莊之學的關係卻很淡。跟漢初黃老之學，一直不曾發展出什麼關聯；運用莊子學，則須遲到唐初成玄英替《莊子》作義疏之後。

一般人總以為道教是由老、莊道家發展來的，或者說道教是以道家思想為其哲學內涵，由上面的分析來看，實在是極大的誤解。

相反地，道教與儒家反而有極深的淵源與關係。

據《太平廣記》引《神仙傳》說：「張道陵本太學書生，博通五經。」不管這個記載對不對、創立天師道的張道陵是不是出身太學，太平道及天師道崛起時確與儒家關係密切。例如《太平經》中經常運用天師與其弟子問答的方式來論述義理，這種問答，並不同於孔子時代孔門師弟間的問答，而是模仿漢儒講經時的「問難」形式，師弟間一問一答，往復辯難。

在這種形式之外，經典要闡述其義理，又常採用一種「深察名號」的方法，像《三合相通訣》中記載真人問天師：你經常寫「上皇太平氣且至」字樣，究竟是什麼意思？天師便道：你先坐著，讓我為你「分解其字意」。他怎麼分解呢？請看：

上為字者，一畫也，中央復畫一直，上行復抱一，一而上得三一，上行而不止，不復下行也，故名為上者，乃其字無復上也。反上為下，下者，一畫也，亦中央復畫直，下行復抱一，其行遂下，不得復上，故名為下也。夫志常欲下行者，久久最下，無復下也；比若濁者，樂下為地，故地最下，無復下也。上為字者，常上行，不得復下；比若清者，樂上行為天，又乃無上也。是故天之為法，名各各自字各自定，凡天下事皆如此矣。

故聖人制法，皆象天之心意也。守一而樂上卜，卜者，問也，常樂上行而卜問不止者，大吉最上之路也。故上字一畫，直上而卜。下為字者，一下而卜，卜，問也，常思念問，下行者極無下，故樂下益者不復得上也。

故上常無上字者，乃言其治當日上行，合天心，復無上也。

把一個「上」字講得如此繁複，正是漢儒之慣技，董仲舒在《春秋繁露．深察名號篇》提倡的就是這種方法。再者，《太平經》以「本文」和「章句」的關係來說明大道逐漸偽亂的歷程，也是深受當時儒學氣氛之感染的。一本經典，在流傳過程中越傳越離譜，章句解釋越來越多，可是讀者越看越糊塗，正與道術為天下裂的情況相同。這樣的類比，顯示了《太平經》的作者對儒家經學體制與傳統都有深入的瞭解。我們看當時幾部主要的道法典籍，《太平經》仿說經之體而造，《老子想爾》、《周易參同契》也依經學注解的方式來寫作，便可知它與儒學的關係實非淺鮮了。

太平、正一之外的一些道術，如風角、孤虛、星算、推步災異等，雖為太平道、正一道所反對，卻也非一般巫術，而是不折不扣屬於儒家的東西，本諸《京氏易》、《韓詩》、《易緯援神契》、《魯詩》等等。正一道雖不用這些，然而其拜表、上章之儀式，乃至整個禮儀制度的建立，不從儒家來，難道黃老或老、莊能提供禮制方面的參考資源嗎？

也就是說，道教作為一種體制性宗教，其典章制度、組織結構是藉由儒學體系才能建立的；其術法與儀式，亦多採諸儒學；其經典及表述形式，更與儒家經學傳統深具關聯。

除此之外，我們還應注意它思想內涵的問題。先說戒律。戒律代表宗教團體對自己的倫理要求，道教雖然不像佛教那樣，編有律藏，或律宗獨立成為一宗，但其戒律也是十分嚴謹的。《洞玄靈寶玄門大義》解釋戒律說戒有詳有略，「詳者，太清道本無量法門百二十九條，老君及三元品戒百八十條、觀之大戒三百，太一六十戒之例是也。略者，道人三戒，錄生五戒，祭酒八戒，想爾九戒，智慧上品十戒，明真科二十四戒之例」。無論三戒抑或百八十戒，細察那些戒律內涵，我們便會發現它基本上都是儒家所提倡的倫理態度，例如不欺、不盜、不貪、不淫、不妄作和忠孝友愛、溫良恭儉之類。

某些道法，特別重視這些倫理內涵，不只納入戒律中，更主張唯有完成這些倫理要求，才能長生久壽，甚或成仙。太平道就是其中之一。宋代以後，號稱傳晉人許遜之教而形成的忠孝淨明道，以及融合儒家義理，教講《孝經》，講道德性命之學的全真教，也是很著名的例證。這些道法，認為積善成德才是真正的登真之路，其他一切煉丹、守庚申、服氣、房中術等等，都不能保證長生久視，因為惡人是不可能成仙的。反之，只要積善行道，即使什麼修煉方術都不做，也一樣可以登真證道。唐末道士程紫霄就說：「不守庚申亦不疑，此心常與道相依，玉皇已自知行止，任爾三彭說是非。」三彭是人身體裡面的三尸神，會在庚申日上天去報告這個人的善惡是非。許多道士碰到庚申日便守夜不睡，以免三尸上天打小報告，稱為「守庚申」。這是道教中著名的方術之一。但程紫霄這首詩卻說明：重視倫理生活者，對此類術法根本嗤之以鼻。中國民間有句俗話說「為人不做虧心事，夜半不怕鬼敲門」，這首詩的態度正是如此。即此是道，並無其他巧妙云云，事實上不也就是孔子說「由也，丘禱之久矣」的翻版嗎？

另一個值得注意的思想問題，是漢儒易學在道教中的影響極為深遠。

以五行八卦，結合天干地支來解釋宇宙生成變化及萬事萬物之關聯；以五行生克休王來說明人事物相之變易，並吸收十二月消息卦之說，始於《太平經》，其後《周易參同契》又用以講煉丹之法。以至整個象數易學都與道教脫不了干係，南北東西各宗丹法也都奠基在漢儒學《易》的基礎上。道教與儒家的關係還不夠密切嗎？

（六）以氣言道

道教思想中，有些本於老子、有些依據墨家、有些屬於儒家，乃是就其個別狀況而說，若由其總體型態看，那麼，或許我們該說它是漢代哲學的體現。

例如道教中某一系統雖也可能奉老子為其宗師、講授《五千文》，可是它的講法畢竟只是一種漢代哲學方式的，跟老子頗有距離。以《老子想爾》來看，這部經固然是對《老子》的注解，可是作為道教內部傳習之教材，它的主張就明顯異於老子。

像《老子》第九章說：「持而滿之，不若其已；揣而把之，不可長寶。金玉滿堂，莫之能守。富貴而驕，自貽其咎，名成、功遂、身退，天之道。」是主張持盈保泰、知足知止的。金玉滿堂，顯然指富貴者的財富。可是這本注解說：「人之精氣滿藏中，苦無愛守之者，不肯自然閉心而揣把之，即大迷矣。」卻以人的精氣為金玉。接著第十章說「載營魄抱一能無離，專氣致柔能嬰兒，滌除玄覽能無疵，愛民治國能無知」等等，講做人處事的方法，所謂「生而不有，為而不恃，長而不宰」。但注卻在「一」上大加發揮，說一就是道，也是氣：「一散形為氣，聚形為太上老君，常治崑崙，或言無名，皆同一耳。」於是道又是氣，又是太上老君，又是虛無，又是自然。

這就顯示了天師道特殊的一套講法。特殊處在哪兒呢？一、以氣言道。明說道就是氣，也就是那個「一」，注云：「道氣清……道氣常上下，經營天地內外，所以不見，清微故也。」（第十四章）「道氣在間，清微不見，含血之類，莫不欽仰。」（第五章）都是以氣言道，老子本身則無此說法。二、道是氣，太上老君也是氣。老子本身不曾談到過太上老君；亦不曾說太上老君住在崑崙山；更不曾說太上老君及崑崙山等等其實都是指虛無自然之氣。三、道是氣，一也是氣，那麼人要做工夫，行道守一，其工夫亦將只用在氣上，注云：「氣常欲實。……志隨心有善惡，骨髓俯仰。氣強志為惡，氣去骨枯。弱其惡志，氣歸髓滿。」（第三章）「觀其精復時，皆歸其根。故令人寶慎根也。道氣歸根，愈當清靜矣。」（第十六章）「用氣喘息，不合清靜，不可久也。」（第二十四章）都是教人如何讓氣不消散的。

以上三點，第一點顯示了天師道的本體論乃是以氣為宇宙創生之本體，是道氣上下，經營天地內外。第二點，說明了天師道的神論，其實只是氣論，外神（如太上老君）是氣，內神（精神）也是氣。故第九章注說：「人之精氣滿臟中……精結成神，陽氣有餘，務當自愛。」混說是氣，分說則可言精、氣、神。第三點則表明了天師道的工夫論主要在於養氣。

這整個思想，跟老子「專氣致柔能嬰兒乎」、莊子「通天地一氣耳」的想法當然不能說沒有關係，但卻是一套氣化宇宙論的講法。這個講法，在理論上有個困難：宇宙本體、具有創生功能的那個道（也就是「一」或太上老君），假若是氣，那麼它為什麼又可以號稱它即是「虛無」、「自然」、「無名」呢？

氣是有，雖不可見，然畢竟已是一物、已是有名。故若以此為宇宙元始，則將成為唯物論；若不承認唯物論的立場，則有形有質之氣，怎麼能是無名虛無的呢？放在老子的語意脈絡中說，老子講「道生一」，顯然道不是一，所以一般解老者都認為道是無。可是這兒卻說道就是一，一就是無，這是怎麼回事？

漢人在此，大抵是把氣分成兩種性質的氣來解決的，宇宙創生之氣，稱為「元氣」，一般的氣仍稱為「氣」。道教中沿用了這個區分，並造了一個「炁」字來代表那個與一般氣不同的氣。炁為道、為一、為宇宙之本體，故亦無形、無質、無名、虛無、自然。《真誥・真命授》說：

> 道者混然，是生元炁。元炁成然後有太極，太極則天地之父母，道之奧也。故道有大歸，是為素真。故非道無以成真，非真無以成道。道不成，其素安可見乎？是以為大歸也。見而謂之妙，成而謂之道，用而謂之性。性與道之體，體好至道，道使之然也。（注云：「此說人體自然，與道炁合。所以天命謂性，率性謂道，修道謂教。今以道教，使性成真，則同於道矣。」）

老子說：「道生一，一生二，二生三。」道教中卻以道為一，一為氣（炁），氣生萬物，並認為欲求長生者亦須養氣練氣服氣。從天師道到上清陶弘景，都把這個道理說得很清楚了，後世道教亦大體依循這個理論架構，只是有些增加了宇宙生成過程（亦即氣如何創生宇宙萬物）的描述而已。

既講氣、講一，則必講一生二，氣分為陰陽。二又生三，所以不能只講陰陽，必須講陰氣陽氣和氣（《太平經鈔》丙部：「氣之法，陰陽相得，交而為和，與中和氣之合，共養凡物。」「有陽無陰不能獨生……有陰無陽亦不能獨生……有陰陽而無和，不能傳其類，亦絕滅。」乙部：「元氣有三名，即太陽太陰中和。」倫敦所藏敦煌《道經想爾》卷前也特別提到：「記三合以別真。」）

不能只講天地縕，必須講天地人，三合三才。由三而四、而五、而至於萬物。四通常指四時、四象；五為五行。而亦都就氣說，講四時之氣、五行之氣，例如《想爾注》：「精白與元同色，黑，太陰中也，於人在腎，精藏之。」（第二十八章）「胃主五臟氣」（第二十章），「五臟所以傷者，皆金木水火土氣不和也。和則相生，戰則相克。」（第四章）

所謂五行五臟之氣，其說起自《河上公注》，其理論大體謂元氣生物，但分之為二以後，陰陽兩氣卻會互相激搏，四時之氣相流轉，五行之氣相生克。人唯有順氣之行、得氣之和，才能長生；否則就會有所損傷。在解說這個道理時，他們不約而同地都要藉助於漢代流行的「五行休王」等理論。

《想爾》於「解其忿」下注云：「隨怒事情，輒有所發。發一藏（臟）則故克，所勝成病，煞人。人遇陽者，發（廢）囚刻（克）王，怒而無傷，雖爾，去死如發耳。如人衰者，發王克囚，禍成矣。」勸人勿以怒傷生。《太平經》卷六十五《興衰由人訣》也說：

> 今天乃自有四時之氣，地自有五行之位，其王（旺）、相、休、囚、廢，自有時；今但人興用之也。安能乃使其生氣，而「王」、「相」更相克賊乎。咄咄噫！六子雖日學無益也，反更大愚，略類無知之人。何哉？夫天地之為法，萬物興衰反隨人故。凡人所共興事，所貴用，其物悉王（旺）生氣；人所休廢，悉衰而囚。……是故天下人所興用者，王（旺）自生氣，不必當須四時五行氣也。

這些都是講五行休王的。

所謂五行休王，《淮南・地形》云：「木壯、水老、火生，金囚、土死；火壯、木老、土生、水囚、金死；土壯、火老、金生、木囚、水死；金壯、土老、水生、火囚、木死；水壯、金老、木生、土囚、火死。」已提出了這樣的公式，直到《論衡・難歲篇》仍說：「立春：艮王，震相，巽胎，離沒，坤死，兌囚，乾廢，坎休。王之沖死、相之沖囚，王相沖位，有死囚之氣。」所謂王、相、囚、死、胎、沒、休、廢，乃卦之八氣，指「八卦休王」。《太平經》所說的則是「王、相、休、囚、廢」，屬於五行休王。此外尚有「干支休王說」。又或以五色合四時以判王相囚死，用以論面相，斷人吉凶。大抵均不離生克之理。《想爾注》云「發囚刻（克）王」、「發王克囚」，即指此類。

另外，《太平經》卷七十二《齋戒思神救死訣》云：

> 四時五行之氣，來入人腹中，為人五臟精神，其色與天地四時色相應也。畫之為人，使其三合，其王氣色者蓋在外，相氣色次之，微氣最居其內，使其領袖見之，先齋戒居閑善靖處，思之念之。作其人畫像長短自在。

齋戒思神，可以救死扶危。其法，配合王氣、相氣、微氣三者，謂之三合。同書卷六十九《天讖支干相配法》云：

> 夫五行者，上頭皆帝王，其次相，其次微氣。王者，帝王之位也。相者，大臣之位也，微氣者，小吏之位也。王者之後老氣者，王侯之位也；老氣之後衰氣者，百姓萬民之象也；囚氣之後死氣者，奴婢之象也。死氣之後亡氣者，死者丘冢也。故夫天垂象，四時五行周環，各一興一衰。……是故萬民百姓，皆百王之後也，興則為人君，衰則為民也。

說明王氣代表「興」，「興」則為君，而「衰」為民。民即是瞑，昏暗衰弱的意思，見於董仲舒《春秋繁露》，為西漢以來之說，故以民為「衰」。這是以政治上之興衰，比喻精神上的興衰，教人在精神上須保持王氣，使常處主宰地位。

凡此種種，其實都是上述氣論的發揮，勸人配合天地陰陽四時五行八卦之氣以養生。這樣的一大套氣論，以氣言道，且將之關聯於萬物，實為老、莊所無，也不是先秦儒家的講法，而是漢代哲學發展出來的一種思想格局。漢代不論是道家儒家及陰陽家五行家，雖各有其偏重與差異，但大體都脫離不了這個格局，道教尤其是在這個格局中綜攝各家之說而形成它的基本框架。

以《太平經》來說，《太平經》一百七十卷皆扣住「天地格法」來立論，反復申說，有時不免治絲益棼。不過總括起來看，它認為天地之常道，確是依三統、四時、五行、六甲、七星、八卦、十天干、十二地支配合而成的。

所謂三統，是天地人配一二三、君臣民、日月星、三皇、三命等等，三又分三，所謂「天有三統，各有大無初。一者天皇，二者帝，三者王，四者霸」，這就由三轉入四的結構了。

天皇一，起於甲子；帝二，起於乙丑；王三起於丙寅；霸四起於丁卯。

其中甲子乙丑云云，稱為天曆；單舉子丑寅卯，則稱為地曆。

皇帝王霸四者又配北東南西四方……這樣的五行六甲十二子之配合，大抵如下圖：

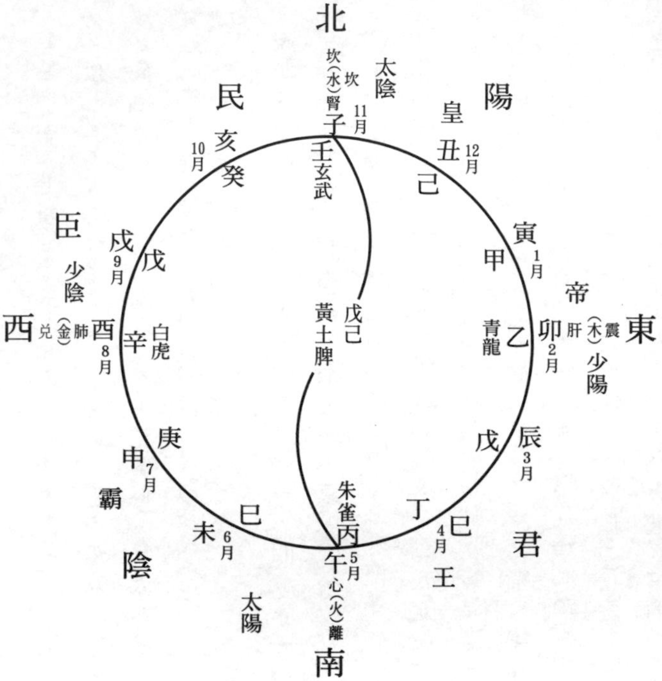

這個圓圈，其實就是道教各派理論的基本框架結構，有些道派講得複雜些，有些簡略點，但宇宙論在此，工夫論也在此。天地由開闢到毀滅是這個圈（天開於子、地闢於丑，而終於亥），一年十二月陰陽之推移消息是這個圈，國家的興衰、個人的生旺與衰傷，也都是這個圈。後來講煉丹，以木生火，以火燒金、金乃生水，而水歸於土，用的還是這個圈。調和坎離，攢簇五行，千變萬化，巧妙各各不同，而其基本觀念與論理框構實不外於此。

許多人看道經，是越看越糊塗。但假如明白它本是漢代哲學的體現，且其重點在於氣，又能掌握其解說氣運的這個架構，則如網在綱，許多問題（當然，不是所有的問題）必能迎刃而解了。

（七）成就生命

宗教提出一套宇宙論的目的，是為了解釋生命觀，就像佛教是因為有「人生是苦」的體會，才能發展出緣起的世界觀。用佛教的術語來說，前者是「苦諦」，後者就是「集諦」，都屬於佛教根本義理所謂四聖諦之一。苦諦，是說人生的本質是苦，縱使有快樂，也是短暫虛幻的，就像飲食溫飽之樂雖獲滿足，一下子又餓了；且暫獲溫飽之樂，也是勞苦身心其他部分所換來的。

由於人生永遠有需求，所以人永遠被需求所壓迫，永遠無法解脫，所以永遠是苦。而由人生永遠有其需求來說，人生是不能自主的，一切都受條件所決定。此理推而廣之，就叫「諸法無我」，佛教即以此說「集」，萬物皆因緣所生、皆諸條件所集合而成，故曰集。因其為緣起，所以性空。一切都是空無自性，故又稱萬法皆空。

道教不採緣起的世界觀，而是一種創生論。道生萬物，生既是道的作用，也是它的性質。為何如此呢？因為道教無論何派，都認為生命本身是極可寶貴珍惜的，都貴生而惡死。《想爾注》在「公乃王，王乃大」、「道大、天大、地大、王亦大，域中有四大，而王居其一焉」兩段經文中，均將王字改為生，並加注說：「生，道之別體也。」《太平經》則說「天道惡殺好生」，其後如《太上老君內觀經》云「道不可見，因生以明之。生不可常，用道以守之。若生亡則道廢，道廢則生亡」，《抱朴子・勤求篇》云「天地之大德曰生，道家至秘而重者」等都明確地表達了這種觀念。

由於重視生命之生，所以才講道的性質與作用就是生。就道之創生萬物而言，人欲長保其生，也須效法道，讓自己成為像道一樣的存在，所謂：「生不可常，用道以守之。」此即道教修證之法門所在，猶如佛教中之「滅諦」。所謂滅，是指人在明白諸行無常、諸法無我之後，能滅其執著（法執與我執），離苦解脫。道教的工夫義，不在離苦解脫，而在於區分什麼符合道、符合生的原則，什麼不是道、不符合生的原理，然後遵循著道的法則，去法道行道。

茲以《老子想爾》為例。它區分人有兩種，一種是道人仙士，一種是屍人俗人，前者法道長生，後者從俗入死：

> 求長生者，不勞精思求財以養身、不以無功劫君取祿以榮身、不食五味以恣，衣弊履窮，不與俗爭，即為「後其身」也。而自此得仙壽，獲福在俗人先，即「為身先」。

不知長生之道，身皆屍行耳。非道所行，悉屍行也。道人所以得仙壽者，不行屍行，與俗別異，故能成其屍，令為仙士也。（以上第七章）

求生之人，與不謝、奪不恨，不隨俗轉移，其思志道，學知清靜，當時如癡濁也。以能癡濁，樸且欲就矣。然後清靜能睹眾微，內自清明，不欲於俗。清靜大要，道微所樂，天地湛然，則雲起露吐，萬物滋潤。迅雷風趣，則漢燥物疼，道氣隱藏，常不周處。人法天地，故不得燥處；常清靜為務，晨暮露上下，人身氣亦布至。……屍死為弊，屍生為成，獨能守道不盈溢，故能改弊為成耳。（第十五章）

道設生以賞善，設死以威惡。死是人之所畏也，仙王士與俗人同知畏死樂生，但所行異耳。俗人莽莽，未央脫死也。俗人雖畏死，端不信道，好為惡事，奈何未央脫死乎？仙士畏死，通道守誡，故與生合也。（第二十章）

道人畏辱，故不貪榮，但歸志於道，唯願長生，如天下谷水之欲東流歸於海也。

道人同知俗事高官重祿好衣美食珠寶之味耳，皆不能致長生。長生為大福，為道人欲制大，故自忍不以俗事割心情也。（以上第二十八章）

仔細觀察這些言論，我們可以發現它有兩個特點：一、由反世俗所發展出來的貴生論，其實是逆生的。——它把俗人與道士視為兩相對立的兩類人，因此凡是俗人俗世所追求的，大抵都不符合道的原理與要求。例如俗世追求功名、利祿、財貨、美食美色、好衣珍寶，且穿窬偷盜，巧取豪奪，無所不用其極地去追求攫取。這些，在道教看來，都屬於求死之行，非長生之道。因此，脫死得生的方法，就是另走一條逆俗而合天的路子，並認為這個路向才符合道意。

這是一種「反常合道」的思路，違反一般人生活之常態，進而宣稱此非常者才是真正的常道，世人「不知常，妄作凶」，所以死得快。因此，道教的貴生說，並非順生論，也非順世論，毋寧說它具有逆生逆世的性質。

所謂「逆生」，是說人生下來即有因要維持生命狀況而有的各種欲求，例如飲食男女。這些欲求，都是生命的本能。如果我們順著這些本能去做，那就叫做「順性而流」，會不斷隨著欲求去滾動去漂流。道教反對如此，故主張逆此天生之性，「不求財以養身，不取祿以榮身，不食五味以恣」，不順性而流。依這樣的主張，它必然會要求人儘量節制欲望、減低生活上的享受，甚至連「飲食男女，人之大欲」都要設法減少乃至禁斷。《想爾》解「我欲異於人，而貴食母」時說：

> 仙士與俗人異，不貴榮祿財寶，但貴食母者：身也，於內為胃，食五臟氣。俗人食穀，穀絕便死；仙人有穀食之，無則食氣。

已談到「服氣」的方法。食氣的好處，在於不食人間煙火，不受食欲之驅迫，所以它仍是吃，卻與世俗人的吃不一樣。它論男女之欲亦是如此，它說：

陰陽之道，以若結精為生。年以知命，當名自止。年少之時，雖有，當閑省之。……上德之人，志操堅強，能不戀結產生，少時便絕。

男女結精而生育子女，站在道教貴生的觀點上，當然是不能禁止的。但年少時就不能縱欲，應當有所節制；年紀大了，則應停止。道教既講房中術，又講不行男女交接之道的上清偶景法或後世丹道之孤修法，都是由於這個特殊的理論路數使然。修道人唯有逆俗才能合天，違反生命自然的欲求，被認為才是合乎天道之自然的。

二、這種貴生說，涵蘊了高度的道德要求。除了上面所談到要超越飲食、男女、功名、利祿、財貨之貪欲外，它更指明了應為善去惡，「人當常相教為權富貴而驕世，即有咎也」，「道用時，家家慈孝。……人道不用，人不慈孝，六親不和」，「道意賤死貴仙，競行忠孝質樸」。凡此種種忠孝、慈愛、清靜、質樸之行為，既符合道的原則、符合「道意」，它就成為行道者應該遵守的倫理要求，在《想爾》中即稱此為「道誡」，是道的規定，也是人應持守的戒律。

《想爾》僅存三十幾章，其中談到道誡之處超過二十章。《太平經》論道誡之處更多。《抱朴子・微旨篇》說得好：「覽諸道戒，無不云欲求長生者，必欲積善立功，慈心於物，恕己及人，仁逮昆蟲，樂人之吉，愍人之苦，周人之急，救人之窮，手不傷生，口不勸禍，見人之得如己之得，見人之失如己之失，不自貴，不自譽，不嫉妒勝己，不佞諂陰賊。如此乃為有德，受福於天。所作必成，求仙可冀也。」

克制天生的欲望，不順性而流，如果視為消極的方法，那麼積善行道就是積極的長生之法了。誡，是漢代皇帝下命令的文書，凡戒敕州郡稱為誡敕，又稱誡書。道教沿用這個詞語，用以指上天大道對人的告誡敕令，而也是人應遵守的，所以誡又稱為戒。

戒條甚繁，項目極多，《道藏》洞真部戒律類收錄了《太上洞真智慧上品大誡》等十二種，洞玄部戒律類收錄了《太上洞玄靈寶上品戒經》等十一種，洞神部戒律類收錄了《太上老君戒經》等七種。還有雖未列入戒律類，但實為戒律性質的經典，例如太平部所收《太上洞玄靈寶八仙王教戒經》、《上清太玄鑒戒論》，正一部所收《傳授經戒儀注》、《傳授經戒儀注》、《傳授三洞經戒法籙略說》等都是。許多研究道教的人都說這是模仿佛教戒律而造的，其實不然。因為佛教之「戒」，從來不寫作「誡」，可見道教的誡，另有來源，本於帝王之誡敕。至於律，如天師道的《女青鬼律》，則是模仿漢代律令的，來源均與佛教不同，其出現亦在佛教傳入中國以前。只是早期誡條較為簡單，後來參考佛教戒律，續有增益罷了。

這些道誡，表明了道教因其貴生惡死之哲學立場，而對人之倫理態度有了許多積極的要求。唯有符合其道德行為者，它才認為他能長生久視；凡不合其倫理要求者，則認為他會早夭速死。這個原理，《太平經》說得很簡潔：「天上度世之士，皆不貪尊貴也，但樂活而已者，亦無有奇道也。」人人貴生惡生，所以人人希望能好好活著。但要活著，其實也沒什麼太多奇怪巧妙的方法，只須進行一種新的（**符合天道的**）倫理生活即可。因此《太平經》這段話就叫做「致善除邪，令人受道戒文」。

道教，是以此為核心而展開的。若仿佛教「苦」、「滅」二聖諦之說，即可稱為「生諦」、

「成諦」。生是快樂的，人均應貴生、尊生、樂生。生本身就是價值，能知此，即得生諦，可以貴生樂生矣。但生命有其威脅在，如何擺脫死亡的威脅，長期擁有生命、成就生命（所謂屍死為弊，屍生為成），則須有脫死長生之術。其術，一般方士講得神秘兮兮的，許多人也以其術來理解道教。其實術只是術，不是道。道教之道，平正無奇，不過是教人「不貪尊貴，致善除邪，樂守道戒」而已。

（八）道術之分

談道教，而一再說它只是一種自力宗教，所重視的，在於道德倫理生活，而非一般人所以為的神秘術法，一定會讓許多人失望或懷疑。所以底下我們不妨先來看紀昀《閱微草堂筆記》卷十七所記的一則故事：

梁豁堂言：有粵東大商喜學仙，招納方士數十人，轉相神聖，皆曰沖舉可坐致。所費不貲，然亦時時有小驗，故信之益篤。

一日，有道士來訪，雖敝衣破笠，而神情落落，如獨鶴孤松。與之言，微妙玄遠，多出意表。試其法，則驅役鬼神、呼召風雨，如操券也。松鱸台菌、吳橙閩荔，如取攜也。星娥琴竽、玉女歌舞，猶僕隸也。握其符，十洲三島，可以夢遊。出黍顆之丹，點瓦石為黃金，百煉不耗。粵商大駭服，諸方士自顧不及，亦稽首稱聖師，皆願為弟子求傳道。

道士曰：「然則擇日設壇，當一一授汝。」

至期，道士登座，眾拜訖。

道士問：「爾輩何求？」

曰：「求仙。」

問：「求仙，何以求諸我？」

曰：「如是靈異，非真仙而何？」

道士軒渠良久，曰：「此術也，非道也。夫道者，沖穆自然，與元氣為一，烏有如是種種哉？蓋三教之放失久矣：儒之本旨，明體達用而已，文章記誦，非也；談天說性，亦非也。佛之本旨，無生無滅而已，佈施供養，非也；機鋒語錄，亦非也。道之本旨，清淨沖虛而已，章咒符籙，非也；爐火服餌，亦非也。爾所見種種，皆章咒符籙事，去爐火服餌，尚隔幾層，況長生乎？然無所徵驗，遽斥其非，爾必謂譽其所能，而毀其所不能，徒大言耳。今示以種種能為，而告以種種不可為，爾庶幾知返乎？儒家釋家，情偽日增，門徑各別，可勿與辯也。吾疾夫道家之滋偽，故因汝好道，姑一正之。」

因指諸方士曰：「爾之不食，辟穀丸也。爾之前知，桃偶人也。爾之燒丹，房中藥也。爾之點金，銀部法也。爾之入冥，茉莉根也。爾之召仙，攝厲鬼也。爾之返魄，役狐魅也。爾之搬運，五鬼術也。爾之避兵，鐵布衫也。爾之飛躍，鹿盧蹻也。名曰道流，皆妖人耳。不速解散，雷部且至矣。」振衣欲起，眾牽衣扣額曰：「下士沉迷，已知其罪，幸迎仙駕，是亦前緣，忍不一度脫乎？」

道士卻坐，顧粵商曰：「爾曾聞笙歌錦繡之中，有一人揮手飛升者乎？」顧諸方士曰：「爾曾聞炫術鬻財之輩，有一人脫屣羽化者乎？夫修道者，須謝絕萬緣，堅持一念，使此心寂寂如死，而後可不死。使此氣綿綿不停，而後可長停。然亦非枯坐事也。仙有仙骨、亦有仙緣，骨非藥物所能換，緣亦非情好所能給。必積功累德，而後列名於仙籍。仙骨以生，仙骨既成。真靈自爾感通，仙緣乃湊。此在爾輩之自度，仙家安有度人法乎？」因索紙大書十六曰：「內絕世緣，外積陰騭，無怪無奇，是真秘密。」援筆於案，聲如霹靂，已失所在矣。

這個故事，可能是真人實事，也可能只是一則寓言，借道士之口來談什麼是道、什麼是術。一般人看道教，或自命為道教道士者，大多都只看到它術的那一面。久而久之，便以為道教也者，就是那一些呼風喚雨、撒豆成兵之術。其實道教雖有方術，方術卻不應被視為主要部分。上文所舉這則故事中那位道士所講的話，是非常有道理的。「此在爾輩之自度，仙家安有度人法乎？」確為道教之精義所在。

而且，術法看來神秘，實則授受自有源流，大多數是不難學到的。一般人少見多怪，未窺道籍、不明江湖術士底蘊，故以為神奇莫測，其實也並不太難瞭解。以下即以紀昀這本書為例，略加說明：

紀昀《閱微草堂筆記》乃清人說部之翹楚，與《聊齋志異》並稱，述異志怪，久著盛名。其中所敘道教方術甚多，例如卷一所謂《灤陽銷夏錄一》即載有上文所說的搬運術。說他小時在外祖父家，見一術士將一個大碗搬運到另一個房間的畫廚夾屜中。這個術法，因為是他親自見過的，所以他不認為只是一般戲法（所謂幻術、魔術），而說：「戲術皆手法捷耳，然亦實有搬運術。」並解釋其道理是：「孤怪山魈，盜取人物不以為異。能禁劾狐怪山魈者，亦不為異。既能禁劾，即可以役使；既能盜取人物，即可以代人盜取物，夫又何異焉？」

他這番推理，是由相信道士能「禁劾鬼物」而來的。他談到禁劾壓伏鬼物之處很多，同卷便說葉旅亭御史家鬧狐怪，請張真人來驅邪。張真人建道場、拜章，並檄神兵相助，終於擒住這隻「天狐」，以罌貯之。紀昀曾問真人抓鬼怪的原理，真人說他也不曉得，只是依法施行罷了，「大抵鬼神皆受役於印，而符籙則掌於法官。真人如官長、法官如吏胥。真人非法官不能為符籙，法官非真人之印，其符籙不靈。中間有驗有不驗，則如各官司文移章奏，或准或駁，不能一一必行耳」。

此以符劾鬼之法，又見於卷五、卷十五、卷二十等。卷二十說：「神仙清靜，方士幻化，本各自一途。……從叔梅庵公言，常見有人使童子登三層明樓上，以手招之，翩然而下，一無所損。又以銅盂投溪中，呼之，徐徐自浮出。此皆方士禁制之術，非神仙也。」

又說有某君學茅山法，能劾治鬼魅。後被人請去驅狐，狐知道了，就托人來打商量，奉獻百金。這個人得了錢以後，起了貪念，想狐既多金，可以術取，「遂考召四境之狐，脅以雷斧火獄，俾納賄焉。徵索既頻，狐不堪擾，乃共計盜其符印。遂為狐所憑附，癲狂號叫，自投於河」。類似的故事，又見於卷六。說有一人買了一冊役鬼符咒，夜裡在墟墓間試演其術。依書誦咒，果然四面鬼聲啾啾。不料暴風突起，書被卷落草叢中。眾鬼譁然說：「爾恃符咒拘遣我，今符咒已失，不畏爾矣。」遂把他打個半死。

這樣的故事，《後漢書・方伎傳》中就有了，而皆出於符咒禁劾之說。

根據這個講法，紀昀乃推斷：所謂搬運法，即是役使鬼物去替人盜取物件。

他的推測是對的，搬運確實必須役使鬼物，如何役使呢？據《萬化無窮錄・通天如意大法》所載，有五鬼搬運之法，「此法預看骷髏五枚，於五癸日，五更時皆收來。上書五鬼姓名，每過癸日，燒一枚，用符各另包起，祭六甲壇下。於淨處，腳踏魁罡二字，左手雷印、右手劍訣，取五方真氣五口，念混天咒七遍，焚五鬼符五道。於四十九日夜，寫祭文一道，為某事所求，仍作用呼五鬼名氏。各鬼應聲現形於前，就以前角仰望各鬼虛印一印。法畢，各令盟誓於天，任意驅用。如耳有所聞可察、目有所見可取、事有未來可報、成敗禍福預知矣。凡欲遠行，切忌日晝不宜動用。至夜，將轎子一張，系二杠於上，令五鬼杠台，不時千里，任意往還。假行中途孤村野館，要歇之處，名為小死。恐人物所傷，令五鬼守護無礙。凡百所事，若欲希求，無不搬運遂意，秘之！秘之」！

此法須用印，其印與一般方形印不同，乃是三角形印。如下圖：

「印用雷驚棗木一段，擇甲子成開吉日，於淨室內焚香雕刻。已成。甲寅祭甲辰焚香，羊肉甲午日洪汪，上甲魁日熏漬，邊甲戌日收鼇用。若欲試驗，收置雞罩上，眾雞不敢鳴。」

埋三日，持此印朱砂符上，據說可以祛邪召星。

一般方印是陽印，角印則是陰印。

此術另有咒語，叫混天咒，咒曰：「精靈精靈，不知姓名。授法五鬼，到吾壇庭。順吾者吉，逆吾者凶。輔吾了道，匡吾成真。令爾搬運，即速就行。逆吾令者，寸斬灰塵。吾奉太上老君急急如律令！」在施法時，還要寫一張符，上書五鬼姓名，呼其名，將骷髏逐一包放壇下。召喚五鬼來搬運時，要念真言：「南無胃浮唵吉唎唵吉唎。」一氣念七編，吸五方氣五口。念畢，焚九靈符一道，後焚五鬼名符五道。每日三次，香羹、美酒、肉脯、饅頭、任意施食油鹽醬醋，全燒金銀經旛千張常用之。

五鬼名符如下圖：

焚燒此符之際，逐一呼名，並說：「速至速來，有事驅用。」燒五道符，叫五次。「如現形時，各與立誓，隨吾役用。呼五鬼立至矣。常不離左右，動止相隨，凡食先與之。若煉畢，祭禮送之，念祝食咒曰：『三界無量食，充滿法界中，濟汝饑渴者，清色無色聲。』又念開喉咒：『悲夫常枉苦，煩惱三途中，猛火燒咽喉，常思先渴念。一灑甘露水，如熱復清涼，幽境靜樂，托化逍遙鄉。吾今施汝供，益如仙境眾，一粒變十萬，河沙鬼神共，吾奉億億劫，中度人無量，尋聲赴感，太乙救苦天尊，青玄上帝律令攝！』」

此為役鬼法，另有役精物法，《萬法歸宗周易內秘丁甲大全》卷四載鼠精搬運法即屬此類。其法：「用大雄鼠一個，養在家。候至甲子日，用雄黃二錢一分，勻作七日，調糯米飯，或浸糯米，與鼠食之。至庚午七煞之日，其鼠一身俱變白色或黃色。養勻至癸酉日，用雄黃二分，麝香、乳香、片石各一分，馬前一片，共服糯米飯成丸，與鼠食之。至亥子時，其鼠即行仙界。至甲戌日，寅卯時，又用麝香、片腦、藿香、故紙各一分，川良羌二分，川當歸三分，將鼠用新瓦或銅鼎仔，用文武火焙乾。將藥亦焙。搥末共一處，切勿焙燒。又用蜜二錢，和曲一錢，成丸。至甲申日，開壇淨室一所，忌婦人、雞犬、生面人見之。用烏雞母二三個，將卵，取室，黃不用。將鼠並藏在內，用六丁符封密。不時早晚念咒，行罡訣，煉之。置壇先用淨壇符咒云：『洞中玄虛，晃朗太元，八方威神，使我自然。靈寶符命，普告九天，干羅答那，洞罡太玄，斬妖縛邪，殺鬼萬千。忠山神咒，元始王文，吾誦一編，卻鬼延年。按行五嶽，八海知聞，魔王束手，持衛我軒。凶穢消蕩，道氣長存，急急如律令！』」再念玉女過河罡訣，其訣與咒語如下：

咒曰：「本師出現，急救殘生，貧時救用，莫負前程。有處運氣，密藏在身。」急用時則念三遍八諱語：「俈唵咈唷囉哂嗚哩俈吵咩咩嗚毛毛，洞輝交徹，五氣亦翌翌，金光出現，發育成形，吾奉作嘗，仙師急敕如律令！」或：「洞輝交徹，五氣澄澄，金光速現，搬運吾身。吾奉五顯靈官大帝，急急如律令！」左手華光訣，右手劍訣。

至於符，則如下圖：

用符時並念咒，咒曰：「祖師藏吾身，本師變吾身，仙師化吾身。不是非凡身，吾身乃是靈山屍下五鼠精，發人間，巧弄人，清清靈靈，罡訣成形，順吾者生，逆吾者粉碎微塵！」

江湖秘傳之五鬼搬運、鼠精搬運法，大抵如是。其術都是攝其魂魄為之，與「耳報」之法類似，號稱仙術，而實皆森森然有鬼氣。紀昀當時雖未必知此術之底蘊，但他的推測卻近乎事實，因為他已有術法多採人魂魄的認識了。其書卷三載烏魯木齊有道士賣藥於市，夜宿旅店時，必取出一小葫蘆，傾出二黑丸，即化為二少女與他共寢，晨則不見。紀昀根據元朝人所編《輟耕錄》上的故事，猜測「此乃所採生魂也」，並認為讓他吃馬肉即可破其術。這是採人生魂。像五鬼搬運之類，則是攝死者之鬼魂了。

紀昀也紀錄了另一種役狐法，與役鬼者不同，卷十五：

> 龔集生言：乾隆己未在京師，寓靈佑宮，與一道士相識，時共杯酌。一日觀劇邀同往，亦欣然相隨。薄暮歸。道士拱揖曰：「承諸君雅意，無以為酬，今夜一觀傀儡可乎？」入夜至所居。室中惟一大方几，近邊略具酒果，中央則陳一棋局。呼童子閉外門，請賓四面圍几

坐。酒一再行，道士拍界尺一聲，即有數小人，長分八九寸，落局上。合聲演劇，呦呦嚶嚶，音如五六歲童子。而男女裝飾、音調關目，——與戲場無異。一出終，瞥然不見。又數人落下，別演一齣。眾人且駭且喜，暢飲至夜分。道士命童子於門外几上，置雞卵數百、白酒數罈。戛然樂止，惟聞餔啜之聲矣。詰其何術。

道士曰：「凡得五雷法者，皆可以役狐。狐能大能小，故遣作此戲，為一宵之娛。然惟供驅使即可，若或役之盜物、役之祟人、或攝召狐女薦枕席，則天譴立至矣。」

五雷法，指「五雷天心正法」之類，道家雷法一派咸有此術。不過，小兒演戲，既如傀儡，又如幻術，《閱微草堂筆記》本身倒不乏這樣的記載。卷十四提到「凡物太肖人形者，歲久多能幻化」，舉一個戲偶為例，說這個戲偶做得太像人了，某天月夜竟然自己動了起來。又卷十五說有兩木製提傀儡，久置廢室中，一夕月明，竟見木偶跳舞於院中，作演戲之狀。這都是物老為妖的類型。術士以幻術演戲，則可見諸卷一：

德州宋清遠先生言：呂道士不知何許人，善幻術。嘗客田山張司農家，值朱藤盛開，賓客會賞。一俗士言詞猥鄙，喋喋不休，殊敗人意。一少年性輕脫，厭薄尤甚。斥勿多言。二人幾攘臂。一老儒和解之。俱不聽，亦愠形於色。滿座為之不樂。道士耳語小童，取紙筆畫三符焚之，三人忽皆起至院中，旋折數四。俗客趨東南隅坐，喃喃自語。聽之，乃與妻妾談家事。俄左右回顧若和解，俄怡色自辯，俄作引罪狀，俄屈一膝，俄兩膝並屈，俄叩首不已。視少年，則坐西南隅花欄上，流目送盼。

妮妮軟語，俄嬉笑、俄謙謝、俄低唱《浣紗記》，呦呦不已。手自按拍，備諸冶蕩之態。老儒則端坐石磴上，講《孟子》齊桓、晉文之事一章，字剖句析，指揮顧盼，如與四五人對語。忽搖首曰：「不是。」忽嗔目曰：「尚不解耶？」咯咯癆嗽仍不止。眾駭笑，道士搖首止之。比酒闌，道士又焚三符。三人乃惘惘癡坐。少選始醒。自稱不覺醉眠，謝無禮。眾匿笑散。道士曰：「此小術不足道，葉法善引唐明皇入月宮，即用此符。當時誤以為真仙，迂儒又以為妄語，皆井底蛙耳。」後在旅館，符攝一過往貴人妾魂。妾蘇後，登車識其路徑門戶，語貴人急捕之，已遁去。

這位呂道士後來被雷殛死。其術是用符讓人進入幻境，而旁人看起來像在演戲。這位呂道士是會攝人生魂的，但此戲應非攝魂法，殆如催眠之類。另外還有一種戲法，卷二十四：

戊寅五月二十八日，吳林塘年五旬，時居太平館中，余往為壽。座客有能為煙戲者，年約六十餘，口操南音，談吐風雅，不知其何以戲也。俄有僕攜巨煙筒來，中可受煙四兩，爇火吸之。且吸且咽，食頃方盡，索淨巨碗瀹苦茗。飲訖，謂主人曰：「為君添鶴壽可乎？」即張吻吐鶴二隻，飛向屋角。徐吐一圈，大如盤，雙鶴穿之而過，往來飛舞，如擲梭然。既而嘎喉有聲，吐煙如一線，亭亭直上。散作水波雲狀。諦視，皆寸許小鶴，頡頏左右，移時方滅。眾皆以為目所未睹也。俄其弟子繼至，奉一觴與主人曰：「吾技不如師，為君小劇可乎？」呼吸間，有朵雲飄渺筵前，徐結成小樓閣。雕欄綺窗，歷歷如畫。曰：「此海屋添壽也。」諸客大驚，以為指上毫光，現玲瓏塔，亦無以喻是矣。以余所見諸說部，如擲杯放鶴、頃刻開花之類，不可殫述，毋亦實有其事，後之人少所見，多所怪乎？如此事，非余目睹，亦終不信也。

此戲法之淵源不可知，但我查考了光緒十五年陳小樓等所編《秘本中外戲法》中，有香煙化鶴之法，與之類似。其法用野鴨全骨一副，苔蘚皮等分，共為末，拌香內點之，其煙結成鶴狀。用扇輕輕把動，即可上升，若飛翔之態。

紀昀所見，大約即屬於此類戲法。至於「頃刻開花」亦是相傳已久的方術，韓湘子在藍關會韓愈時，即施此技，《萬法歸宗》卷四亦載有此法，而且有兩種方法：

（1）雞卵一枚，去白、存黃。將瓜子入在殼內，攪勻，裝滿。錦紙封固，放雞窠內孵。眾雞出時，用厚朴、官桂、甘草各一錢為末，將瓜子去衣仍入殼內。封密，埋在牆邊。要取土氣滋潤，不可令乾。要做法時，用濕棉花包一粒，藏在身邊。做法時，取鬆泥一碗，將瓜子放在碗內，少刻長大開花。

（2）用蓮子七個，同前，放雞卵殼內。孵二十一日取出，用茶洗淨，入匣內。用時，滾湯將蓮子洗過，放在碗內泥中，少刻開花。

這兩法都是用種子植在泥中可以立刻開花結果的。《秘本中外戲法》所載「種瓜即生」者即是上述第一法，可見在術士之間相傳已久。《秘本中外戲法》另錄「立時種菜」一法，與此相似，但作者說：「此古法，未經試過，姑錄以待後賢。」靈驗與否，看來作者也沒把握。可是它被稱為「戲法」，便表明了它只是一種方術，而與道法無關了。

該書所論戲法，凡三百二十套，分為彩法、手法、絲法、搬運、藥法、符法六門。例言說：「暗伏機關者，曰彩法，秘有專訣者曰手法，全憑藥力者曰藥法，用符咒者曰符法，牽絲拽線者曰絲法，預藏身上出紅毯者曰搬運。」它所謂的搬運，雖不同於前文所說的鬼物搬運法，但用符咒者也被列為戲法，可見方士以符咒為幻戲、以謀衣食，早已是非常普遍的事了。上述召仙、役鬼、搬運、讓人進入幻境等等，都可歸屬於符法門。頃刻開花，則是藥法類。

卷十七載道士指責別人說：「爾之入冥，茉莉根也。」也是一種藥法。《閱微草堂筆記》卷十七記：「閩中茉莉花根，以酒磨汁飲之，一寸可屍蹷一日。服至六寸，尚可蘇，至七寸乃真死。」唐人傳奇中曾說茅山道士有令人暫死之藥，大抵即是這類藥物。紀昀記載有女子用這種方法詐死逃婚，正與唐傳奇相似。古來豔稱之術，其實不過如此，略舉數例，其餘可推而知矣。

二　道教的性質

道教之性質，隨歷史的發展，時移世異，變革甚多。以今人習見之道教狀況去推想古代，實在有很大的差距。

現在一般人想到道教與道士，都認為它們的職司就是跟超自然界打交道，交通鬼神。所以要由他們來主掌祭祀之事，或主持死喪之禮。祭祀時則往往需要牲供，與佛教僧尼辦理齋天供佛及喪葬法事時僅用素菜素果不同。

但古代道士不完全是這樣的。

先說齋法。據《雲笈七籤》卷三七齋戒部的序文說：「諸經齋法，略有三種，一者設供齋以積德解僁愆；二者節食齋，可以和神保壽，斯謂祭祀之齋，中士所行也。三者心齋，謂疏瀹其心，除嗜欲也。」可見道教及道士所貴，在於精神內養，祭祀僅是次要之事。而且這類祭祀之齋，也與現今一般人所理解的不同。

不同者何在？第一是目的。「除上清絕群獨宴、靜氣遺形心齋之外，自餘皆是為國王、民人、學真道士、拔度先祖、己躬謝過禳災致福之齋」，亦即為別人或自己消罪孽致福祥，是一種道德性的動作，而非報酬交換式的功利性目的，齋祭了以後就要求五穀豐登、升官發財。因此《老君說一百八十戒》第一百一十八戒就說「不得祠祀鬼神以求僥倖」。

所謂不得祠祀鬼神，正是第二個不同點。道教所重，既然在精神內養，齋供儀式自然就只屬於輔助性的手段。因此修齋持戒，所重者仍然在於內養而非外求，並不是向鬼神祈拜，與現今一般人所理解的「拜拜」、「拜神」迥然不同。故《三天內解經》云：「夫為學道，莫先乎齋，外則不染塵垢，內則五臟清虛，致真降神，與道合居。」老君一百八十戒中，第一百一十三戒是「不得向他鬼神禮拜」，更說明了拜拜非道教之禮儀。《化胡經》十二戒中也有「勿淫祀。邪鬼能亂真，但當存正念，道氣自扶身」之說。

因為不拜鬼神，所以也不磕頭。這又是另一個不同點。《雲笈七籤》卷四十《金書仙志戒》云：「凡存修太一之事，欲有所禮願，慎不可叩頭。……古之真人，但心存叩頭，運精感而行事，不因頰顙而祈靈也。」「凡修行太一之事、真人之道，不得有所禮拜，禮拜亦帝君五神之所忌也。」（**又見卷四六，秘要訣法部第二五**）因為不禮拜鬼神，因此對世俗人也不禮拜：「凡於父母、國君、官長、二千石、刺史、三公，皆設敬，不得即誤禮拜。」（**同上**）形成道教特殊的禮儀觀，跟佛教只強調「沙門不敬王者」不同。

換言之，道教之齋供，在目的、對象、儀法上，都和現在民間所見之拜祀鬼神迥異。現今民間拜祀鬼神雖多延請道士主法，古代道士或道教卻是不搞這一套的。不但如此，與祭祀鬼神相關的一些活動，如求神問卦、占卜、算命之類，也非道教所允可，故老君一百八十戒中第一百一十四戒即是「戒不得多蓄世俗占事之書及八神圖，皆不得習」，第七十八戒則是「不得上知星文、卜相六時」。拜祭鬼神或求卜問前程、占吉凶，基本上並不被認可。

除了祭祀鬼神之外，現今道士最常做的事，似乎就是主持喪禮了。但這一點也頗有今古之殊。古道士雖常設齋祈福禳災，拔度地獄幽苦，然而他們並不臨弔喪家、不視見死屍、不主持喪葬儀式。

早期道經中已有憎見血之說，如《真誥》卷一云：「南嶽夫人言：汝憎血否？答曰：實憎之。」既憎血，故避見屍穢，《太玄都中宮女青律戒》云：「凡上學之士，受三天正法、四極明科，妄入殗穢，哭泣悲淚，弔死問喪，五犯伐功斷事，不得入仙……十犯死入地獄，萬劫還生不人之道。」又，《太上黃素四十四方經戒》云：「凡道士存思上法及修學太一事，皆禁見死屍血穢之物。」《上清大洞戒》云：「凡修雌一之法……不得見屍。」

據這些經典說，道士如果見到死屍血穢，應立刻設法禳解。《四十四方經》建議以朱砂一銖散入水中，以洗目、漱口、洗手腳，然後再入室正寢中，把手交叉放在心口上，叩齒二十四通，念一篇咒語。《精要經》建議走二十四步，北向叩齒九通，存思想像有玉童玉女來協助我用皇芝素水澆灌死屍，死屍化為活人，並念一篇咒語。《青要紫書金根眾經》則主張拿一盆清水，放入一兩真朱砂，放在中庭，然後南向臨水上，叩齒九通，念兩篇咒語。

總之，是不能看到死人的，若看見了便極為麻煩，得大費周章才能禳解。

去弔喪當然也不行，去五次就入仙無望了。

為何如此慎重其事、反覆叮嚀呢？因為道教主旨在於「貴生」，一切教義由此而發，養其生氣尚且時嫌不足，怎能親近死物？一切死事皆當忌諱，原不止臨屍弔喪而已。

例如禁止殺生。老君第二十七戒為「戒勿食含血之物」，《思微定志經》十戒第一也是「不殺」。老君一百八十戒中談到不殺的則包括「第四戒不得殺傷一切物命，第二四戒不得飲酒食肉，第三九戒不得自殺，第四十戒不得勸人殺，第四二戒不得因恨殺人，第七九戒不得漁獵傷殺眾生，第九五戒不得冬天發掘地中蟄藏生物，第百一五戒不得與兵人為伍，第百七二戒若人為己殺鳥獸魚等皆不得食，第百七三戒若見殺禽畜命者不得食，第百七六戒不得絕斷眾生六畜之命」等。蓋繁說則有許多殺生的類別，簡單講，就直接說不殺生乃道教諸戒之首。

戒法如此，自然就影響到它的齋法。道教之齋供，雖說也要「市諸香油八珍百味營饌供具，屈請道士」來行齋（見《本相經》），但跟現在殺豬公、備三牲五禮、大魚大肉的那種方式完全不同，而是以不飲酒不茹葷為主的；有些講究的祭儀，甚至禁止穿皮履、繫皮帶參加。這正是道教祭法稱之為「齋」的本義。

《莊子‧大宗師》：「顏淵問道於孔子，孔子曰：『汝齋戒，吾將告汝。』顏淵曰：『回貧，唯不飲酒不茹葷久矣。』孔子曰：『是祭祀之齋，非心齋也。』」齋戒的原始意義就是要人禁斷酒與葷，道教稱其祀典為齋，即用此意。但古人齋戒，所禁之「葷」，並不是指「腥」，所以吃肉是不必禁斷的。而且齋戒主要是在祭祀之前，祭祀本身卻需要備犧牲，殺豬宰羊一番。自太牢少牢之禮，以至鄉射、鄉飲酒，都是無酒不成禮、無血食犧牲不成祭的。子貢欲去告朔之餼羊，因其無罪卻得被殺，可是孔子告訴子貢：「賜也，爾愛其羊，我愛其禮。」就是這個道理。道教卻在這一點上，與傳統儒家禮樂文化大相徑庭，直接以齋戒為典禮，稱其禮為齋，且不飲酒不食肉，不以血食之物為犧牲上供。

在一般宗教活動中，所謂聖餐，基本上就是飲酒以象徵食祭牲之血，並吃祭牲之肉的儀式。唯道教不然。道教之「行廚」，固然具有聖餐的意義，但因不拜鬼神、不見屍、不近血穢，故不奉祭牲，不喝酒吃肉。《太平經》卷百十二：「故復有言，所戒慎矣：不效俗人，以酒肉相和。」即表達了這種特殊的態度。

道教，自其崛起時，即不斷強調它與一般教法不同。如太平道自稱「真道」，謂其他教法為「邪法」；正一道自稱正一，即真正唯一之意，指責別人殺生血祭是「偽伎」。上清道則也在《真誥》中借三官都禁左郎之口指責阿映說：「汝本事帛家道，血食生民，逋愆宿責。」（卷四）表明了它和其他道法並不相同。由《雲笈七籤》來看，至宋代大抵仍保留了這種基本態度，強調精神性的道德意涵，而不向鬼神去求祈。後期道教，如全真教及南派張伯端以降之講內丹者，更是放棄或減低了齋醮、科儀、符籙的部分，而專力於用精神力量來達成「貴生」的宗旨。近於上清道的「絕群獨宴，靜氣遺形心齋」，而不甚用其扶鸞降神之技；近於正一天師道的守一清靜、不事擇日占卜腥葷祠祭，卻不甚用其符籙劾鬼之術。依《悟真篇》等丹經來看，它甚至可以完全不進行一般宗教的崇拜活動，也不必有至上神及相關信仰。它只須信仰一種清靜自養的人生觀，以及如何養成內丹的方法，依之修煉便可以了。

這樣的宗教，多麼特殊啊！

但歷史的發展，乃是詭譎的。反對各種民間巫俗方術、不拜鬼神以求僥幸、不殺牲祭祠、不處理喪葬事宜的道教道士，在發展中卻經常被那些它所反對的東西羼雜進來，或它本身有時也不免從俗。以至於像宋代刊刻《道藏》時摩尼教經典即混跡於其中那樣，許多民間巫俗方術都廁身於道教之林，許多道士也臨屍誦經、殺牲主祭了。道教的研究者，經常看到這種情形，遂以為道教也者，即是各種民間信仰及方術巫俗之總匯，如日本幅井文雅便說：「道教是各種古代民間信仰和其他因素的融合，這一融合，於西元二世紀在華北發展成了一個宗教。」（《道教的基本結構》，《亞洲學報》第六八期專刊）其實哪裡是這樣呢？

道教之所以為道教，它的基本結構正存在於它與其他宗教、其他民間信仰迥異之處。只有正視這些不同，我們才能真正開始進行道教研究。

道教的另一個特點，在於它對女性的態度。

大部分宗教都有敵視或貶視女性的傾向，佛教、基督教、伊斯蘭教均是如此。以基督教來說，繆勒利爾（Muller-Lyer）《家族論》第九章曾詳細描述道：基督教雖主張婦女也有不朽的靈魂，可以站立在上帝之傍；但靈魂的平等，是就來世說的，並不指這個塵世：

《新約》說得十分明白：「讓女人要沉靜的學道，一味的順服。我不許女人講道，也不許她管轄男人。只要沉靜。因為先造的是亞當，後造的是夏娃。且不是亞當引誘，乃是女人被引誘，陷在罪裡。」（《提摩太前書》第二章九—十五節）「婦女在教會中要閉口不言，如在聖徒的眾教會一樣，因為不能准她們說話。她們總要順從，正如法律上所說的。她們若要學什麼，可以在家裡問自己的丈夫。因為婦女在會中說話，原是可恥的。」（《哥林多前書》第十四章三十四—三十六節）「你們做妻子的，當順從自己的丈夫，如同順從主。因為丈夫是妻子的頭，如同基督是教會的頭。」（《以弗所書》第五章二十二節）諸如此類。

父系制度的塞姆（Semitic）族的神話，將人類之墮落及從樂園中流放出來，均歸罪於女人。教會便把這神話編入了他們的教條之中：「女人是在罪過中。」

羅馬教的法律（Canon Law）也是完全根據這種邏輯：它判定婦女不是照上帝的形象造的。且是亞當被夏娃誘壞了，不是夏娃被亞當誘壞。

所以男人應該做女人的主上。這樣她就不能再引誘男人犯罪了。法律也規定女人應該服從男人，差不多是男人的婢女。聖托馬斯‧阿奎那（St. Thomas Aquinas）將女人的卑劣歸於先天的缺陷（見《神學集成》）。在西元五八五年美昆宗教大會（Synod Of Macon）中，集會的主教們曾熱烈辯論女人究竟是不是人類，最後，才斷定為人類（見Hemneam-Rhyn《德國人民文化史》卷一）。伊甸園的神話，在基督教的神話中，與希臘史上雅典娜沒有母親，並從修士之腦中誕生的神話，扮演同樣的職務。兩種情形，都是用宗教的外衣來修飾男性的優越性。

忒滔良（Tertullian）更將他的狂熱狀態帶到了變態的地步：他說，女人是地獄之門、萬惡之母。想到她的婦道，她應該羞赧無地；為了夏娃的罪過，她應該處於永久的懺悔中。她的衣服是惡魔的一個最有力的手段。凡一個貞德的處女，每一次露出未被面幕遮住的臉面，即等於受到強姦。這是忒滔良另一有名的言論。

依據羅馬教法，女兒不准繼承父親大部分的遺產，女人在法庭上作證的證詞也無效，因為她們「不可憑信」。她不能立遺囑、不能訂契約、不能出席法庭。基督徒的聖母崇拜，也並未能改善這種敵視與歧視女性的態度。天主自是男性；修道的修士，地位則在修女之上。

佛教對女性，基本上也是貶抑的。據諸經論載，女人有五種障礙，不能成為梵天王、帝釋、魔王、轉輪王、佛。如欲成佛，須先轉變其身為男人。如《法華經》卷四（提婆達多品）即載有八歲龍女變成男身，往生南方世界成佛的事。許多經典中也都允許女人發願變成男人。如女人往生願，為阿彌陀佛四十八願中第三十五願。說若有女人聞佛名號，「歡喜信樂，發菩提心，厭惡女身」，則她壽終時，便能得男身，而往生極樂淨土。可見佛教對女人的基本態度乃是貶抑的。

道教的情況則比較複雜。其中也有主張男尊女卑的，如太平道。但整體說來，它對女性的態度畢竟與佛教、基督教、伊斯蘭教不同，主要徵象顯示在兩方面，一是至上神可以是女性，二是女性與男性一樣都能修得正果，女人不被視為罪惡或缺陷的存在物。

道教的至上神甚為複雜，因為它不像大多數宗教那樣，僅有一位至上神，它是多重至上神的信仰。原因在於它融合了各個不同的道派，所以將各派至上神以「一氣化三清」之架構重新排列，以致形成了多重至上神的情況。其後，又用「繼位」說來解釋至上神的更替，無形中又增加了至上神的數目。這些至上神，包括元始天尊、靈寶天尊、太極金闕帝君、太上老君、關聖帝君、玉皇大帝……都是男性。但另有一些神，也其有至上神之神格，例如斗姥、西王母之類。她們不是一般原始民族拜的始姐女神，乃是統領天地宇宙及諸神靈者。這樣的女性至上神現象，也影響到明清以後出現的先天道等民間信仰，產生了無極老母、瑤池金母一類講法。這與其他宗教至為不同。

此外，像佛教認為女人不能修至佛位，最多僅能修到「度母」；基督教更是把女人看成是有缺陷的人，不准講道；道教則男女都可修煉成仙。男仙女仙也沒有位階上的差異。像上清道的創教者魏華存就是女性。因此流行於漢魏六朝時期的上清信仰中，女仙真的故事也特別多，如萼綠華、杜蘭香、孫飛瓊等仙女早已騰播於文人墨客的詩文中，深致景慕。這與其他宗教中鄙夷女性、燒殺女巫的態度迥異其趣。

不鄙夷女性之態度，與道教對「性」的態度是相關的。一般宗教總是忌諱性事，視為不潔、視為罪惡，且亦因此而貶抑婦女。繆勒利爾對此，也有一番精彩的分析：

> 婦女地位低劣之另一種有力因素，是基督教義與學說中占很顯著部分的禁欲主義……色情的戀愛、戀愛的肉欲方面，被視為非法；獨身是人類靈魂與上帝結婚的代表。塔蘇斯的保羅（Paul Of Tarsus）說：「男不近女倒好。」（《哥林多前書》第七章一節）
>
> 在節日的前夜性交過的結婚夫婦，不能參與宴會或基督教的典禮。格里高里（Gregory the Great）曾申斥一個年青的妻子「過了鬼」，因為她參加禮拜聖瑟罷士梯安（St. Sebastian）的儀節，而在前夜沒有拒絕她丈夫的要求。
>
> 任何宗教教理，稱性愛為不潔，它也必至貶黜和申斥婦女。初期基督教父們，竟斥生活之性方面及婦女之特殊人格為下流與猥巧的淫亂。勒啟主張：「禁欲者的貢獻，在於盡力以一種深長而永久的明白貞潔重要的信念灌注於人心，這種貢獻，雖然極大，但大部分卻為他們對於婚姻的惡劣影響所抵銷了。從巨量的教父著作中已經輯出了兩三篇對於婚姻制度的很美的敘述，但大體說來，他們對於結婚所抱的態度，恐怕很難有比之更可嫌棄的罷。」
>
> 保羅只承認結婚是一種避免淫亂的方便（參看《哥林多前書》）。「若他們常像我就好。倘

若自己禁止不住，也可以嫁娶；與其欲火攻心，實不如嫁娶為妙。」（《哥林多前書》第七章八、九節）

相對於基督教這種態度，我們便會發現：道教之不貶抑婦女，正由於它不視性交為洪水猛獸。因為道教中有許多派別自漢以來即頗講房中術，「調和陰陽」的觀念在道教中至為重要，男女交合而生育子孫，也符合道教「貴生」之宗旨，因此道教對性交與生育均不排斥。

這種態度，在宗教界無疑是極為特殊的。許多宗教均仰賴不結婚不生子的出家人為其主要傳教士，道教卻不。自太平道以來，它即反對出家，雖講男尊女卑，卻仍主張調和陰陽，仍鼓勵男女媾精化育。正一道之天師也靠父子相傳。住宮觀的出家道士，乃是受了佛教影響以後才形成的。因此我們可以說：道教對性的態度，基本上採取一般世俗人的標準，例如不絕欲、不禁欲，但也不鼓吹縱欲。其房中術之基本精神即是如此。

但宗教中自有一些是主張通過欲望的滿足來獲得靈魂之超脫的，特別是性交的愉悅、欲死欲仙之境界，輒被比擬為得證無上真理的感受。早在原始宗教時期，人神戀愛之故事，以及祭祀時神靈降附時，女巫妖媚的歌舞儀式，都顯示了：性交正是人所以通達於神靈世界的方式之一。如今我們在佛教密宗或印度教中還可以發現大量法器、儀式，乃至神像如歡喜佛之類，透露著此種「性力崇拜」的痕跡。道教既不以性交為諱，且有專門著作及學說，教導人們如何進行性生活，自然也就逐漸會發展到這個型態，變成一種崇拜性力、以性交為入道秘法的宗教。

故早期言房中術，僅謂「食草木之藥，不知房中之法及行氣導引，服藥無益也」（《真誥》

卷五），後來卻以房中術為成仙之唯一方法，以至發展成採陰補陽、採陽補陰等採戰之說：「指女子為偃月爐，以童男女為真鉛汞，取穢濁為刀圭，肆情極欲」「紅雪者，血海之真物，本所以成人者也，在於子宮。其為陽氣，出則為血。若龜入時，俟其運出而情動，則龜轉其頸，閉氣欲之，而用搐引焉。氣定神合，則氣入於關，以轆轤河車挽之，升於崑崙，朝於金闕，入於丹田，而復成丹」。（《道樞》卷三）男人把女子當成工具，女道姑也把男人當成工具。

因為有人縱欲了，遂反激出禁欲的態度來。原本不禁欲的道教乃開始重新解釋性交的意義和房中術，甚至開始模仿佛教之禁欲與出家了。

重新解釋性交的意義和房中術者，可以上清道為代表。上清道的代表經典《真誥》說：

> 玄清夫人告曰：夫人繫於妻子寶宅之患，甚於牢獄桎梏。……貪欲、恚怒、愚癡之毒，處人身中。……南極夫人曰：人從愛生憂，憂生則有畏。無愛即無憂，無憂即無畏。……愛欲之大，莫大於色，其罪無外，其事無赦。賴其有一，若復有二，普天之民莫能為道者也。（卷六）

這很明顯是把佛教的禁欲觀引進道教中了，把男女愛欲及夫婦關係均視為桎梏。因此它也開始反對性交了，卷十：

> 道士不可食豬犬肉而交房中，令藥力不行。
>
> 道士求仙，勿與女子交，一交而傾一年之藥力。若無所服而行房內，減算三十年。

求仙者勿與女子。三月九日、六月三日、九月六日、十二月三日，是其日當入室，不可見女子……至其日，雖至寵之女子、親愛之令婦，固不可相見。

這三段，乃是雜錄三種道法，所以講法各不相同。一種是只在某些特定的時日不准性交，一種則說性交一次會減壽三十年，真是越說越恐怖了。上清本是女師所傳，怎會教人絕對不可見女子呢？顯見其教義已有了演變。原先它對早期房中術的批評並不如此嚴厲：

清虛真人授書曰：「黃赤之道、混氣之法，是張陵受教施化為種子之一術耳，非真人之事也。……思懷淫欲，存心色觀，而以兼行上道者，適足明三官考罰耳。所謂抱玉赴火、以金棺葬狗也。」紫微夫人曰：「夫黃書赤界，雖長生之秘要，實得生之下術也。……此道在長養生分而已，非上道也。」（卷二）

所謂黃赤之道、混氣之法，即早期的房中調合陰陽之術。上清道只是批評它僅是「播種」或僅是養生的方法而已，不足以成仙，還沒有全面反對性交。就像卷五引裴君語云：「食草木之藥，不知房中之法及行氣導引，服藥無益也。……若但知行房中導引行氣，不知神丹之法，亦不得仙也。」明顯地也是把房中術的功能作了限定，認為房中術雖有其功用，但不能僅靠此術即能成仙。但陶弘景的注解卻作了完全不同的解釋，說；「此謂徒服藥存修而交接之事不絕，亦不得長生。非言都不為者。若都不為，只服藥，皆能得仙。」禁欲的態度，顯然比早期更強了。

但不管禁欲的強度如何，它對性交的價值都是貶抑的，對其功能也從減低到採取完全負面的評估，這是上清道的特色之一，亦是它由天師道發展而出卻不同於天師道的地方。然而，光靠貶抑或恐嚇說性交會減壽仍是不行的，上清道又積極地將性交房中之術予以「轉化」。

如何轉化呢？它將男女交合虛化，視為陰陽二氣之結合，而不是形體的接觸，就像兩個影子的參合那樣：「真人之偶景者，所貴存乎匹偶，相愛在於二景。雖名為夫婦，不行夫婦之跡也。是用虛名以示視聽耳。苟有黃赤存於胸中，真人亦不可得見、靈人亦不可得接。」（卷二）

配合這個理論，《真誥》記載了一個美麗的故事，說南嶽夫人紫微夫人作媒，把九華真妃許配給乩生楊羲，並借這樁人仙聯姻之事，來申述這番「偶景」的大道理，說兩人的結合「示有偶對之名，定內外之職而已，不必苟循世中之弊穢而行淫濁之下跡」（卷一）。換言之，雖為夫妻卻無情欲，也不必真正性交，因為「真者，都無情欲之感、男女之想也」（卷六）。這真是性交的虛化了。

作為一種修真工夫來說，僅把性交虛化仍是不夠的。上清的道法，原本即重在存想，以想像來引導身體內部產生感應。因此性交虛化，亦如楊羲須有一位九華真妃來和他匹偶一樣，是存思一位女真，與她產生非情欲的匹偶對應關係，藉此以達到精神提升的作用。如此，此種虛擬的性交，即可替代早期的房中術，同樣具有積極的修煉功能。

後來的內丹系統，便充分發展了這個方法，謂仙丹不是靠化學藥物的合和燒煉，而是靠身體內部的元素，運用一套方法去鍛煉。而那整套方法中最關鍵的部分，正是對性交的虛擬。《道樞》卷十八云：

昔者黃帝游於赤水末，學者聞之，遂言御女金華之道。淺識浮偽者爭信之，至於形枯產竭，一無所得而不悟也……其言曼衍於世，乃有五字三峰之論、昔蓄赤界之訣，以誣前真，甚可懼也……夫吾身中自有少女焉，好鉛筆者皆求他女，而不知求諸其身。……腎者，身之列女也，能採其氣，自腰臍通氣滿五臟，上連首脊而有聲，日行一千二百氣。彼所謂御女一千有二百，蓋此氣也，惡有能御如是者耶？

傳說黃帝御女，即與一千二百位女子性交而成仙。此處卻是把房中御女之術作了完全虛化與內在化的解釋，以御女為「行氣」。又，卷二十：

人因二氣和合而生，以父子精為骨，以母之血為肉，結而成形，十月而生。吾之道猶是也：中男御乎中女，交合以成形矣。少女之氣百數，其秘在乎還精補氣而已。

以離為女，以坎為男，二者相合而生長子震，又歸於少女兌，然後採少女之氣以還精，此即《金丹明鏡篇》所描述的金丹大道。《還丹參同篇》則說：「取金之精，活石之液，合為夫婦，列為魂魄，一體混沌，兩情感激，此丹砂也。」總之，內丹之要，在於水火既濟、龍虎交媾，存姹女而結胎，胎熟丹成，嬰兒坐於鼎中。整個修煉的過程，均比擬為男女性交以致結胎生子。

這恐怕是所有宗教中最奇特的一種性態度了。起於不禁欲，繼而縱欲，以性交為入道之門、登仙之法，再則禁欲，又轉而虛欲，且復詭譎地仍以性交為修真之秘要。轉換一種方式，肯定性交，也肯定了生育。

這樣的性態度，自然無法真正鄙視女性。

當代論道教，蹊徑互異，有人喜歡由少數民族風俗方面立論，有人喜歡由巫術方面解釋道教之性質與來源，也有不少人倚仗田野調查方法進行民俗學式的討論。我自己的看法，則完全與他們不同，認為其所見皆誤。

要批評別人所見「皆」誤，並不容易，因為辯不勝辯。但從幾個基本問題上就可以看出彼此見解的差異了。

例如某些先生常談道教與少數民族的關係，或說道教吸收了（或它根本就是）西南少數民族之巫俗；或說道教影響了少數民族，由其喪祭等法事中即可看出來。如王家佑《讀蒙文通先師論道教節記》云：「林邑、扶南喪禮中。『七七』、『百期』之習俗見於道教。……道教法衣乃貫頭穿胸之布，披髮仗劍亦似妖巫之行。……茲皆見五斗米實西南少數民族之巫術。」（巴蜀書社，一九八七年）其舉例也很巧妙，但若道教原先根本不從事喪祭儀，則其說自然冰解。同理，張建建《殺牲獻祭與結合儀式：以貴州儺儀中的獻祭儀式為例》，說儺戲的殺牲儀式「與道教的齋儺儀式，有很相似的地方」（《世界宗教研究》，一九九六年第四期），也忽略了兩者根本不同，道教之齋乃是不殺牲的。

由巫術方面解釋道教起源及性質者，其態度和喜歡就少數民族與道教之關係處著墨者實相近似，都把道教看成是非理性、原始思維的表現，故援引神話學、民族學、人類學以為談證。而其結果，便是上將道教與薩滿法術、古代神仙傳說、巫俗、方術相混，下將道教與民間信仰相混。一切巫俗、方技、信仰、習俗，前為道教之淵源，後為道教之流衍。越講則道教之面目便越模糊，遂至求神、問卜、擇日、命相、走陰、視鬼、招魂、送煞、安葬、薦亡等無不稱之為道教；無論什麼神祇，都是道教所奉祀的。如此論道，豈能見道？

不只是範圍上顯得豁闊無邊，道教作為一個宗教、其性質也並不僅僅在這些方術上。道教固然仍保留了部分巫術，如咒語、文字元籙崇拜、星辰崇拜等，但論佛教、基督教的人，沒有人會只從其真言咒語上去大談彼與巫術之關聯，甚且由此論斷佛教、基督教之宗旨與性質，為何討論道教者竟在此強聒不休，且自以為已經得窺真相呢？

由道教不祭祀鬼神來看，它迥異於一般鬼神信仰，是非常明顯的。由它的齋戒內容來說，它與一般巫俗也有根本性的差異。不能掌握這個差異，不但不能抓住道教的特質，就是在一些局部的分析上，也會出現混淆。

例如三浦國雄認為風水說與道教關係密切，並舉《真誥・稽神樞》所述洞天福地說為證，謂此可證明風水思想已混入其中（見《道教の大事典》，一九九五）。其實道教不論風水，《陸先生道門科略》解釋其教為何名為「盟威清約之正教」時，即說：「居宅安冢、移徙動止，百事不卜日問時。」《真誥》所說的洞天福地，意義也與世俗陰宅陽宅之說全然不同。又如視鬼術，原本是古代方術中極常見之一種，乃靈媒巫祝所擅長者。《後漢書・方術傳》所載，如劉根之類，所在多有。但它與天師道之「劾鬼術」其實也甚為不同。視鬼術，俗謂有陰陽眼，能見鬼物之情狀；或能代人入陰間與鬼溝通，民間「牽亡魂」、「走陰」者皆屬此類。劾鬼則不然，主旨不賴於見鬼，也不跟鬼溝通，不代鬼傳遞訊息，要求人間滿足其需求（如遷葬、燒紙、修墓……），而是要禁制鬼物。作於東晉末年的《女青鬼律》便列出各種鬼的名字，教人怎樣呼名制鬼：「子知名，鬼不動。」阪出祥伸主編之《道教大事典》中，井上豐主撰的《見鬼術》一章，將兩者誤混為一，亦是誤解巫術與道法之例。

至於喜歡作田野調查、搞實證研究的朋友，理論訓練普遍不足，對現象缺乏解釋能力，對其調查工作本身則尤其缺乏方法論的反省，甚且常遺失了歷史性，忽略了他們所調查者僅為現今一時一地之現象，此類「宗教現象」未必即屬於「道教的現象」，更不能以之推斷「古代的道教狀況」。

齋醮和道士主持喪葬法事便是明顯的例子。作調查的研究人員，去拜訪烏頭道士，參觀並記錄招魂斬煞諸法事；去研究現今許多寺廟的建醮活動，考察他們如何備三牲九禮、如何拜祭。這固然是當代宗教現象之一種描述，但能以此之推論道教的性質或內涵嗎？

大凡宗教，在歷史上都是有發展有演變的，未必能據今以推古。此乃常識。何況，倘若歷史的演變出現了「異化」的狀況，一物（A）變成了它的對立物（非A），則縱使不好明白說現在的這些非A根本不是A，恐怕也得區分它們是兩種A，焉能含混不別？

道教轉而主持喪葬事，據李養正《道教概說》之分析，是模仿佛教及吸收民間信仰而成：「模仿佛教搞所謂『大破地獄、血湖』等醮事，又吸收民間迷信及地方戲曲，搞超度縊死者之『金刀斷索』、溺斃者之『起伏屍』、死於異鄉者之『追魂』、亡於分娩者之『遊血湖』；還有宣揚幽冥世界的法事，如『解冤結』、五七返魂『望鄉台』、臨終『開路』、浮厝前『招魂』、柩前『斬煞』、出殯『引喪』等等，名目繁多。……這些五花八門的所謂法事道場，有很多都已遠離道教傳統壇醮經懺法事的儀法與規式。……在遵守道教儀範的宮觀，一般只依儀進行完願、祝聖、慶誕、追七、薦祖以及早晚功課、三官經懺、玉皇經懺、真武經懺等活動。」（北京：中華書局，一九八九年，第十章第三節）依此說，可以明顯看出，正宗道教儀懺壇醮應是不經紀喪葬之事的。

目前台灣的道士分為兩種：一種行醮儀、避邪、解厄等度生之法，稱為紅頭道士；一種兼行葬儀和追薦供養等死者儀式，即度死之法者，稱為烏頭道士。這種區別，其實即是原來的道教道士與摻雜了佛教及民間巫術信仰之術士間的差別，是A與非A。

但荒謬的是：烏頭道士反而被民間視為較正式的道士。舉行法事時，紅頭法師僅簡單裝束，著世俗服，頭纏紅巾；烏頭道士則戴黑冠，衣道袍。這其實是顛倒了的。但研究道教，而從田野調查起家者，往往便弄不清楚這其中的轉折。例如劉枝萬《中國醮祭釋義》云「齋是為死者舉行的儀式，醮是為生者舉行的祈禱闔家平安、五穀豐登等」云云，即完全弄錯了。相關的誤解可以參看如劉氏《閭山教之收魂法》（均收入「中央研究院」民族研究所專刊第二二期《中國民信仰論集》，一九七四年）、薩梭《冥界救度的儀禮》（華盛頓州立大學，一九七二年）、大淵忍爾《關於台灣、香港道教儀禮的調查報告》（《中國學志》一九六八年第五期）等各種論著。

至於祭祀獻牲與醮，更是不同的。道教貴生，自無殺生以祀奉鬼神之理，故齋醮基本上應是素供。當然，這一點在文獻上仍有爭議，據《隋書・經籍志》記載：「夜中於星辰之下，陳設酒脯餅餌諸物，歷祀天皇太一，祀五星列宿，為書如上章之儀以奏之，名之為醮。」可見醮是供酒肉的。又，法琳《辨正論》批評陶弘景「所營醮法，備列珍奇，廣班緣彩，多用蒸魚、鹿脯、黃白、蜜料、清酒、雜果、鹽豉、油米等」，也指出了醮法確實供應酒肉。另外，《資治通鑑》卷一一九云魏明元帝「使謁者奉帛、牲宰祭嵩嶽，以迎致（寇）謙之弟子在山中者，以崇奉天師」，似乎也說明了道教並不都不牲祭、不奉酒肉。但是，北魏明元帝牲祭嵩嶽以迎寇謙之弟子，只能說是他從俗以示誠心，其禮未必為道教之禮。《隋志》及法琳的描述又均屬教外人士之見解，亦不足以作為憑證。因為醮不僅在夜中，亦不只拜星辰，《隋志》所述顯然是錯的。

李養正前舉書，據其說以釋醮義；又謂醮即祭祀，源自我國古代之壇祭。李獻璋《道教醮儀的開展與現代的醮》（《中國學志》一九六八年第五期）也以為醮儀形成於星辰信仰。此均為誤解。醮不是祭，祭者，以手持肉，奉事神明也。

它與醮之不同，杜光庭言之甚詳：「牲栓血食稱祭，蔬果精珍稱為醮。」（《刪定教壇醮儀》）杜氏是道教史上對齋醮科儀之整理最有貢獻的人，論齋醮自應以他所述為準。

三　道．道家．道教．道教史

（一）各道其道

道教起於何時？史學家都說張道陵創教後，道教才算正式成立。但張道陵父子相傳，只稱「正一」，不云其為「道教」。黃巾太平道起事，也未嘗自名其為道教。張魯在漢中，則更被喚作鬼道。因此，道教究竟如何興起，仍成疑問。趙翼《陔餘叢考》卷三十四又謂：「秦漢以來，但有方士為神仙之說，無所謂道家者。以老聃為道教之祖、張陵為大宗，則始於北魏寇謙之，而唐時乃盛行。」道教之興起，真的這麼晚嗎？

教內人士溯道教之宗源，則多說起自黃帝，既為我中華民族固有之文化，亦為固有之信仰。也有些人說其來歷更在黃帝之前，如《抱朴子．枕中書》便謂道教起於二儀未分時之元始天王。《隋書．經籍志》則說始於元始天尊，老子就是元始天尊所度的一個門徒；天尊另外也度了許多人，「所度皆諸仙上品」。

此類說法，皆甚為荒遫，難以質憑。蓋元始天尊的信仰本係南北朝時期之產物；而黃帝等古先聖王所講的「道」，也與道教之所謂「道」頗不相同。

從前，章太炎在《國故論衡・原儒篇》中曾對「儒」作了一番考察，指出儒有三名：作「達名」解時，儒是指術士，如魯般善建築、養由基善射，凡具有某種才技智術者統稱為儒。但儒也可以作「類名」解，指某一類人，亦即通曉禮樂射御書數六藝，可以教民的師儒。另外，儒又有「私名」，專指那種通達德行政教之趣，而又不是只能傳授六藝，且能助人君順陰陽明教化的人，這種人就是像孔子、孟子那樣的儒家。

至於漢代以後的「儒家」，意義又不一樣了，他們只懂得六藝知識，但又懂得不全面，例如屬於「射」的蹴鞠射弋、近乎「數」的曆譜、近乎「樂」的文學調律，他們一概不懂，所以既異於私名之儒，又不像類名之儒，只是經生、章句之儒。達名之儒，可指道墨名法陰陽小說詩賦經方本草著龜形法諸術士，後世之「儒家」顯然也不同於此。

他的分析很有價值，而且在該篇中他也提到：「題號由古今異，『儒』猶『道』。儒之名，於古通為術士，於今專為師氏之守。道之名，於古通為德行道藝，於今專為老聃之徒。道家之名，不以題諸方伎者，嫌與老氏混也。」儒這個字，因為在歷史的發展上形成了字義的演變，故所指涉的內容也頗有差異。不分辨這些差異，當然就會形成認知上的困難與混淆，如史載秦始皇「焚書坑儒」，這個「儒」即指術士而言，並不是孔門之儒的儒家，也不是經生。①又如東漢以後正史皆有「儒林傳」，此「儒」則均指漢代以後的儒家，乃經生耳，既非達名，亦非私名、類名之儒。不弄清楚這些同名異指的分際，往往會將這各種「儒」混為一談，名實淆亂，指東說西。道，也是如此。

（二）道與道家

章太炎說得很對，「道之名，於古通為德行道藝，於今專為老聃之徒」。古代「道」字亦是達名通稱，非專指某人某藝為道，而是凡一切合理可行者皆可名之為道。

道，最一般的講法，可以《釋名・釋道》的解釋來看：「道，路道，蹈也。路，露也。言人所踐蹈而露見也。」俗語說「路是人走出來的」，地面因人踐踏行走而漸漸形成道路，所以「道」的基本意思就是人所行走的通路。②這些路，只要合理、走得通，就會有人走，人人各道其所道。且人也總是循著道路在走的，很少人會專門撿沒有路的地方走。因此，道又有條理之意，如《管子・君臣》云「順理而不失之謂道」，《韓非子・解老》云「道者，萬物之所然也，萬理之所稽也」，均是此意。

在這種意義下，道皆泛稱，如「先王之道」、「仁義之道」、「王道蕩蕩」、「天不變，道亦不變」之類，上面須加限定詞才能確定其為何種道。人人都可稱自己的理論或理想為道，如「吾道不孤」、「道不行，乘桴浮於海」。這種自己堅持的理想與道理，若持以教導他人，即是「導」，手持道理導人入於某種道路也。若敘說講述之，也稱為道，成為動詞，如《莊子・天下篇》：「《詩》以道志、《書》以道事、《禮》以道行、《樂》以道和，《易》以道陰陽、《春秋》以道名分。百家之學，時或稱而道之。」此處的道字，即謂敘說某種道理。倘若以某種道理教育後生，便可稱為道教，如《牟子理惑論》云：「孔子以五經為道教，可拱而誦、履而行。」

此道之古義也，泛指道理，本不專指某家某氏。但為什麼後來只有道家被稱為道家，獨專此道字，猶如古代「朕」為我之通稱，後來卻成了帝王專用的稱謂那樣，使道由達名變成了私名呢？一般人總以為那是由於道家喜好講道的緣故，其實不然。因各家莫不自稱其道理為道，且也都稱其道理具有形上學的內容，可以推源於天道，包括《孫子兵法》都是如此。所以道由達名漸成道家專指，其間有一發展之過程，不能不予以注意。

最值得注意的就是《莊子・天下篇》。該篇說：「古之所謂道術者，果惡乎在？曰：無乎不在！神何由降，明何由出，聖有所生，王有所成，皆原於一。」道術是無所不在的，聖王神明皆有道術，這是符合古義的講法。但莊子卻因此而說他們的道術是一源的。這一點非常重要。

道本一源，後來分裂了，各人各以其才性之所需與所近，採擷道之一端，成為自己的道，故形成百家爭鳴之現象，人人各道其所道。這個講法，其實乃是他對先秦諸子百家起之現象的一種解釋，但他把道分成兩類，一為本源之道、一為各家之道（如莊子云：「墨子泛愛兼利而非攻，其道不怒，其道大觳」，此道即指墨道，乃從本源之道中分裂而來者）。

各家之道均是割裂不完整的，但因其本出於一源，故內部又有可以相通之處。只有統合會通這些割裂不完整的道，才能重新恢復原初大道的完整性。以莊子的角度看，先秦各家哲學，都仍只陷在「道術為天下裂」的境地，各道其道；只有老聃和他這一派的講法，最能博攝諸家、會通為一，故能符合或重返原初道的整全狀態。因此，在各家都談道論道、各道其道之際，這一家因自認其所講之道才是根本的、整合的、原初的，與其他各家之道不在同一層次，才使後人特稱此一家為「道家」。

道家之名，至遲在《史記・太史公自序》中已經有了，司馬談論六家要旨，謂：「天下一致而百慮，同歸而殊塗。夫陰陽、儒、墨、名、法、道德，此務為治者也，直所從言之異路，有省有不省耳。」就與莊子的思想甚為肖似。

他認為儒墨諸家皆自走其道路，這些道路各有利弊，但總歸是要合一的，能合之者厥惟道家：「道家，其為術也，因『陰陽』之大順，采『儒』、『墨』之善，撮『名』、『法』之要。」故能會通合一，達到最完美的境界。這就是因道家對其道有特殊的解釋與強調，故特稱為道家。③

（三）道術各異

但道家之私名雖立，道之達名仍復通行，別家可不見得採信道家這種特殊的講法，故仍是個各道其道的局面。且除了先秦原有的儒道墨道等等之外，方仙道等各種道亦已崛起。

在莊子時代，即已有許多講養生術的人，《刻意篇》批評：「吹呴呼吸，吐故納新，熊經鳥申，為壽而已矣，此導引之士、養形之人，彭祖壽考者之所好也。」這些養生鍛煉之術，雖能延長壽命，卻不能使人不死。要不死，似乎只得外求仙藥。這種仙藥的傳說，很早就有了，相傳后羿之妻嫦娥就是竊食了不死藥才能飛上月亮的。後來《韓非子・說林上》也提到有人獻不死之藥給君王。這種持有不死之藥藥方的人，便被稱為方士，宋玉《高唐賦》「有方之士」，即指此類人。而此類方士之道，則或稱為方仙道。④

據《漢書・劉向傳》載，鄒衍有「重道延命方」，《文選》阮籍《詣蔣公奏記》注引《七略》佚文云：「《方士傳》，言鄒子在燕，其游，諸侯畏之，皆郊迎而擁彗。」可見鄒衍即是一位方士，且在燕地活動。《史記・封禪書》也說燕人齊人為方仙道，形解銷化，依於鬼神之事。這些方士的長生之道，主要是不死藥。藥的來源有兩種，一是去海外神仙世界取，一是自己合成。但漢武帝時著名的方士李少君曾說：「丹砂可化為黃金，黃金成，以為飲食器則益壽，益壽而海中蓬萊仙者乃可見，見之以封禪則不死，黃帝是也。」可見當時仍以去海外神仙處所取藥為重，自煉黃金只是輔助手段。⑤

然而，海中蓬萊三山的神仙極難見到，秦漢間許多人去尋藥皆無所獲。或許，所謂海上三山根本就是個寓言。清費滋衡《貫道堂文集》有段分析說：三神山乃是方士的隱語。蓬萊，是指人死了埋在蓬草蒿萊中；方壺方丈，是棺的形狀；圓嶠，是墓的樣子；瀛洲，指黃泉；人接近這些，山就沉入水下，是象徵人進入冥界地下；神山上的東西都是白色，則指喪儀。所以神山可望不可即，一旦到了神山便與世人隔絕了。⑥據此說，去三神山求仙，本是一則死亡的寓言，不死藥當然是求不到的。唯時人並未悟此，故仍努力求仙，倘或海外之仙不可見，便另行拜求其他神仙。如少翁，作甘泉宮，中為台室，「畫天、地、太一諸鬼神，而致祭具以致天神」，能召劾鬼神，使武帝見李夫人；李少君則「以灶、穀道、卻老方」見武帝。又如欒大，武帝拜為五利將軍，使使者存問供給，「天子又刻玉印曰天道將軍。佩天道者，且為天子道天神也」。凡此皆拜致天神者，所以又或稱為天道。

不論拜天神或求藥方，這些方士術士們都是各道其道的，故又皆可稱為道士。趙翼《陔餘叢考》卷三十六引《樓觀本紀》曰：「周穆王因尹真人草樓之觀，召逸人居之，謂之道士。平王東遷，置七人。漢明帝永平三年置三十七人。」又引《續通考》云：「據此，則道士之名，自周已有之。」漢代稱道士者，則如董仲舒《春秋繁露．循天之道》言「古之道士有言」；《漢武內傳》說封君達「常乘青牛，故號青牛道士」；《漢書．王莽傳》亦云「王涉素養道士西門君惠，君惠好為天文讖記」，「張豐好方術，有道士言豐貴為天子」；《後漢書．方術傳》云「許曼……行遇道士張巨君，授以方術」；劉向《列仙傳》云「王子喬，道士浮丘公接上嵩山」；桓譚《新論》又載「元帝被病，廣求方士。漢中送道士王仲都至」（見《全後漢文》卷十五）；《英雄記》則載「有道士書布為呂字，將以示（董）卓」（《後漢書》卷七二注引）。

這些「道士」，其真實含義亦僅指各種方術士而已，猶言有道之士云爾，並不特屬於某一種宗教，《呂氏春秋．謹聽篇》云「當今之世，求有道之士，則於四海之內，山谷之中，僻遠悠閒之所」，即是此意。修各種道的人，均可稱為道，亦不僅指講神仙方術之人，如《後漢書．第五倫傳》謂倫「自以為久宦不達，遂將家屬客河東，變姓名，自稱王伯齊，載鹽來往太原、上黨，陌上號為道士」，彼乃儒者而為鹽賈，乃亦蒙此道士之名，則其不專指言神仙者可知矣。⑦

這時「道」字的用法，正如《禮記．王制》批評某些人挾「左道」云云。蓋道有各式各樣的道，如神農雜子技道、盤庚陰道、天一陰道、必戲雜子道、堯、舜陰道、劍道、上聖雜子道等等，其中不免有不軌於正義且語涉虛妄者，故以左道名之。此「道」乃達名而非專指，試以王充《論衡・道虛篇》勘之，這個道理就更容易明白了。

錢鍾書《管錐編・讀全上古秦漢三代六朝文》一五七「不語怪神」條，曾對於王充《道虛篇》要駁斥「道家」、「仙術」之虛妄，而引證卻說這些「道家相誇言」的方術都是「儒書言」感到困惑難解，其實正是沒有弄懂「道」與「儒」的名義關係。因為做達名使用時，儒和道剛好都是指術士，所謂「道虛」，就是批評當時諸方士的各種道之虛妄處。王充所引的「儒書」，則是泛指各種方術之士的圖籍，如《淮南子》、《呂氏春秋》、《八公傳》、《封禪書》等等。只有在我們用後世儒家道家私名的角度來看時，才會覺得王充批評道術而引儒書是怪事。

（四）正道邪道

正因道是通稱，有各種道，所以專指某道時，往往須加限定詞，如前文所云之「天道」、「穀道」、「方仙道」那樣。《太平經》裡曾提到「天師道」，《後漢書・皇甫嵩傳》談過「黃老道」，《方術傳》說左慈「少有神道」，薊子訓「有神異之道」，張魯則「以鬼道教民」。這些道，和《魏書》中記載黃巾所奉行的「中黃太乙」之道，都是漢代流行的道法，彼此既未必同源亦未必同時，其間各有法門，差異更是極大。

例如有些術法「或飲小便，或自倒懸」，其他道便不以為然。又如方仙道，是「形解銷化，依於鬼神之事」，太平道卻根本不談鬼神，「專以奉天地、順五行為本」，其道又自稱為善道。五斗米道，以星斗信仰為核心，也不講什麼海上三山。據說三張曾傳男女合氣的黃赤之術，則亦為欒大、李少君等所弗道。少翁、欒大等人拜致天神，又跟中黃太乙之道「毀壞神壇」的作風迥異……諸如此類，皆可見其術法殊為不同。至於它們崇奉的對象，也很不一樣。這些道，顯然都跟老、莊沒什麼關係，而且早期的方術，通常只藉儀式術法來達到求長生等目的，未必有精神崇拜的教主及自我精神修養之內容。

如李少君告訴漢武帝「灶則致物」，祭灶就能招來精怪，得精怪則能與神通。這類儀式，根本不需教主，只以灶、星、日、月等為崇拜對象即可，或以拜斗、封禪甚或以熊經鳥申、呼吸吐納等儀式術法行事亦可，有時甚至連崇拜對象都不需要。

它們之間的差異如此之大，自無怪乎有些道法要自稱「真道」、「正道」而批評其他的道法為邪道、左道、偽伎了。《老子想爾注》不是說「今世間偽伎因緣真文設詐巧」，「今間偽伎，詐稱『道』，托黃帝、玄女、龔子、容成之文相教」嗎？《太平經》則名其道曰真道（見卷七一《真道九首得失文訣》）。

葛洪《抱朴子・道意》更指責當時的各種道法是「妖道百餘種」。它們彼此間之競爭狀況顯然是十分激烈的。

這些道法之來源與內涵，有的迄今仍不盡能明瞭，如被斥為「偽伎」的某種存思法，是存想藏在身中的神明，謂五臟諸神都有姓名服色，而且指明了它們的高矮長短。這應當即是類似《黃庭經》的講法，為後世上清系所採行者。但它起於何時、淵源為何，殊不能曉，唯知此與老、莊實無淵源耳。它跟《太平經》所講的存思法也並不一樣。

當時另有傳黃帝之道者，然不僅是黃、老虛靜那一套，例如兵家中的陰陽家，便有《黃帝》十六篇，五行家有《黃帝陰陽》廿五卷，天文占驗家也有《黃帝雜子氣》三十三篇，雜占十八家中則有《黃帝長柳占夢》十一卷。

至於幻化之術，主要是得自某派別墨。梁阮孝緒《七錄》中有《墨子五行要記》一卷、《五行變化》五卷。這幾卷書，據說至隋唐間仍存，陳子昂云其高祖陳方慶「好道，得《墨子五行秘書白虎七變法》，遂隱於郡武東山」，則非虛托可知。而其來源則甚早，葛洪《抱朴子・遐覽》說：「變化之術，大者唯有《墨子五行記》。本有五卷，昔劉君安未仙去時，抄撮其要，以為一卷。其法甩藥用符，乃能令人飛行上下，隱淪無方。含笑即為婦人，瑾面即為老翁，踞地即為小兒，執杖即成林木，種物即生瓜果可食，畫地為河，撮壤成山，坐致行廚，興雲起人，無所不為也。」這些變化方術，既不依鬼神也不重養生，恃其術法，自成一道，與太平道等之淵源及內涵都不相同。⑧

漢代尚有一種甚為流行的道法，就是煉丹。丹，本謂丹砂，指煉丹砂為黃金，再以此黃金為飲食器則益壽，益壽以後才能見著蓬萊仙人。後乃逐漸轉變為「金丹」之說，云煉得金丹，吃了就能不死。據稱淮南王所編《鴻寶》即講此神仙爐火黃白之術的書。此類書當時必甚多，《參同契》的作者曾說他所見過的便有「火記六百篇」，此丹鼎一脈也。從事此道者，當時恐怕也很複雜，如曹植《辯道論》言後漢方士甘始說他曾與其師韓雅「於南海作金，前後數四，投數萬斤金於海」，這就不是煉金丹而是造黃金了，其分歧應甚大。

因此，綜合地看，我們只能說漢代社會中通行各種道，道術之士各道其道，道只是達名，與「道家（老、莊）」未必有關。道教研究，首先即應著眼於這個事實，放棄早期那種單線地從黃老講下來的方式。反之，把各種方術士看成一家人，認為道教即出於此神仙家或陰陽家，也是不對的。

（五）淵源互殊

上述諸道，多與老、莊無太大關係，耶律楚材詩謂：「玄宮聖祖五千言，不說飛升不說仙，燒藥煉丹全是妄，吞霞服氣苟延年。」（《湛然居士集》卷十）正由於此。其中丹鼎一脈，至《參同契》才會合黃老、易、爐火為一。但後世煉丹者，如葛洪就仍對老、莊頗不以為然⑨。上清之雲存神降真，所奉者為《大洞真經》、《黃庭經》，並不諷誦老、莊，亦罕言黃帝。靈寶、三皇文，與黃、老的關係尤其疏隔。至於講究術法的穀道、天道、陰道、方仙道、墨子五行術等等，更與黃老毫無關聯，亦與「道家（老、莊）」無關⑩。

漢魏南北朝諸道，事實上也只有天師道採用《老子五千文》教習，並奉太上老君。可是太上老君與老聃，直到陶弘景的《真靈位業圖》仍是分列的，不認為是同一個人。又北魏崔浩是信天師道的，但他「性不好莊、老之書，每讀不過十行，輒棄之」（《魏書》卷三五本傳），似乎也顯示了天師道與老、莊的關係仍是頗為鬆散的。

信五斗米道的王凝之，禱告「請大道許鬼兵相助」，見《晉書・王義之傳》，祭禱的對象亦只是「大道」而非太上老君。所以，我們可以說，諸道士之道多半不是由黃老或老、莊之學流衍而成的，它們只是流行於秦漢之間的各種道，這些道彼此並無統一的世界觀或相同的修煉方式，思想來源更是複雜。它們稱為某某道，就和儒者墨者自稱其道為「儒道」、「墨道」一樣。我們不能因此就把它們和老、莊道家混為一談。

但這也不能說是道教「依託」黃老或老、莊。須知漢魏之際各種道法淵源來歷各殊，本非一脈，此中唯有天師道曾以《五千文》為教習，修丹鼎者亦或偶以黃老參合《易》理以言燒煉，其餘則未必崇奉黃帝與老聃。後世之上清及靈寶各自崇奉其三茅君和靈寶天尊；漢代之黃巾則講中黃太乙。漢明帝曾孫陳愍王寵祭黃老君而被誅。此「黃老」更非黃帝、老子之謂，乃是中央黃老君的信仰。

至於信黃老，是漢桓帝延熹八年兩次派人去苦縣祭老子，次年又在宮中「祀黃老」以後才形成的風氣，《冊府元龜・帝王部・尚黃老》條說「於是百姓稍有奉者，後遂轉盛」是也。可是《太平清領書》早在順帝時即已出世，延熹九年襄楷又獻此書給桓帝，信黃老的桓帝卻不予理睬，顯見太平道亦與黃老無甚關聯。其書據說乃干吉親受於太上，這個「太上」實際上也不是後世所謂之太上老君李耳。故諸道各有淵源，本不依附托屬於黃老名下。

當然，其中也有一部分是崇奉黃老之言的，此猶孟子云「有為神農之言者許行」，乃是某一學說之流傳影響，聞風繼起。在其流衍發展中，固然可能有一部分違異該學說道理之原貌，卻也不能遽以依託視之。否則我們豈不要說儒者依託孔孟、墨家附會墨翟了嗎？黃老道家之學，既是古代道術之一，自有傳習此道者，如河上丈人、安期生、毛翕公、樂瑕公、樂巨公之傳承，如嚴遵等人之釋解，如桓帝之崇奉，均屬於漢代黃老學的發展。言此種學問者，固多神仙隱遁之士，但黃老的基本格局仍是十分清楚的。

如《後漢書・逸民傳》載矯慎「少好黃老，隱遁山谷，仰慕松喬導引之術」，吳蒼便致書謂：「蓋聞黃老之言，乘虛入冥，藏身遠遁，亦有理國養人，施於為政。」可見時人對黃老之學是什麼、它與導引仙遁的關係界限如何，仍是很明白的，與其他道術之間並不相混，其本身亦不能以依託目之。至於莊子，被注意而且被廣泛研究，本在漢代以後；南北朝人講莊子，甚至尚未發展出與道教有關的講法；以道教觀點解莊，事在唐朝。故漢代諸道可說均與莊子無甚淵源。⑪

把道教看成是黃帝、老子以降一脈相傳之道法，如王易簡《道德玄經原旨序》云老子採古史而作《道德經》，「以述羲、軒、堯、舜之道者也」云云，主要是教內人士的看法。批評道教出於神仙家陰陽家而依託黃、老，則是教外儒生知識份子的議論。兩者皆為拘墟之見，似是而非。

所謂「道教」，其中包含了各種道以及據其道而成的各個教，如太平道、帛和道、李家道、天師道等，其實等於許多不同的教，這些教彼此是相互競爭的，未必有共識的基礎和血緣親近關係。有講神仙者，也有不祈求不死（如太平道）的。《後漢書・方術傳》所載當時諸道術士，其所習者便多半不是神仙不死之學，如張貂、解奴辜善於隱淪變幻；壽光侯、曲聖卿、費長房善於丹書符劾、厭殺鬼神而使命之；劉根之道「實無他異，頗能令人見鬼」；徐登「能為越方，行禁架」；其他更多的，則是精通風角、孤虛、星算、推步災異，本諸《京氏易》、《韓詩》、《援神契》、《魯詩》，與神仙家沒太大關係。

當時即便是講神仙，也有「知玄素之術者，則曰唯房中之術可以度世。明吐納之道者，則曰唯行氣可以延年。知屈伸之訣者，則曰唯導引可以難老。知草不之方者，則曰唯藥餌可以無窮」（《抱朴子・微旨篇》），彼此爭鬥。

舉個真實的例子，《真誥》卷十九《翼真檢》第一真誥敘錄云「義熙中魯國孔默崇奉道教」，獲得上清經典，傳其子，其子「見《大洞真經》說云『誦之萬遍，便能得仙』，大致譏謂，殊謂不然，以為仙道必須丹藥煉形，乃可超舉，豈可空積聲詠，以致羽服」，加上奉其他道的人慫恿，遂把這些經卷給燒了。這難道不足以顯示道法差異之大嗎？這些差別，並不只是技術手法上的差異，而是道不同不相為謀。或出於道家之傳、或本墨家之教、或來自鄒子陰陽之學、或據儒家之說、或屬方外異人之授受、或是新的感遇神通創造，對生命與世界，各有不同的解釋。天師道興起時，為何要自稱是「正一新出道法」、「正教」、「正法」，即必須從它所面對這麼一個眾教紛呈的時代狀況上去瞭解。

（六）教中有教

天師道對其他道的態度是暴烈的，自稱正教，斥人為邪道，欲斬鬼殺神，正法明威。但最終亦不能不與其他道法妥協，各行其是。佛教興起後，這些教才因皆自稱為某某道，故總稱為「道教」，以與「佛教」對舉。《甄正論》下載：「吳赤烏年，術人葛玄，上書孫權，云佛法是西域之典，中國先有道教，請宏其法。始置一館，此今『觀』之濫觴也。」正指此事。

然奉道者此時仍是各信其道。各種道雖被歸隸於「道教」或「道家」這個總教名之下，卻仍然自稱為某某法，而不以教中之「派別」來形容並予以區分。如自稱「清約之正教」的天師道，並不名為正一派。以「派」來分別「道教」內部各個道的做法，興起甚晚。劉宋時期編集的《三洞經書目錄》及《正一法文經圖科戒品》等，把道教典籍依三洞四輔的架構編到一塊兒，事實上也是為了總集各道教（我們現在姑且稱為道派）之書而不得不然。洞真部收上清、洞玄部收靈寶、洞神部收三皇文，四輔則為太玄、太平、太清、正一之圖籍。煉丹、服食、行氣、房中等神仙家之書，集中在太清部，老子《道德經》系統列入太玄部，正一、太平則是正一道、太平道的東西。這種安排，可謂煞費周章，始能讓各教仍各行其是而又能在一個大框架中各就各位。

同理，其他宗教之主神（教主），多只有一位，如佛教之佛陀、基督教之上帝、伊斯蘭教之阿拉，道教卻是「三清」。此實因各道咸有主神，既要統歸為一大教，只好想出這麼個一氣化三清（元始天尊、靈寶天尊、太上老君）的架構，來容納三個主要教派（上清、靈寶和正一）的教主。

在這樣的巧妙安排中，我們即可以看見道派勢力競爭的現象。例如三洞四輔之分，顯示南北朝期間道派要以上清、靈寶、三皇文為盛，太平正一雖歷史較久遠，但未必能與爭鋒，只好居廁輔佐地位。⑫而三洞四輔之中，太清部講金丹服食之道，本不奉事教主神靈；太玄部收《五千文》等經籍，勉強說應與正一同奉老君；洞玄部則講天皇地皇人皇，不好實指，且三皇文系後漸沒落，亦可不談。

故七部之中，論教主，只能談四位：上清的元始天尊、靈寶的靈寶天尊（或太上大道君）、正一的太上老君、太平道的太平帝君。四位教主中，太平道的金闕帝君恰好又有王辰降生的預言，所以便安排他做個未來太平世的教主，只講「三清」。這個基本架構，始見於陶弘景之《真靈位業圖》。而三清之所以以元始天尊居首，正緣陶弘景為上清道之故。他站在自己道派的立場上講話，總仍不能擺脫門戶之見。亦如《法苑珠林・破邪》記晉朝程道惠世奉五斗米道，常說「古來正道莫逾李老」，正偏邪偽之分，畢竟到這個時代仍未消除。

這時一般也未必總稱諸道為道教，也仍常稱曰道或道家，《晉書・王獻之傳》云「獻之遇疾，家人為上章。道家法，應首過」，此道家一詞，也許專指天師道。但《全晉文》卷一六四所收佚名《道學論》就是泛指諸道了。《御覽》道部八《道士門》引《道學傳》載敘鮑靚、陶弘景等各派道士亦然。其中如「宋文同，字文明，吳郡人也。梁簡文時，文明以道家諸經莫不敷釋，撰《靈寶經義疏題目》，謂之通門」，明以「道家」總括諸道。大抵相對於佛教一詞，諸道可並稱為道教；相對於佛家一詞，則稱道家，如《弘明集》卷八劉勰《滅惑論》引齊朝道士所撰《三破論》就說；「道家之妙，妙在精思得一，而無死入聖。佛家之化，妙在三昧通裡，無生可冀，故銘死為泥洹。」這時，「道家」一詞與先秦九流十家之一的道家，所指又不相同啦。

佛教初入中國時，世亦視為諸道之一，稱為佛道。如《後漢書・西域傳論》：「佛道神化，興自身毒。」袁宏《後漢紀》：延平元年，「西域郭俗造浮圖，本佛道」。《三國志・劉繇傳》：「令界內及旁郡人有好佛者聽受道……」都是名為佛道之例。和尚之稱為道人，也是這個緣故。教中人一方面以「道」譯佛教中之特殊術語，如「菩提者，義翻為道」（釋道安《二教論》），「外國語云阿耨菩提，晉音翻之無上大道」（《高僧傳》二集卷三一《慧乘傳》）；一方面又以道法形容其教化，如《四十二章經序》：「天竺有得道者，號曰佛……於是道法流布，處處修立佛寺。」（《弘明集》卷六引）此時，佛道也是當日流行九十六種道法中之一種，《牟子理惑論》即云：「道有九十六種，至於尊大，莫尚佛道也。」

其後佛教自身獨立出來，嚴格區分它和其他道法間的關係，不但要辨佛道，也要辨儒佛，於是儒、道、佛便成為三種「教」。顧歡《夷夏論》「尋二教之源」，二教指佛與道；道安《二教論》「釋教為內，儒教為外」，二教則指佛與儒。

儒與道之被目為教，正是由佛教觀點進行區判使然，《法苑珠林・破邪》卷六九「道教敬佛第五」，稱諸道為道教，道士諸道自稱則很少如此，如顏延之《庭誥》：「為道者，蓋流出於仙法，故以練形為上。崇佛者，本在於神教，故以治心為先。」（《弘明集》卷十三）道佛比較，本來最可能出現「佛教／道教」對舉的形容詞，但他寧可稱「佛教／道法」。

這種情形，顯見為道者並不常以「教」來看待他們自己，他們遇到要總稱這一大批為道者的場合，仍常使用「道家」一詞，如《抱朴子・黃白》：「道家之所至密至要者，莫過於長生之方。」即是如此。

後世亦常有此類用法，如歸有光《三宮廟記》云「其說出於道家，以天地水為三元」，趙翼《陔餘叢考》卷三五亦稱「道家有所謂天地水三官者」，此道家皆指道教。古人文獻中，稱道家者多，名道教者少，此甚可注意也。

事實上道教在後世，基本上也仍維持著教中有教的型態，如全真教、玄教、真大道教、太一教等等，都是在「道教」這個大總名之下，仍保持其各自一教之教名的例子。

（七）道教新史

從名義與指涉的演變中觀察，「道」、「道家」、「道教」實在是幾個很能搞亂人思維的字詞。過去的道教研究或有關道教的一些基本觀念，率皆為此等字詞所擾，以致講得煙籠霧罩、糊裡糊塗。

現今教內的道脈傳述，固然可以暫時存而不論；學界通行的道教史觀，實大可商榷。目前一般的看法是：道教成立於東漢桓、靈之間太平道、天師道創立之時。在此之前，社會上已流行各種民俗信仰及巫術等等，道教即據此加以吸收消化而成；其後乃逐漸進入士大夫貴族階層，並出現分化現象。故在太平道、天師道出現以前，可稱為道教前史，或早期道教。其內容是神仙家、陰陽家學說及民俗信仰、巫術。太平道、天師道與這些東西的關聯，成為研究的重點。

所謂魏晉南北朝的分化，是說那原本吸收了許多民間信仰而形成的道教，進入士大夫階層後，淘汰了一些過於荒誕怪異不雅馴的部分，在理論上日益醇化，以符合士大夫趣味。但也有些人不強調這一點，而著眼於士大夫之煉丹求仙，故謂此時道教可分為「民間道教」及流行於貴族間的「神仙道教」，因為早期的道教活動並不以神仙長生為主。

這個架構，只具有表面的秩序化與合理性，其實大錯特錯。「民間／貴族」的思維格局及分析架構，忽略了《漢書・藝文志》所說「數術者，皆明堂羲和史卜之職」，未必出於民間信仰；

且漢代崇道帝王本來就更是追求長生成仙者的主力；反之，《參同契》等爐火之書，又未嘗不起於民間。故所謂「民間道教」、「神仙道教」之分，悉屬妄見，視域上的限制極為明顯。⑬

其次，把道教史劃分為教前史（或早期道教史）與道教成立以後之史兩段，乃是以一個單一教系傳承的觀點來看待它。但事實上，如前文所述，「道教」並不是一個單一的宗教。秦漢間實為諸道並立的時代，這些道，彼此間競爭、融合或各行其是，直到南北朝中晚期，才逐漸在「佛／道」對舉的架構下，被籠統地稱為道家或道教。

在這個大共名底下，因諸道來源與內涵殊不相同，所以才在經書編秩及神仙品級等形式結構上運用巧思，勉強拼合成一個大系統。可是這只是形式性的統合，並非實質性的，諸道在思想與術法上的差異仍然具存。且即是在這種諸道並立、彼此違異的情況下，才形成了道法間競爭以及激蕩融匯的關係。因此，我們不能以佛教、伊斯蘭教、基督教的型態來看待道教。道教非一源眾流，以一個教主而下衍諸派的方式相傳流，亦非雜然匯收各種術數方技於一爐，以形成「一個」（**大雜燴、大拼盤式的**）宗教，而是多元分立、互相推蕩，形成一幅交光互攝之圖像。新的道教史描述架構，應當由此開始。⑭對於「道」的名義演變及其指涉，更應先予瞭解，否則道來道去，胡道亂道一通，殊非學術研究所當為也。⑮

注釋

① 《說郛》卷十七，蕭參《希通錄》始力辯秦始皇未嘗坑「儒家者流」之「儒」，所坑實是「方士」，自喜能發千載之覆。

②道的解釋，當然可以有異說。如白川靜《中國古代文化》第六章第三節，便認為道術士之所以喜歡稱自己的方術為道，正是因為道字本身就有術法的意義。道字，象人提首走路；首是異族人頭，因與外族溝通之道路充滿了邪靈，只有將異族當做犧牲，才能安全地通行。他的講法很有趣，我們也不排除這種可能性。但秦漢間人使用道字，可能最一般的意義仍只是道路行走。

③這個道理，論哲學史者多不能瞭解，因此，對司馬談這段話產生了兩種疑問和誤解：一是認為道家若出現於儒墨諸家之前，怎能採撮儒墨名法呢？由此可見老子出現之時代甚晚，應在名墨諸家之後。另一種人則認為：司馬談這兒所講的，其實乃是《呂氏春秋》、《淮南子》一類雜家之學。蓋唯有雜家才能採撮儒墨名法，而且《淮南》、《呂氏》亦都以道德為歸，益可見此處所講的道家非先秦之老、莊，實乃漢初之雜家。以上兩種講法，大約都不可靠。

④近世論哲學史、宗教史、思想史者又喜歡談漢初的「齊學」，謂方士神仙之說，皆由燕齊諸地發之。這也是知其一不知其二的說法。戰國及秦漢間，燕齊確有若干人士高談神仙，欲覓不死藥。可是其他各地便無此傳統乎？韓非子、宋玉、莊子所指之煉養方士，豈皆在燕齊？漢代流行的黃神越方禁咒之術，既名「越方」，又怎麼會出自燕齊？西王母的信仰，更表明了當時有一個迥異於向東方海上尋求神仙的思想體系，而是轉向西方，向崑崙山、瑤池去找不死藥。因此，我們不能說凡言神仙不死者皆燕齊方士，更不能說道教出於齊學。

⑤錢鍾書《管錐編・讀史記・十》引茅坤語，並謂「秦始皇封禪，而不死之方術則別求之海上三山。至是（武帝信李少卿言）始以封禪為不死之術。泰岱之效，不減蓬瀛，東封即可，無須浮海」。其說甚是。三神山、煉金、封禪之間，問題極複雜，此處簡略言之耳。封禪又主於泰山，泰山乃有治鬼之說，此亦不能詳述。

⑥章學誠《文史通義》外篇二《書貫道堂文集後》引。黃宗羲《明川香山寺序》則有不同的看法。他說香山「東臨滄海，多海市，秦始皇嘗駐蹕於此，以其可達蓬萊，故謂之達蓬山。《封禪書》言三神山去人不遠，諸仙人及不死之禁皆在焉，而黃金銀為宮闕。未至，望之如雲，及至，三神山反居水下。……頗怪此等妄談，不可以欺愚者，以始皇之明察，方士焉能以基空烏有之事令其聽信？吾至此山，而所謂黃金銀之宮闕，居人無不見之。然後知方士之言未嘗無所據也。始皇即欲不信，得乎？」（《南雷文定・前集》卷一）以海市蜃樓之實況，來說明所謂三神山傳說的由來。因論宗教史者尚不

曾徵引本文，故附及之。

⑦《東觀漢記》卷十六亦記此事，錢鍾書引之（見《讀全晉文》第一五九則），因其文有云「有所至客舍，輒為糞除道上，號曰道士」，故以為「道士亦即今俗所稱清道夫爾」，誤。人稱第五倫為道士，是指其為有道之士，故顧炎武（《蔣山傭殘稿・與季紫瀾書》）謂「第五倫變姓名，自稱王伯齊，往來河東，陌上號為道士」，「心竊慕之」，竟也變姓名，自稱王伯齊。見詩集卷二《贈郎處士縫恩》和卷三《出郭》、《旅中》等詩。顧炎武豈是羨慕第五倫做了清道夫？

⑧道教變化之術，除源於墨家者外，後來又深受印度幻術之影響。佛教幻術，可見《佛教對中國幻術的影響初探》，收入張曼濤編《現代佛教學術叢刊》，大乘文化出版社，一九八七年。考《列子・周穆王篇》曾載「老成子學幻於尹文先生」，則戰國時已有此類幻術之傳承授受，亦不限於墨家。但葛洪既云「變化之術，大者唯有《墨子五行記》」，可見當時影響較大、傳習較多者，乃源於墨家之術。且變化方術，漢晉間多只稱為變化之術；幻人幻術，主要是指西域來的「幻人」與「幻術」。我們應注意這些用語上的差異。《列子》云老成子學幻，會不會恰好證明了它是偽書呢？它的真偽向來是有爭論的。

⑨《二教論》載南北朝時道士說「老經五千，最為淺略；上清三洞，乃是幽深」，與葛洪的講法相似。

⑩依東漢人的看法，五行讖緯均屬於儒家的學問，故今《後漢書・方術傳》中所敘陰陽堆步、緯候、鈐決、風角、遁甲、七政、元辰、六日七分、逢占、日者、挺專、須臾、孤虛等，應為儒家之學，與黃老無涉，與神仙家亦無關。另參沈曾植《海日樓札叢》卷二《後漢書方術傳序》條。

⑪詳見龔鵬程《成玄英〈莊子疏〉初探》，收入「三教論衡」系列之《佛學新解》。

⑫所引沈曾植書卷六一《太平經》條引唐法琳《辨正論》語，謂《太平經》仍在色界之內，《玉清上道三洞神經》、《真文金書玉字靈寶真經》則在無色界上，故「靈寶為真經，太平為雜經，蓋即後來三洞四輔之意」。三洞四輔，反映了南北朝後期道士間的看法，這也是個例子。

⑬宮川尚志《道教教團の源流》一文，曾指出漢代方術士多具有儒家的學術背景，並根據這些道術士經常禁毀民間祠祀的資料，認為道教主要是以漢代知識人的信仰構成的，與民間巫祝俗信並不一致，兩者間最多只存在互相影響的關係（見《東方宗教》第四、五合集號，昭和二十九年出版）。其說頗有見

地，凡從民間信仰或巫術的角度來解說「道教」的起源，恐怕都是不對的。

⑭張漢良《文學的迷思》（台北：正中書局，一九九二年）一書中謂文學史可以有兩種史觀，一是主張歷史的連續性，另一種則強調歷史的非連續性。前者認為兩件編年接近的史料關係，乃至整個文學史，是銜接的、親和的、可以構成連續的歷史，故它會儘量泯除或填補時間脫白的缺陷。後者則反之，它會把表面上看起來連續的編年史瓦解掉，因為它認為歷史充滿了斷層與空白，是由差異、距離、代換與變形交互作用而構成，所以不是去建構一種《詩經》、《楚辭》、漢賦、唐詩、宋詞、元曲、明清小說那樣一脈相承的文學史，而是重新建構系列與系列間的關係系統，決定不同系列的斷代標準，然後才為這些系列在長期編年史上定位，建立文學史的新秩序。所謂「非連續性」，意指歷史並非如單線傳承的連續性那樣單純而清晰，其內容極為複雜，在共時結構中往往並存諸多差異、悖反、代換、變形之物，且亦各成體系、各占領域，而又可能彼此激蕩。文學史的敘述者，不應抹平其差異與史料不充足的裂縫，假裝歷史真是如此脈絡井然。我對道教史的重建，正是含有這種企圖，近似非連續性文學史觀之處，甚為明顯。不敢諱言，特此說明。

⑮沒有弄清楚「道」各種名義和指涉，而大做道教研究，乃是前此許多講道教史的人之通病，雖大名家亦不免。如陳寅恪的名作《天師道與濱海地域之關係》，就是把所有奉道者都視為奉天師道，如襄楷、干吉之太平道，張魯之鬼道，孔默之上清，李八百之李家道，葛洪之燒煉等等，都說是天師道或「同出一源」。這樣牽合，甚為可怕。道教史之研究，應重新開始，原因即在於此。

四　道門文字教

（一）自然創生的天書

道教以道、經、師為三寶。①道指教義，師是傳道者，教義則存在於經典之中。傳道者欲傳道，其實仍不能脫離經典。經典之重要，不言可喻。但道教經典中，頗有雜糅九流、囊括諸子者，如《南華經》、《亢倉子》、《鬼谷子》、《墨子》之類。此固為道教之經典，然亦不必即為道教經典。真正屬於道教的經籍，大抵又可以分成兩大系統：與其他各宗教類似，以經典為教主之言說述造，或屬於先知所作，再不然則托諸鬼神。

如《黃庭經》第一章便說「上清紫霞虛皇前，太上大道玉晨君，閒居蕊珠作七言」，以此經為太上大道玉宸君在蕊珠宮中作。又如《靈寶天尊說洪恩靈濟真君妙經》、《元始天尊說先天道德經》之類，題目上就標明了此經係元始天尊或靈寶天尊所說。這類經典，占了道教典籍中一大部分。故《靈寶無量度人上經大法》說：「九老仙都千明之科，九氣上人照生天符、大靈群文，皆是三天太上道君所撰，或是三皇天真所造，或是九天父母真人赤童所出。」

另一種型態則很特殊。它沒有作者，經典之出世，雖由教主或先知所傳，其創造卻非人力所為，乃是自然創生的。

這樣的經典也很不少，且足以視為道教之色，恐為其他宗教所無。以《道藏》正一部墳字號《上清元始變化寶真上經九靈太妙龜山玄籙》為例。

該經即自稱是「九天建立之始，自然而生」。據說當時「與氣同存，三景齊明，表見九天之上、太空之中；或結飛玄紫氣以成靈文」。示現靈文之後，倒也並未立即成為經典，因為「天書宛妙，文勢曲折，字方一丈，難可尋詳。自非九天真王，莫能明其旨音」。所以後來經過諸天上聖仙真集體解義後，才予以寫字，封藏於九天之上、大有之宮；一直要等到西王母登西龜山，恰好又碰到天緣湊巧，於金華堂「北窗上有自生紫氣，結成玄文，字方一丈」。兩相感應，元始天王才降授此經給西王母，使其總領仙籍。這時的經文，係「青瓊之版，金書玉字」，其貴重可知。

這篇道經出世，頗為曲折，且幽邈難稽，但事實上許多道教都強調它是以這種方式降世的。洞玄部玉訣類裳字號《洞玄靈寶自然九天生神章經序說》謂此方式為「懸義」，意指上天懸此義諦以示人，非仙聖所造。它並說：「此經乃三洞自然之氣，結成靈文，非由人所演說。故經題不冠乙太上，經首不冠以道言，不立序分，不言時處也。」

所謂經題冠以「太上」，如洞玄部本文類《太上洞玄靈寶天尊說大通經》題曰太上，系因經為天尊所說。經首冠以「道言」，如《太上洞玄靈寶護諸童子經》一開頭即云：「道言天地父母，日月五星，運氣自然。」此經乃道君所言。所謂言時處，如《太上洞玄靈寶開演秘密藏經》

開端即說：「太上大道君以上皇元年十月五日，與無量天真妙行神人，詣太微帝君處。」有些仿擬佛經的道書，常以「如是我聞一時天尊蒲林國中、樊華樹下」（《太上靈寶元陽妙經》）的句式述說經義，也屬此等。倘若在體例上不言時處、不冠說經者名、不以引述言說之方式出現的經籍，可能就是上天懸義，自然成文的。②

一般認為，這種天生經文之價值與地位都比較高。如董思靖注解《自然九天生神章經》便說：「三洞飛玄自然之氣，結為靈文，超於視聽之先，出乎名言之表，眾真欽奉，萬聖尊崇。」因此此類自然創生之經，數量著實不少。除《道藏》所收者外，某些經中也提到一些自然生經，如《太上靈寶洪福滅罪像名經》本身雖非自然生成經引了洞真洞玄洞神三洞各十二部經，說「右三十六部尊經符圖，金書玉字，結凝結三洞飛玄之氣，五合成文，文彩煥耀，洞照八方」；且謂《黃庭經》、《無上秘要》等三十六部經，皆「以混成鬱積玄景……三五啟緒，八會結文，或作金書鳳篆，或造玉字龍章」。洞真部方法類《靈寶無量度人上經大法》更主張：「三洞之經，四輔符籙，皆因赤書玉字而化，稟受靈寶之氣而成。」太平部儀字號《一切道經音義妙門由起》也認為：「凡諸真經，皆結空成字。聖師出化，寫以施行。」至此已有將一切道經皆解釋為自然創生者的傾向了。

以佛教經典來對照，我們就可以知道這是極特殊的講法了。——在佛教創立時，被稱為「佛」、「世尊」、「如來」的，只有釋迦一人。一切教義，皆由佛陀思悟而得，亦皆由佛宣講之。佛滅後，其弟子始結集為經文。在王舍城外七葉窟中，五百羅漢聚會，由阿難誦出他所曾聽聞的佛經義理，由優波離誦出佛所制定的僧團戒律，再由摩訶迦葉誦出教義的解釋和研究的論著，形成了佛教的經、律、論三藏。是為佛經之第一次結集。因此佛經基本上都說是佛所說法，或以「如是我聞」來表示其經文乃聞之於佛陀。經部派佛教之後，另外造作了諸佛與菩薩系統，經文亦有名為菩薩所說法者。但不管如何，總不會有道教這樣的自然創生經書說。伊斯蘭教的《可蘭經》，亦為穆罕默德在傳教過程中，依「阿拉」啟示的名義宣示，而由門弟子記錄於石版、獸皮、棗椰葉上，逐漸結集而成，以後也沒有宣稱為「生於九玄之先，結飛玄紫氣，自然之章」（《上清外國放品青童內文》卷下）之類。

不過，據《靈寶無量度人上經大法》卷二說，這種天生經文並不就是現在我們所看到的經籍。而是經過五道翻譯手續，方成為現在所見之書。此即所謂五譯成書。《五譯成書品》云：

一譯：玉字生於虛無之先，隱乎空洞之中，名大梵玉字。至赤明開圖，火煉成文，為赤書玉字。元始以大通神威之力，開廓五文，而生神靈，宣緯演秘而成大法也。

二譯：火煉成文赤書之後，字方一丈，八角垂芒，覆於諸天下，蔭西元，九天之根，流金之勢。玉光金真之明，煥耀太空。元始命天真皇人書其文，名威龍文。亦曰諸天八會之書。秘於上清玄金闕七寶瓊台及紫微上宮蘭房金室東西華堂，九天太霞之府也。

三譯：元始天尊為道法宗主、玉宸道君為靈寶教主，撰此靈天，五篇真文，三十二天玉字成經，名云光明之章。

四譯：漢元封元年七月七日，西王母下降，以此經法授漢武帝。帝亦不曉大梵之言，王母曰：「元始是大羅天人，道君是西那玉國人。天方與神洲之言不同，況大梵之言乎？」遂以筆書之，改天

> 書玉字為今文。
>
> 以大梵之言、威儀服御宮名、圖書名色、宮闕、甲子、卦、壇式大法之內諸品行用，三十六部尊經，並係漢制世文之語，為古今之法言也。
>
> 五譯：自天真皇人悉書其文以為正音。妙行真人撰集符書，大法修用，真定真人、郁羅真人、光妙真人集三十六部真經符圖為中盟寶，以三十六部真經之文為靈寶大法，因此流傳。吳左仙翁授經法訣於太極徐真人。仙翁遺於上清真人楊君。總其玉清洞真上清洞玄二品之經法，後世漸有神文，是第五譯也。自然之流傳。吳左仙翁授經法訣於太極徐真人。仙翁遺於上清真人楊君。總其玉清洞真上清洞玄二品之經法，後世漸有神文，是第五譯也。

自然之文，五譯乃成世書。其《寶經降世品》也說：靈書八會，字無正形，由天皇真人注書其字、解釋其音，以賜太上道君二百五十六字。道君再撰次成文，稱為「大梵隱語」。這當然是靈寶派對他們自己這一派經典之來歷及傳承的一種解釋，因為所謂大梵隱語，正在《靈寶度人經》中，而且自葛巢甫創造靈寶經及陸修靜增修以來，靈寶一派特殊的講法，前文曾引正一部經籍，可說明此類想法是各派都有的。

《靈寶無量度人上經大法》云三洞四輔皆天書化成，固屬誇張不經，然各派也確然都有經典係由天造的講法。如洞真文類收《太上無極總真文昌大洞仙經》，敘經意即云：「始自蒼胡檀熾音，結雲成度天人，太玄道父親求授，下方世間洞經。」（卷一）可見上清派亦有此說。至於三皇文，《三皇經》曰：「文帝書，皆出自然虛無，空中結氣成字，無祖無先，無窮無極，隨運隱見綿常存」，顯然也採用了自然創生說。相信有許多經典有《天書》。③

（二）虛無氣化而成文

道經係自然創生者。這個觀念在道教思想內部，似乎會造成某些矛盾或混淆。何以說此一觀念會造成矛盾呢？《雲笈七籤》曾歸納了宋朝以前對道教經典的看法，認為經教所出，係天尊化為天寶君，在玉清境說洞真經；化為靈寶君，在上清境，說洞玄經；為化神寶君，在太清境，說洞神經。又云靈寶真文乃靈寶君所書，高上大聖所撰；三皇經為神寶君所出，西靈真人所撰。

至於太清部、太平部、太玄部、正一部皆老君所說。見其書卷六《三洞經教部》。可見基本上這些經典仍應以作者創作論來看待。但問題是，道教內部同時又存在這種自然創生說，認為經典之來源，可能可以是非人力、無作者的創造。豈不要造成矛盾了嗎？就在《雲笈七籤》同卷之中，便引了三皇經鮑南海序，謂此皇文帝書皆自然虛無中結氣成字者。卷七亦引《諸天內音經》、《內音玉字經》、《玉帝七聖玄記》、《八素經》，論自然之字形成的天書。卷九釋《太霄琅書》、《胎精中記》、《外國放品經》等，也主張它們是虛空結氣成文的。那麼，何以又說三皇是西靈真人所撰、洞玄經是高上大聖所撰呢？

同樣地，茅山道二十三代宗師朱自英序《上清大洞真經》時，也混用了作者創作論與自然生成說。他說此經乃「中央黃老元素道君，總彼列聖之奧旨，集成大洞之真經，故曰三十九章經也」，似乎指此經為黃老君所作。但接著又說：「此經之作，乃自玄微十方元始天王所運氣撰集也。西王母從元始天王受道。……元始天王又以傳上清八真、中央黃老君，使教授下方。」是作者為元始天王，黃老君僅為述者矣。但在此，他又並不完全守住這個立場，他似乎想以作者創作論為基礎消融天然生成說。故中間刪節號處，他插入了「西王母從元始天王受道，乃共刻北玄天中，錄那邪國靈鏡人鳥之山、閬萊之岫；乃於虛室之中，聚九玄正一氣，結而成書，字徑一丈，於今存焉」一大段。

這一大段吸收了真文赤書人鳥經的說法，卻把自然氣結成講成是西王母運氣化成。顯然他是想用這個辦法來處理兩種經書起源觀，而不曾考慮到：此經既已為元始天王運氣撰成，西王母何必又運氣結而書？若說西王母運氣成書，字徑一丈，至今尚存；何以又說「中央黃老君隱禁此經，世無知者。故人間地上五嶽天中永無此經」？可見他混用兩種經書起源觀，似乎難以自圓其說。

諸如此類「矛盾」與「混淆」，在道教內部幾乎是隨處可見的。但道教中人及傳授道經者，好像又並不以為這有什麼好混淆、有什麼不對。這是什麼緣故？

一般來說，宗教經典的署名，必然聖化作者，因為它要以作者的權威來聖化經典的意義。因此教主是最重要的經典創作者。教主或自說經、或因感應神的啟示而造作經典。其次則為先知。先知亦因獲得靈恩故能知道，故亦能有所宣罰。道教中，「洞真之教，以教主寶君為跡」，「洞玄之教，以教主靈寶君為跡」，「洞神之教，以教主神寶君為跡」，故三洞真經皆歸於三位教所說。至於太上老君，乃是道教最主要的先知，所以四輔都說是老君演說而成。依這個原則，各別的經典，其來歷大體上均能得到解說。故以老子、元始天尊等人名號撰成的經典，不可勝數。另外，如上清經系，則又喜歡用扶乩的方式，強調經書是上聖仙真（早朝的先知），透過某位先知降筆寫出的。

這種神聖性作者觀，本來就具有「作而非作」的性質。寫作經的人，並不以為是經典是他自己寫出來的，反而認為是另有一個非自己的神秘力量實際寫出了經文，只不過假手於自己而已。這個觀念本身強調它的非人為性質，強調不期然而然的特殊遇合。經典之造作，係應機應運應緣而生；能獲知此一經典，也須有特殊的能力、運命或機緣。④

順著這個觀念再發展，則不僅一般先知及傳經人只是個傳述者的角色，連教主仙聖可能仍是傳述者，他們所說的經典，可能並非他們所「作」。天地之間，本有其書，他們只是譯成世書，只是「注書其字、解釋其音」罷了。如此，便形成了自然創生說！

據此看來，作者創作說與自然創生說並非真地對立矛盾，透過神聖性作者觀，確有可能發展出「天書」之說。有個故事很可以說明兩者之間關係的模糊性：《神仙傳》卷七載帛和去西城山學道，事王君：

王君語和大道訣曰：「此山石室中，當熟視已畢。當見壁有文字，則得道矣。」視壁三年，方見文字。乃古文所刻《大清中經神丹方》及《三皇天文大字》《五嶽真形圖》。皆著石壁。和諷誦萬言，義有所不解，王君乃授之訣。

石壁上有文字，是古人所刻經圖。文章寫得很清楚。但為何和看了三看才看出來呢？可見這經文與一般刻石不同，它是在並無文字的石壁上忽然呈現出文字來的。它是否真為「古人」所刻，可能都有問題，故帛和又稱此為「天文」。《道教義福》卷二《三洞義》亦云：「晉時鮑靚學道於嵩高。於劉君石室清齋思道，忽有《三皇文》刊石成字。」這《三皇經》，《雲笈七籤》便說它是自然虛無空中成字者。⑤它到底是古人人為的創作，還是天生自然成就的？

這也就是說，基於宗教典籍的神聖性作者觀，可能會發展出作而非作、不知作者為誰的自然生成經文說。但為什麼旁的宗教不如此說，偏偏道教有這些天書云云呢？

這可能涉及了道教對神靈或教主的特殊認識。其他宗教中，教主與先知，很重要的一個條件，即是「肉身成道」，或倒過來說，是神降生。道教中一般神祇及先知，固然亦有此類，但真正被視為三洞教主的神靈，卻是無形無質、在天地之先、不涉肉身的「氣」。元始天尊、太上大道君、太上老君，皆一氣所化，所謂一氣化三清。原本是無，未可執著為有。故元始天尊等所說經，本質上無界是氣化成文。且不止教主是氣化而成，凡神靈皆然。陶弘景《真靈位業圖》即云：「二十四官君將吏，千二百官君將吏，氣化結成。」

又《登真隱訣》說：所謂天兵天將，「官將及吏兵人數者，是道家之氣，應事所感化也，非天地生人也。此因氣結變，托象成形，隨感而應，無定質也。非胎誕人學道所得矣」，對此氣化之理，講得更為清楚。氣化生神，神無定質，則神所造作之經典，事實上亦是因氣結變，托象成形的。不妨全部視為天書。對此，《雲笈七籤》卷六嘗總括其理，云：「三洞所起，皆有本跡。

洞真之教，以教主天寶君為跡，以混洞太無高上玉皇之氣為本。洞玄之教，以主靈寶為跡，以亦混太無元無上玉虛之氣為本。洞神之教，以教主神寶君為跡，以冥玄通無上玉虛之氣為本。」教主只是跡，氣才是本。所謂跡，就是說什麼教主仙真、三清聖境，「其中宮主，萬端千緒，結氣凝雲，因機化現」，俱屬化名化身。學道者不執跡而忘本，而宜循跡以得本。

由這個觀點說，講經文是元始天尊所說所作云云，其實也都是權機假名，全屬氣化自然，應機示現。元氣因化現了諸天神靈天尊；天尊則曰：「吾以道氣，化育群方，從劫到劫，因時立化。」所以又有天尊所出之經矣。以此觀之，無論經典係神靈仙真所作或自然創生，俱屬氣化，是同一個原理下的產物。故有時並不太容易區分到底是神靈所作，抑或為天生真文。

如宋真宗序《靈寶度人經》說：「太上靈寶度人經者，元始之妙言，玉宸之寶誥。」承認此經為元始天尊所說。但接著卻又說：「實諸天之隱韻，為大梵之仙章，八角垂芒，本由於神翰。」這便如陳景元所說：「夫空洞浮光，渾淪未列，大道之將化，故玄文發於中天。虛無之乍凝，妙氣結乎碧落，字方一丈之廣，勢垂八角之芒，粲粲煌煌，光華曄。」⑥元始天尊只是命天皇真人摹寫這些諸天隱書，編成五方靈範，再演成三十六部尊經而已（見《度人經》集注序）。那麼，此經究竟為元始所作還是自然天文？其實它既是元始之妙言，又是諸天之隱語，《道藏闕經目錄》卷下《道藏尊經歷代綱目》云：「天書雲篆，則元始天尊開其先；寶笈瓊章，則道君老君繼其後。」就是這個道理。

一氣所化，同屬天文，此道經出世之邏輯也。《上方大洞真元妙經圖》說得好：

太虛無中體自然，道生一氣介十焉。罔極大化乾坤域，龍馬龜書正理傳。

道法自然，氣化流行，即自然地無中生有。道經是物，一切物亦皆如此由虛無中生出。如河出圖、如洛出書，皆不知其然而然，自然便有此物。元始或諸神靈，其實亦如河洛龍馬龜，道經圖符由茲而傳，由彼所出。但真正的創作者卻是自然，是氣化。

這是一種特殊宇宙觀之下形成的天書說。其他宗教無此觀念，故亦不易出現經典天生的說法。

（三）文字為文明之本

然而，更值得注意的是：虛無本起，自然成文的天書，往往要經過神靈仙真擬寫才「演成」經典，故它本身既是經籍，又是經籍之所由生的依據。換言之，無而生有，有此天文；而此天文又可能即是「化生萬物」的那個「一」，所謂「道生一，一生二，二生三，二生萬物」。道教天書說的奇特處，正是要以這個「一」來講三生萬物。今仍舉《雲笈七籤》為例。其書卷七《三洞經教部・本文・說三元會八六書之法》言：

《道門大論》曰：「一者，陰陽初分，有三元五德八會之氣，以成飛天之，後撰為八龍雲明光之章。」陸先生解三才，謂之三元。三元既立、五行咸具。以五行為五位，三五和合，謂之八會，為眾書之文。又有八龍雲明光之章、自然飛玄之氣，結空成文，字方一丈，肇於諸天之內，生立一切也。按：《真誥》紫微夫人說三元八會之書，建文章之祖。八龍雲篆，是根宗所起，有天之始也。又云：八會是三才五行，形在既判之後。《赤書》云：靈寶赤書五篇真文，出於元始之光。即此而論，三元應非三才，五德應非五行也。此正應是三寶丈人之三氣。三氣自有五德耳。

故《九天生神章》云：「天地萬化，自非三元所育、九氣所導，莫能生也。」「三氣為天地之尊，九氣為萬物之根。」故知此三元在天地未開，三才未生之前也。宋法師解八會祗是三氣五德。三元者，一曰混洞太無元高上玉皇之氣，二曰赤混太無元無上玉虛之氣，三曰冥寂玄通元無上玉虛之氣。五德者即三元所有。三五會即陰陽和。陰有少陰太陰、陽有少陽太陽，就如中之和為五德也。者撰也，撰集雲書，謂之雲。此即三元八會之文、八龍雲篆之章，皆是天書。三元八會之例是也。雲篆明光，則五符五勝之例是也。八會本會凡一千一百九字，其篇真文合六百六十八字，是三才之元根，生立天地、開化人神萬物之由。故云有天道地道神道人道，此之謂也。

氣化運行，天書成文，就是一。一是文，文之中有三氣五德，故稱為三元八會之文。這個一、這個文，即天地萬物開立之根，所以又說真文出於元始之先。⑦

若依老子哲學來看，只要講道生一，一生二，二生三，因自然氣運便能生成萬物，根本不必扯上文字問題。「自然飛玄之氣，『結空成文，字方一丈，肇於諸天之內』，生立一切」，文字大可刪去。但道教義理，卻在此顯得甚為奇特。老子是昌言「信言不美，美言不信」的人，主張去文，要「使人復結繩而用之」；道教以老子哲學為骨幹，在此則顯然與老子頗為不同。這是一種文字崇拜哩！

如前文所述，道教人士似乎是認為：天地萬物皆氣化所生，而氣在化生萬物之際，雲氣撰集，就構成了「雲」，形成三元八會之文、八龍雲篆之章，這些文章，即天地人三才成立的開端。宇宙正是依此文而成就為天文、地文、人文。

這個理論，當然可以有不同的講法。如國字號《玄覽人鳥山經圖》說人鳥山之密，是「妙氣結字。聖匠寫之，以傳上學，不泄中人。妙氣之字，即是山容其表、異相其裡，殊姿皆是妙氣化而成焉」。這些天文，其實就是人鳥山真形圖，故經又引太上曰：「人鳥山之形質，是天地人之生根。元氣之所因，妙化之所用。」這個山，並非真的山，而是指元氣所出之處，所以又名本無玄妙山、或元氣寶洞山等等。氣化成字，字又是此山之真形圖，則字當然就等於宇宙之本，難怪經又說「山內自然之字，一十有一」了。說來說去，一切都還是字。⑧說人鳥山之形質，為天地人之生根，不就是說有文字才能成就天地人生才嗎？九老仙都君、氣氣丈人，都要圖書山形，佩之於肘；天帝也得寫空中之書，以附人鳥人體。真人、道士，若能備此山形及書文者，便得仙遊崑崙；若修行不負文言，亦能登仙，不必服丹藥或導引屈伸。文之德，真是大矣哉！

人鳥真形，是靈寶經系的講法。在三皇文經系中，則帛和在石壁上看到的文字，也包括了「太清中經神丹方及三皇天文大字、五嶽真形圖」。三文者，本來就是指天文、地文、人文；五嶽真形圖，則如人山真形圖之類。《靈寶無量度人上經大法》卷二十一《五嶽真形品》曰：五嶽真形圖，是三天太上所出，文秘禁重。這真形圖為何如此神秘呢？西王母解釋說：三天太上道君曾經俯觀六合，「因山形之規矩，睹岳之盤曲，陵回阜轉，山高隴長，周旋委蛇，形似書字。是故因象制名，定名實之號，畫形於玄台」，又說：「五嶽真形者，是山水象也。雲林玄黃，有如書字之狀。是以天真道君下觀規矩，擬蹤趨向，因如字之韻，隨形而名山焉。」顯然這是認為中國文字應以象形為主，依類象形；而最先擬象的，就是山川大地，所以，五嶽真形圖，其實就是最古老的文字，「乃是神農前世，太上八會群方飛天之書法，殆鳥跡之先代也。自不得仙人釋注顯出，終不可知也」（**國字號《洞玄靈寶五嶽古本真形圖・東方朔序》**）。⑨

這種最古老的文字，不只有一歷史意義而已，它是「天尊造化，具一切法」，可以視為一切文的「原型」（universal symbols）。後世一切龍書鳳篆、鳥跡古文、大小篆隸、摹印、署書、蟲書等文字，皆由此演出。而且不只是人間使用文字如此，還包括天上雲氣撰形、地上龍鳳之象、龜龍魚鳥所吐、鱗甲毛羽所載以及「鬼書雜體，昧人所解者」，也都由此真文化出。因此這個「文」事實上又指一切文明文化而言，即傳統所謂天文地文與人文，不僅指文字。

《雲笈七籤》卷七引《內音玉字經》說此諸天內音自然玉字，生於元始之上，出於島洞之中，「隨運開度，普成天地之功」，「其道足以開度天人」，就是這個緣故。

由於一切文明皆由此真文天書來以文字對宇宙事物皆有規定性，「一者主召九天上帝，校神仙圖，求仙致真之法。二者主召天宿星宮，正天分度，保國寧民之道。三者攝製酆都六天之氣。四者勅命水帝，制召龍鳥也。其諸天內音，論諸天度數期會，大聖仙真名諱住號、所治官府台城處所、神仙變化升降品次、眾魔種類、八鬼生死、轉輪因緣。……五方元精名號、服御求仙、煉神化形、白日騰空之法」，幾乎一切人天秩序，都在這些真文玉字中得到了規定。

真文天書具有這種神秘力量，所以同書又引《本相經》說元始天尊曾與高上大聖玉帝以火煉此真文，「以文瑩發字形。當時，真文火瀨，餘處氣生，化為七寶林，是以枝葉成紫書，金地銀樓，玉文其中」。⑩具體說明了真文可以化成萬物。不只此也，「諸龍禽猛獸，一切神蟲，常食林露，真氣入身，命皆得長壽三千萬劫。當終之後，皆轉化為飛仙，從道不輟，亦得正真無為之道」。吃了真文所化林木上的靈水，便能有此好處，真文為入道之關捩，可想而知。

洞玄部本文類《洞玄靈寶本相運度劫期經》也提到另一種因文字而不死成仙的方法；洞浮山是三百萬劫都不毀滅的奇境，其間蘭林不衰、鳳鳥不死，因為林葉上「有天景大混自然文字，九色鳳角恒食樹葉。其鳥晝夜六時吐其異音。其鳥鳴時，國中男女皆禮」，故全國人都能活三十六萬歲。⑪其國人又有一火池，池文蔚勃，「形狀有似天景大混之文，國中男女三年一詣火池沐浴身形。故人命壽長遠」。反之，若真文還收，那就要人命短促、兵革疫亂、濁邪競躁、天下大亂了。

同理，洞玄部本文類乃本號《上清三元玉檢三元布經》也說：「玉檢之文，出於九玄九空洞之先，結自然之氣，以成玉文。九天分判，三道演明，三元布氣，檢御三真。天氣無此文，則三光昏翳、五錯位、九運翻度、七宿奔精。地無此文，則九土淪淵、五嶽崩潰、山河倒傾。」「得備其文，則得遨遊九天之上，壽同劫年。」宇宙間最高的神秘力量，似乎就在於此。

總之，這種文字崇拜，是把「道生」解釋成氣化自然生出文字，而此文字又為宇宙一切天地人之根本：是創生之本、也是原理之本。不能掌握這個根本，則宇宙便喪失了秩序，顛動不安，從此失去生機；人若離開了創生的原理，人也要銷毀死亡。

這才是道教信仰真正的思想核心。道教以宇宙為虛無，但虛無之中，因氣的作用，可以自然生化萬物，諸如《老君太上虛無自然本起經》、《太上靈寶運度自然妙經》之類名稱，均可表示這個立場。一旦氣化生物，天之的日星、地之河嶽、人之言動即共同表現為「文」，《文心雕龍・原道篇》所謂：

> 文之為德也大矣。與天地並生者何哉？夫玄黃色雜、方圓體分，日月迭壁，以垂麗天之象；山以煥綺，以鋪理地之形。此蓋道之文也。仰觀吐曜，俯察含章，高卑定位，故兩儀既生矣。惟人參之，性靈所鍾，是謂三才，為五行之秀，實天地之心。心生而言立，言立而文明，自然之道也。傍及萬品，動植皆文。

把這種觀念講得再清楚不過了。自然之道，顯現為道之文。用道教的表達方式說，就是自然垂文，結氣成字，形成自然天書，而一切天地人三才亦皆為此文所涵蘊所開立。這是中國本有的文字崇拜，與老子宇宙論結合以後的講法，非老子哲學所含。故宇宙雖屬氣化，真文始為「三才之元根，生立天地、開化人神萬物之由」。人如果要進窺宇宙造化之秘，唯一的方法，也只能是經由文字。

（四）以文字掌握世界

史作檉曾在《哲學人類學序說》一書中曾提到：要探索全人類之歷史文明必須通過對文字的

省察來。他認為：

(1)人類在歷史的演進中，會不斷發展其追求終極內容的方法。

(2)所以我們可由方法來看歷史。

(3)方法有一「三元性之序列」，即單一符號、文字、純形式。

(4)其中，又以文字最為重要。欲觀人類文明，唯有把握文字。因單一符號，並無紀錄歷史之可能；純形式之科學，本身具有反歷史之性質，亦不能與整體之歷史直接關聯。能夠紀錄、成形，並有前瞻性創造之可能者，其關鍵皆在文字。整個文明的形成、說明、紀錄與批評，亦皆以文字出之。

(5)一切屬於創造或歷史之真正起始的問題，也都與文字或文字之創始有直接而必然的關係。故觀史解史的方法性之基礎，在於文字。

(6)文字的創造，代表人類以自由而創造的心靈，進行了對「觀念如何表達」的探索。所以，觀察文字如何被創造，也就瞭解了文明創造之真象。

(7)古人亦嘗探究文字之始，所謂探求本義，即在求文字之始之心、求文字得以建立的原則。

(8)文之始創，由於不可知的創造性心靈。所以要探究它，便不能求之於已成系統的文字。因既成系統的文字，很難說哪一個字是其他字的原因或來源。

(9)既然如此，便只好推想有一「單一文字」。此即在文字系統尚未建立之前的圖畫文字。彼非系統文字，但蘊涵了我國文字造形之理。

(10)這個理，就是圖像。我國的文字系統，即是一象形性的文字系統。

（11）但上古人類文明都有象形，何以獨我國以象形發展成一系統性文字，並以此形成一偉大的古典文明。可見其象物並不只是單純的依類象形，而必有其所以如此象物的內在性觀念。

（12）古人曾經推究字源，想像文字始創時有穗書、鳥書、龜書、龍書之類。若研究他們所說，可發現其所含之觀念即為「自然」。自然，可能即是當時所有傳說中，文字得以成立的真正內在性觀念。⑫

換句話說，史作檉是企圖透過對文字之真始的探究，來講明歷史文明的創造性。他的哲學人類當然與道教思想不一樣，但是他要說明歷史之真始真創時，會想到從文字去掌握；說文字，又推溯到一切甲骨金文系統文字之先的圖書文字（單一文字）；且云此文字所依之理即是自然。這種思路，卻與道教甚為接近。我們能不能說：道教之所以要提出這種天文自然創生說，也就是基於對歷史文明之創造性的理解與說明？

從道教諸天書真文的故事面看，這些神話確實悠邈無稽。但它可能是一種對文字及文明創始的理論說明，而非事實描述。正如史作檉所說的「單一文字」，究竟係陶文或其他何種文字，並不重要，因為「它完全是由於一種理論上的要求而來」。為了要說明歷史文明之創始意義，道教也用天開文字、自然創生或元始作等，來說明整個文明如何具體展開。這種文，也不是任何系統文字，但它包蘊了以後一切文字乃至文明的成立之法。它內在性的觀念，也是自然，因此它係於虛無中自然生立。這種文字，「文勢曲折」，或顯現為一種人鳥山之類的圖形，可見道教也是把「象形」視為文字的基本理則。

由於這種追究文字之始的活動，乃是人類對其本身歷史的一種反省，希望能對歷史之事實有一理論上的說明，故這種理論的提出，是人文之必然，猶如孔子繫《易》，推造字於伏羲。這些推求，旨非考古，乃在於求創造之幾，因此不能從史跡上看這些理論，而應從其探溯創造的理趣上去瞭解。⑬

一切神話性的說辭，亦均為一修辭策略，意在強調此不可名狀的創造，藉悠邈荒唐之言，寄其情、闡其義而已。無論史作樫的探求文字真始之活動，或道教的說法，基本上都是如此。

但是，為何文明創之幾的探索，要由追究文字之始來著手呢？從歷史上看，求始之活動，倘為人文之必然，為何其他民族或宗教並不曾發展出這樣的天文說？只有中國本土的道教，才特別凸顯文字的地位與意義；也只有中國的哲學家如史作樫者，才會堅信：「觀史解史的方法性之基礎的文字，那麼果以全人之方式而呈現其歷史之真義者，唯中國能之。」這是什麼道理？

這不能不說是中國本有的文字信仰有以致之。文字崇拜與單純拜物信仰不同。它涵有「自然」的觀念，更涵有以文字為方法以觀史觀世界的方法意識。所以，對文字本身的把握，便是一種方法學的掌握；對文字的理解，其實就等於對世界的理解。而文字的神秘力量，就在於它被認為是真正把握歷史文明之創造真幾的唯一方法：就在於文字之創生，便代表了一切人文（**或包括天文地文**）創生之理。⑭

（五）道教信仰的核心

文字，既為掌握宇宙創生之理的方法，則道教一切修煉法門，就幾乎都環繞著這個核心而展開。所謂：「學無此文，則九天之上不書玄名，從勞為學，道無由成。」（《上清三元玉檢三元布經》卷上）⑮

正一部明字號《上清高上玉晨鳳台曲素上經》嘗云：「玄都九曲，陵層鳳台，結自然鳳氣以成瓊房。虛生八真交會之氣，十折九曲，結九元正一之氣，以成憂樂之辭。……凡上宮已成真人及始學為仙者，莫不備修九天鳳氣、玄丘真書，誦憂樂之曲也。……如是九天鳳文憂樂之曲，皆九天自然之氣結而成焉。靈文表界於空玄之中，經九萬劫，玄都丈人受之於太空，以傳太上大道君，道君傳太極真人，太極真人以傳……」此甚能顯示天書真文的方法性意涵。這段敘述，也是許多道經共有的論敘模型。它們大體上都是先解釋某些天㸚文字的來歷、傳授經過，然後告訴學道人：欲修上真之道，唯有掌握這套神秘的文字，方能達成。而且這一神秘文字，也只能傳給「宿有玉名，應為神仙，已掛名仙籍者；非人人可得；故亦不能妄傳妄泄」。否則，洩露天機，必然遭到嚴厲的處罰。

這一神秘天生文字，乃修道人一切隱語、訣辭、畫符的來源與根據。脫離了這個，可說便沒有道教了。正一部明字號《上清外國外品青童內文》卷上說：「上帝玉真，及五嶽上仙，皆服文而詠音，佩身而修真。學無此文，則不得游名山、制六國、卻甲兵、五老之官不衛身形。為學之本，當勤行五嶽。尋受此文。靈威告應，自得道真高上妙法，雖不學而仙也。」就是這個意思。所謂服文佩身，如《靈寶無量度人經大法》卷十八說：「凡修飛仙之道及滅度之法、屍隱解化、輪轉生死、有運逍遙、無拘太陰，當朱書諸天玉字、無量內音，白素佩身，隨文服御。」卷二十一說道士應佩太上三天長存符及靈寶五嶽真形圖之類都是。此指修道者佩帶天文以及由天文演化發展而來的各種文字，便可以辟邪、禳災、召劾鬼神、登真飛仙。

這些文字，以「符」、「訣」、「咒」、「印」的型態出之。印文，當然是文字崇拜的徵象，正一部聚字號《太上元始天尊說北帝伏亭神咒妙經》卷五有《神印品》，自謂其印圖能「伏使萬神、驅邪遣魅、收鬼治病、安國寧家。依法修行，無災不滅，功成道備」，即屬此等。

咒語，是一種神秘的天人溝通訊號。咒者，祝念也。在施行一切法術時，必須口念真言、須存想體內諸神、呼其名字。「不修此法，雖誦萬遍，真神不守，終無感效」。其他一切法，大概也都要與特定的咒語相配合。如正一部群字號《元始說度酆都經》就說太上神咒為「太玄紫煙，三素纏旋，九元開道，明魔真言，有佩我咒，名入金門……」等八十餘字。在眾生有災時，懂得這篇神咒的人就該「懸繒幡花，轉念真文，呼吸神氣，佐助道士治病」。

這些咒語，可能是神的名諱，也可能就是「符」。

《靈寶無量度人上經大法》卷二十八說：「諸天帝玉諱，皆以赤晶之碧字刻之，秘於上清宮。乃諸天帝正音，不傳下世。其經中之諱。乃隱名也。皆空洞自然靈章，九和十合，變化上清無量之奧，深不可詳。誦之萬遍，白日登真。」就是以誦念神名為修行法門。

這些神名，包括天神、身中神、三界百靈之隱名。道經中，記載了無數這類神名資料。各家經派，所奉神名諱字及寫法，當然頗有差異，但基本原則是一致的。《上清河圖內玄經》卷上《太一秘諱》曰：「凡不受河圖本源太一……皆不得行大謝。大謝請召，啟告周遍。尊極靈諱內神隱名，不經師受，慎勿妄修。……遇此真諱，密識心存，動靜潛咒乞願，所求隨心。」可見咒念神名的重要性。正一部既字號《上清太上元始耀光金虎鳳文章寶經》則說明了這些神名秘諱都由天文隱書來，在金虎鳳文之中，「皆署天魔之隱諱，亦通標百神之內名。誦其章，則千精駭動；詠其篇，萬妖束形」。

天書真文也可能以符籙的型態出之。故《上清洞真天寶太洞三景寶籙》卷上云：「太微天帝君金虎玉精真符，乃太元上景自然金章之內音也。」

此所以道教中用符之意，與佩真文誦神名是一樣的，如正一部集字號《上清瓊宮靈飛六甲籙》所說：「有其符，則隱化無方；聞其名，則上補天真；行其道，則飛虛；駕佩其文，則玉女執巾。」而佩文、念咒，其實也可能只是服符。以正一部群字號《七元召魔伏六天神咒經》為例。此書名為神咒，其實是以符為主，而以咒用符。其符如：

不就是佩文嗎？這些神秘圖形，實係一套文字系統，如天，寫作、鬼寫作或、主寫作、文字作等等，予以組合聯結，便成一符。如：

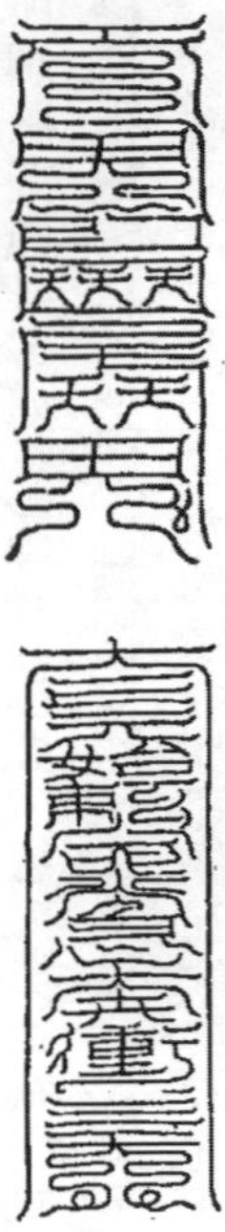

即「太上元始敕命火急奔衝三天」幾個字構成的，見《靈寶無量度人上經大法》卷卅四。該經卷三十八說：「天地神靈山川草木人民禽獸星宿日月，凡所有形，皆有符章之以不治之。」可見符書之用至廣。其文字大抵係變化古代篆籀及相傳刻符、摹印、蟲書、古文異體而來，加上聚字構形的方法，以致難予辨識，實則並無其他神妙之處。⑯稱之為符，即有符采之意。《雲笈七籤》卷七《符字》及《八顯》條記：

一切萬物，莫不以精氣為用。故二儀三景，皆以精氣行乎其中，萬物既有，亦以精氣行乎其中也。是則五行六物，莫不有精氣者也。以道之精氣，布之簡墨，會物之精氣，以卻邪偽。輔助正真，召會群靈，制御生死，保持劫運，安鎮五方。然此符本於結空，太真仰寫天文，分置方位，區別圖像符書之異。符者通取雲物星辰之勢，書者別析音句銓量之旨，圖者畫取靈變之狀。然符中有書，參冬圖像；書中有圖，形聲並用。故有八體六文，更相發顯。……此六文八體，或今字同古，或古字同今，符采交加，共成一法，合為一用。⑰

符是文字的組合，故云符采交加。這些文字，乃道之精氣表見於簡墨者，故又可以合會物之精物，召會五方之神靈。這時，「符」又可以理解為符合、符契。道教從張道陵創教，主張考鬼治病以來，就一直是用這種符書在召會神靈、考鬼治病。所以事實上是用文字在考召鬼神、服氣治病、禳度災厄。一切神秘法力，皆來自文字。《靈寶無量度人上經大法》卷三六發載發符時要念咒曰：「無文不光，無文不明，無文不立，無文不主，不所不辟，不所不禳，無所不度，無所不成。」其實已把這個秘密徹底點破了。

與符文功能類似者為上章與投簡。所謂上章，係向天地鬼神上奏摺，以文字申訴乞願。《修科儀戒律鈔》卷十一說：「上章辭質而不文，拙而不工，樸而不華，樸而不偽，直而不肆，辯而不煩，弱而不穢，清而不濁，真而不邪，簡要而輸誠，則感天地，動鬼神。」已總括了上章的要點，此法始自天師道，流傳勿絕。陶弘景《登真隱訣》卷下則與符合論，稱為「章符」，可見它與符書亦無甚差別。⑱至於投簡，也是利用符字以求長生辟邪，如《三洞珠囊》卷二《投山文龍簡品》云：「山居玩水，長生之方，當投簡送名，拜見山文之靈。」

對此，洞玄部神符類《太上洞玄靈寶投簡符文要訣》舉了一些口訣，如祝誦曰：「飛玄八會，結氣成真，六十四字，總靈天根，開度生死，朽骨還人……」

有如「右二十四字，主召九天上帝。神仙圖籙，學仙道者，常以本命甲子立春之旬，青書白銀木刺，記年月姓名，投於絕嚴之下，九年仙官到，便得成真仙」之類。文字之所以能使不死，是因為道教認為文字之創生即為宇宙創生之秘奧所在，若掌握了這始創之真文，自然就抓住了創生的秘鑰，可以奪宇宙之造化。開度生死，朽骨還人，乃其中之一端耳。故又曰：「有得其法，不學自仙也。」（《上清三元玉檢三元布經》）不必再學其他任何法門了。

文之玄奧如此，「反毀聖文，不崇靈章」，當然就成了大罪。即使獲得這個掌握世界之鑰的人，也該注意「有得明科之身，不得妄與常學談說經文，評論玄古，意通至真」，「妄示世人，殃及七祖」（《太真玉帝四極明科經・卷一》），同時並應謹慎：「有此文者，不得妄令女人及異己坐起其上」（卷四）。

要修真道，則應寫經。鼓勵寫經，是道教的特色，對佛教影響也極大。日人中村元《東方民族的思維方法》第二篇第十章曾比較佛教在中國與在印度之不同，認為中國佛教之重視寫經、刻經，超過任何國家，當然也勝於印度。這個風氣，當係道教影響所致。陳寅恪《天師道與濱海地域之關係》一文，嘗論證天師道與書法藝術的關係，知南北朝最擅長書法的世家，都是奉道世家。他們的書法好，大半即由於常寫道經。如《雲笈七籤》卷一百七陶翊《華陽隱居先生起錄》說：「（隱居先生）祖隆，好學讀書善寫。父真寶，善稿隸，家貧以寫經為業。」可見陶弘景家世即善書、常寫道經。故陶撰《真誥》，搜輯楊羲、許謐、許翽之手跡，也特別談到他們的書法，卷十九：「三君手跡，楊君書最工，不今不古，能大能細。大較雖祖效郗法，筆力規矩並於二王。……掾書乃是學楊。而字體勁利，偏善寫經。……長史章草乃能，而正書古拙，符又不巧，故不寫經也。」他所提到的郗愔，也是擅長寫經的書家。《太平御覽》卷六六六引《太平經》云：「郗愔性尚道法，密自遵行，善隸書，與右軍相埒，自起寫道經，將盈百卷。」寫經促進中國書法藝術的發展，自是無可置疑的了。⑲但道教徒為何如此勤於寫經？難道不是因為他們特別看重經文嗎？太平部儀字號《洞玄靈寶三洞奉道科戒營始》卷二《寫經品》曰：

經者，聖人垂教，敘錄流通，勸化諸天，出生眾聖，因經悟道，因悟成真，開度五億天人，教化三千國土，作登真之徑路、為出世之因緣。萬古常行，三清永式。結飛玄之氣，散太紫之章，或鳳篆龍書、瓊文寶籙，字方一丈，八角垂芒，文成十部，三乘奧旨，藏諸雲帙，閉以霞扃。使三洞分門，四輔殊統，實天人之良藥，為生死之法橋。使眾生普超五濁之津，俱登六度之岸者也。凡有十二相以造真經：一者，金簡刻文。二者，銀板篆字。三者，平石鐫書。四者，木上作字。五者，素書。六者，漆書。七者，金字。八者，銀字。九者，竹簡。十者，壁書。十一者，紙書。十二者，葉書。或古或今、或篆或隸、或取天書玉字、或象雲氣金章。八體六書，從心所欲。復以總別二門，遍生歸向。總者盡三洞寶藏、窮四輔玄文、具上十二相，總寫流通。別者，或一字一句或卷或帙，隨我本心，廣寫供養。書寫精妙、紙墨鮮明，裝潢條軸，函笥藏舉，燒香禮拜，永劫供養，得禮無量，不可思議。

經文是「登真之徑路，出世之因緣」，是「生死之法橋」，所以必須刻文或書寫之。洞玄部戒律類所收朱法滿《要修科儀戒律鈔》卷二云：「法橋既架，福岸可登，抄寫書治，於斯見矣。《本際經》云：若複有人，紙墨縑素、刻玉鐫金，抄寫素治，裝褫條軸，流通讀誦，宣佈未聞，當知其人已入道分。」也表達了同樣的觀點。我們要特別注意這所謂「徑路」、「法橋」所具有的方法性意涵。這與其他宗教把經典之神聖性建立在「神諭」上，實有本質的差異。

（六）道門文字教

道教是極複雜的宗教，流傳既久，內部差異也極大。如講丹鼎爐火者，與上文所述之天書信仰、文字崇拜，關係似乎並不緊密。但是，整體說來，文字崇拜可能仍是可以通貫整個道教思想的主線。例如導引服氣，彷彿跟文字無關，然而依天生文字說，天文乃是氣化自然而生，為三才萬物之本，則所謂服氣也者，其實也就是服此文字所生化之氣。《靈寶無量度人上經大法》卷十九《五方雲芽品》對此講得最為清楚。它認為五芽氣即生於五篇真文，要修養丹芽、逆引五方氣氣，除了存思及咽氣之外，也要服符。至於上清派之存思內視，其關鍵也在於呼念神名。故陶弘景《登真隱訣》卷上，一開卷即述玄州上卿蘇君傳訣，而且第一則就是「真符」、第二則則為「寶章」。文字，在其思想及修行體系中之重要性如何，不難想見。

綜括各經所述，在天地之先、空洞之中，凝結成文，故此文可為真文、大洞真經、無無上真等等。此真文又布核五方，故又可稱為五篇靈文、五符、五靈符等等。元始天尊曾以火煉之，故又名赤文或赤書真文。其文乃自然隱秘之音，故又名隱文、隱韻、大梵有語。文字始出之際，八角垂芒、文彩煥耀，故又曰寶章、玉字、玉音……

在道教中，此真文就是道，為萬物之本體。蓋大道空洞，其顯相即是文。洞真部本文類《元始無量度人上品妙經》卷一說：「上無復祖，唯道為身。五文開廓，普植神靈。無文不光，無文不明，無文不立，無文不成，無文不度，無文不生。」即指此而言。

故薛幽棲注曰：「真文之質，即道真之體為文。」成玄英注說得更明白：「真文之體，為諸天之根本。妙氣自成，不復更有先祖也。」⑳

日月、天地、萬物均由道體生成化度。道又稱為文，是指其涵蘊了一切條理、紋理。據說這真文天書共二百五十六個字，分配到三十二天，每天得八字。這八個字，可以「以消不祥，成濟一切」。因為這是萬物成立的根本，所以若能掌握這幾個隱文秘音，便能「辟逐一切精邪，清禳一切災害，度脫一切生死，成就一切天人」。這就是道士積學修真的秘訣。

有分教：「三洞諸經貴玉音，文章錯落燦珠金。保天鎮地禳災厄，度盡塵沙無數人！」（同上，《清河老人頌》）正一派第四十三代天師張宇初的《太上洞玄靈寶無量度人上品妙經通義》卷一列有「太極妙化神靈混洞赤文圖」，可以充分說明這套形上學體系：

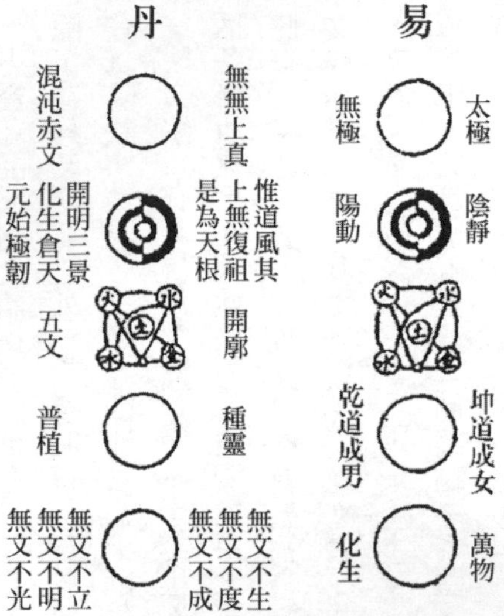

文字是道，則修行體道，唯在守文。

文字又成了入道的憑據。此即前文所謂文之方法義。道經種萬種，其旨大抵如是。

順著這種徹底文字化的宗教性格來觀察，我們當然也會發現道教與文學有特殊的關聯。比方說柳宗元「聞凡山川必有神司之，於是作《訴螭》，投之江」，或「為文醮訴於上帝」，豈不是道士上章、投簡之類行為嗎？文人用文章來祈雨、逐災、驅儺、譴鬼、祭鱷魚、投龍……道士也用同樣的行為與文辭來辦這些事。這是用文字在禳祓不祥呀！㉑

又如悼喪葬、祀天地、饗神祇、歌五帝……本來就都用得著文學作品，如《詩》之頌、楚辭、樂府效廟歌、神弦曲之類。皆是藉文字的神秘力量，溝聯幽明，通達三界，以致精誠。這種力量，在道教中尤其被充分地發揮了。

例如道教有「步虛詞」。《樂府解題》云：「步虛詞，道家曲也。備言眾仙縹緲輕舉之美。」其實這是道教讚頌樂章之一。其音腔備載於洞玄部讚頌類《玉音法事》等書，旨在飛步乘虛，並不只是描述眾之全而已。詠步虛詞，本身也就是一種修行方法，故洞玄部讚頌類《洞玄靈寶升玄步虛章序疏》謂此經一是建立法體，從理起用；二是示修行方法；三是列十頌以贊法體；第四是散擲廣誦，法法皆正，以示得失流通。在舉行步虛時，又要有焚符於水盂、上香、默跪、啟奏三清、諷神咒等儀式，可詳洞真部威儀類《太乙火府奏告祈禳儀》諸書。足見其慎重。但整個步虛詞，實際上仍是以天書真文為核心；無論道教所用者，或文人擬作，皆是如此。

像庾信《步虛詞》十首，第一篇就是：「渾成空教立，元始正塗開，赤玉靈文下，朱陵真氣來……」第二首是：「無名萬物氣，有道百靈初。……赤鳳來銜璽，青鳥入獻書。」第七首又是：「龍泥印玉策，天火煉真文。」——由此可知，步虛詞是用文字來詠贊天尊及諸仙真，這種詠贊本身就是修行法門，其文字與天書真文、與道有同質性。故又可以透過步虛飛玄入妙，與道同流。

這種歌辭，能不能逕視為文學作品呢？此猶如謠言讖辭，世謂為「詩妖」。謠讖是神秘的，有預言力量，與一般文學作品未必相同，但其為詩之一體，卻很難否認。何況鍾嶸說過：「感天地，動鬼神，莫近於詩。」此類文詞恐怕最能符合這個意義。步虛詞，亦復如此。《樂府詩集》所收郊廟樂章及步虛詞、祓禊曲皆甚多。《文心雕龍》也有《頌贊篇》，謂頌為告神之詞，所以美盛德而述形容，風格必典雅清鑠。道經中之頌贊，符合這個條件者，正自不鮮。《文心》又有《祝盟篇》。祝本來就是祀神的禱詞；盟也是「祝告於神明者也」。要找祝盟文學的材料，道教中更有的是。

此非硬要搭截「文學」與「道教」的「關係」，而是要說明：在道教的體系中，我們可看到「文字—文學—文化」的一體性結構。文字，可以演為文章，文章又通貫於道。道也是文章的根據。在這「無文不明」的結構中，理論上，每位道士都是文人。道士上章、啟奏、盟祝、頌贊、用符、唱名、禮祓，既是一種宗教行為，同時也可說即是文學活動，《雲溪友議》卷下有一則故事，頗能象徵此義：

里有胡生者……少為洗鏡鎪釘之業，倏遇甘果、名茶、美醞，輒祭於列禦寇祠，以求聰慧，而思學道。歷稔，忽夢一人，刀畫其腹開，以一卷之書，置於心腑。及睡覺，而吟詠之意，皆綺美之詞，所得不由於師有也。（《祝墳應》）

胡生原本是想學道，結果祈祠應驗了：他變成了文人。這象徵了什麼呢？據《樂府廣題》說：「秦始皇三十六年，使博士為仙真人詩，遊行天下，令樂人歌之。」秦始皇求仙，可說是歷史上繼周穆王西征之後第一個正式的追求不死行動，也傳達了道教基本理想。但這第一次，便是在音樂中登上歷史的舞台。其後曹植《五遊》則要說「徘徊文昌殿，登陟太微堂」了。文昌帝君不也是道教的主要信仰對象嗎？

文昌帝君，又名梓潼帝君，為司命司祿之神，亦為文章、學問、科考的守護神，在道教中，極為重要。但這個信仰根本上乃是對文章的崇拜。洞真部玉訣類《玉清無極總真文昌大洞仙經》卷二衛琪注曰：

> 文昌者，文者理也。如木之有文，其象交錯。古者蒼頡制字，依類象形。昌者盛也。言天地之文理盛大也。如伏羲則河圖之文，以畫八卦，立三極之道。此經所以推窮三才中之文理性命，皆自二五行中出，故文昭量乃土炁所化。坤土之卦辭曰：「黃裳元吉，文在其中也。」艮土之卦辭曰：「生萬物者，莫盛乎艮，成萬物者莫極乎艮。」故周子所謂：陽變陰合，遂生五行。《度人經》云：「五文開廓，普植神靈。」而南上文華，光彩煥爛，故十四章云：「南昌發瓊華。」乃南極長生朱陵上帝、南昌受煉真人所治。見有上帝所賜「注生真君」八角玉印，所謂南斗注生。不言文昌而言南昌，蓋丹天世界，文明之地，梵天所化，是為南昌上宮，今南嶽衡山朱陵洞天。上應奎軫。始因奎壁垂芒，帝命主持斯文。壁位居亥，專主圖書。奎位居戌，專主文章。蓋奎宿有文

采、壁宿能藏書。昔嬴火之後，於屋壁得古文，故壁得古文，故壁之於文，具有功焉。是以文昌宮有東壁圖書府、太微垣中有南斗第五星文昌煉搜真君。又有太上九炁文昌宮、文昌上相、次相、上將等星，又有文昌圖，流運以生化文物。是故天地之間，生成變化之道，莫大於此。故曰「開明三景，是為天根，無文不光，無文不明，無文不立，無文不成，無文不度，不無不生」等語，實基於此。《易》曰：「物相雜，故曰文。」是以文昌一經，雜紐不貫亦如《易系》云：「變動不居，周流六虛，上下無常，惟變所適。」又曰：「參伍以變，錯綜其數；通其變，遂成天地之文。」亦此義也。故文昌之在世者，乃教化之本源。

由此解釋可知，文昌帝君之名雖來自北斗魁星附近的文昌六星，但實際上早已轉化為文理昌盛之意，而不再是星辰信仰了。㉒這個文包括一切文書、文采、文明、文獻、文章、文物而說；文昌在世，又為一切教化之本源。道教之為文字宗教，殆無疑義。後世祈文昌以求開慧、奉文昌以求能文章，不也是前述胡生祈列禦寇祠而能作詩文一類故事的典型化嗎？㉓因此綜合地看來，就像文昌帝君是文章科舉的保護神一樣，道教不僅本身表現為一種文字宗教，其理論、教相也提供了文最大的保證。文既為體、為用，亦為入道之方。文字、文學、文化，在此中綜攝為一，難予析分。道士用文，其本身也常成為文學創作者。

對一位文學研究者來說，瞭解這些當然很有益處。因為：

一、我們往往忽略了歷史上極為豐富的道教文學作品，談中國宗教與文學的關係，通常僅能略論禪宗詩偈之類，很少討論道教文學。

二、就是談佛教與文學之關係，我們也常偏重於就佛教如何影響文學及文學家立論；不曉得是佛教進入中國以後，因受中國文化及道教之影響，才產生了轉化，才變成文字的、文獻的、文學的宗教。

三、在思考以上這些文學與宗教的關係時，我們通常是以兩個系統之相互影響關係或互動關係為思考模式，很少注意到文學本身所具的宗教性格。文學不只是可「用來」祈禳、盟祝、頌贊、醮訴，它本身便具有宗教神秘力；不只是宗教界利用文學的感性力量，來引人入信，或文人參與宗教活動，而是本來就可因著文字文學的這種宗教性質，形成各種宗教活動。

四、由於缺乏以上這些考慮，也使得我們無法理解宗教間的差異。例如佛教也有唄梵頌贊，也有宣教詩文，也參公案詩偈文字以入道，也有石門文字之禪。但道士女冠作詩文，其意義與僧徒為文並不一樣。道教系以文為宇宙萬物之本體，所以是一種根本義的文字教，一切文學活動，亦皆為因體起用，且可以因文見體。

五、道教所顯示的「文字、文學、文化」一體性結構，自然也能提醒我們：要在中國文學傳統中，偏執「純文學」的觀念，實無可能。一部文學史，其實也就是搖盪流轉於這三者之間的發展。如嚴羽曾描述宋人是「以文字為詩」；唐朝古文運動，則正面要求「人文化成」，不能僅成為美文。可見文字、文學、文化，既是一體的，其間又有緊張關係，其辯證發展的歷程至為迷人。

六、「文字、文學、文化」的結構關係、文學發展的邏輯，既存在於文學活動文本身，也存在道教這一文化體中。而且由理論上看，道教比一般文學理論家更能深刻掌握住這個原理，並予以說明之。如前引太極妙化神靈混洞赤文圖，或衛琪對文字、文章、文畫、文明、文物、文獻的系統解說等等，可能比一般文字泛言「文原於道」、「文以達道」、「文與天地並生」之類，更具理論趣味。欲明中國文化中主文的傳統，勢不能不對道教多加注意。

七、道教既以文字為教本，又以文字為教。但就其作為萬物本源的文來說，那是自然虛無混沌中忽然創生的，這種真文事實上又具有「超視聽之先，在名言之表」（宋真宗《靈寶度人經序》）的性質。它是自然生成的，是不知其然而然，故薛幽棲謂其幽奧不可詳，「忘言理絕」；又說此非世上常辭，古言無韻麗、曲無華婉。這些玄妙天成、自然而生、作而非作、大巧若拙、忘言理絕云云，其實也就是中國文學創作最高之鵠的。文學家總強調「文章本天成」、「風行水上自成文」、「天然去雕飾」等等。天書真文，便是這種最高標準的文學作品之典型。然而，強調自然天成的文學創作觀，必須遲至宋代，方始蔚成風氣。道教之天書信仰，卻在漢末即已成形了。㉔這難道不值得我們注意嗎？

正是：「神仙戲東序，流暉寄文朝翰。」（《上清元始變化寶真上經九靈太妙龜山玄籙》卷中）且觀神仙，再論文翰！

注釋

①《洞玄靈寶自然九天生神章經解義》卷二：「三寶有三。本經天寶靈寶神寶，分為玄元始三氣，降於人，為三田。曰精曰氣曰神。此內三寶也。教有道寶、經寶、師寶三寶，太上三尊也。經寶，三洞四輔真經也。師寶，十方得道眾聖及經籍度三師。此外三寶也。……又《內秘真藏經》云：貪性寂滅，塵累無染，戒行不虧，是名法寶；嗔性不起，不憤外塵，定無生轉，是名師寶；癡性無取，無惱無

患，慧通無礙，是名道寶。此三寶，非內非外，非聲非色。」

②董思靖說：「此經直從天地萬化源頭說起，所以不立序分……非由演說故也。然無序分，則此經又何自而傳？故至此方序出教之因。」序分，是採佛教說經的術語，但解釋並不相同。

③道教中另有「無字天書」之說。然所謂無字，只是平時看不見字，終究仍會顯示出字來。此外，這種無字天書乃是真文天書所派生的次級系統。真文天書是萬化之本源；偶然在洞窟中或因神緣而獲得的有字及無字天書，則不具有這麼高的地位。

④作品創作所有權的作者，與神聖性作者，系兩種不同的作者觀，詳龔鵬程《論作者》，《中國文學批評》第一期，學生書局，一九九一年。

⑤《一切道經音義妙門由起》也說：「凡諸真經皆結空成字。聖師出化，寫以施行。」這是總原則。各經出世，另有因緣，但都不違背這個原則。

⑥陳國符《道藏源流考》曾懷疑《元始五老赤書真文天書經》可能與宋真宗之奉迎天書有關，一點也不錯。由宋真宗對《度人經》的序文中即可看出他的天書信仰。

⑦被視為經教之本文的，包括：三天八會之書、雲篆、八體六書六文、符字、八顯、玉字訣、皇文帝書、天書、龜章、鳳文、玉牒金書、石字、題素、玉字、文生東、玉籙、玉篇、玉札、丹書墨籙、玉策、福運之書、琅虯瓊文、白銀之篇、赤書、火煉真文、金壺墨汁字、瓊札、紫字、自然之字、四會成字、琅簡素書等。稱為本文，意謂法爾自然成文，為萬化之本也。詳見《雲笈七籤》。道教經典夙以三洞四輔十二類分類。十二類中，第一為本文類，即「三元八會之書，長生緣起之說，經教之根本也」，第二為神符類，「龜章鳳篆之文，靈跡符書之字」，大概都屬天書範圍。

⑧真文天書，既顯為文字，同時也常圖示現。如河圖，固然是圖；洛書，雖名為書，實亦是圖。這種情況，可以從「文」本身來解釋。文，本為「文采錯畫」之意。其次，道教也相信「倉頡制字，依類象形」（《黃清無極總真文昌大洞仙經》衛琪注卷二），故文字即具圖像性。道教喜歡用圖說，且圖文混而不別，殆以此故。據中村元《中國人之思維方法》的研究，中國人重視具象的知覺，文字本身便有具象性，概念之表達，亦往往須倚賴知覺表像的說明，且喜出之以圖示。他舉佛教作例子，說明好用圖示，是中國佛教與印度日本不同的特色所在（徐復觀譯本，第三章第二節，中央文物供應社，

一九五五年）。其實道教思想更能符合這個講法。

⑨有關真形圖的研究，可詳李豐楙《六朝隋唐仙道類小說研究》，台北：學生書局，一九八六年，第五二至五八、一三四至一三七頁。該文較重於真形圖來歷之考證，並認為此係古輿圖、道士入山指南、為山嶽信仰之一端，可以作為冥想修行之用。

⑪用火煉文，是讓文字明晰的一種方法。故李玄真《上清金母求仙上法》云：「靈寶之文，生乎龍漢。……符圖寶秘，文字幽昧。昔元始火煉真文，瑩發光匹，文字既顧，吾得曉焉。」至今道教中仍有用明礬文寫字，向火烘之乃見之之術。

⑪道教服符治病驅疫的法術，當即本此信仰而來。通常是書符之後燒化，以水服下，另詳後文論用符。

⑫史作檉《哲學人類學序說》，仰哲出版社，一九八八年。特別是第十六章至二十四章。論述甚繁賾，此處係我整理簡化的結果。

⑬過去論者對這些真文天書，不知此義，總是從依託、偽造、神秘其說以惑世等幾個角度來談宗教史。其荒唐粗陋，自不待言。

⑭《靈寶無量度人上經大法》卷一說：我們當知真文天書乃「生成之本，總括萬象之元，陶鑄群仙之品，出產仙真之紐」，「為三洞祖教，生出一切聖人。……三洞之經、四輔符籙，皆因赤書玉字而化。……皆因靈寶大法，化生一切聖人」，說的便是這個道理。

⑮一般論者皆認為道教屬於一種自然靈物崇拜的宗教體系，視一切天地自然現象，如日月山川星辰風雨草木、人體內部器官、人為世界之營造如門戶等，皆有神靈主之，皆須崇拜之。

其實這不是道教的真正精神所在。道教與古之巫覡不同。自張道陵以來，道教就不是祀祭鬼神而是要考召役使鬼神的。如《老子想爾注》即批判神靈附身者為「世間常偽伎」，又說「今世間偽伎指形名道，今有服色、名字、狀貌、長短、非也，悉邪偽耳」，「天之正法，不在祭禱祠也。道故禁祭禱祠，與之重罰」，「有道者不處祭禱祠之間也」。這不是自然靈物崇拜，至為明顯。原始的日月星辰信仰等，到道教中皆有根本的轉化，納入一個哲學的體系中。此一體系，大致係以自然氣化、氣類感應及五行生克等思想所構成，故後來道教雖然也講太一、北斗，實際上是在講那一套哲學。這一套哲學才是道教信仰的真正內容。而在這一套哲學中，「道」無疑居於首出或核心的地位。可是道教之所謂道，與老、莊又有不同，乃以「文」為道之體及道之用者。所以說文字始為道教信仰之核心。

⑯符書乃摹擬天書而來，天書「八角垂芒，精光亂眼，靈書八會，字無正形。其趣宛奧，難可尋詳」（見《雲笈七籤》卷七引《內音玉字經》），符書也就盡力八角垂芒，形勢婉曲，字無正形。故其難以辨識，並非故弄玄虛。

⑰太平部儀字號《洞玄靈寶玄門大義》認為「八體之文」皆由真文天書而出，天尊造化，具一切法，後人承用自有先後而已（見《釋本文》第一）。這種講法，可以不說明道教並不像史家或文字學家那樣，看重文字演變的歷史義，而是著重於文字原理的把握。

⑱青詞亦屬上章之類。李肇《翰林志》云：「凡太清宮道觀薦告詞文，用青藤紙，朱字，謂之青詞。」陸游詩有「綠章夜奏通明殿，乞借春陰護海棠」之句。此於後世遂成一特殊文體，明朝顧鼎臣、袁煒、李春芳、嚴訥、嚴嵩等皆擅長此體。另參吉岡義豐《道教之實態》第四章。收入《吉岡義豐著作集》，五月書房，一九九〇年。

⑲見《陳寅恪先生全集》上冊，里仁書局版，第三六五至四〇三頁。

⑳見《度人上口妙經四注》本，洞真部玉訣類。另參砂山稔《靈寶度人經四注記》，《世界宗教研究》，一九八四年第二期。

㉑詳龔鵬程《論唐代的文學崇拜與文學社會》，淡江第三屆中國社會與文化研討會論文。收入《晚唐的社會與文化》，學生書局，一九九〇年。

㉒有關文昌帝君的研究，可參窪德忠《道教諸神》，蕭坤華譯，四川人民出版社，一九八九，第二一二頁。吉岡義豐《道教小志》，收入《吉岡義豐著作集》，五月書房，一九九〇年。

㉓道教在民間流傳最廣、影響最大的經典，就是文昌帝君《陰騭文》、關聖帝君《覺世真經》或《勸世文》。文昌帝君又有《敬惜字紙律》。《勸世文》中揭示二十四條，一孝、二慈、三忍，四就是敬惜字紙。可見這種文字崇拜的重要性。配合此一信仰，除文昌帝君之外，另有「製字先師」倉頡的祭祀，各地鄉鎮也都有「惜字亭」。一般研究者以為這是受儒家的影響，如前引窪德忠書即謂文昌帝君信仰具有十分濃厚的儒教色彩。此不確。儒家固然重文，道教也重文，甚至洞真部譜籙類《清河內傳》曾載《勸敬字紙文》說：「竊怪今世之人，名為知書而不能惜書。視釋、老之文，非特萬鈞

之重，其於吾六經之字，有如鴻毛之輕。或以字紙而泥糊，或以背屏、或以裡褥、或以泥窗、踐踏腳底、或以拭穢，如此之類，不啻蓋覆瓿矣。何釋、老之重而吾道之輕耶？」所以他希望儒生能效法佛道人士重惜字紙。可見一般社會上的惜字風氣，並非受儒家影響而然。

㉔宋代強調自然天成的文字創作觀，可詳龔鵬程《詩史本色與杪悟》，學生書局，一九八五。道教的天書真文，若以《靈寶五符》之類為標準，此經典至遲出現於晉宋以前。真文的觀念則在東漢即已形成。《老子想爾注》說「今世間偽伎因緣真文設詐巧」，便已提到真文。真文係與邪文相對而說，「何謂邪？其五經半入邪；其五經以外，眾書傳記，尸人所作，悉邪耳」。可見真文非一般書記，非尸人所作。

五　道教的身體觀

（一）心體與形體

1.與老、莊的不同

道教身體觀的第一個特點，就在於它與道家老、莊之身體觀殊為不同。老子無疑是講究養生之道的，所以他說：「蓋聞善攝生者，陸行不遇兕虎，入軍不被甲兵。兕無所投其角，虎無所措其爪，兵無所容其刃。夫何故？以其無死地。」又說：「強梁者不得其死。」「知止不殆，可以久長。」凡此都顯示了他貴生惡死，期望久長的願望，因此他提倡各種損嗇之法，以追求「長生久視」。

但無論他如何說，其長生久視之道都只偏重於精神面的修養，例如嗇、損、謙、下、塞其兌、閉其門、挫其銳、和其光、同其塵等等，教人不要「饜飲食」，需要「外其身而身存」，因為「吾之所以有大患者，為吾有身」。依其說，對於身體的物質性存在，以及由之而生起的生存需求、意欲，他都是貶抑的。故其攝生之學，重點正在於消除或降低形體面的活動。

這個傾向，在莊子書中講得更為清楚。莊子《養生主》區分了「養生」和「養生主」兩個類型或層次，他認為一般人所謂之養生其實只是養形，非養「生之主」者。什麼是生之主？就是精神。形軀生命皆有其主宰者（使其形者），猶如母豬已死，小豬即惶懼不敢靠近它，因為它形體雖仍存在，精神卻已散離了。這精神，就是生命的主宰者。如若喪失了它，形體縱或仍然在，生命畢竟已經消失。因此養生之要，在於養生主而不在養形。《刻意篇》發揮此義，更是對當時養形之士大加批評，謂：

> 吹呴呼吸、吐故納新、熊經鳥申，為壽而已矣，此導引之士，養形之人，彭祖壽考者之所好也。……聖人休休焉則平易矣，平易則恬淡矣。平易恬淡則憂患不能入、邪氣不能襲、德全而神不虧，故曰聖人之生也天行，其死也物化。

聖人與刻意養形以求長生久壽者不同，他們所力行的是平易恬淡的「養神之道」。所以莊子用老聃死亡的故事，或《德充符》裡許多支離其形而德全神不虧的異人，來教人忘形、勿執著於形骸、「非愛其形也，愛使其形者」。

也就是說，老、莊的身體觀基本上是將身體區分成「形」與「精神」兩部分，重視精神、輕忽乃至貶抑形體。民國初年萬國道德會曾刊行一本古晉龍淵大法師注的《太上道德真經講義》，其中就以「幻身」、「患身」之說來闡述老子這種身體觀，主張人應「以道德為本，以幻身為末」。幻的觀念雖屬後起，但以形體為末事或患事，卻正是老、莊思想合理的推衍。

相較於這種身體觀，道教不論各派卻都是重視形體的，都是莊子所批評的「為壽而已矣」的。如太平道自稱其所說為「太平之理也，長壽之道也」（《太平經・成部・闕題》）；天師道教人拜北斗以延長壽命；煉丹的各派要人燒煉丹藥，服餌以求不死。後來內丹南北宗興起，號稱性命雙修，也都是注重此一肉身的。

如王重陽說：「精生魂、血生魄。精為性、血為命。訣曰：精血者，是肉身之根本，真氣者，是性命之根本。」（《重陽真人金關玉鎖訣》卷二）李道純說道者應「先持戒定慧而虛其心，後煉精氣神而保其身」（《中和集》卷四）等莫不如是。功法有難易，修持有順逆，但一切修煉之目的，都是要長養色身，故呼吸吐納、熊經鳥申不已。用太平道的話來說，如果「智乃包裹天地、積書無極，而不能身壽益命。此名空虛，無實道也」。①

2.與醫家的差異

道教身體觀的第二個特點，在於它與醫學家也很不一樣。

醫家的功能與醫術的目的，是讓人能健康地保有身體，這個目標，跟道教希望能藉其功法使人「身壽益命」當然是一致的。醫家與道教也因此而長期擁有一家眷屬式的親近關係。許多功法，既是醫學上的，也是道教中的；許多經籍，既是醫方，也是道書（如《道藏》太平部所收孫思邈《千金要方》之類）。其間複雜的關聯，本書另有《道醫論》一文論之甚詳。②

但是，道教身體觀與醫家畢竟仍是不同的。以上清道最主要經典《黃庭經》為例，《黃庭經》論五臟六腑血脈穴位及三焦，都直接援用《黃帝內經》的講法。

但修道人之宗旨畢竟不同於醫生，故對身體之理解亦有與醫生不同之處。以一個最簡單的例子來說，醫學上固然也講氣，但是，「營氣之道，納穀為寶。穀入於胃，氣傳之肺，流溢於中，布散於外」（《針灸甲乙經‧營氣論》），基本上是要吃飯的。人吃了飯，才能生出血氣來。可是道士修煉，以《黃庭經》來說，卻是要辟穀，以呼吸元氣來行導本身的血氣，這是完全不同的想法，以致對於胃和三焦，就可能會有迥然異趣的解說。

此外，《黃庭經》援用醫學上的理論後，它本身的理論構造卻與醫家之說大相徑庭，最明顯的地方，便是它不再建立在經絡的基礎上。經絡，是就人體自然的生理的血氣流動現象而發展出來的一種理論說明，以十二經配五臟、六腑、十二時、陰陽。《黃庭經》只局部採用了它的經穴部位說，並參考了它對穴位及功能的講法，而完全不談經絡血氣等問題；所要談的，乃是呼吸天氣，並以意念導引它在身體中運行，此所謂天經也，不再是飲食水穀以後形成的血氣運行問題了。

由此可見，道教身體觀在對身體的形骸部分，理解即與醫家頗為不同。其不死之宗旨，以及強調精神作用之部分，就更與醫家有距離了。

3. 形神相合之路

老、莊之說，偏於精神，不甚重視形骸；醫家之術，又只在修理這身臭皮囊，欲以針灸湯劑救命活人，而不太講精神持養之道。道教則「上不在天，下不在田」，其性質恰好界乎兩者之間。跟道家相比，它多了許多養生壽形的術法；與醫家相較，則其延生長命的方案中，又有濃厚的精神性意味，例如要通過辟穀、冥思、內觀、祝禱或以意念默運身中血氣等方法來達成對形軀健康狀態的轉變，這些都是醫學中所不講的。

若說道家偏於精神面「心」的作用，醫家就只落在「物」的層面，道教則是心物合一的。對於身體，它向來不認為精神與形骸可以分而視之，它不是「順軀殼起念」，也不是「離軀殼以思維」，因此是極為特殊的。

我們固然可以說：在大傳統方向上，中國哲學基本上都講心物合一，故孟子也說要「踐形」，老子也說要「長生久視」，人則都被視為精神與形體整全的存在。幾乎沒有人會像笛卡兒那樣，區分身心，視為兩個能以自身形式存在的不同實體，謂心靈不必依附於形體。反之亦然。但各家在這個基本方向上，對於心與身畢竟仍是各有偏重的。③

老子說：「吾之所以有大患者為吾有身。」身體這個形質，本身即可視為一種局限，不像精神心意可以超越這個限制，這是身不如心的第一個地方。

身又因其形體需要保養，而對外在世界有所依賴，衣食住行無不「有待」，不像心神志意可以自作思維、自為主宰，是身不如心的第二地方。因身體形質之存有與延續均有待於外，故有無窮之欲求希冀，因此身是與欲望俱存的。

欲望與物相馳逐，不斷增生，只能靠心的力量來控制或息止之，則不但是身不如心的另一個地方，更顯示了「身必須順從於心的原則才代表善」這個觀念。此即老子以有身為有患的原因。它偏重於心這一面是毋庸置疑的。

因此順其說而開展之，身形這一面乃是可以「忘」也可以「無」的。莊子把老子之死形容成

「懸解」，謂如人已解其倒懸；又說薪盡火傳，是形壽固可盡也。儒家講「不朽」，也是說身形終將滅沒，而精神力量（德、功、言）卻足以壽世。這都表示了他們其實是重心而輕身體形物的。

同樣地，醫家也並非不講精神作用，王冰注《內經．素問》第一篇《上古天真論》引老、莊語即達十七則，大談「執道者德全，德全者形全」、「不見可欲使心不亂」等等，足以證明醫家亦不忽略精神面。《千金要方》中特別列了《道林養性》一卷，就是這個道理。但疾病之生，並不完全由於嗜欲無節，更可能來自細菌、風寒、身體器官故障或刀兵車械之傷害。此均不能靠養性全德使之痊癒，必須靠湯藥方劑或針灸手術等屬物之層面的知識與技術。因此醫家終究是偏於身物的。

由是觀之，道教恐怕才真正是心物合一、身心合一的路數。嵇康《養生論》即已說：「形恃神以立，神須形以存」；陶弘景則說：「凡質象所結，不過形神。形神合時，則是人是物；形神若離，則是靈是鬼」（《華陽陶隱居集．答朝士訪仙佛兩法體相書》）；葛洪也說：「苟能令正氣不衰，形神相衛，莫能傷也」（《抱朴子內篇．極言》）；《老子西升經》又說：「神生於形，形成於神。形不得神，不能自主；神不得形，不能自成。形神合同，更相生相成」。主張形神相合，頗為明顯。

唐末以後，形神相合出現了另一種說法，即性命雙修。如鍾離權《破迷正道歌》批評「忘形習定息」是「邪功小法門」，而劉海蟾《至真歌》便道出「神是性兮氣是命，神不外馳氣漸定」之旨。又在《金丹歌》中說：「為甚神仙卻愛身？也須借殼養精神。」其後王重陽門下郝大通說：「七真五祖之語，皆演性命之端的。後學者多求小法邪徑，或用心引氣，或數息忘心。……

夫吾道以開通為基，以見性為體，以養命為用。」黃公望傳《紙舟先生全真直指》說「性停則命住，命住則丹成。……形神雙證，實悟至真」等，均為性命雙修之說。④在六朝時，道教以形神相合來對比於佛教的神不滅論；在宋元時期，性命雙修則是道教徒用來說明自己與佛教禪宗之所以不同的論點，指禪家僅修性而不修命，「僧人入定以來坐化，道士入靜以出陰神，皆為清虛之鬼，非為純陽之仙」（**丘處機《大丹直指》**）。

不論說心物合一、身心合一、形神合一、性命雙修或精氣神合一，意思大體是一致的，都表示道教具有獨特的身體觀：所愛者，為整體的生命；所欲修養鍛煉者，則為整個的身心。

4. 形神相合之術

在心物合一、形神合一的基本路向上，道教各宗各有各人的步伐。它們與思想上的流派不同，在於對如何合形神以長壽益命都各有一套具體的修煉方法，代表他們對身體不同的處理方式。

太平道主張精神應與形合，所以說精神若喪亡，人命即不可保，其方法便著重在如何讓精神不要放逸這一方面，講究收攝、持守，例如存思精神或守一等等都是。其法甚多，《御覽》六六七引《太平經》說：「人之精神，常居空閒之地，不居污濁之間也。欲思還精，皆當齋戒。香室中，百病自除。不齋戒，則精神不肯返人也。」這是以齋戒來達成「還精」的目的，以使精神能返歸形體之中。《太平經鈔乙部》別有守一之法云：「頭之一者頂也。七正之一者目也。腹之一者臍也。脈之一者氣也。五臟之一者心也。四肢之一者手足心也。骨之一者脊也。肉之一者腸胃也。能堅守，知其道意」，這是用存想（**集中意念在身體某一處**）的辦法來祛邪益壽。⑤此外亦可觀想，「先齋戒居閑善靖處，思之念之」，畫五臟神之神相，對之存想（卷七二《齋戒思神救死訣》）。總之，是運用精神性的力量來安身，故戊部缺題有一則文獻云：「始以端身，正性道意，止歸之元氣，還以安身。」

但身體上的毛病有時未必可以完全恃此得安，這時便須輔之以針灸，所以卷五十《灸刺訣》說：「得其數者，因以養性，以知時氣至與否也，本有不調者安之。」⑥

天師道也認為精神不可散逸，故主張「結精」、「愛精」，不放縱精氣。凡勞精思、求財祿、恣嗜欲等均屬於精神渙散之舉，唯有「自重精神，清靜為本」才能長壽。所以這也是清靜持守的路子，講究「結精成神」、「積精成神」（均見《老子想爾》）。

上清道所傳的《黃庭經》法又與上述諸法有些不同，大旨在於服氣以養精神，認為精神能固，則身形可以長存。除了恬淡無欲以愛精惜氣之外，它還教人練習一套咽津食氣的法門，把外氣吸入身體內部後，氣即與人體內部之精氣相配合，可以用意念推動它周流運轉，「受意動靜氣得行，經歷六腑藏卯酉，通我精華調陰陽」（《外景經》第十九章）；同時，再吞咽津液，以之灌溉臟腑，即可長生。

當時還流行許多房中術法，謂「惜精」之精就是人體（男人）的精液，所以不但要守之勿泄，更要練習「還精」。所謂還精補腦，讓精液循督脈上達腦部，形成滋益的效果。

這些術法各不相同，或偏於精神面的攝持、存思、內觀、正意、誠心，有似老、莊之清靜淡泊；或側重形體方面的講究，如房中術或服氣咽津之類。但那些與老、莊清靜之說相似的講法，跟老、莊相比，又都有具體化、物質化的傾向。

例如精神之精，可能被解釋成為人身體中具體存在的物質：精液、精血。精神之神，則可能被解釋為神祇。但精神具存於人的身體之中，所以這個神也是在我們身體中具體存在的，稱為身中神。他們住在我們身體各個部位，言道術者「指形名道，令有處所，服色長短有分數」（《老子想爾》）。人們可以借著觀想他們，並念誦他們的姓名，得到長生，如《大洞真經》所說。⑦而側重形物之術的那一路，其實也仍有精神修養的意涵，並不純粹只是技術操作，所以它不是「氣功」、「健身體操」或「性技巧教習」，是有其倫理要求的。

宋元以降，「形神相合」表現在修煉方法上，主要是講心腎相交、調合坎離、水火互濟、神與氣合、性命雙修。

神與氣合，是《黃庭經》以降之服氣論的發展，謂呼吸元氣，須與心神相結合，然後以意引氣，疏淪五臟。因為「今世人，神與氣，子母各行，俱不相守。雖然呼吸於內，神常運物於外，如此之道，遂使氣無掌而不通徹，既不通徹而精自散」（《長生胎元神用經》），所以要以此法來使精神與形氣重新結合。

重陽真人性命雙修之法，則不同於此。他先把持戒、清靜、忍辱、慈悲、孝敬、忠君、斷惡等倫理要求視為「修真妙理」、「修行之法」，謂修道人須先具備這些，才能修習「真功」。而真功也者，全部屬於形體方面的事：「訣曰：第一，身中東西，要識庚甲卯酉。第二，身中南北，要識坎離鉛汞。」甲卯，是肝之氣，也指津；庚酉，是肺之氣，也指液。離鉛，指身中心氣，也指血。坎汞，指腎中氣，也指精。精為性，血為命：「人能了達性命者，便是真修行之法也。」就其理論之大結構而言，是先修心性後養身命；單就其命功來說，也是性命雙修，不但精血即為性命，而且血由心主之，此心既為物質心，也是神識心，故精血合一，仍是性命雙修。

內丹南宗之說，基本架構大抵也是如此。張伯端《悟真篇‧序》說：「僕既遇真詮，安敢隱默？所得，成律詩九九八十一首，號曰悟真篇。……及乎篇集既成之後，又覺其中惟談養命固形之術，而於本源真覺之性有所未究，遂玩佛書及傳燈錄，至於祖師有擊竹而悟者，乃形於歌頌詩曲雜言三十二首，今附之卷末，庶幾達本明性之道，盡於此矣。」就其整體理論來說，其實亦如王重陽一般，可分為性理與命功兩部分。命功為養命固形之術，性理則王重陽兼采了佛教的慈悲、持戒、忍辱，儒家的孝敬、忠君、尊師；張伯端吸收了禪宗的「明心見性」。其後道教內丹學各派紛紛講三教合一或仙佛合宗，蔚為風氣，殆皆如王重陽、張伯端，是由它這種特殊的理論結構所導生出來的。⑧

但性命雙修，不只是分列性理與命功而已，其命功亦須講性命雙修。張伯端之前，如崔希範《入藥鏡》說：「水真水，火真火，水火交，永不老。水能流、火能焰，在身中，自可驗。是性斂，非神氣。」謂大藥就在身中，不假外求。其藥以鉛汞為主。鉛汞指水火，而此水此火又並非一般所說的水與火，乃是身體內部的心火與腎水（注意：心火即真水，因離中有陰，心中有液，此液即為真水；腎水才是真火，因坎中有陽，腎中有氣，此氣乃真火）。兩者水火相交、陰陽既濟，就稱為性命相合（元蕭廷芝注云「左為性，性屬離；右為命，命屬坎」，可見性命相合即是水火相交）。其後五代時陳樸《內丹訣》與此相似，說：「心光腎液合丁壬……心腎始交通……火自海門朝帝座。」心屬火，配南方丁；腎屬水，配北方壬。經二轉三轉之後，「真水真火，上下交合，以配丁壬而抱養真丹」。至張伯端，所著《玉青金笥青華秘文金寶內煉丹訣》亦有《坎離說》，謂心腎交、鉛汞合、精神會，丹即可以成就。同時元金月岩編《抱一子三峰老人丹訣》也說：「凡修仙學道之士，先要識性命根源。根源者，此是人之心腎也。」

這些都是以坎離心腎水火講性命的。但王重陽之後，此說又有新的發展，不以心講性，改由腦說。其說倡自丘處機，他所著《大丹直指》云：「金丹之秘，在於一性一命而已。性者天也，常潛於頂；命者地也，常潛於臍。……頂中之性者，鉛也、虎也、水也、金也、日也、意也、坎也、坤也、戊也、姹女也、玉關也。臍中之命者，汞也、龍也、火也、根也、月也、魄也、離也、乾也、己也、嬰兒也、金台也。」（下卷）

這段話，在據信為尹志平弟子所著之《性命圭旨》中發揮得更廣。頂中之性（汞、龍、火、根、日、魂、離、幹、己、天、君、虛、兔、無、主、浮、朱砂、扶桑、姹女、崑崙），臍中之命（鉛、虎、木、蒂、月、魄、坎、坤、戊、地、臣、實、烏、有、賓、沈、水銀、華岳、嬰兒、曲江），「總來只是這兩個字，兩個字只是一個理，故盲修者歧而二之，若真修者合而一之。合一者，煉氣而凝神，盡性而至命，烹鉛而乾汞，取炊而填離」（《性命雙修萬神圭旨》利集第五節口訣）。

5. 各種養形左道

凡此諸說，均為命功。故無論如何說性命雙修，都仍只是就人之身命說。如此，也能稱之為形神合一嗎？不是只偏於形體嗎？

不然。我們在前面講過：王重陽所說的「心」就同時是物質心，也是神識心。同理，諸家所說之坎離、心腎、鉛汞、精血等等，並不純然是物質，因為彼等所云精氣等常是說先天之元精元氣，未必為呼吸之氣與淫佚之精；精氣之運動以至相合，又須靠意或其他虛靜心神之類工夫。這類工夫，諸家巧妙不同；所講的心腎鉛汞又常是「不可以有形求，不可以無形取」（張伯端語），「非印堂、非腦門、非肚臍、非膀胱、非兩腎、非腎前臍後、非兩腎中間。上至頂門，下至腳跟，四大一身，才著一處，便不是也。亦不可離了此身，向外尋之」（《中和集・玄關一竅》），「涕唾精津氣血液，七般靈物總屬陰，乃後天渣質之濁陰」（張三丰《玄機直講・一粒黍米說》）……如此云云，所以才難懂，才使修道人望洋興嘆，不知如何下手。否則，單憑那簡單的心腎相交雲雲之術法便能成仙嗎？

而不幸歷來修煉者大多在此誤入了歧途，只知命，只知身形，而不知性、不知心神，以至於他們雖自命為修道煉養之士，實乃大悖於道教之宗旨。李道純《中和集》論「旁門九品」曾痛斥之，曰：

御女房中，三峰采戰，食乳對爐，女人為鼎，天癸為藥，產門為生身處，精血為大丹頭；鑄雌雄劍，立陰陽爐，謂女子為純陽，指月經為至寶，采而餌之，為一月一還；用九女為九鼎，為九年九返。令童男童女交合而采初精，取陰中黍米為玄珠。至於美金花、弄金槍，七十二家強兵戰勝，多入少出，九淺一深，如此邪謬，謂之泥水丹法三百餘條。此大亂之道也。乃下品之下邪道也。

又有八十四家接法，三十六般採陰。用胞衣為紫河車，煉小便為秋石、食自己精為還元、揑尾閭為閉關。夫婦交合，使精不過為無漏；採女經為紅圓子。或以五金八石修煉為丸，令婦人服之，十月後，產肉塊為至藥，採而服之。如此謬術，不欲盡舉，約有三百餘條，乃下品之中外道也。

又有諸品丹灶爐火，燒熱五金八石，勾庚乾汞，點茅燒銀，撥灰弄火。至於靈砂外藥、三遜五假、金石草木服餌之法，四百餘條，乃下品之上外道也。

這些下三品之法門，共同的特色，在於「求諸身外」，而非「返求諸己」。其次，又都只在形術上花腦筋，毫無精神上的修養工夫，甚至「以鄰為壑」，用採擷他人、損耗他人來補益自己，所以被視為最下品。對此，張三丰也說：

> 又有一等小根盲人，見先聖所言外陰陽、外爐鼎、外藥物，執迷女子為鼎器，則又可哀已也。某見酷好爐火者，百無一成。又以軒轅鑄九鼎而成道，以為必用鼎器九人。謬之甚矣。嘗見有進過五七鼎，亦無成就者。且人念頭一動，先天淳樸即散。先天既喪，後天雖存，究何益於身心？不過聊存其四大而已。

《性命圭旨》則說修道者有九十六種外道、三千六百旁門：

> 旁門小術，易學難成而見效速。是以貪財好色之徒，往往迷而不悟。其中有好爐火者，有好彼家者，有視頂門者，有守臍蒂者，有運雙睛者，有守印堂者，有摩臍輪者，有搖夾脊者，有兜外腎者，有轉轆轤者，有三峰采戰者，有食乳對爐者，有閉息行氣者，有屈伸導引者，有三田還返者，有雙提

金井者，有曬背臥冰者，有餌芝服朮者，有納氣咽津者，有內視存想者，有休糧辟穀者，有忍寒食穢者，有搬精運氣者，有觀鼻調息者，有離妻入山者，有定觀鑒形者，有熊經鳥申者，有餐霞服氣者，有長坐不臥者，有打七煉魔者，有禪定不語者，有齋戒斷味者，有夢遊仙境者，有默朝上帝者，有密咒驅邪者，有見聞轉誦者，有食己精為還元者，有捏尾閭為閉關者，有煉小便為秋石者，有採女經為紅鉛者，有輕舉而思以駕風驂者，有吞精咽華以翕日月者，有步罡履門以窺星辰者，有依卦爻之序而朝屯暮蒙者，有售黃白之術而燒茆弄火者，有希慕長生不死者，有馳志月日飛升者，有著相執而不化者，有著空流而不返者，有持定慧而望解脫者，有袪貪瞋癡而思清靜者，有生而願超西域者，有死而願登天堂者，似此泯泯棼棼，難以悉舉。

這些批評，固然不乏內丹一脈之偏見，因此符籙丹鼎齋醮等等都遭了貶抑；但若與莊子批評刻意養形者那些話合看，便不難發現：養形以求壽者，不但未因莊子之指摘而稍戢其聲勢，更與道教守一、還精、存思、養氣、煉神等術相結合，而更朝養形一面去發展，而且此類人士亦均號稱為道教，波衍甚盛。無怪乎李道純、張三丰等人要將之判為旁門左道了。

（二）身體與天體

形神合一，若視為道教身體觀的基本型態，那麼，另一個值得描述的基本型態，就是天人合一。

中國哲學當然基本上都是講天人合一的，但天人如何合一呢？一是精神上的合，例如莊子說「獨與天地精神往來」（《天下篇》），「之德也，將磅礴萬物以為一」（《逍遙遊篇》），《易經》說「大人者，與天地合其德」，孟子說窮理盡性以知天，都屬於這個思路。

第二種路子則是身體上的合，儒家中董仲舒《春秋繁露》就代表這一路。他主張「天與人相副，以類合之，天人一也」，「人之形體，化天數而成；人之血氣，化天志而仁；人之德行，化天理而義；人之好惡，化天之暖清；人之喜怒，化天之寒暑……」，「人之身，首圓，象天容也；發象星辰也；耳目戾戾，象日月也；鼻口呼吸，象風氣也；胸中達知，象神明也；腹胞實虛，象百物也……天地之符，陰陽之副，常設於身。身猶天也，數與之相參，故命與之相連也，天以終歲之數成人之身，故小節三百六十六，副日數也。大節十二分，副月數也。內有五臟，副五行也；外有四肢，副四時數也」，「求天數之微，莫若於人。人之身有四肢，每肢有三節，三四十二，十二節相持而形體立矣」……道教天人合一的身體觀，我認為即屬於這一路，或根本就是由此發展而來的。因為順著老、莊「精神上下與天地同流」之說是無法講成此種身體觀的。

《太平經》卷三五：「人生皆含懷天氣乃具出，頭圓，天也；足方，地也；四肢，四時也；五臟，五行也；耳目口鼻，七政三光也。」《老子想爾》也說「人身像天地」，「精白，與元氣同色；黑，太陰中也，於人在腎中藏之」，均是這類人身像天、合天或者即是天之說。道教中道脈雖然多歧，但此一認定殆屬共識。在這個共識下，各道各自發展他們的講法，其中影響最大的，有兩個系統：一是《黃庭經》所代表的，一則由《周易參同契》所權輿。

《黃庭經》把人體形容成天地，天地間有日月星辰、山川池水，也有各種神靈住在各個宮中，而一一指實人體各器官之功能作用、相與配合關係及修煉之法，所以《梁丘子注序》云：「黃者中央之色，庭者四方之中。外指事，即天中人中地中；內指事，則腦中心中脾中，故曰黃庭也。內者心也，景者象也。外喻即日月、星辰、雲霞之色，內喻即筋骨、臟腑之象。」但事實上這本經典的重要性不只在於人體與天體的比配，更在於對人體各部位名稱與功能的確定，例如腦中為泥丸、口為玉池、頂為崑崙、心為靈台、鼻為天嶽、喉嚨為十二重樓、太一流珠為目，以及身中有上中下丹田、有五臟分配五行等等，都具體影響了後世道徒對身體的認識。⑨

由漢魏以迄隋唐，道教對身體內部的看法，大抵以《黃庭》為主，唐代以後道徒則逐漸以《周易參同契》為依據，發展出新的身體觀。它與從前的不同點在於：

1.《黃庭》只以五行關係來描述體內五臟，現在則增以八卦、陰陽、月象之解釋。五代彭曉《周易參同契分章通真義序》說：「《參同契》者，謂修丹與天地造化同途，故托《易》象而論。莫不假借君臣以彰內外，敘其離坎直指汞鉛，列以乾坤奠量鼎器，明以父母繫以始終，合以夫婦拘其交媾，譬諸男女顯以滋生，析以陰陽導之反覆，示之晦朔通以降騰，配以卦爻形於變化，隨之斗柄取以周星，分以晨昏昭諸沙漏；故以乾坤為鼎器，以陰陽為堤防，以水火為化機，以五行為輔助，以真鉛為藥祖，以玄精為丹基，以離坎為夫妻，以天地為父母。互施八卦，驅役四時，分三百八十四爻，循行火候；運五星、二十八宿，環列鼎中。」這原本是燒煉丹藥時的譬況說明，以卦爻配合十二時辰，說燒煉時的火候進退狀況。但至五代以後卻將「外丹」轉為「內丹」，謂人體即為乾坤鼎器，陰陽、坎離、符火運行於其中，「陰陽精氣出入卷舒，晝夜循環，周而復始，約六十四卦，依三百八十四爻，據爻摘符，火隨進退，陰來陽往，陽伏陰施，東西之氣相交」，而逐漸成丹。凡此，以卦位來比配身體內部位置，以坎離龍虎來形容身體內部之關係，均為《黃庭》所無。⑩

2.在天人關係方面，《黃庭》僅直接以人體象天地，這時卻已吸收了《陰符經》的講法，說天地順而生人，人則可逆而成丹。如下圖：

卦象	地支	月份	律呂	消息
復	子	十一月	黃鐘	陽氣之始
臨	丑	十二月	大呂	陽息至二陽
泰	寅	正月	太簇	陽息至三陽
大壯	卯	二月	夾鐘	陽息至四陽　沐浴
夬	辰	三月	姑洗	陽息至五陽
乾	巳	四月	仲呂	陽息至六陽純全
姤	午	五月	蕤賓	陽盛極生陰
遯	未	六月	林鐘	二陰浸長
否	申	七月	夷則	三陰消乾
觀	酉	八月	南呂	陽消成四月　沐浴
剝	戌	九月	無射	陽消成五
坤	亥	十月	應鐘	一個升降

意謂天地媾精，陰陽化育，這是由太極生兩儀、兩儀生四象八卦五行而化生萬物的路子。人要成仙，則要逆返這個歷程，由「攢五行，會八卦」到調陰陽，而漸入太極無極之境地。這「盜天地之機，奪造化之妙」（均見《入藥鏡》蕭注）的法門，也是早期《黃庭經》法所無的。⑪

3.《黃庭經》沿續《太平經》以來講身中神的傳統，要人存念身中三丹田及五臟諸神，諸神均有具體之形貌、服色、名字。內丹法則既不講外神，也不說身中神，原因在於五臟均成虛說，並不針對具體的心肝脾肺腎說其功能與關係；五行亦均指位德而言，如東青木龍、西白金虎、南離火、北坎水、中戊己土之類。此五行之中，又以陰陽對比而再相合之架構予以統攝，東西一組，南北一組，然後龍虎交合、坎離互濟。故張伯端《金丹四百字》云：「以身心分上下弦，以神氣別冬夏二至，以形神契坎離二卦，以東魂之木、西魄之金、南神之火、北精之水、中意之土，是為攢簇五行。」

4.早期道教講天人合一之天，到了這個時候分化出了「先天」與「後天」。原先，《周易》中已有「先天而天弗違，後天而奉天時」之說。宋代邵雍乃將《易》卦分成伏羲先天八卦和文王後天八卦兩套系統。同時略早之五代崔希範《入藥鏡》更是把氣分為「先天氣、後天氣」。內丹家所重則在先天而非後天。因此《黃庭經》講服氣咽津，內丹家卻反對呼吸，謂其所說之氣是內氣、元氣。元氣就是元精。如張伯端《金丹四百字序》說：「煉精者，煉元精，非淫所感之精；煉氣者，煉元氣，非口鼻呼吸之氣。煉神者，煉元神，非心意念慮之神。故此神氣精者，與天地同其根，與萬物同其體。」也就是說，以人合天之天，是先天；而人之所以能合於先天者，也是因為他所憑藉的就是先天之元精元氣元神。呂洞賓《指玄篇》謂：「先天一氣號虛無，運轉能教骨不枯。」即指此而言。

5.《黃庭》之法，在於存思內觀，內視身體內部氣血之運行。內丹家則重在「搬運」體內之水火，「抽添」火候，運行「周天」，並不重視內觀。《鍾呂傳道集》卷下《論內觀》說得很清楚：

呂曰：所謂內觀之理，可得聞乎？

鍾曰：內觀坐忘存想之法，先賢後聖有取而有不取者：慮其心猿意馬，無所停留，恐因物而喪志；而無中立象，使耳不聞而目不見，心不狂而意不亂；存想事物而內觀坐忘，不可無矣。奈何少學無知之徒，不知交合之時，又不曉行持之法，必望存想而決要成功，意內成丹，想中取藥，鼻搐口咽，望有形之日月，無為之天地留止腹中，可謂兒戲！……青龍、白虎、朱雀、玄武，既有此名，須有此象；五嶽、九州、四海、三島、金男、玉女、河東、重樓，呼名比類，不可具述，皆以無中立象，以定神識。未得魚則筌不可失矣，未獲兔則蹄不可無矣。後車將動，必履前車之跡；大器已成，必為後器之模，則內觀之法，行持不可闕矣，亦不可執之於悠久。

將內觀視為初階功法，而且說那些對身體內部之描述都只是「無中立象，以定神識」，正足以表明此時內丹家已逐漸放棄了內觀五臟六腑之法。當然，此時也有轉化內觀法，以定神防魔的，如丘處機《大丹直指》下卷說內觀起火煉神合道之法為：

靜坐升身，舉起丹中純陽之氣，內煉五臟，氣附神象，上入頂中，外煉四肢，氣迸金光，外出神體。非久，神合為道，棄殼升仙。防其陰鬼、外魔、三尸、七魄，假託形像以亂天真，混雜陽神不能合道。所以不計晝夜，常隨氣轉。卯時觀肝，肝氣現青；午時觀心，心氣現紅；酉時觀肺，肺氣現白；子時觀腎，腎氣現黑。五色氣出，壺中真境，不同塵世，軍馬威儀，勝及王者。

這是因為修煉稍久，修道者會看見許多幻象，而陰鬼外魔便趁此時巧作緣業來亂真神，所以要煉氣起火，焚煉五臟。這種辦法固然也是內觀，但與《黃庭》內觀存思之法迥異了。

但無論是《黃庭經》法或依《參同契》而發展的內丹法，都是企圖以人合天，超越有限，與無限合為一體。因此，它與孟子式的「萬物皆備於我」，在有形的我中獲得「天地與我同一，萬物與我並生」之體驗不同：那是以天入我，我中見天，於有限中見無限；道教卻是以人合天，有限化而為無限，要將我化為天，故起於煉形，終於「脫胎」、「棄殼」，煉精化氣、煉氣化神、煉神化虛，成為虛無的存有，如陳致虛《上陽子金丹大要》卷八《脫胎換鼎須知》云：「丹陽祖師曰：『神滿太虛，一無所得。』故天有時而崩，地有時而陷，山有時而摧，海有時而竭，凡為有相者，終歸於壞。唯道成者神與道合，永劫無壞。」這稱為超凡入聖、以有為無、身外有身、脫胎換鼎，所以《鍾呂傳道集》卷下《論煉形》說：「以有為無、使形化氣而超凡軀，以入聖品，乃煉（形）之上法也。」天人合一，至此才成為道教身體觀的極致，這在哲學史上也是極為特殊的。

（三）男體與女體

天道的表現，主要在於陰陽。道教既講天人合一，人體內部，當然要重視陰與陽的關係。《太平經鈔》乙部《錄身正神法》曾說：「天之使道生人也，且受一法一身，七縱橫陰陽，半陰半陽，乃能相成。故上者象陽，下者法陰；左法陽，右法陰；陽者好生、陰者好殺。陽者為道、陰者為刑。陽者為善，陽神助之；陰者為惡，陰神助之。積善不止、道福起，令人曰吉。陽處首、陰處足，故君貴道德，下刑罰，取法於此。」這是說人身為陰陽之合。但它以陰為不好的質素，陽為好的質素，希望人能發揚好的一面，減低壞的一面，因此主張陽尊陰卑。⑫

《老子想爾》則不然，它說「陰陽之道，以若結精為生」，道貴生化，故必須陰陽相合。其次，陰陽，它具體落在男女說，云：「男女，陰陽孔也。」然後接著本於老子清靜之旨，講男亦應清靜自守：「男當法地似女」，「男欲結精，心當像地似女，勿為事先」，而且「玄牝門，天地根。牝，地也，女像之。陰孔為門，死生之官也，最要」。男應法地似女，陰孔又是生死之官，則其立場自然是貴陰的了。果然，它又說：「黑，太陰中也，於人在腎，精藏之。」也就是說男子雖為陽，但藏精仍在於陰；欲結精，亦須法陰。如此方能「結精成神」。縱使要死了，然若根據這個道理，藏身於太歲太陰中，依然能夠活轉過來，恢復生機。此即所謂「太陰煉形法」。它說：「太陰道積，練形之宮也，世有不可處，賢者避去，托死過太陰中，而復一邊生像，歿而不殆也。俗人不能積善行，死便真死，屬地官去也。」

此貴陰重女之思想，與《太平經》陽尊陰卑、甚且主張一男當娶三女之說，大異其趣。可見道教初興時，對陰陽問題的處理，雖大致有人身合陰陽之觀念，但重陰重陽，仍不免依違徧頗於其間。

魏晉時期，《黃庭經》乃並論陰陽，云：「外本三陽神自來，內養三陰可長生」（《外景》中部），「人皆食穀與五味，獨食太和陰陽氣」，「經歷六腑臟卯酉，轉陽之陰藏於九」，「津液流泉去鼻香，立於懸膺含明堂，通我華精調陰陽」（下部），是外氣亦為陰陽，體中亦合陰陽。但此時陰陽並無男女之意，只是講兩種性質。到了唐代，仍是如此，如張果論《參同契》說「陰陽者，日月也」，「陰陽者內外也，內氣為陽、外氣為陰」，「坎離為陰陽，陽即魂也，陰即魄也」，陰陽都是指兩相對待的狀況或性質。⑬

劉知古《日月玄樞篇》亦然。它比張果重視陰陽，但論陰陽也僅就其性質說陰陽交感，所謂「陽消陰息，金盛水衰，魂魄相安，剛柔合體，水盛坎侵陽也，火衰離晝昏也，陰陽相飲也，交感道自然也」。陰陽交感指的是一種原理。而此原理具體見於煉養時，它反而常以「父母」為說。父母是由夫婦發展來的，夫婦有子乃成父母，故父母不是陰陽的概念，而是夫婦子的關係：「丹道相成，子出於母之胞」，「以汞投鉛，以類合類，如父制子，子制孫也」。夫婦關係遂轉而至父子、母子關係的討論上去了。

五代時出現的彭曉《參同契分章通真義》則完全不同，它將一切還原為男女關係，以性交去解釋整個煉丹的過程。這樣的解說，固然在魏伯陽原著中已見端倪，但彭注擴大了對男女的喻況，到處講交媾、施精、結胎，要人通過對性事的理解而理解成丹的道理，這畢竟還是空前的。

內丹之學在此以後，遂充滿了性意象和性意識。例如號稱鍾離權著、呂洞賓傳的《秘傳正陽真人靈寶畢法》，說是要想像九皇真人、九皇真母各帶一男一女來，由一黃衣老媼接引到一黃屋中去交合，「盡時歡悅」。然後男女離去，黃媼抱一物，形若朱桔，拋入黃屋中，以金盤盛留之（**論內觀**）。

以性交說修煉，既已如此蔚為風氣，必然大大推動了房中術的發展，明清時期房中術之盛行，即由於此。但內丹家則主張這些性交之說只是擬喻，是虛擬的性交，取其理以生化，並非用其事以求長生，故張三丰《玄機直講・登天指南》說：「天上地下、乾坤、坎離、男女、內外、爐鼎，喻吾一身之內外陰陽而言，並無男女等相。仙云：『凡有所相，皆是虛妄。還丹本無質。』至哉，斯言盡矣！世間學道的人，必不為損人利己之事。宇宙間男女所賴以生而不死者，惟此一點陽精而已。豈有學仙的人，採女人之精，而利己之身哉！此與世之殺人者有何異焉？」這也是孤修與雙修法不同之所在。⑭

在宋元時期，談這些陰陽交合、龍虎交媾之法時，並無男女之別，基本上並不強調男女身體有何不同，也不認為身體內陰陽之狀況以及交媾之方法須有不同，所以呂洞賓《指玄篇》下篇十三章說：「修仙不問男和女，煉藥無拘富與貧。」王重陽《金關玉鎖訣》說：「問曰：何者是富國安民？訣曰：男子、女人身中各有九江四海，龍宮庫藏中有七珍八寶，莫教六賊偷了。」又問：「男子女人忽時便有疾病無常，何如也？」又說「男女五月六月，宜清靜」，「一切男女在愛河中煎熬，苦海漂流」，「男子清靜六十四日，精氣滿；女子清靜四十九日，血氣滿。……氣濁令女子月水多、男子夜夢陰境，盜了七珍八寶」，「男子煉形，為童男；女子煉形，為童女」。在這些文獻中，男女雖然身體結構有別，一重精、一重血，但都可以煉內丹法，其調合陰陽等修煉之術亦無甚差異。

但王重陽之後，其門徒有男有女，卻在此分出了男功與女丹兩路。如孫不二，本是馬丹陽之妻，出家後傳《女功內丹》詩七首、《坤道工夫次第》十四首，主張收心、養氣、行功之後，就要「斬龍」。何謂斬龍？指女性每月會有月經，故煉丹時，須先煉至月經斷絕，即所謂斬赤龍，然後再開始養丹。這就成為女子專門的功法了。⑮反之，如丘處機，在《大丹直指》中所介紹的，全是針對男子說的功法。不但有「盤膝升身正坐，左手兜起外腎，右手掩住生門」（《五行顛倒龍虎交媾法》）這種女人無法練的功法，而且改變原有的太陰煉形之說，談一種「太陽煉形」法。重點在於進陽氣以去陰魔。陰魔之中，最厲害的，又是妓樂魔和女色魔，比刀兵魔、聖賢魔還可怕。其為男子專屬之功法，殆無疑義。

如此男女分途，各自修煉，大概盛行於元明以後的宮觀生活中，也符合出家道士道姑之實際需要，所以到清光緒間仍傳有乩筆何仙姑所述《金華直指女功工法》，謂「女修略異，功始上關乳溪，繼在中關臍內，終歸下關之宮，復將中下化為一穴。男子煉精，名曰太陽煉氣；女子煉血，名曰太陰煉形」云云。它也主張「斷龍」，說：「赤龍斬，則變為男體，而陰濁之血，自不下行。可出死，可以入生。此後用男子之功修之，一年可得大丹。」這麼說男功女功男體女體，就未免又走回《太平經》重陽卑陰、重男輕女的老路子上去了。我認為此乃陰陽失調之舉，恐與道家陰陽調和之旨不符，應該是道教受佛教影響所致。

（四）身體與國體

前引王重陽《金關玉鎖》中曾有一問，謂：「何者是富國安民？」王重陽答：「男子女人身中各有九江四海。」問的是國家，答的是身體，豈非牛頭不對馬嘴？不然，這正是道教身體與國體合一的表現。

這種觀念，可以上溯於《老子河上公注》。王重陽大弟子馬玨《丹陽修真語錄》中曾載馬氏語云：「學道者，不須廣看經書，亂人心思、妨人道業。若河上公注《道德經》、金陵子注《陰符經》，時看亦不妨也。」可見重陽門下對這兩部經典情有獨鍾，而正好身體國體一如之說，正是這兩本經典的要旨。

《老子河上公注》把每一章都立了一個章名，第三章名「安民」、十八章名「俗薄」、二十章名「異俗」、三十章名「儉武」、三十一章名「偃武」、三十二章名「聖德」、三十五章名「仁德」、三十七章名「為政」、六十章名「守位」，都與治國有關。而這本注解之基本理論，則是治身如治國，它說：「說聖人治國與治身」（三），「治身者受氣身全，治國者愛民則國安」，「治身者呼吸精氣，無令耳聞。治國者佈施德惠，無令下知。治身當知雌牝，安靜柔弱；治國應變而不唱也」（十），「人君不重則不尊，治身不重則失神。人君不靜則失威，治身不靜則身危」（二十六），「聖人用之則以大道制御天下，無所傷害。治身則以大道制御情欲，不害於精神」（二十八），「聖人守大道，則天下萬民移心歸往也。治身則天降神明往來於己。萬物歸往而不傷害，則國家安寧而致太平矣。治身不害神明，則身體安而大壽。……用道治國則國富民昌，治身則壽命延長」（三五），「道之無為，無為之治，治身治國也」（四三），「人能知於止足，則福祿在己，治身者神不勞，治國者民不擾，故能長久」（四四），「兵甲有用，卻走馬以治農田也，治身者卻陽精以糞其身也」（四六），「道生於萬物，非但生而已，乃復長養成就覆育，全其性命，人君治國治身亦當如是」（五一）……

治身與治國，本於同一原理，長生久視之法，即是治國安民之術，顯然就是《老子河上公注》的基本觀點，所以反覆言之。漢代有此注解，無怪乎《漢書・藝文志》要說道家老子學為「君人南面之術」了。其後如《道藏》洞神部玉訣類所收邵若愚《道德真經直解》謂老子書「下有留形住世長生之術，中有保國安家久長之法，上有出離生死常存之妙」云云，亦是衍河上公之緒。

同部另有玉賓子鄧錡《道德真經三解》不但延續這種說法，而且直接以身體說國家，例如：「身中賢行，自不知尚，民誰為爭？身中實貨，自不知貴，民誰為盜？」這個身中之實貨賢行，是用來解釋老子「不尚賢，不貴難得之貨」的。依老子意，應是指不特別推重賢人或特別珍寶難得之貨，此注卻將之朝身體內部去解釋，顯然是把老子之說身體化了。正因為如此，所以它解「聖人無常心，以百姓心為心」云云，才會說：

> 聖人，神之主也。帝，心、神也。百姓，五臟六腑之屬也。如五臟皆有神，心藏之。五臟有精，腎藏之。聖人無常心，以百姓心為心，故得主其神矣。……神平則心和，心平則氣和，氣和則四象五

行九竅之要，相生相克無不得其所矣。……如是，聖人與天下渾其心，人神與五臟渾其氣。……富哉言乎！舜有天下，選於眾，舉皋陶，不仁者遠矣；湯有天下，選於眾，舉伊尹，不仁者遠矣。不仁既遠，斯不為之安平泰乎？（第四十九章）

國家中的君、臣、民關係，完全類比於精神與五臟的關係，說身即說國，說國即說身，兩者完全混為一談。如果讀者不明了道教身體觀中有此身體即國體之說的傳統，恐怕讀來只會覺得一頭霧水。像第三十二章「侯王若能守，萬物將自賓」，明明只是講治國的，它卻說：

侯王，人身之主也，若能守此先天一氣，不以為小，則身中萬事萬物自賓服矣。……夫萬物皆歸於人身，譬猶天下皆歸於道，川谷皆歸於海，豈不大哉？

以侯王為身中主宰，與第二十九章說「天之有天下，猶人之有身也」，或第三十章「以道佐人主」注云「人主，心也」相似，都徑以國為身。第三十一章注又說「先且觀天明五賊，次須察地以安民。民安國富須求戰，戰罷方能見聖人」，觀天明五賊，既是觀天之日月星及五行變化，也是觀身中五賊；察地則是觀國家。而這些又都不是分立的，說身即國，說國即身，如第十八章「國家昏亂有忠臣」，注云：「一粒金丹吞入腹，始知我命不由天，國家昏亂有忠臣也。」第三十九章「侯王得一以為天下貞」，注云：「人有五臟，共於一腹，故坤為腹，地得一以寧也。心為神主，萬法皆生，神得一以靈也。……萬物得一以生也，然後功成名遂，與天地合其德……

侯王得一以為天下貞也。」

凡此等等，通言治身如治國，治國即治身。治身治國，其道之所以相同，則是因為身即是國、國即是身，兩者完全類化。

在鄧錡的論述中，我們會發現他與馬玨一樣，經常談到「富國安民」，又說要觀天明五賊，察地以安民。這些語詞與觀念，都表示它們曾受到《陰符經》的影響。事實上早期道教《老子河上公注》、《太平經》身國如一的身體觀，也是經《陰符經》之發揚才更廣泛獲得認同的。

《陰符經》李筌本分其書為上中下三部分，即所謂神仙抱一演道章、富國安民演法章、強兵戰勝演術章，各有贊語云「天道應運，陰陽至神，察其機要，存亡在身」，「天地萬物，陰陽四時，更相為盜，貴合天機」，「絕利一源，三思反覆，徇物之機，生死在目」。治身、理國、用兵，被此書統合為一理，所以說「火生於木，禍發必克；奸生於國，時動必潰；知之修煉，謂之聖人」，注：「奸火喻人之性，木國喻人之身，使人治國安身。而今奸火不發，然後修身煉行以成聖人。」身國一體，是至為明顯的。疏中更引用《列子》說的一個寓言，謂「齊有國氏，大富，云吾善為盜矣」，進而主張：「萬物盜天地以生成，國氏盜萬物以資身。」國氏既是一個人，也是國。身國一體，沒有比這裡說得更清楚的了。

注釋

① 道教之所以有此觀念，是因其生命觀在於「貴生」。它認為道之實質內容就是生。道體能生，道化流行，亦生生不息。故道體即是生體，此為道教身體觀之第一義，故《老子想爾》解老子「域中有四

大，而王居其一焉。人法地，地法天，天法道，道法自然」，在「域中有四大」底下，把「而王居其一焉」改成「而生處一」四字，並注云：「四天之中，所以令生處一者，生，道之別體也。自然者，與道同號同體，令更相法，皆共法道也。天地廣大，常法道以生，況人可不宗道乎？」又，十六章「公乃王，王乃天」，王字也都改成生。貴生尊生重生，且以生為道之別體，宗旨非常明顯，意思也不難明白，因此本文不再獨立一節「生體與道體」來討論，僅附筆略論如此。

②另外，杜正勝認為中國歷史上的醫家，大抵可以分成三種類型：上古混同於巫，戰國至唐通合於道，宋代以下攀援於儒。見《新史學》六卷一期，一九九五年三月，《作為社會史的醫療史，並介紹「疾病，醫療與文化」研究小組的成果》。這種分類大致可以參考，但他說傳統中國醫學的經脈體系及氣的觀念均與道家之養生修煉有密切關係，則是不準確的。詳見下文之說明。

③早期「形神合一」的觀念，謂「人之所生者神，所託者形」（《宗玄先生文集．心目論》），即神不能脫離形而獨存。內丹學興起之後，則認為形、神是可以相通而轉化的，「積陽成神，神中有形」，「積陰成形，形中有神」（《靈寶畢法．玉液還丹》），因而可以煉形化氣、煉氣化神、煉神還虛，從而形神俱妙。其說略有不同，但主張形神合一是一致的。

④形神合一即性命雙修，明尹真人弟子《性命圭旨》中有「盡性了命圖」和「盡性了命說」，又云：「知性然後能盡性，盡性然後能了命，性命不二，謂之雙修。」「道者神之主，神者氣之主，氣者形之主，形者生之主。無生則形住，形住則氣住，氣住則神住，神住則性珠明矣、命寶凝矣、元神靈矣、胎仙成矣、性命雙修之道畢矣。」「方其始也，以命而取性；性全矣，又以性而安命。此是性命雙修機括處。」王常月《碧苑壇經》也說：「應認命在性中，只以見性為主。」《真詮》則引李清庵之言：「高上之士，夙植德本，生而知之，一直了性，自然了命。」皆性命雙修之說也，又稱為心神合一、心體合一。心為神，體即形，指神形合和為一，融為一體。《性命圭旨．貞集》：「蓋清淨體中，空空蕩蕩、晃晃朗朗，一無所用，一切無住。故心要訣云：冥心本乎無住，無住心體圓融。」無住、無生，係用佛家語。

⑤早期的守一法，比較簡樸，「一」也不定在何處。所以《太平經》說頭、腹、脈、臟均有其一，守一只是要人專心存念注想一處而已。後乃推源於老子，據《道德經》「多言數窮，不如守中」、「載營魄抱一，能無離乎？」等語，講守一與守中，且謂守中與抱一，皆在玄牝之門。如《性命圭旨．安神

祖竅章》：「此竅正在乾之下，坤之上，震之西，兌之東，八脈九竅，經絡聯輳，虛閑二穴，空懸黍珠，是人一身天地之正中，乃藏元始神氣之竅也。若知竅而不知妙，猶知中而不知一。」又《玄宗直指萬法同歸．二極中說》亦云：「無極，無中之中也；太極，至中之中也。……此中者，在儒謂之精一，又謂存神；在老謂之抱元，又曰守一；在釋謂之禪定，又曰寂觀。人皆人心固有之中也。」守一之學乃越來越玄奧複雜了。

⑥道教認為人之所以有疾病（生理及心理），除了一般醫學上的理由以外，還有一個「三尸作祟」的觀念。三尸，是道教對人體內三種作祟之神的稱呼，也叫「三蟲」、「三彭」、「三尸神」。唐代段成式《酉陽雜俎．玉格》：「三尸一日三朝。上屍青姑，伐人眼；中屍白姑，伐人五臟；下屍血姑，伐人胃命。」《雲笈七籤》卷一三則說，上蟲居上丹田（腦宮），名彭倨，色白而青，使人嗜欲癡滯；中蟲住中丹田（明堂），名彭質，色白而黃，使人貪財，好喜怒，濁亂真氣，魂魄失常；下蟲居下丹田（腹胃），名彭矯，色白而黑，使人愛衣服，耽酒好色。道教認為三尸作祟能使人速死，且三尸在人體中專窺人罪過，每到庚申日，便上白天曹、下訟地府，述人過失。因此，人應「靜持心神，止舍煩務，使三蟲動而無動，神氣行而有征」以制住三尸。唐代張讀《宣室志》卷一：「凡學仙者，當先絕其三尸。如是則神仙可得；不然，雖苦其心，無補也。」宋代陸游《病中數辱》詩亦云：「凡藥豈能驅二豎？靖心幸足制三彭。」均可顯示三尸信仰甚為普遍。但所謂三尸，實為寓言，故清代西崖《談微．事部．三尸神》解釋了三彭在修道中的寓意：「余想此身本空洞洞地，安得有三尸在內？蓋彭字之義，字書一訓作近，而倨傲之性、質見之性、矯戾之性，人人有之……其所謂守庚申者，正欲人斷除此三種情性，方可入道也。」

⑦上清道分人身為上、中、下三部，認為每部各有八景，故名三部八景神真。《雲笈七籤》卷八十：「上部八景，鎮在人身上元宮中，服之八年，八景見形，為已通達幽微之事，洞觀自然，坐在立亡。」、「中部八景神真，鎮在人身中元宮中。服之八年，中元八景見形，為已通靈達神，洞觀八方，神芝玉漿，五氣雲芽，身中光明。」「下部八景神真，鎮在人身下元宮中。服之八年，下元八景見形，為人養精補氣，煉髓凝真，身生光澤，八景雲輿，載人飛行。」《雲笈七籤》卷五二《二十四神行事訣》中又有二十四神的名稱，但這些神名與《黃庭內景經》所記不同。神名如下：上景八神：腦神覺元子字道都、發神玄文華字道衡、皮膚神通眾仲字道連、目神監生字道童、項神靈謨蓋字道周、膂神蓋曆

輔字道柱、鼻神沖龍玉字道微、耳神梁峙字道岐。中景八神：喉神百流放字道通，肺神素靈生字道平、心神煥陽昌字道明、肝神開君童子道清、膽神龍德拘字道放、左腎神春元直字道卿、右腎神象無他字道玉、脾神寶元全字道騫。下景八神：胃神同來育字道展、腸中神兆勝康字道還、大小腸中神蓬送留字道廚、胴中神受厚勃字道虛、胸膈神廣安宅字道中、兩脅神臂假馬字道成、陰左卵神扶流起字道圭、陰右卵神苞表明字道生。

⑧歷代丹家對性命的解釋都不外將命歸為氣、形、身，將性歸為神、心。如《西山群仙會真記・養心》：「從道受生謂之性，自一稟形謂之命。」《入藥鏡》「是性命，非神氣」，王道淵注：「性即神也，命即氣也。性命混合，乃先天之體也。神氣運化，乃後天之用也。故曰『是性命，非神氣』也。」彭好古注：「在天者成性，在地者立命，遂有性命之分。」李攀龍注：「性，火也。命，水也。性命，水火之本源也。……性命即鉛汞，鉛汞即性命。性命即神氣，神氣即性命。」等等都是。內丹學各門派皆主雙修性命，但在修性修命的先後、次序及下手處等方面則各持己見。一般認為北宗、文始派、青城派是先性後命；南宗張伯端等則為先命後性。張伯端《悟真篇》云：「虛心實腹義俱深，只為虛心要識心，不若煉鉛先實腹，且教收取滿堂金。」彭好古注：「虛心是性功上事，實腹是命功上事。……不若煉鉛服食先實其腹，使金精之氣充溢於身，然後行抱一之功，以虛其心，則性命雙修，形神俱妙，大修之事畢矣。」仇兆鰲補注：「心之所以不虛者，緣汞無鉛伏，故觸境易搖，不若煉鉛以制伏之，使心有所含育也。南宗先命而後性，於此章見之。」（《悟真篇集注》）至於北宗則主張三分命功，七分性功。以清淨為主，以「識心見性」為首要。故王重陽說：「只要心中清淨兩個字，其餘都不是修行。」（《重陽全真集》卷十）馬鈺說：「清淨者，清為清其心源，淨為淨其氣海。」（《丹陽真人語錄》）丘處機說：「吾宗惟貴見性，水火配合其次也。」（《長春祖師語錄》）但不管北宗、南宗，抑或東派、西派，其修丹的終極處都要落實在煉神還虛以合道上，因而修性為內丹修煉過程中最基本的修煉手段。所以李道純說：「仙師云：只煉金丹不達性，此是修行第一病。只修真性不修丹，萬劫陰靈難入聖。誠哉言歟！」

⑨人體直接與天體相比配，不只顯現在觀念上，也影響到功法內容，例如《上清金闕帝君五斗三一圖訣》：「至秋分之日夜半時，起坐西向，瞑目，存我身中三官三卿及我，合七人，我在中央也，俱乘紫氣之煙，共登北斗陰精星。陰精星者，北斗之西神也。於是存入星中央共坐，咽紫氣三十過。行之

久久，自見陰精星西元太上宮，宮中有白素少女，授子玉章虎書也。」後來宋代正一道也仍採用這類辦法，如「純陽金耀煥明內景法」之咒語曰：「天景混形，神氣合天，離明真火，即我三田，去來自如，飛騰自然，純陽備體，位得神仙。」其法，《無上三天玉堂正宗高奔內景玉書》卷上云：「學士於每月二十日，如前行持，次存身在日中，內外混同，和暖自然，九芒散輝，普天大赤。誦咒八十一遍，叩齒，咽津，服符，良久而退。」所謂外內混同，謂天景即人體內部之景。內景，又稱內象，指臟腑、筋骨、經絡、氣血等人體內部的組織結構，及由此而產生的形象。梁丘子《黃庭內景經．注序》：「內指事，即腦中、心中、脾中；內者心也，景者色象也，內象喻血肉筋骨臟腑之象也。心居身內，隨觀一體之象色，故曰內景也。」

⑩內丹學以乾、坤二卦表示鼎爐，以坎、離二卦表示藥物；以十二辟卦表示進陽火、退陰符的消息，以喻一年十二月或一日十二辰；以六十四卦表示呼吸抽添的程序；以十二消息卦表示人一生成長、衰老的過程和性功能演變的規律；還有以否、泰卦隱喻陰陽丹法入手採藥及男女行功的體位。其中尤以卦爻及銖兩表示內丹火候，以三百六十爻表示呼吸次數等最為重要。此外，尚有以內丹學注《易經》、以艮卦論丹法者，不一而足。如劉一明《易理闡真》、《孔易闡真》就屬這類著作。另外內丹學還利用了許多《易》圖，以闡述丹理，如《周易參同契》中的水火匡廓圖以及八卦卦爻學說，都被道教利用為外、內丹煉養的基本理論之一。而內丹家對八卦的運用，主要表現在以下幾個方面：第一，以八卦配人之一身。元蕭廷芝《金丹大成集．金丹問答》：「頭為乾，足為坤，膀胱為艮，膽為巽，腎為坎，心為離，肝為震，肺為兑也。」第二，指四象五行之陰陽。清劉一明《悟真直指》：「八卦者，即四象五行之陰陽：乾陽金，兑陰金；坎陽水，艮陰水；震陽木，巽陰木；離陽火，坤陰火。八卦雖配四象陰陽，而坤艮又具戊己二土：坤為陰土，艮為陽土。五行之氣，亦在其中。」第三，以先後天八卦圖表示修煉的不同階段。小周天，亦稱「子午周天」，行坎離交媾，用後天八卦；大周天功，亦稱「卯酉周天」，行乾坤交媾，故用先天八卦。第四，以八卦排列序次的卦爻象變化表示進火與退符的節度。如子時復卦，一陽生，當進火；午時姤卦，一陰生，當退符。而卯酉之時，二八相當，故行沐浴之功。《悟真篇》：「赤龍黑虎各西東，四象交加戊己中。復姤自此能運用，金丹誰道不成功？」又說：「兔雞之月及其時，刑德臨門藥象之。到此金砂宜沐浴，若還加火必傾危。」《翠虛篇》：「復姤修持水火宗，兔雞沐浴內丹經。」第五，指真一之氣。宋翁葆光《悟真篇注疏》釋「四

象五行全藉土，三元八卦豈離壬」曰：「八卦者，真一之氣。一變為天，曰乾，曰父；二變為地，曰坤，曰母。乾以陽氣索坤之陰，一索生長男曰震，再索生中男曰坎，三索生少男曰艮，此乾之氣交於坤氣而生三陽也。及乎坤以陰氣索陽之乾氣，一索生長女曰巽，再索生中女曰離，三索生少女曰兑，此坤之氣交於乾氣而生三陰也。亦不離真一之氣變之。」另詳胡孚琛主編《中華道教大辭典》，中國社會科學出版社，一九九五年。

在比配月象方面，內丹家通常是以月象上、下兩弦喻丹道中人體內象確定採藥行功的火候。劉一明《象言破疑》：「月自晦、朔之間，與日相交，初三微光現象，至初八陰中陽半，有如弓弦，是為上弦。十六圓滿，一陰，胎內微黑現象，二十三陽中陰半，有如弓弦，是為下弦。上弦得水中之金八兩，下弦得金中之水八兩，二八一斤，金水相停，陰陽相合之象。丹書藉此以喻剛柔相當，不偏不倚，至中至正之義。《四百字》云：『上弦金八兩，下弦水半斤，兩弦合其精，乾坤體乃成。』兩弦者，一陰一陽也。乾剛為陽，坤柔為陰，陰陽相配乾坤體成，丹元有象，於此可知兩弦之意矣。」牧常晁《玄宗直指萬法回歸》：「人身自有二弦。且以天道言之，朔旦坤始為復，象月初生也。至於初八，坤變為臨，象月上弦也。至十五，坤變為泰，象月望也。十六乾始為姤，象月初減也。至二十三，恰得一十六日，為之一斤。陰陽兩停，故曰上弦。丹道取象於此，為人身內象之准的也。金半斤，銀半斤，上下交合，如月之圓。若毫髮差忽，丹道不成。」薛道光注《悟真篇》「五行全處虎龍蟠」句：「又以龍之弦氣，曰真汞、曰姹女、曰木液、曰青娥、曰朱汞、曰性、曰白雪、曰流珠、曰青衣女子、曰金烏、曰離女、曰牝龍、曰真火、曰二八姹女、曰玉芝之類，一物也。又以虎之弦氣，曰真鉛、曰金翁、曰金精、曰水中金、曰水中銀、曰情、曰黃芽、曰金華、曰素練郎君、曰玉兔、曰坎男、曰雄虎、曰真水、曰九三郎君、曰易圭之類，一物也。」則以龍之弦氣和虎之弦氣為弦。

至於把《易》卦、月份、音律、陰陽合併起來談的，則其比配大抵如下圖，而皆出於《參同契》也：

卦象	地支	月份	律呂	消息	
復	子	十一月	黃鐘	陽氣之始	
臨	丑	十二月	大呂	陽息至二陽	
泰	寅	正月	太簇	陽息至三陽	
大壯	卯	二月	夾鐘	陽息至四陽	沐浴
夬	辰	三月	姑洗	陽息至五陽	

乾	巳	四月	仲呂	陽息至六陽純全
姤	午	五月	蕤賓	陽盛極生陰
遯	未	六月	林鐘	二陰浸長
否	申	七月	夷則	三陰消乾
觀	酉	八月	南呂	陽消成四月　沐浴
剝	戌	九月	無射	陽消成五
坤	亥	十月	應鐘	一個升降

⑪《陰符經》說「天地反覆，天人合發」，又說「三盜既宜，三才既安」，後人解釋為天道發機與人道發機，一正一反，才能構成「天人合發」，且人應盜天地之化機。這個觀念影響極為深遠。

⑫認為人體內部有陰暗的一面或質素，必須予以克制或消除，是道教修持之學的基本觀念。這些陰暗面，或以陰陽之陰來表示，或以「三尸」來形容，或稱為情，而主張以性制情。道教對於人體中三魂七魄的看法，也傾向於把它視為具有陰暗性質的部分，欲以修持方法制克之。據《雲笈七籤》卷五四「魂神部」稱，人有三魂七魄。三魂一名胎光，太清陽和之氣，屬於天；二名爽靈，陰氣之變，屬於五行；三名幽精，陰氣之梁，屬於地。胎光主生命，久居人身則可使人神清氣爽，益壽延年；爽靈主財祿，能使陰氣制陽，使人機謀萬物，勞役百神，生禍成害；幽精主災衰，使人好色嗜欲，溺於穢亂之思，耗損精華，神氣缺少，腎氣不足，脾胃五脈不通，旦夕形若屍臥。因此，養生修道，務在制禦幽精，保養陽和之氣。要在黎明時分或夜間入睡前，叩齒並呼三魂，反復三次，即可神氣常堅，精華不散，疾病不侵，鬼神畏懼。七魄之名，分別為屍狗、伏矢、雀陰、呑賊、非毒、除穢、臭肺。七魄為人身中之濁鬼，每每於月朔、月望、月晦之日在人身中流蕩遊走，招邪致惡。修道之人，應制御七魄。如正臥，去枕伸足，搓手；次掩兩耳，指端相接，交於頭頂中，閉聽七通，存想白氣臨身，化作天獸，青龍在目，白虎伏鼻，玉女當耳，龜蛇守足，乃咽液七過，叩齒七通，呼七魄名，咒念七魄內閉相守，不得妄動。

⑬陰陽，是對天地間兩種性質或力量的概括指涉，後來當然主要用來講男女，內丹東派和西派根據陰陽相反相成原則，更提出以男陽女陰為鼎器的男女雙修理論。如李西月《道竅談》：「內煉己者，將彼家之鉛，煉我家之汞也，使其相克相生也。內養己者，亦用彼家之鉛，養我家之汞，使其相生相守

也。」但只以陰陽來表達兩相對待之性質或狀況之情形者仍極普遍，例如以陰陽論抽添消息。謂進火為陽息，為添；退符為陰息，為抽，即為其中一端。這是依據節氣時辰的遞換和修煉的程序而採取的意念上陰陽消長法。《鍾呂傳道集·論抽添》：「抽添之理，乃造化之本也。且冬至之後，陰升於地，地抽其陰。太陰抽而為厥陰，少陰添而為陽明。厥陰抽而為少陰，陽明添而為太陽。不然，無寒而變溫、溫而變熱者也；夏至之後，陰降於天，天抽其陽。太陽抽而為陽明，少陰添而為厥陰。陽明抽而為少陽，厥陰添而為太陰。不然，無熱而變涼、涼而變寒者也。是在天地陰陽升降而變六氣，其抽添之驗也。」此外，內丹家有時還以陰陽喻性命、內外藥、先後天等。

⑭ 《大成捷要·集古丹經目錄弁言》：「道本一理，法分三元，天元、地元、人元是也。丹宗九品惟三成，初成、中成、上成是也。其三元丹經分而言之，天元曰大丹，地元曰神丹，人元曰金丹。……在天元盡性了命，地元擒砂制汞，人元移花接木。」以採陰補陽之術為下品人元丹法。但事實上這類術法在明清最為盛行，與古房中術結合，以女子為「鼎」、以交媾為「臨陣」「求戰」、以接合為「入爐」「鑄劍」、以性交為「抽添」「採取」。有不少道流因反對此種說法及風氣，乃遠紹南北朝時上清道的「偶景」之法，提倡一種男女隔體神交的陰陽雙修法，以虛擬之性交代替床笫征戰，如《悟真篇》卷中詩云「勸君臨陣休輕敵，恐喪吾家無價珍」，「民安國富當求戰，戰罷方能見聖人」，陸西星注：「或問三峰採戰，諸家非之。《悟真》乃言求戰、死鬥，抑又何歟？曰三峰之戰，乃採取後天渣質，有戰之名，有戰之事者也。若《悟真》之言戰，乃陰陽均敵，舉水滅火，以金伐木，有戰之理，無戰之事者也。」其中以身為國，以精氣為民，以採取為戰，以水火交為死鬥。李文燭注云：「其間臨陣之頃，須要對景忘情，萬一靈台不淨，火氣複燃，汞走鉛飛，寧不可惜？丹家切宜慎重。」

⑮ 斬赤龍之法，是先閉目養神，全身心徹底放鬆，使心地清靜，均勻地調整呼吸，然後將意念集中在氣穴。兩手交叉捧雙乳，輕輕按摩三百六十遍，從下丹田把氣吸起二十四口，仍手捧雙乳。另有擒虎尾之法，與之相似，《坤元經》：「經之將淨，坐法如前默守，待丹田氣生，真陰自動，露出先天真一之機。回光照定，意抱息住。凝聚丹田熱氣，呼吸烹煉少刻，溫溫團結，使聚不散，用意下引，潛度尾閭，轉輪逆運，落入氣穴醞釀氣化，舍散周身，自然不歸血海，此謂擒虎尾。」此均指女子月經不下流，而使之上行，煉化為氣的工夫。索龍頭與擒虎尾兩相配合，其功可成。煉了以後，還要「玉液

歸根」。紅血月經化為白色液體，稱為玉液，《女功正法》：「若問女子玉液還丹，還是赤龍化為白鳳。」月經從純粹的陰血轉化為對身體有用的液體。此液又名為白鳳、白鳳髓。將玉液歸攝於乳房或子宮，即稱為歸根。歸根之後，用內功熟煉，將它煉為陽神，即可成丹，是為女丹。

六　早期天師道

（一）道教研究的基本原則

孟德斯鳩在《論法的精神》下冊（商務印書館，一九八二年）第一四八頁處，提到了一則令人發笑的宗教狀況，他說：「台灣人相信有一種地獄，是用來懲罰那些在某些季節裡裸體的人、該穿絲衣卻穿布衣的人、尋找牡蠣的人、未先問卜於小鳥之歌唱就採取行動的人。正因為這樣，他們反而不把酗酒和荒淫看成是罪惡。他們甚至認為子女們的放蕩墮落乃是其神明所喜歡的。」我們人住在台灣，可不曾聽或見過這類宗教。孟德斯鳩顯然對台灣的宗教並不瞭解，一如他對喇嘛教和日本宗教也不瞭解那樣，不免說了些荒唐的話。

我們要永遠記得這個例子。當讀到某則記載，說某一個宗教是如何地荒誕不經時，我們就應提高警覺，想一想：荒唐的究竟是這個宗教，還是敘述這個宗教的人。

這是宗教研究的基本原則。可是目前我們的宗教研究似乎對此原則並不甚注意，所以往往徑行採錄了其他教派甚或敵對者的敘述，並根據這些記載來描述那個被敵對者攻擊謗議的宗教。

這類錯誤是極為明顯的。就像現在研究一貫道，如果仍沿用一九六〇年代台灣當局禁止鴨蛋邪教布教傳道的資料，以及當時佛道兩教批判鴨蛋教的文獻，而說一貫道便是如此男女荒淫苟合等等，一定被斥為無聊，不會認為這是什麼學術研究。可是，對於時代較為久遠的宗教，我們的警覺就鬆弛了。在文獻難征之處，偶獲一二史料，喜出望外之情也常使我們未及檢別資料的性質。因此，我們不但廣泛運用明清各朝官府剿滅教匪的檔案、採信儒生文士對妖異淫祠的批判性敘述、徵引史籍中合有史官及國家權力意識的論案，更會大量參考異教者對許多宗教行為的證詞。而難得有人注意到：這樣引據實在是荒謬的。

此一狀況，在講道教史時尤為顯著。以天師道為例，天師道又被稱為五斗米道，但實際上兩者本非一事。五斗米道為張修的道法，《後漢書・靈帝紀》云：中平元年七月「巴郡妖巫張修反」，李賢注引劉艾《紀》云：「時巴郡巫人張修療病，愈者雇以米五斗，是為五斗米師。」故教外人或有敵對立場者，即稱此為「米巫」或「米賊」。然《後漢書・劉焉傳》本身卻否定了這個講法，而說：「（張）陵，順帝時，客於蜀，學道鶴鳴山中，造作符書以惑百姓，受其道者輒出米五斗，故謂之米賊。」

但是張陵時代遠早於張修，且張修係被張陵的孫子張魯所殺。五斗米之教若是由巴郡巫人張修所創，那就絕不可能是客遊入蜀的張陵立的。再者，張修的療病方法，據魚豢《典略》載云：「書病人姓名，說服罪之意，作三通。其一上之天，著山下；其一埋之地；其一沉之水，謂之三官手書。」這五斗米及三官手書，既都是張修之法，張陵當時必不曾有此等教法。張陵之教，或因張自稱為天師，故外界名其為天師道，而他們自己則稱為「真道」、「正法」，並不是五斗米道。張魯襲殺張修之後，接收了張修的教眾，所以張魯以後的天師道可能也吸收了部分五斗米道的內容，故《典略》云：「修為五斗米道。……及魯在漢中，因其民信行修業，遂增飾之。」魚豢與劉艾，年代較早、聞見較切，所述應較寫《後漢書》的范曄可信。

至於「鬼道」，則為張魯母親所持之術，其母為劉璋所殺。張魯當然也可能繼承了一部分鬼道，但范曄說「魯遂據漢，以鬼道教民，自號師君」，則是不確的。天師道之領袖自然稱為師，其道或採用了一部分鬼道，然絕不可能就是鬼道，因張魯之母亦只是「兼挾鬼道」而已。由此可見《後漢書．張魯傳》對天師道之敘述本極淩亂，把天師道、五斗米道、鬼道混為一談。范曄本人或許並不十分瞭解天師道之歷史，但我們運用《後漢書》時難道可以不小心嗎？

弄清楚天師道是在發展中逐步吸收五斗米道與鬼道的情形以後，我們才能瞭解天師道本無拜鬥之信仰，亦無斬鬼領神之術法，更不行三官手書（詳後）。天師道本身，既已非「米」，當然也就非「巫」，且其教義教法與一切巫術均可說是關係甚淺的。可是歷來講道教史，於此罕能辨析，多只是從五斗講天師道的星斗信仰、從鬼道講其斬鬼劾召、從三官手書講其拜奏章表而已。如此云云，就南北朝之道教史來說，固不能說它全屬無稽，但以為漢代天師道即是如此，便大謬了。天師道早期經典《想爾》所描述的天師道教義就與目前大家對道教的認識很有距離。

例如黃釗主編的《道家思想史綱》第十三章說：漢末的神仙信仰和堪輿、建除、胎息、變化、風角、遁甲、七政、六日七分、逢占等「荒誕的迷信加上兩漢的讖緯和神仙黃老的妄說，構成了漢末道教信仰的基礎」。由這個荒誕的基礎看，道教當然是荒誕的。然而，以《想爾》來看，那就只顯得這些編者的認識太荒誕。因為《老子想爾》既無風角、遁甲、逢占、變化，也不講堪輿、建除、胎息養身，更與黃帝無關，它只是說：人若效法自然清靜之道，便能像道一樣久長。這樣的天師道，當然也有它作為宗教的神秘面，但與讖緯迷信及漢末之各種方術巫法，實在是不太相干的。為避免犯和孟德斯鳩一樣的錯，嘲笑某宗教荒誕，而其實只是表現了自己的荒唐與無知，我們實有必要仔細來瞧瞧早期天師道主要經典《想爾》是怎麼說的。

（二）《老子道經想爾》殘卷

敦煌莫高窟所出古寫本，斯坦因編目六八二五號，學界通稱為《老子想爾注》。此殘卷，起自「則民不爭」，共五百八十行。卷末題「老子道經上」，下注「想爾」二字，分行。

因此，我認為此書仍應稱為《想爾》，不應直接名之為《想爾注》。唐玄宗御制《道德真經疏外傳》所列古今箋注《道德經》各家，首《節解》上下，云乃老君與尹喜解；次《想爾》二卷，云為「三天法師張道陵所注」。其後杜光庭《道德真經廣義》述歷代詮疏箋注老子書者六十餘家，也以《節解》、《內解》、《想爾》及河上公《章句》列首，其中《想爾》亦被認為是「三天法師張道陵所注」。

另外，道藏所收正乙部《傳授經戒儀注訣》提到正一道士授經的次序，則是先《道德經》大字本，次河上公《章句》，再次則為「老君《道德經》上、《想爾訓》、老君《經》下、《想爾訓》」，又云：「《河上》、《想爾》注解已自有殊」。可見其書原名即是《想爾》，或稱為《想爾訓》。教內謂此書為張道陵所「注」時，注只是泛稱，而實際上漢人注經之體例甚為複雜，有傳、注、訓、解、箋、釋、詁、章句之異，其體例不盡相同。今存《想爾》，當即為《傳授經戒儀注訣》所載之「老君《道經》上《想爾訓》」，徑稱為《老子想爾注》恐怕並不恰當。①這部與河上公《章句》注解已自殊異的老子訓解書，特點何在？

（三）天師道對道教的批判

一般均認為張陵正式成立了道教。在此之前，只能稱為「道教前史」，乃混雜神仙信仰及方術巫儀而流布於民間者；在此之後，始有制度化之道教。可是從《想爾》來看，我們卻會發現「道教」正是這位「道教創始人」所反對的。他強調自己所遵奉的經文與道法才是唯一的真道，指摘其他修道法門皆非真道，而是「邪文」、「偽伎」、「斤行」。而這些偽伎總合起來，就稱為「道教」。

被它指斥的流行修煉法門，包括各類與它不同的房中術。因為它正是重視此道的，曾一再說明「能用此道，應得仙壽，男女之事，不可不勤也」，「陰陽之道，以若結精為生」。故其重視男女性事，正與當時言房中術各家相同。但它的辦法，重點有三，第一是主張男女合精生子，所謂「道重繼嗣，種類不絕，欲令合生」。這是男女性交的基本目的。道貴生，故教人此種男女合精之法。但是，第二，雖教人注意男女之事，卻不讓人太努力幹這檔子事：「年少之時，雖有，當閑省之。……年少，微省，不絕，不教之勢力也。勢力之計，出愚人之心耳，豈可怨道乎？」「年以知命，當名自止」，不但年紀大了就該停止，對於性交也要儘量保守，「男欲結精，心當象地似女，勿為事先」，不能縱欲，不要太主動，如此才能結精。第三，這就是它所述房中術的精義，旨在結精成神，曰：「精結為神，欲全神不死，當結精自守。」為了強調這種結精自守的效用，它甚至說有一種人能早早便斷絕了此事：「上德之人，志操堅強，能不戀結產生，少時便絕。又善神早成，言此者道精也。故令天地無祠、龍無子、仙人（無）妻、玉女無夫，其大信也。」②

依這種觀點，它不滿當時流行之其他房中術法。它說：「道教人結精成神。今世間偽伎詐稱道，托黃帝、玄女、龔子、容成之文相教。從女不施，思還精補腦。心神不一，失其所守，為揣悅不可長寶。」所謂從女不施，是說在性交時控制不泄精，而使之還精補腦。《想爾》批評此舉將使人在性交時心神不一，故不如任其自然。它解經文「不若其已」為「若，如也。不如，直自然也」，即是此意。

固精不泄而令其還精補腦之法，盛行於後漢，《後漢書・方術傳》注云容成御婦人之術即是「握固不瀉，還精補腦也」。此法事實上亦頗為後世道教言房中術者所遵循。③然《想爾》以其不射精故不能合精生子，認為它違反了性交的基本目的與「道重繼祠」的貴生原則，所以並不贊成。從這一點上，我們便可發現《想爾》所具有的特色與地位。

它反對黃帝、玄女、容成等各式房中術，也反對隱形變化之法，故曰：「道意謙信，不隱身形剝。」同時它又指責各種外神附身說和守一存身中神說，謂「諸附身者悉世間常偽伎，非真道也」，「世間常偽伎指五臟以名之，瞑目思想，欲從求福，非也」。

外神附身說，是古來靈媒巫祝慣行之技，傳統悠久。守一存思身中神說，則應屬於當時新流行的道法，《太平經》中即提出了身中神的講法，如《錄身正神法》云：「非他神，乃身中神也。」謂真神就在自己身中，所以只要守一、為善、養性便能存神得吉，如《萬三千國始人始氣訣》云：「一者，心也、意也、志也。念此一身中之神也。凡天下之事，盡是所感也。」就是以存念身中神為守一。另外，邊韶《老子銘》也說：「規矩三光，四靈在旁，存想丹田，太一紫房。」可見存思法在東漢已頗流行，《太平經》卷七八有《入室存思圖訣》，卷八四有《大人存思六甲圖》皆屬此法。後來道教上清一脈發展此法最為著名。《真誥》卷十八言有「靜室法」，謂閉氣存想即能與功曹使者及龍虎真君相見共語，且稱此乃「漢中法」，蓋即由漢代這種存思法發展而來。

上清之祖師魏華存雖出身天師道，時間在《想爾》之後，但這種存思守一之法可能別有授受，也許從《太平經》之後，即已發展出了類似後來《黃庭經》、《上清大洞真經》所描述的那種存想身中神形狀名諱之辨法，故《想爾》才會批評道「今世間偽伎指形名道，令有服色、名字、狀貌、長短，非也，悉邪偽耳」，「世間常偽伎，因出教授，指形名道，令有處所，服色長短有分數，而思想之，苦極無福報，此虛詐耳」。④

《想爾》批評以上這些說法，表示了它的守一觀念與眾不同。它認為「一」就是「道」，道在天地外，又入在天地之間，所以不能執指身體某一處是一：「一者道也，今在人身何許？守之云何？一不在人身也。……一在天地外，入在天地間，但往來人身中耳。都皮裡悉是，非獨一處。」既然如此，守一也者，就不能是存思守五臟某處，而是守道之誡：「今佈道誡教人，守誡不違，即為守一矣。不行其誡，即為失一也。」

《想爾》不但反對各類存想身中神的道法，也不同意某種近乎後世內丹法的培胎練形術，它說：「今世間偽伎因緣真文設詐巧，言道有天轂、人身有轂，專氣為柔，輻指形為轄。又培胎練形，當如土為瓦時。又言道有戶牖在人身中。皆邪偽不可用，用之者大迷矣。」所謂道有天轂，饒宗頤先生引董思靖「三十輻共一轂，為取五臟各有六氣之象」語作解，十分貼切。⑤後世講內丹者，法門各異，然多認為人身一天地，故根據天地陰陽五行六氣論五臟氣機之升降生殺，培養聖胎，練形成仙，欲如練土為瓦。而《老子想爾》對於這套方法，卻是嗤之以鼻的。⑥

它還反對祭祀，說「行道者生，失道者死，天之正法，不在祭禱祠也。道故禁祭禱祠，與之重罰。祭與邪同，故有餘食器物，道人終不欲食用之也」，「有道者不處祭禱祠之間也」。⑦

也就是說，後世道教中常見的道法，如設神壇祭餞、存思、培胎練形、附身，以及黃帝、容成、玄女、龔子的房中術，《老子想爾訓》一概反對，謂彼為邪文偽伎，只有自己所主張之道法才是真道。其書第十七章更明言：「真道藏，邪文出，世間常偽伎稱『道教』，皆為大偽不可用。」顯然它自認非道教，僅以「道」或「真道」自稱，或自稱「常法」，如云「知此常法，乃為明耳」，「世常偽伎，不知常意，妄有指書，故悉凶」，「知常法意，常保形容」。這種態度，頗能說明天師道之所以又叫做「正一」的緣故。張道陵號稱三天法師正一真人，獲授三天正法（見《雲笈七籤》）。⑧正法，意同真道，都是相對於邪偽道法而說；名為正一，更表示它以真正唯一之道自命，不齒於道教之列。這樣的道法，居然被規為道教的創始者，實在是歷史的詭譎，再奇怪不過了。

且從《想爾》殘卷來觀察，其中所述不唯與道教各派多異，與相傳張道陵的道法也頗不相同。例如《魏書・釋老志》說：「張道陵，化金銷玉，行符敕水，奇方妙術，萬等千條，上云羽化飛天，次稱消災滅禍」，「陵因傳（天官草本）千有二百，弟子相授，其事大行。齋祀跪拜，各有成法」。行符等術，均不見於《想爾》；齋祀跪拜，更是《想爾》明言反對的。⑨

又，劉勰《滅惑論》云：「陵、魯醮事章符，設教五斗，欲拯三界」，五斗米教本指張修之法，見《後漢書・靈帝紀》李賢注。張魯所行，則為天師道。但他殺死張修後，收其徒眾，或亦吸收其教法，以致天師道與五斗米道相混，洪適《隸續》卷三所錄米巫祭酒張普題字云「施延命道正一」，「祭酒約施天師道法無極才」，正可看成五斗米道與天師道相混之證。拜斗之風蓋即出自五斗米道，然於張道陵時尚無此法。《道藏》所收《太上玄靈北斗本命延生真經》《太上說東斗主算護名妙經》、《太上說西斗記名護妙經》、《太上說中斗大魁保命妙經》也都說是張道陵所傳。可是，由《想爾》中，完全看不出有祭斗或設教五斗的跡象。

另外，深受南北朝道流詬病的三張男女合氣之術，也與《想爾》所云極為不同。

據道安《二教論》說：「陵妄造《黃書》，咒癩無端，乃開命門，抱真人嬰兒，迴龍虎。」陶弘景《真誥・運象篇》也說：「黃赤之道，混氣之法，是張陵受教施化，為種子之一術耳。」此外法琳《辯正論》則說明張陵的「男女合氣之法，三五七九交接之道，其道真訣在於丹田。丹田，玉門也。唯以禁秘為急，不許涉於道路。道路，溺孔也」。這些也都不見於《想爾》。《想爾》未言黃赤與混氣，其術且較容成玉女等流行之房中術法更保守。

（四）被扭曲的天師道面貌

換言之，傳世所稱天師道之特色，如章奏符鑲、咒鬼治病、五斗信仰、男女合氣等，均弗見於《想爾》殘卷中。或許這是因為今存僅剩殘卷，亦即僅存《道經》的部分，故其他各項可能未及發揮。但從今存這半部《想爾》來看，其理路實在很難和上述那些所謂的張陵道法聯接起來。我認為這正顯示了南北朝許多對天師道的傳述都是踵事增華或扭曲附益了的。

像《想爾》對男女合精之道，所述其實甚為樸質平正，但法琳《辨正論‧外論》卻說張道陵注五千文云：「道可道者，謂朝食美也。非常道者，謂暮成屎也。兩者同出而異名，謂人根出溺，溺出精也。玄之又玄者，謂鼻與口也。」這段文字，會不會是《想爾》的第一章佚文呢？我想不是。⑩重視呼吸服氣，並解「玄牝」為口鼻，主要是六朝時上清道的講法。《想爾》的重點不在於此，解「玄牝」二字也仍以女陰男根為說。因此，雖然第一章已佚，仍可判斷它不可能以口鼻去解釋「玄之又玄」。此外，老子「長而不宰，是謂玄德」，《想爾》云：「玄，天也。常法道行如此，欲令人法也。」玄亦不指口鼻，且它以「常法」、「真道」自居，常字在書中有特殊的含義，亦不可能謂其為屎溺。至於精，它強調的是結精成袖，而精並非由溺出，乃是氣，故曰：「精者，道之別氣也」，「精白與元氣同，同色，黑，太陰中也，於人在腎，精藏也」。由此可知法琳和尚所描述的，根本與張道陵所注《想爾》完全不同。

法琳對張道陵的敘述，與道安《二教論》對張氏《黃書》的指責是相同的。這些佛教徒基於宗教立場而作的描述，大概都不盡可信，就像《法苑珠林》五十九與道安《二教論》都說是張陵創造《靈寶經》一樣，靈寶經典當然不會是張陵創造的。宗教偏見遮蔽了靈明，不同宗教間的隔閡也使他們並不那麼清楚道教界內部的事情，因此敘述起來恐不免有歪曲、錯誤或醜化的地方。

在道教內部，情形又不相同。一種是慕其盛名而有所附益依託，如《太上玄靈北斗本命延生真經》、《太上說中斗大魁保命妙經》之類。祭鬥延生，雖盛行於魏晉以降之天師道中，但這些經典必然不是張道陵所傳，否則其中便不會有輪迴眾生等佛家用語。甚且我們也可以說張道陵當時根本即無此五斗信仰。從《想爾》來看，只說天曹主算、地官主死，並無北斗信仰的跡象。倒是第三十章說「道故斥庫樓，遠狼狐、將軍、騎官、房外居、鋒星修柔去極疏」，大肆批評星官與道相乘者。整個《想爾》，與星有關的信仰，只有太陰練形法。因此天師道與星斗信仰的結合，應當另有脈絡，相關之典籍則出於附益依託。

三官手書與司命司錄之信仰似乎也是如此。三官之名，見於《後漢書・劉焉傳》注引《典略》，云指天、地、水。現今敘述此種信仰較完備之經典是《太上洞玄靈寶三元品戒功德輕重經》、《太上太玄女青三元品戒拔罪妙經》、《元始天尊說三官寶號經》等。司命，則在《楚辭》中已見，漢代更有謂司命即文昌之說，《風俗通義・祀典》云：「司命，文昌也。」可見這些都是漢代實際存在的社會信仰。可是在《想爾》中並無水官之記載，只有天曹與地宮，說「死屬地，生屬天」，亦無上三官手書以解罪改過之主張。因此，後來天師道之講三官及司命，應是與其他道派及信仰相混雜的結果，相關之典籍亦出於附益。

另一種情形，出自其他道派的排斥貶抑。道教內部的競爭關係本來就十分激烈，天師道自稱正一、真道、常法，批評別人都是邪文偽伎，別人就不會攻擊它嗎？特別是上清和新天師道，原即由天師道中分化而出。為示新勝於舊，自當標榜改革，如紫薇夫人謂「《黃書》、《赤界》雖長生之秘要，實得生之下術也」（見《真誥・運象篇》），寇謙之也說要去除三張偽法如男女合氣之術等。其所攻擊者，或為張道陵所言之道法在流傳過程中出現的流弊，或為天師道在魏晉以後的發展，並不能認為就是張氏當時所主張之方法。

但其他道派也未必全是攻擊行動，對於天師道這樣有名頭有歷史的道派，其他各派也會試圖吸收或假借其名義與方術。例如《想爾》本是反對存思法的，可是後來居然出現了《老君存想圖》，要人存思《想爾注》。

《雲笈七籤》四三引《老君存想圖》十八篇，其中「坐朝存想」第十說：「九行者，亦存《想爾戒》；三業在《盟威經》後。凡存思者，急宜憶之。」這本書又名《太上老君大存思注訣》。據《道藏目錄》云此書乃存想五臟五星，坐臥登床時皆想其圖像。故書中有「凡存思之時，皆閉目內視。人體多神，必以五臟為主，主各料其事，事各得其成。成正則一而不二，不二則隱顯無邪，無邪則眾妙可見，見妙則與聖符同，同聖則即可弘積學，自然感會。是以朝夕存思，不可懈怠」等語。這豈不正是《想爾》所抨擊的方法嗎？可是它把想爾九戒也吸收作為存思的材料，以致後世高玄部法師受經時，同時要奉受《想爾》與《存想圖》。[11]這難道不是奇怪的發展嗎？

更不可思議的是：孫思邈《攝養枕中方》也直接根據《想爾》講一套他自己的漱液內視法。他說：「《想爾》曰：『勿與人爭曲直。』當減人算壽。若身不寧，反舌塞喉，嗽漏咽液無數，須臾即愈。道人疾，閉目內視，使心生火，以火燒身。今盡存之，便精神如彷彿，疾即愈。若有痛處，皆存其火燒之秘驗。」這種方法，與他在《存神煉氣銘》中所述者近似，但與《想爾》有什麼相幹呢？不僅不相干，甚至可說是南轅北轍的，可是他卻如此牽合為一。

推此例，南北朝時某些請房中術的人，謂其握固秘精之法即是三張男女合氣之術，也不是沒有可能的。法琳《辯正論》說張氏合氣之法交接之道，其真訣在於丹田，而且丹田指玉門，以禁秘為主，不涉於溺孔。這不就是《想爾》所批評的禁精不泄之法嗎？

同樣的情況，還有如《正一法文天師教戒科經》所說：「《妙真》自吾所作，《黃庭》三靈七言皆訓諭。本經為道德之光華。道不欲指形而名之，賢者見一知萬，譬如識音者，一身之中，豈在他人乎？」

這是正一道的經典，但明顯地把《黃庭經》拉進正一系統之中，都說是太上老君所示訓告。但既把《黃庭經》引進這個系統中，對於道的解釋就不會與原先《想爾》所說相同了。《想爾》明明說：「一者道也，一不在人身也。」現在改口說：「道在一身之中，豈在他人乎？」可見在其他道派與方術發展它們和天師道的關係之同時，天師道也在發展它與其他道派之關係，所以才會有上述那樣的講法。而且此種牽合《想爾》與《黃庭經》的例子，並不僅只上文所舉一例，《正一法文天師教戒經》便曾說過：「道所施行，何以《想爾》……《妙真》、《三靈七言》復不真正？而故謂道欺人，哀哉可傷！」這也是強把《黃庭》拉進正一系統，且努力說明其正當性的文獻。

（五）歷史的異化與還原

由此，便可見治道教史之難以及《想爾》的重要了。早期道教史的直接資料極少，只能從對道教有敵意或不瞭解的一般史籍中去揣摩其情狀，或只能相信以上各類傳述資料。而這類傳述資料，與天師道早期的實際狀況往往是極不相符的。而歷史的發展，本身又充滿詭譎的異化可能，那原先被它所反對的東西，後來可能竟成了它最明顯的特點與主張，各界均由此來認識它。對於如此複雜的現象，研究者必須進行思想史的還原，而幸好我們也有敦煌出土的《想爾》可以作為還原的基點，否則真不能瞭解天師道早期的面貌和思想底蘊了。

這個關鍵處，向來為治道教史者所忽略，故論道教史及《想爾》往往失中。以饒宗頤先生《老子想爾注校證》為例。饒先生功力之深，自堪嘆服；但他誤信了那些批評三張男女合氣之術的資料，結果竟把反對握固不瀉以還精補腦的《想爾》，講成贊成容成御婦人法的固精不泄學說：

第九章《想爾注》云「實髓愛精」。按：還精補腦，為長生久視之道，此注屢言之。唐釋法琳《辯正論》「實髓愛精，仙家之奧旨」（《廣弘明集》十三）。《黃庭・內景經》曰：「閉塞三關握固停」、「三神還精老方壯」、「結精育包化生身，留胎止精可長生」，其說不一而足。河上公《注》「固守其精，使無漏泄」（《守道章》第五十九）、「愛精重施，髓滿骨堅」（《安民章》第二）、「治身，陽精以糞其身」（《檢欲章》第四十六），皆與《想爾》說同。《抱朴子・微旨篇》亦云「善其術者，則能卻走馬以補腦」。解走馬為泄精，卻走馬即謂固精而不泄，如是則筋肉堅強，骨髓充盈。欲臻長生不死，於愛精須三致意，此神仙家言，亦天師道之要諦，與《黃庭》之說，正同出一源也。⑫

《想爾》當然也強調愛精，但它反對容成之術，亦不以還精補腦為長生之道。據《列仙傳》載「容成自稱黃帝師，見於周穆王，能善補導之事，取精於玄牝」，《後漢書・方術傳》注又說其「御婦人之術，謂握固不泄，還精補腦也」，可見其方法大抵是以性交為補益，藉固精不泄來補腦。河上公《章句》及《黃庭經》所主張之方法未必即同於容成，但固精不泄並使精能還歸補腦的原理是一樣的。《想爾》對此，實大不以為然。它批評這種採補之法，猶如向人借貸：「黑，太陰中也，於人在腎，精藏之。安如不用為守黑，天下常法式也。知守黑者，道德常在，不從人貸。（貸）必當償之，不如自有也。行《玄女經》龔子、容成之法，悉欲貸，何人主當貸若者乎？故全不得也。唯有自守，絕心閉念著，大無極也。」

依此處所說，它的「愛精」方法，重點在於自守。守其精，閉情欲，不隨便亂射，自然精氣充滿，因此它說容成等法「失其所守」；而它則主張「精結為神，欲全神不死，當結精自守」，「人之精氣滿藏中，若無愛守之者，不肯自然閉心而揣脫之，即大迷矣」，「精結成神，陽氣有餘，務當自愛，閉心絕念，不可驕欺陰也」，「情欲思慮喜怒事，道所不欲，心欲規之，便即制止解散，令如冰見日散汋」。

絕心閉念，並不是說完全不做。如此絕欲，《想爾》也曉得非一般人所能為，只有極少數「上德之人，志操堅強」者辦得到。故它所說的愛精自守，只是教人要「守中和之道」，年輕時「微省，不絕」，老則「年以知命，當名自止」，平時「男當法地似女」，「勿為事先」。這乃是一種有節制不縱欲的性交觀念，重點根本不在於交合時泄不泄精。不止如是，它更指出，單單注意結精仍是不夠的，不修善行，徒講固精不泄，只是捨本逐末之舉：

> 古仙士實精以生，今人失精以死，大信也。今但結精便可得生乎？不也。要諸行當備。……夫欲寶精，百行當修，萬善當著，調和五行，喜怒悉法，天曹左契，算有餘數，精乃守之。惡人寶精，空自苦，終不居，必自洩漏也。……精並像池水，身為池堤封，善行為水源。若斯三備，池乃全堅。心不專善，無堤封，水必去；行善不積，源不通，水必燥乾。（第二十一章）

因此成仙之要，在於通道、守誠、修善、少欲。針對男女之事而說結精自守，只是就其少欲這一點來說的，天師道豈僅講此房中術哉？此即其與玄女、容成等術迥異之處，初不僅在於性交時射不射精也。以容成及《黃庭經》等所述之愛精法解釋《想爾》的愛精法，並謂此為天師道之要諦，與《黃庭》之說同出一源，實在是謬以千里的。

事實上此種錯誤亦不始於饒先生，陳國符先生名著《道藏源流考》所收《南北朝天師道考長編》即有房中一篇，把《想爾》與《漢書·藝文志》所載諸房中家混為一談，且曰：「結精自守，疑與還精補腦之意相近，又《老子想爾注》『道教人結精成神，今世間偽伎詐稱道名，托黃帝……』是漢末房中術依託黃帝、玄女、龔子、容成公。三張施行此術，故《想爾注》以房中術解老子。」「漢代巫覡疑亦行房中術，張陵之房中術，疑亦得自漢代巫覡。」這些話，都明顯地把《想爾》之意解岔了。他誤信南北朝間天師道以外各派對天師道的批評，例如葛洪《神仙傳》卷四說：「正得吾（張陵）行氣導引房中之事」，「其治病時採取玄素」；《真誥》卷二說黃赤之道，混成之法，就是張陵所教房中術……既然大家都說三張之教廣行房中術，他也就因此而說三張「以彭、素為事」。這還會錯嗎？不幸的是，他正因此而錯了，而且是大錯特錯。

同理，在有關存思的問題方面，饒先生也因後來道士以《想爾》與《大存思圖》相輔為用，而推測「想爾」的意義可能就是存想，謂《想爾》所稱「人法天地，故不得躁處，常清靜為務，晨暮露上下，人身氣亦布至，師設清靜為大要，故雖天地有失，為人為誡，輒能自反，還歸道素」云云，也許就是《太平經》所講的入室存思。遂舉陳世驤說，謂《真誥》所載靜室法源出張修所傳之靜室，《想爾》一書即張魯托言入靜室存想見神而注《老子》者。⑬這似乎也忽略了《想爾》反對各種附身說的立場。道教中固然不乏扶鸞降真之說，但我們不能用陶弘景和寇謙之的例子來揣想反對附身說的《想爾》。至於入室存思，《想爾》也無此說，饒先生所引的那一段，已明言早晚露氣上下，人身氣亦布至，並未說到要人室中去靜思，更談不上是存想五臟身中神了。

「想爾」之名義究竟為何，我們固然尚難瞭解，可是如真與存想有關，訓解中對於存想之法一定多方致意，對存想的重要性也一定會反覆申說，但目前我們從《想爾》中完全看不到它對存想有何正面主張。因此，牽合《太平經》、《真誥》，謂想爾即是存想，恐怕也是不妥當的。

在這種情況下，我們即不僅要藉由《想爾》來還原早期天師道的面目，也要還原《想爾》本身的面貌。

注釋

①饒宗頤先生《老子想爾注校證》第一三〇頁：「書名有但稱曰《想爾》，與敦煌卷合。或稱《想爾注》，或曰《想爾訓》。『注』及『訓』字均為稱述者所增益。」上海古籍出版社，一九九一年。

②「天地無祠，龍無子，仙人無妻，玉女無夫」，句法較為連貫，原卷作「仙人妻」，疑奪一「無」字。饒宗頤先生解「龍無子」為駁叢辰家太歲在青龍之説，「玉女無夫」為謂人得道，不畏玉女來誘人之意。解較迂曲，不敢苟同。

③《抱朴子．釋滯篇》：「房中之法十餘家，或以補救傷損，或以攻治眾病，或以采陰益陽。或以增年延壽，其大要在於還精補腦一事耳。此法乃真人口口相傳，本不書也。」葛洪理解的房中術，都是講還精補腦的，可見其時流行之狀況。故當時又認為老子也行此道，《列仙傳》卷上便説老子「好氣養精，貴接而不施」。接而不施，就是《想爾》所批評的方法。

④陳國符《道藏源流考》附錄四《南北朝天師道考長編》宣化第三論證上清經的存想法，即引《想爾》為證。但此應更上推到《太平經》。

⑤見饒宗頤《老子想爾注校證》第十四頁。

⑥《想爾》也講「人身像天地」（第十章），但只是説天地皆法道，故人亦應法道，如云：「天能久生，法道故也。」「天地為飄風趍雨，為人為誡不合道，故令不久也。天地尚不能久，人欲為煩燥之事，思慮邪計，要能得久乎？」

⑦陸修靜《道門科略》有一段話，可說是這兩段最好的補充：「千精萬靈，一切神祇，皆所廢棄，臨奉老君三師，謂之正教。祭祀鬼神、祈求福祚，謂之邪。稱神鬼語、占察吉凶，謂之袄。非師老科教，而妄作忌諱，謂之巫。書是圖占、冢宅、地基、堪輿、吉凶之屬，須上章驅除。」從《想爾》看，天師道原本只說不祭祠，反對一切神祇、崇拜，尚未談及斬鬼誅廟之事，但由這種反對祭祀的觀念，是可以推衍出斬鬼棄神之行動的。

⑧《想爾》並無三天說。凡言三天者，均屬較後出之資料。

⑨齋法，或云出於天師道，《正一論》：「旨教齋者，天師以教治官」，北周釋道安《二教論》「塗炭齋者，事起張魯」，《無上秘書》卷五十《塗炭齋品》也說：「謹相攜率，為承天師旨教，建義塗炭。」可見這是南北朝時頗為通行之說。但我認為祠祀本是天師道所反對的，設齋醮以悔罪，從《想爾》中也看不出端倪。此應是靈寶齋法興起以後，以其齋法推源於三張使然。因為只有《度人經》的度厄思想才會發展出齋法，道安《二教論》謂其時道士「或妄言度厄」，下注：「塗炭齋者，事起張魯，輾轉泥中，黃土塗面……以資度厄，何疾之甚！」足證齋法本為度厄而作，天師道無濟度思想，自然不會有此種術儀。

⑩饒先生認為這一段是《想爾》的佚文，見其書第九一頁。

⑪見《三洞奉道科戒儀範法次儀品》、《傳授經戒儀注訣》、《傳授三洞經戒法錄略說》等，以及饒宗頤《老子想爾注校證》第一二三頁。

⑫見饒宗頤《老子想爾注校證》第六八頁。

⑬陳世驤說，見《想爾老子道經敦煌殘卷論證》，《清華學報》新一卷二期，一九五七年。

七 《黃庭經》論

《黃庭經》，被稱為道教五大經典之一（見黃公偉《道教與修道秘義指要》第十九章，新文豐，一九八二年），是道教許多派系共同遵奉的經典，地位崇高，古今注解亦甚繁。但其主要論點，修習者體會互殊，遂成聚訟。特別是宋朝以後，內丹之說漸漸流行，黃庭道法往往與呂洞賓所傳丹法相混。託名呂純陽降壇演述黃庭宗旨，或據陽火陰符、鉛汞烹煉之說以釋黃庭內外景者，指不勝屈。其中固不乏心得語，然實以誤解居多。今茲簡釋其要，並略述其淵源流脈，以供參證。

（一）自力的宗教

《黃庭經》出現於晉朝，但在漢末可能已有草本流傳，其後經上清道大力提倡，而流傳廣遠，歷代傳本及注解，大約有下列各種：

太上黃庭內景玉經一卷

道藏・洞玄部本文類

太上黃庭內景玉經三卷

（漢）東方朔等注

上清黃庭內景經一卷

（唐）務成子注

黃庭內景玉經注一卷

（金）劉處玄解

道藏・洞玄部玉訣類

黃庭內景玉經注三卷

（唐）梁丘子撰

道藏・洞玄部玉訣類

道藏・洞真部方法類、修真十書

太上黃庭內景玉經一卷

（唐）梁丘子注

道書全進、重刊道藏輯要尾集

太上黃庭內景玉經童注二卷圖書說一卷

（□）卲穆生撰

養和堂叢書
黃庭內景經一卷
（清）蔣國祚注
重刊道藏輯要尾集
太上黃庭外景玉經三卷
道藏・洞玄部本文類
太上黃庭外景經一卷
（唐）務成子注
道藏精華錄第九集
黃庭外景玉經注三卷
（唐）梁丘子撰
道藏・洞真部方法類、修真十書
太上黃庭外景經一卷
（唐）梁丘子注
道書全集、重刊道藏輯要尾集、道藏精華錄第九集黃庭經秘義
黃庭經秘義
（明）冷謙
台北自由出版社，一九五八

黃庭外景經三卷
（清）蔣國祚注
重刊道藏輯要尾集
黃庭內外玉景經解一卷
（□）蔣慎修撰
道藏・洞玄部玉訣類
太上黃庭經發微二卷
（清）董德寧注
道貫真源
黃庭經解一卷
（清）劉一明撰
道書十二種
黃庭經闡注
（清）楊任芳注
黃庭經箋注
（清）鄞郡救齋主人注
黃庭外景陰符經合注
（清）石和陽

台北自由出版社，一九五九

黃庭經講義

陳攖寧

黃庭經注

李伯陽

香港三峰學院

這些是專著，其他在各種討論中涉及《黃庭》者則難以估算。另外，非《黃庭》之注解，但和《黃庭經》相關的經典大約有：

黃庭內景五臟六腑圖一卷

（唐）胡怡撰

道藏・洞真部方法類、修真十書

黃庭內景五臟六腑圖說一卷

道書全集

黃庭內景五臟六腑補瀉圖一卷

（唐）胡怡撰

道藏・洞玄部靈圖類

改正內景五臟六腑經絡圖說一卷
（清）汪昂撰
脈草經絡五種會編
內景圖解一卷
（清）顧靖遠撰
顧氏醫鏡
醫意內景圖說二卷
（清）徐延祚撰
鐵如意軒醫書四種
黃庭遁甲緣身經一卷
道藏・洞部方法類、道藏精華錄第九集
紫庭內秘訣修行法一卷
道藏・洞神部方法類
太上老君太存思圖注訣一卷
道藏・洞神部方法類
上清黃庭養神經一卷
道・正乙部
太上黃庭中景經一卷

（金）李千乘注
道藏・正乙部
重刊道藏輯要尾集
上清大洞九宮朝修秘訣上道一卷
（□）周德大嗣傳
道藏・洞玄部方法類
太清中黃真經二卷
道藏・洞神部方法類
太清中黃真經一卷
重刊道藏輯要尾集、道藏精華錄第八集
太上元寶金庭無為妙經一卷
道藏・正乙部
洞真太上上清內經一卷
道藏・正乙部
洞真太上丹景道精經一卷
道藏・正乙部
洞真太上青牙始生經一卷
道藏・正乙部

《黃庭經》的傳習，主要是上清道所提倡。上清道法，不求神、不拜祀。它們固然相信世間有神有仙，且說《黃庭經》即是上太大道玉宸君或太上老君所傳，但神仙卻是可以自行修煉而成的。神仙也不會保佑某一個人，能不能成仙，全靠自己的努力。所以說「仙人道士非有神，積精累氣以成真」（《內》第二十八章），「急功煆煉非自然，是由精誠亦由專，內守堅固真之真，虛中恬淡自致神」（《內》第二十九章）。

這在宗教上是極為特殊的。若依韋伯的分析，宗教起於對精靈、魔鬼及靈魂的信仰。早期的巫師，便是獲得神寵而擁有某些與精靈等溝通或傳達其旨意能力的人。後來制度化宗教雖不再運用精靈之類說法，但各宗教「特定的倫理預言之合理性，總是要求一個高居於世俗之上的神的概念」（《宗教社會學》第九章）。所以研究者也可以依人與神的關係，把宗教分成「讓自己變成神的容器」或變成「表現神之意志的工具」兩類（同上書）。可是這樣的區分完全不能適用於上清道。上清道法中沒有「救贖」的觀念，也沒有「來世」，不講宿命論，也無因果論，更非善惡二元對立的世界觀、人生觀。其神亦不佑福世人，不作為世界的主宰者。因此上清不奉祀，也不向神去求請，一切只靠自己的修煉。

而且修煉是有方法有步驟的，整部經典和其他宗教的許多典籍最大的不同，就是其他宗教往往是敘述神跡、彰明神靈，勸人信仰之，且謂「信」可獲「報」。《黃庭經》卻完全沒有這些，只詳細教導人如何修煉成神。換言之，一種是教人信神，一種是教人成神，重在成仙方法的說明，亦脫離了「信－－報」的報酬交換關係。

這時，神的存在，只是作為一種例證，證明人是可以成神的。且「堯何人也，舜何人也，有為者亦若是」，人只要依經典所載之方法修習，一樣也能成神。

所以說「太上微言致神仙，生死之道此其文」（《內》第三十六章），神仙可致，秘訣方法全在這本經典中。這是自力宗教的修煉方法書，一切方法都在書中。故其傳承關係，也依經典的授受而定：「授者曰師受者盟，雲錦鳳羅金鈕纏，以代割發肌膚全，攜手登山歃液丹。」（同上）表明了道教不同於佛教，它不須剃髮，所謂「身體髮膚，受之父母，不敢毀傷」，入道者僅在衣飾上略作標記，不必剃髮。這點，上清道與其他道派都是一樣的。但以授書為盟，卻和後世的道派頗有不同。

（二）普傳的方法

早期道教，如天師道號稱「清約正一盟威之道」，傳道者稱為師。除天師外，另有男女師；受其道術者，則入道定盟，不能輕易毀約。《黃庭經》云「授者曰師受者盟」，亦是此意。但師弟相傳，並無法術符籙等物，只有經典。這就和太平道較為相似了。太平道天師教其弟子，也只以經書，而且天師行將離去，一切奧秘都只須由書上參悟，「誦讀此書而不止，凡書悉且一旦而善」（《解師策書》），「訣詳案吾文，道將畢矣」（《樂得天心法》）。用《黃庭經》的話來說，就是「入室東向誦玉篇，約得萬遍義自宣」（《內》第三十六章），只要誦經，便能獲知所有成仙的方法。

後世對於早期道教盟約之說，已漸陌生，因此，務成子《注黃庭內景經序》云受此經者須「結盟立誓，期以勿泄」。清朝涵虛子《黃庭內景經詳注》更以為所謂盟，是要受書者發誓「毋叛殷、毋怠惰、毋貪凡」，且云師弟「攜手登山歃液丹」，是「登山歃血再盟，毋許妄傳匪類，亦勿遇人不傳，如此盟畢，液丹作證。液丹者，血神名也」。殊不知早期道教不血食，亦不見血穢，焉有歃血為盟之事？師弟以經典相授受即已成盟，亦不須再盟。形成此種誤解，主要的原因，在於早期道教的「普傳」性質，已轉變為「秘傳」狀態了。①

所謂普傳，是說其方法可依客觀的、公開的、普遍的方式傳授。任何人，只要循著這種方法練習，均能得到同樣的結果。秘傳則相反，其方法僅能以私密性的方式，有選擇性地傳授。早期道教，如太平、正一、上清、靈寶，幾乎都是普傳性的宗教。不必獲得特殊的靈恩神眷、不必是神的選民，任何一個人只要依著經典及方法去誦習，都可以成就。《黃庭經》云「是曰玉書可精研，誦之萬遍升三天」（《內》第一章），「愁矣匪事老復丁，思詠玉書入上清」（《內》第二十一章），「何不登山誦我書？鬱鬱窈窕真人墟，入山何難故躊躇，人間紛紛臭如帑」（《內》第二十四章），都表現了它普傳的性質。

宋元以後的內丹說則正相反，強調其為秘傳，認為道不可以也不是經由公開、普遍、客觀方式授受的，必須：（一）本人德深福厚，有此福緣；（二）遇到真師；（三）獲知秘訣，才能懂得成仙之法且修煉成仙。張伯端《悟真篇・序》說：「成道者，皆因煉金丹而得，恐泄天機，遂托數事為名」，便明顯表示了這種成仙秘訣若是公之於眾，即將被秘傳者視為洩露天機之態度，故「我本遇師傳，三囑令深秘」（張氏《玉青金笥青華秘文金寶內煉丹訣》卷下《總論金丹之要》）。

依此秘傳之態度，必重師承，其次則是表現出對經典的不信任感，強調師弟間的口授心傳，而師傳則重在口訣。《悟真篇・序》「金丹一法，閱盡群經及諸家歌詩論契，皆云日魂月魄、庚虎甲龍、水銀丹砂、白金黑錫、離坎男女，能成金液還丹，終不言真鉛真汞是何物也。又不說火候法度、溫養指歸。加以後世迷徒恣其臆說，將先聖典教妄行箋注，乖訛萬狀。不惟紊亂仙經，抑亦惑誤後學」云云，便是把經典的價值從兩方面來摧破，一是說經典本身沒講清楚，二是說後人箋注越講越糊塗。經典及其箋注既如此不可信據，那麼學道者當然就只好別求於師傳秘訣啦。

故張氏《金丹四百字》說：「此之一竅，不可以私意揣度，是必心傳口授，苟或不爾，皆妄為矣。」俞琰注呂洞賓《沁園春詞》時也說：「不因師指，此事怎知？《悟真篇》云：『饒君聰慧過顏閔，不遇真人莫強猜。』蓋丹經所陳，或假物以明理、或設象以寓意，名義不同，學者猝然讀之，莫不有望洋之歎。」可見一切均賴師傳。卻不知經典及其箋注若皆不可信，那些真師們又從何處得知奧竅？此為強調秘傳者理論上的盲點，但他們答覆這個問題也很簡單，因為答案正是：秘傳。

師指口授者，乃是秘訣。如鍾離權《破迷正道歌》云「若非符契天緣事，敢把天機訣與君？片言半句無多字，萬卷仙經一語通」，呂洞賓《敲爻歌》云「時人不達花中理，一訣天機值萬金……附耳低言玄妙旨，提上蓬萊第一峰……口口相傳不記文，須得靈根堅髓骨」之類，都強調口訣之重要。口訣既是所有經典的濃縮秘要，又只能秘傳，且不立文字，全憑真師口授。

這當然是受到唐代禪宗流行之影響而形成的新風氣，所以涵虛子的《黃庭內景經詳注》才會說獲授經書者要「登山歃血再盟，毋許妄傳匪類」，而且他還把底下幾句經文改寫成：「妄傳事發告三官，勿令七祖受冥患。」其實若據唐玄宗時梁丘子之注，此句應是「傳得審受告三官，勿令七祖受冥患」，務成子注則為「傳得可授告三官」。又《內景》第七章「至道不煩訣存真」，注亦抓住「訣」字，大加發揮云：「至人之道，不煩詞說，惟於口訣中存其真實而已。」實則經文並非此意，只是說修道甚為簡單，其要旨在於「存真」罷了，即《外景》第五章「至道不煩不旁迕」、十一章「物有自然事不煩」、二四章「大道蕩蕩心勿繁，吾言畢矣毋妄陳」之意。而存真也者，則指存想身中的仙真。

以上各段，文義本極明白。但重視口訣、以口訣為真旨，卻要如此改字解釋，為什麼呢？因為強調口訣便可不重視文字，可以「不執著」於經文字句去進行自己的解說。例如《內景》第三章「口為玉池太和宮」，注便以為「人皆以口為吃飯之口，執文泥字，不知道竅者也」，建議把這個「口」認定為鼻子。這種辦法，和許多講內丹者說丹經裡的「鉛」、「汞」不應理解為「鉛」、「汞」而應理解為某某，方法是一樣的。

《黃庭經》乃教人成仙方法之書。可是因為道教內部對於教人成仙之法，有依經文或依口授、可普傳或只能秘傳之分，以致詮釋此經者往往依違混淆於其間，甚且常將《黃庭經》視為內丹的淵源。其實若能仔細進行詮釋史的還原工作，仍不難確定它是屬於普傳的性質。②

（三）內外的區分

《黃庭》有內景、外景、中景三篇，三篇又或離合，或並稱《黃庭經》，或分《外景》為上、中、下三部。《道藏》中則另有洞玄部靈圖類所收《黃庭內解五臟六腑補瀉圖》、洞神部眾術類所收《黃庭遁甲緣身經》、正一部所收《上清黃庭養神經》和《上清黃庭五臟六腑真人玉軸經》等。洞玄部向例收錄靈寶經典，為何《黃庭經》既收入洞真部上清經典中，又別出錄入洞玄部，其相關經典則更採入正一部洞神部，實難明瞭。且《黃庭經》在洞真部，洞玄部卻在本文類收了《太上黃庭內景玉經》、《太上黃庭外景玉經》，玉訣類又有兩經之注，實在大違編書之體例。或許編者認為《黃庭經》早期雖因上清最為重視而得盛行，但經典之出現卻在上清道成立之前，且後來此經已廣獲道教各派尊崇，並不限於上清一系，才會用這麼奇怪的歸類法吧。③

但是，在道教內部，對《黃庭》內、外、中三經的態度卻仍是頗為不同的。一般較重較內、外兩部，而不甚談《中景經》。相傳呂洞賓嘗遊宿州天慶觀，題詩謂：「肘傳丹篆千年術，口誦黃庭兩卷經。」又，陸放翁詩「白頭始悟頤生妙，盡在黃庭兩卷中」，「一簪殘雪寄林亭，手把黃庭兩卷經」。所說都僅指內、外景兩部而言。

《外景經》在西晉已有傳本，不但王羲之曾經寫過，葛洪在其師鄭隱那裡也曾見過。鄭隱是漢末魏初人士，可見此書出世甚早，縱使不是漢代作品，至遲也是魏晉間物。因此早期所稱《黃庭經》其實均專指《外景》而說。把《內景經》稱為《黃庭經》，始於陶弘景之《真誥》。《真誥》中曾談到東晉許穆讀《黃庭》、許謐抄《黃庭》，但他所說的《黃庭》都是指《內景經》。另外，陶氏《登真隱訣》又載有誦習《黃庭內景經》法。足證《內景》既晚出，又是因為要與前此已有的《黃庭經》相區別，所以才稱為「內景」，而以前此所傳之《黃庭》為「外景」。④據歐陽修的考證，《內景經》其實也無獨立之價值，它只是原來的《黃庭經》，亦即《外景經》的解釋而已：

> 今《道藏》中別有三十六章者，名曰《內景》，而謂此一篇為《外景》。又分上中下三部者。皆非也。蓋《內景》者，乃此一篇之義疏耳。（《集古錄跋尾・黃庭經四首》）

後來周必大《益公題跋》卷十一《題向薌林家所藏山谷書南華玉篇》也說：「《黃帝外景》一篇，世傳魏晉時道家者流所作。自王逸少以來，高人勝士，皆善書之。此三十六篇，乃其義疏，名為《內景》，蓋養生之樞要也。」義疏乃魏晉注書之體例，謂其為原《黃庭經》之義疏，即是指《內景》係衍申、發揮、詮釋或補充原書而作。

但在道教界，看法似乎並不如此。這兩部經分別被稱為《黃帝內景經》與《黃帝外景經》。且謂《外景經》為務成子著，這個務成子就是老子，老子在堯時就稱為務成子；《內景經》則是扶桑大帝命「暘谷神王」景林真人傳魏夫人。兩經地位均極崇高，但唐梁丘子、務成子，金劉處玄，清劉一明、涵虛子等人之注，都把《內景》放在《外景》之前。可見道教內部應是對《內景經》更為重視的。涵虛子紫霞甚至說：

黃庭皆太上化身所作。《女仙傳》云：「錄圖作《黃庭經》五十卷，先傳顓頊，繼授藐姑，約五十卷為一卷，名曰《外景》。東華傳魏夫人，夫人並傳於後。」故云皆化身作也。或問：「《外景經》既因《內景》約編，如何《外景》一卷又稱堯時務成子著？《內景》一篇反在晉時始出？」紫霞曰：「《內景》在顓頊後傳藐姑，《外景》繼此而作。當時兩經並隱，至漢而《外景》始大顯，至晉而《內景》始大顯，亦因緣之適然耳。不得以《外景》早出，疑其為先《內景》而作也。」……或謂：「玉宸乃靈寶天尊號。《內景經》不書老君，而書玉宸君何也？」曰：「老君著《內景》，化身玉宸君，其居無垢天宮，玉即無塵之義，宸乃帝居通稱……」

說兩部書都是太上老君所作，但先作的乃是《內景》。後來才把《內景經》再縮編成一個節本，就成為《外景經》。流傳人間時，因偶然因素，《外景經》先問世了。他另有一篇《黃庭引》云：「玉宸演之為式程，老子刪之存其精。……玄門一柱撐崑崙，承先啟後兩卷經。」所說即是此意。清乾隆間董德甯《太上黃庭經發微》云《外景經》係「栝內篇之旨，重為解說人身之諸神，以暢述修煉之微義」，見解與李氏亦同。清蔣國祚《黃庭內景經注》則認為「內景者，內中景象，舉一概三。外景者，引申內景法象，讚歎而演文辭也」，反說《外景》是《內景》的引申。悟元子劉一明《黃庭經解》謂：「內篇者，太上玉晨道祖之所著，是謂正經，故名內篇。外篇者，太上老君道祖之所解，是謂輔經，故名外篇。」抑揚亦如蔣氏說。

這樣的論斷，恰與歐陽修、周必大相反，究竟應以何者為是？

依我的看法，兩經既非一為原著、一為其義疏之關係，也不是一為原著、一為刪節本的關係。原因何在？（1）魏晉南北朝之義疏，存世尚多，體例和《內景經》均不相同。以《內景》為《外景》之義疏，難以成立。持此說者，當是對魏晉義疏之體例尚乏瞭解所致。（2）《外景經》也不是據《內景經》刪繁就簡而成，因為兩經的理論並不相同，不只是文句上有繁簡之殊而已。

《內景》與《外景》的不同，首先是術語的差別，試看下面兩段文字：

【外】：老子閒居作七言，解說身形及諸神。上有黃庭下關元，後有幽闕前命門，呼吸虛無入丹田，玉池清水灌靈根，總食童子食胎津，審能修之可長存。（第一章）

【內】：上清紫霞虛皇前，太上大道玉宸君，閒居蕊宮作七言。散化五形變萬神，是為黃庭曰《內景》。琴心三迭舞胎仙，九氣朗映出霄間，神蓋童子生紫煙，是曰《玉書》可精研，誦之萬遍升三天，千災以消百病痊，不憚虎狼之兇殘，亦以卻老年永延。上有魂靈下關元，左為少陽右太陰，後有密戶前生門，出日入月呼吸存。元氣所合列宿分，紫煙上下三素雲。灌溉五華植靈根，七液流沖澗盧間，回紫抱黃入丹田，幽室內明照陽門。口為玉池太和官，漱咽靈液災不幹。體生光華氣香蘭，卻滅百邪玉煉顏，審能修之登廣寒。晝夜不寐乃成真，雷鳴電激神泯泯。（第一、二、三章）

由這兩段來看，文字繁簡，固甚懸殊，其用語也頗不同：「上有黃庭下關元」稱為「上有魂靈下關元」；「後有幽闕前命門」稱為「後有密戶前生門」。又《內景》在此兩用「紫煙」，而

《外景經》通篇沒有這個詞。《外景》也沒有各宮的說法，《內景》則以口為太和宮，心肝脾膽肺腎亦各有其宮。「審能修之可長存」，稱為「審能修之登廣寒」，《外景》亦無「廣寒」一詞。

以上這些不同，有些可以明顯看出來是《內景》刻意要與《外景》相區別而作的文字變動，如將「審能修之可長存」變成「登廣寒」之類，並無太多意思。但有些則改得有點欠通，如「上有黃庭下關元」，「黃庭」明指身體上部某一處，改成「散化五形變萬神，是為黃庭曰內篇」，「黃庭」即是就這整部書而說，既成了書名，又指五形萬神。以致《外景》第二章「黃庭中人衣朱衣」，便不能不改為「黃庭內人服錦衣」，指體內所有的神。這種改法，尚可說是攸關宗旨，但用「魂靈」來替代「黃庭」，魂靈在後文中卻沒有了著落，五臟六腑並沒有任何一處被稱為魂靈。同樣地，「後有幽闕前命門」改成了「後有密戶前生門」，也是硬改，因為後文中仍是用幽闕與命門，如第四章「玄泉幽闕高崔嵬」、第十三章「方圓一寸命門中」均是。經此一改之後，反而前言後語不能搭配了。

兩部經典，每一段文字都可以作這樣的比勘，而也都可以發現所謂《外景》絕非《內景》之刪節本。恐怕《外景》才是原著或較接近原作，《內景經》則是據原作增補改作的本子。⑤其所以要增補改作，則是因為理論上與原本有了些差異。

《外景》所論，重在丹田。稱之為田，是因「寸田尺宅可治生」（第八章）；稱其為丹，是因心的顏色紅潤。所以丹田也者，實專指心。其書所論「黃庭中人衣朱衣」（第二章）、「中池有士服赤朱」（第三章）、「宅中有士常衣絳」（第四章）、「方寸之中至闕下」（第五章）、「真人子丹當我前」（第六章）……都是就心而說。它說五臟，也是說「心為國主五臟王」。但

《內景》把丹田分之為三，上丹田為泥丸，下丹田為脾，中丹田才是心。這是理論上的大改造，所以才要加添上「琴心三疊舞胎仙」、「紫煙上下三素雲」等字句，並以黃庭為身中諸神。⑥

《內景經》論上中下三丹田，談泥丸，強調脾，並記載身中諸神之名，如髮神、腦神、眼神、鼻神、耳神、舌神、齒神、心神、肺神、肝神、腎神、脾神、膽神等，都是基於三田的理論。故「幽闕使之高巍巍，丹田之中精氣微」（《外》第二章）即改為「玄泉幽闕高崔嵬，三田之中精氣微」（《內》第四章），並在其後增敘了一大段談上丹田泥丸及心肺肝膽腎脾諸神的文字。計由第七章至第二十一章，大講三元、三關、三宮，然後將「常存玉房神明達，時念太倉不饑渴」（《外》第九章）改為「常念三房相通達，洞視得見無內外」（《內》第二十二章），形成了跟《外景經》迥異的體系。

這個體系中，泥丸之說，為《外景》所無；脾則因《外景》已有談及，因此必須加以改造，提高其地位。依《外景經》，五臟以心腎為最重要，「心為國主五臟王」（第十九章），「五臟之主腎為尊」（第二十三章）。其修煉之法，略如後世所謂心腎相交、水火既濟。肝肺脾等則具有調和流通的功用，如論肝云「肝之為氣條且長，上合三焦下玉漿……通利天道至靈根」，論肺云「肺之為氣三焦起，清液醴泉通六腑」，脾也是：「脾中之神主中央，朝會五神合三光。上合天門會明堂，通利六腑調五行。」

但《內景經》既要分列三田，便不能不指一臟以當下丹田。它選中的是脾。因此，肝仍是「肝氣周流終無端」，肺也仍然是「調理五華精髮齒」，但脾卻成了中央黃老君，成為君王：「脾長一尺掩太倉，中部老君治明堂……黃衣紫帶龍虎章，長精益命賴君王。」（《內》第十五章）相對地，腎的地位則降低了，《外景》論「五臟之主腎為尊」一段，達一四七字，《內景》改為「腎部之宮玄闕圓」，僅六十三字。一般說來，《內景經》的文字遠較《外景經》繁複，可是此處卻刪簡到不及一半的篇幅，抑揚之故，實甚明顯。

兩經主要的不同，即在於此。由此不同，當然也會發生一些局部的差異（例如《外景經》不論膽，《內景經》則以膽為「六腑精」，見第十四章），或修煉方法上的分別。例如《內景》既敘發齒眼耳肝肺諸神，又教人「兼行形中八景神」（第二十三章），其修煉方法中，必然強調內視法，所謂「窮研恬淡道之園，內視密盼盡睹真」（同上）。這個方法，《外景經》也用，所以說「宅中有士常衣絳，子能見之可不病」（第四章），但強調不如此之甚，故對身體部位的分析不及《內景》細密。像《內景》分身體為上、中、下三部，單單上部頭即分為髮腦眼鼻耳舌齒等部分，腦部泥丸又分為九宮，九宮中各有九位真人，同穿紫衣羅裳。修煉者除了要內視以見身中神之外，更要利用存思法，對這些身中的真人進行存想，所謂「至道不煩訣存真……所存在心自相當」（第七章），皆非《外景》所能及。故兩經修持方法原理雖同，實際作為修煉的功夫來看，依《內景》修煉者會繁複許多。

大概早期原有《黃庭經》一種，道流傳習，各有體悟。至王褒、魏華存時，將其體系予以擴大繁密化，遂增益成為一種新的《黃庭經》，在上清道中流傳。因此陶弘景《真誥》所談到的《黃庭經》都是指這個新本子，稱之為《黃庭內景》。但原本也在傳播中，與魏華存年代略同的王羲之就抄寫過。王家世傳則為天師道。故版本之不同，可能也代表著道派的觀點。只不過後來既經上清道大力提倡，這個新版本又確實較原本豐富，對修煉者來說，更能作為煉養之用，故漸獲重視，稱為「內篇」，反而把原本稱為《外景經》了。

（四）內不可論外

魏晉南北朝以迄隋唐，上清勢力最盛。今傳《道藏》之編排方式，自陸修靜以來，即以三洞四輔分類，三洞以上清居首，可見其地位之高。上清既受尊崇，論《黃庭經》者自然也都本其觀點，以《內景》為主。傳習者先內後外，即或談及《外景》，也仍以《內景經》的觀點去解說它，以致千餘年來，兩經理論之異，竟無人予以抉發。

以唐梁丘子注為例。這是今傳最早的一部《黃庭經》注解，但極為疏謬，對全書大旨完全無法掌握，以《內景》解《外景》尤其形成許多混淆及扞隔。

何以說它對全書大旨完全無法掌握呢？試看開頭兩句「老子閒居作七言，解說身形及諸神」，注居然說：「老子恬淡自然，周流八極，恍惚莫測，變化無常，自能把符攝籙，總校諸神。」不知這兩句話與老子把符攝籙總校諸神何干？這句是說全書均以七言詩之形式，解說身體的部分和身中的諸神，所以接下去說「上有黃庭下關元，後有幽闕前命門」等等。梁丘子論《黃庭經》乃不知彼為論身中神者，對其大旨如何能予掌握？顢頇至此，實甚可驚。

不但如此，梁丘子看見經文說「長生要妙房中急」（《外》，第七章），便以為是講房中性交之事，乃牽引道教諸論房中術者，以固精勿泄、還精補腦來解釋，云：「還精煉形，以填腦氣，齒堅髮黑身不老。……養性要妙，閉固精門。長生要妙，守精為上。……絕邪棄俗，關閉精路。……陰陽交接，漏液失精。……人命繫於精液，常當愛養精約，勿妄施泄。精凝如玉，在下部也。……還精補腦，名曰煉形長生不死之道。」後來務成子注《外景經》也說「身為玉樹常令強壯，陰為玉莖轉相和唱，還精補腦，可得不病」，「還精補腦，潤澤髮鬚」。這都是房中家的說法。但《黃庭經》跟房中術有何關係？彼等所注，全屬誤解。

「長生要妙房中急」，這個「房」，就是下文接著說的「閒暇無事心太平，常存玉房神明達」的房。《黃庭經》既以黃庭為名，書中自多房室之擬喻，或稱玉房，如「方寸之中至關下，玉房之中神門戶」（第五章）；或稱金室，如「子自有之持勿失，既得不死入金室」（第十三章，涵虛子本作「子欲不死藏金室」）；⑦餘如明堂、紫房、神廬、絳宮、靈台等，也都是借用房室建築來擬喻。梁丘子見不及此，乃以房中術為說，怎不把整部《黃庭經》錯解得一塌糊塗呢？⑧

除了這樣根本性的錯誤外，梁丘子對文句的基本理解能力恐怕就有問題。如「至道不煩無旁午」注：「無至憒亂，安心定意，正行向午也。背子向午，腰帶卯酉」，簡直牛頭不對馬嘴。旁午，即旁迕，錯亂之意。他竟以正行向午、背子向午來解釋。又，「靈台通天臨中野，方寸之中至關下」注：「喉嚨廣一寸也」。此方寸既接著靈台說，自然是指心，而竟解釋成喉嚨，亦不知為何突發此奇想。⑨還有「恬淡無欲養華根」（第二十三章）注「恬淡無欲，以道自存，修行玄白，養黑髮根」，誤華根為髮根，「心為國主五臟王」注「心如雞子，危而難安。國有賢，致太平」之類，都可入《笑林廣記》。

但導引整個梁丘子注的，畢竟還是《內景經》。他注「上有黃庭下關元」說：

黃庭者在頭中明堂、洞房、丹田，此三處是也。兩眉卻入一寸為明堂，二寸為洞房，三寸為丹田。此三處為上元一也。……行氣導引，閉目內視，安心定志，混沌無涯，致精上流泥丸，還真人子丹也。明堂中有君臣，後洞房中有父母，丹田中有夫婦。一解云，黃庭者脾也。……脾為中主，黃老君，中央神也，治在其中矣。關元在臍下三寸，元陽之門在其前。

這裡除了解釋關元及還精補腦云云，闌入房中家言以外，基本上採用了《內景經》對於丹田的解釋，而且明顯偏重上丹田泥丸及脾臟。故下文「黃庭中人衣朱衣」便被解釋為：「存思脾中有子母從胃管入脾中，衣朱衣。」「中池有士衣赤衣，田下三寸神所居」（第三章），也就解釋成：「謂脾也。在下。胃下焦上，有臍中靈根神所居也。」「宅中有士常衣絳，子能見之不可病，橫立長尺約其上，子能守之可無恙」（第四章），同樣被解為：「常守養脾神，思之不止，則無災害也。」一心，在此並無地位，上元泥丸、中元脾、下元則為臍下三寸。這個講法，是他從《內景經》中體會來的，施用於《外景經》罷了。

《雲笈七籤》卷十二所收務成子《注太上黃庭外景經序》基本上也操此觀點，謂「黃者，二儀之正色。庭者，四方之中庭。近取諸身，則脾為主。遠取諸象，而天理自會」，亦重脾。但他與梁丘子不同，以上黃庭為腦中、中黃庭為心中、下黃庭為脾中，《內》第十五章「三老同坐各有朋」注：「上元老君居中黃庭宮，與赤城童子丹田君……為朋友也。下黃老君居下黃庭宮，與太乙君、魂停君、靈元君、太倉君，丹田真人等為朋也。」《雲笈七籤》卷十一《上清黃庭內景經注》這是兩人對《內景》所述「三田」體會不同所致，但以三田釋《外景》，且特重脾臟，則是相同的。

嗣後論《黃庭外景經》者，承梁丘子、務成子之後，受其影響，自不待言。例如一本標明為「採戰延年秘訣」的小書便題名為《黃庭秘訣》，云：「婦人情急時，急喘乏語，言細嬌軟，方可採之。反求津液，吮她舌尖。於舌上下面上用力大呼陰氣，一口咽之，以補元陽。……精養根兮氣養神，此真之外別無真。丹田幸有菩提子，不肯將來種子孫。」道流以採戰之術為黃庭，甚為普遍，只是不肯如這本書這樣地明白寫出罷了。宋元內丹學盛行後，另又有把房中術固精勿泄、還精補腦云云，改成虛擬式交媾法的，如涵虛子謂「神氣交媾，如牝牡之相銜也」（《外》，第二章注），「長生要妙，自房中得之。丹家名接命術，有如男女交媾，並非采戰之事，乃神氣相胥，金木交並而已矣」（第七章）。其深信三田及房中術之說，固仍與梁丘子、務成子相同。⑩

可是《內景》的理論是有缺陷的。正如前文所述，它在修改舊本時，頗有刻意立異而使字句不通的毛病。在理論上，它依舊本而增益，除了會使全書結構上出現一些問題外，理論亦不圓密。結構上的問題主要在第七至二十二章。這裡插入髮齒眼鼻諸神及介紹，並敘述五臟與膽神，為《外景經》所無。但自第三十一章至三十五章原本就是分論五臟及其作用的，以致讀來頗覺複遝。又因特重脾，所以在十三章以九十五字論脾之後，十四章論膽，十五章又論脾，長一五四字，已嫌重複。三十五章乃又大談脾土之妙用，長達二二四字。相較於這一部分論腎僅三十五字，實在顯得有些強聒不休。

其次，《內景經》在增益時插進了些不相干或無大必要的東西。例如膽，膽不在五臟之數，合併進來，既不附於肝，又不屬於腑，夾在兩段論脾的文句中敘述，眉目固然不甚清爽，也不知究竟有何作用。因為整部《黃庭經》是五行的結構，無論《內景》、《外景》皆然，所謂「五行參差同根節」（《外》第十三章）「五行相推返歸一」（《內》第二十五章）。配合五行故說五氣、五臟，忽然插入一個膽，實在不倫不類，反而構成理論上的困難。

同樣地，《內》第二十五章云：「五行相推返歸一，三五合氣九九節，可用隱地回八術，伏牛幽闕羅品列。」這裡插入的「隱地回八術」也是突如其來的。梁丘子注云：「九宮中有隱遁變化之術，《太上八氣奔宸隱書》是曰八術。又太極八蘊之術：太極中有三君，一曰太上皇君、二曰天皇君、三曰黃老君。三元之氣，混成之精，出入上清太虛之宮，隱遁無形。」事實上只是勉強解釋之，太極八蘊之術到底是不是《太上八氣奔宸隱書》所講的「八術」，誰也不曉得。兩者又是否即「隱地回八術」？董德本改為「可用隱地回天術」，睦麟注說隱地即轉坤術，回天即轉乾術。涵虛子注則云：「隱地八術者，還丹術也。還丹大道天隱地中，一陽住處，適當七日之後，八日歸黃道也。欲求九九之道者，正可用此隱地法，乃能得太上回八之術。」所說又都與梁丘子不同。縱或同意其說，此類術法亦顯然與《黃庭經》主要的修真方法不同也不相干。

這樣的問題又可見諸第二十三章，該章說：「治生之道了不煩，但修洞玄與玉篇，兼行形中八景神，二十四真出自然。」這是修改《外景・十一章》「物有自然事不煩，垂拱無為身自安」云云而來，但文義頗為費解。「洞玄」與「玉篇」均不見於前文敘述，此處忽然提及，究竟何指？又到底是一書抑或兩書？梁丘子注云：「洞玄謂《洞玄靈寶》。玉篇真文，乃《黃庭》也。」認為是指兩書。可是以玉篇為《黃庭》，僅是臆斷，並無佐證，本經前文只說「黃庭」為「內篇」。⑪把洞玄指為《洞玄靈寶經》，也是問題重重。且不說這是靈寶派之經典，上清傳道是否會舉此為教；該經要東晉晚期才出現，本經若為魏華存之傳，就絕對不會徵引及之。若如涵虛子所說：「洞玄者，三洞玄奧，萬法之宗，即人身下元、黃庭元海丹田也。玉篇者，算王靈文、萬法之主，即人身中元，絳宮明堂心窟也。」則兩者不是書名，只指中元、下元，也是不通的。治生之道，豈但修中元、下元即可了乎？可見古今注家於此，實在是英雄束手，難以解說圓融。⑫

下文接著說：「兼行形中八景神，二十四真出天然」，那就更費解了。歷來論《黃庭經》，都認為它的宗旨就在於內視觀身中神，梁丘子注曰：「景者，象也。外象喻，即日月星辰雲霞之象。內象喻，即血肉筋骨臟腑之象也，心居身內，存觀一體之象色，故曰內景也。」此經之所以稱為《內景經》，正由於它教人內視身形之中諸景，且謂形中諸臟腑等均有神，所以存想神的形狀名姓即能長生。但此處卻說治生僅須修洞玄及玉篇即可，形中八景神只是「兼行」。全書主旨，為何在此倒成了兼行的法門？而且依文義來看，此法門又絕對不等於洞玄與玉篇，這當然是費解的。⑬

單就所謂八景神而言，上、中、下三田各有八景，合起來共二十四仙真，此處所述似乎不難理解。然整個《內景經》只提到了頭部七神、五臟及膽共六神，合為十三神。就算泥丸九真再加進去，也只有二十二神，仍不足二十四之數，這可怎麼說呢？歷來注家於此，只好先將八景神云云解釋說是指別的經典，然後再根據自己的想法，脫離《黃庭經》，另造一個八景二十四神的體系，如梁丘子注云：兼行形中八景神者，《玉篇經》云五臟有八卦天神，宿衛太一。二十四真則是「天有二十四真氣，人身亦有之。又三丹田之所，三八二十四真人，皆自然之道氣」。紫霞涵虛注則說：「八景名《八景飛經》。……洞章二十四真者，六根八識、三魂七魄也。」這些都顯然只是胡謅的。世上根本沒有什麼《玉篇經》、《八景飛經》；魏晉之際，亦不可能以六根八識論仙真。這是《黃庭內景經》本身說理不善，導致注解者彌縫為難的例子（另外當然還有一大批談《黃庭經》的人，糊了眼睛說《黃庭經》把人體分成上、中、下三部，各有八景神，教人存思身中二十四神。這些人根本不看書，以耳代目，可以勿論）。

理論與結構有缺點之外，《內景》所述之修持法也有難以依循的毛病。如第三章「晝夜不寐乃成真」、第二九章「晝夜七日思勿眠，子能修之可長存」，晝夜不寐以修煉之法，《外景》所無，而實際上也辦不到。作《內景》者為強調其術法，增益這類文字，遂致弄巧反拙。

因此，整體說來，《內景》所述修煉方法雖然豐富，對形中神的分析雖較細密，但因理論新舊雜糅，反而罣誤頗多，文字、結構及修持方法也都還有許多瑕疵，不如《外景》簡捷且體系完整。只因南北朝隋唐間，上清道以《內景》為主，遂令《外景經》之地位不及《內景》，而研讀《外景》者也以《內景》的觀點去理解《外景》。以致《外景》之說長期為《內景》所混，《內景》理論上的缺陷或弱點，千載以來也無人能予指出，實在遺憾。

（五）內多上清法

《黃庭內景經》既是南嶽夫人魏華存所傳，甚至極有可能是她增益舊本而成，那麼對此經的理解，即必須結合上清道法來看，否則囫圇亂解釋一氣，越說則去其旨趣越遠。

例如前文提到「兼行形中八景神，二十四真出天然」云云，論者皆無法解釋，故亂改了一些經文。其實稍檢《真誥》，即會發現這八景二十四神既非《黃庭經》之所謂上、中、下三丹田各八景神，也不是什麼天地道氣或三魂七魄。因為卷九《協昌期第三》：「三八景二十四神，以次念之亦可，一時頓存三八亦可。平旦存上景，日中存中景，夜半存下景。在人意為之也。……案《苞玄玉籙白簡青經》云：不存二十四神，不知三八景名字者，不得為太平民，亦不得為後聖之臣。」便是八景二十四神真正的出典。這一段有陶弘景的附注說：「此答諮《二十四神經》存修之意，亦是秘訣。」這段文字前另有三段，一答長史詢問《飛步經》中北向執書之意，二答詢問步五星法，三答如何安放五星圖，四即是這一段，陶氏說：「右此四訣事，今有長史所寫本。不知此因楊諮何真。若非東卿，則紫微、南真也。」可見四條為同一時諮詢同一仙真所寫，前三條既為論步星斗事，此二十四真自亦與星有關。

且本篇與《黃庭》關係密切，已直接引述道：「山世遠受孟先生法，暮臥先讀《黃庭內景經》一過乃眠，使人魂魄自制。」若所謂八景二十四神係指上、中、下三丹田中神，必不會合併寫在步星法中。正好，上清的另一重要經典《上清大洞真經》卷一《誦經玉訣》中，即說明了上清之存思法，除了要思五方氣之外，五方配五臟、五色、五氣，也配五星，又教人要存思二十四星，謂：「此法每日行住坐臥皆可修之。……口吸二十四星一息氣，咽津二十四過，時覺吞一星從口徑至臍中，又覺星光映照於一腹之內，洞徹五臟，又存星光化為二十四真人，並口吐黃氣如煙，以布臍內，鬱鬱然洞徹內外，良久，用『呼』字吐息。」存思二十四星二十四真人之法，當即是如此。

經文所云，乃是教人除了依《黃庭》修習之外，尚可兼行此法。論者以為《黃庭內景經》主張上、中、下三景各八神，或云二十神為天地道氣三魂七魄之類，皆誤。又《雲笈七籤》卷四十四存思部另有《太一帝君太丹隱書》云「二十四真回入黃庭，口吐黃氣，二十四星灌我命門，百神受靈，使我骨強」，亦是存思二十四星法，「存星光化為二十四真人」，正與此相似。上清存思法中，自有此存思二十四真之法，二十四真則指星星也。

又《外》第一章只說：「上有黃庭下關元，後有幽闕前命門，呼吸虛無入丹田。」《內》第二章則改成：「出日入月呼吸存，元氣所合列宿分。」所謂出日入月，亦見上舉《上清大洞真經》，云：「口吸日月一息氣，分三九咽，結作二十七帝君。……九帝下入絳宮，穿尾閭穴，上入泥丸。又九帝亦下穿絳宮，入下關之境。又九帝入中關之境。令日光使照一身，內徹泥丸，下照五臟腸胃之中，皆覺洞照於內外，令一身與日月之光合。」可見呼吸而與「出日入月」合在一起說，乃是與上清存思法相關聯的，不只是一般的呼吸。《真誥》卷九《協昌期》另外也提到「東華真人服日月之象上法」及「日在心，月在泥丸之道」，但非呼吸法，當與此不同。

在前文比較《內景經》和《外景經》時，我們又曾看到《內景經》反覆提到「紫煙」，如

「神蓋童子生紫煙」、「紫煙上下三素雲」。此紫煙之說，亦可由《上清大洞真經》索解。該經卷二至卷六為三十九章經，記各種神名及其在人體之部位與功用，教人如何存思。其中《回風混合帝一秘訣》曾說誦詠三十九章之後，要存思諸神變成白氣，入於口中，良久，從腳底手心出。又良久，白氣化為紫雲，由口入頭及五臟內。良久，又從腳底手心等處出。須臾，存見紫雲之氣充滿左右及一室之內，又存見口中出風氣吹扇紫煙，回轉更相纏繞，忽結成一真人，號大洞帝一尊君。尊君口左有日光，口右有月光，口吐回風之氣，吹此日月光，遂皆變成紫色，令光氣下入修煉者五臟六腑百骸之內。《黃庭內景》所論的「紫煙」，未必與此同一存思步驟，但同一道派，在存思時其所存想之意象是相同的，紫煙之作用也是一樣的。⑭我們看《內景經》必須時時結合著上清道法來理解，才能瞭解其涵義，也才能彷彿推想當年魏華存等人如何以此經教人實際修煉。這些例子應當是足以說明這個道理了。

《黃庭內景經》注中，懂得這個道理的，仍應推梁丘子。其書不僅廣引《真誥》、《大洞真經》等，又常從修煉的方法上來說明經義，不同於文士之注，也與其他道派中人論《黃庭》者不同。如第十一章「攝魂還魄永無傾」，它即引《太微靈書》說人的三魂在每月三、十三、二十三日會棄身出遊，應如何收攝；每月朔、望、晦日，七魄會流蕩，交通鬼魅，應如何制檢還魄等。

但梁丘子在許多該注的地方不注，注又不確，且貪多務雜，不免引用了許多不相干的材料。像這一則，本是論肝，謂肝能「和制魂魄津液平」，所以若能流轉一周，「同用七日自充盈」，則「攝魂還魄永無傾」，跟《太微靈書》所講的攝魂還魄法實在乃風馬牛不相及。梁丘子注引道書論修持法門，往往如此。經文說脾臟可以長精益命，故修煉者若能「閉塞三關握固停，含漱金體吞玉英」，便能殺死三蟲；他就引《大洞經》的服玄根法，說要存思胃口有一女子承注津液（第十五章）。經文說修道者若精神不失，則可高奔日月；他就扯上「上清紫文吞日氣法」、「上清紫書吞月精法」（第二十六章）。凡此之類，皆不諦當。

而道派不同者，他又無所檢別，雜然並列，反而混淆了經典的宗旨。以洞神部、洞玄部、正一部經籍來解說上清之觀點，其間頗有扞隔之處。如第二十二章「存漱五牙不饑渴，神華執巾六丁謁」，注引靈寶服五牙氣者，固然是服氣，但其五方生氣是與其五方真文相配合的，所以若服青氣者便須服東方素書玉文十二字。上清之服氣法卻與此赤書真文信仰無關。《玉女經》認為六丁神都是陰神，均為女性，《老君六甲符圖》更指實六位是六位玉女。玉女六丁來謁，顯為身外神。可是二十六章「六神合集虛中宴」注卻又說「六甲、六丁、六府等諸神俱在身中」，則又為身中神。

像這樣的紊亂，最嚴重的是第十三章。「長生高仙遠死殃」，居然注云：「長生者不死，寂滅者不生。不死不生則真長生，不生不死則真寂滅。」把佛家無生宗旨和仙家長生之說混同為一。它對《黃庭經》成仙之道的理解如此，自無怪乎徵引雖多，卻多不中窾了。⑮

（六）各種黃庭學

《黃庭內景經》多上清法，然《黃庭》畢竟非上清一家所能籠罩，故由《黃庭》原著發展而來的，尚有些其他的路數。《道藏》所收《黃庭內景五臟六腑補瀉圖》、《黃庭遁甲緣身經》、《上清黃庭五臟六腑真人玉軸經》等，即是這一類東西。

這些經典，有時名稱上也冠有「上清」字樣，但卻收入洞玄部或正一部中，殆其宗旨與上清未必完全相符。如《黃庭遁甲緣身經》，最早收入《雲笈七籤》中，然其法並非存思內視或服氣，而是呼值日神的神名：

> 往來出入，當呼今日神姓名字，云某送我去來。如是呼之，乃行其道，值日神與人同行神道，眾惡不能幹。卻百鬼、不迎惡毒。……神計八百七人，每日有一神當值。

出門、入疾病者家、引喪、打仗、有火災時、要避水難時、將上奏章表時，都可念神名。平日無事，清晨起來也應三叩齒，誦值日神名。這是天師道的呼名召神辟鬼法，輔之以六甲六乙六丙六丁符，屬於文字崇拜的一種，與《黃庭內景經》可謂各行其道。此道之所以也稱為「黃庭」，大約只是因為《黃庭》「解說身形及諸神」，而其修煉方法中也有「呼其名字」（務成子注附《推誦黃庭內景經法》）而已。

另一種情形則如《黃庭內景秘要六甲緣身經》。此經名稱與《黃庭遁甲緣身經》非常接近，但內容完全不同，教人：

> 若人猝得疾及癰腫惡氣、飛屍百毒、惡夢之屬，便閉氣誦甲午至戊戌，留氣在中斗上。中斗上

者，在兩乳間也。閉氣暗誦甲午至戊戌十遍，然後吐氣。又誦甲子至戊辰止，留氣在下斗中。下斗中者臍中也……

談三丹田，只說中斗、下斗，且是閉氣誦甲子，與《黃庭》內、外景之方法均不相同。相同之處僅在兩者都承認：「五臟六腑各有神主，精稟金火，氣諧水火。」

《五臟玉軸圖》之法又異於此。畫五臟神，形狀和《黃庭》所描述的人形神不同，肺是白狩、心是朱雀、肝是青龍、脾是鳳凰、腎是白鹿、膽是龜蛇。五臟六腑若有病傷，分別以「呬、呵、噓、呼、吹、嘻」六字瀉，而以「吸」補。所謂瀉，是說六字皆為吐氣法。此種吐氣法，出自陶弘景《養性延命錄》，今採用之，亦當是用上清法，然實與《黃庭》無大關係。且此經以五臟配仁義禮智信、春夏秋冬，而以「脾之無正形，寄王四」，更和《黃庭》迥異。⑯

這些都是《黃庭經》的發展，但同源異流，各具面目，實非《黃庭內景》、《外景》兩經所能範圍之。同樣的，《太清中黃真經》也是如此。

《太清中黃真經》，收入《雲笈七籤》卷十三，題九仙君撰，中黃真人注，又稱為《胎臟論》、《胎臟中黃經》。臟就是五臟；胎，則經云：「聖人先除欲以養精，後禁食以存命，是知食胎氣、飲靈元，不死之道。」意謂服食胎氣以養五臟，不食五穀。方法是先斷湯水五穀，練習呼吸食氣。吸氣後，咽入臍下。一月下丹田滿，六十日中丹田滿，九十日上丹田也滿，穀氣全消。二百日後則可學胎息。吸氣後閉息，時間漸漸增長。一日一夜十二時共一萬三千五百息，人若能一次閉到五百息，甚至千息以上，就能成仙了。胎息時，氣布於五臟六腑。人若尚未練到胎息，仍在服氣階段，也可以存想五臟神氣。

它所敘述之成仙法之大抵如此。言五臟六腑有神，與《內景》、《外景》同。但其神甚多，「共有百萬」（第十六章注），而且修煉時並不存想內神。反而是不斷說明天界有許多神仙，其宮闕、儀從、飲饌、歌舞如何如何盛大，人數如何眾多，「官吏有四十萬眾大數」（第十四章注）。說人若能修胎息，則外神會來幫助你，你身中之神也會與外神相應和，故能成仙升天。因此它並不強調內視法，不重視身中神，存想五臟「神氣」也只是服氣及胎息之輔助方法而已。⑰

以胎息解《黃庭》，自梁丘子已然。梁注「琴心三迭舞胎仙」云「胎仙猶胎息之仙。猶胎在腹，有氣但無息也」，又《內・三六》「散發無欲以長存」注也說：「胎息法，仰臥散髮……徐徐以鼻納氣，入五六息則吐之……」此胎息法，實即葛洪《抱朴子・釋滯篇》所說的那一套。此後諸家論服氣及胎息者甚多，《雲笈七籤》卷五六至六二《諸家氣法部》所收甚備。但葛洪說「得胎息者，能不以鼻口噓吸，如在胞胎之中，則道成矣」，《中黃經》所述胎息法未能至此境地，唯能如葛氏所云：「初學行氣，鼻中引氣而閉之，陰以心數至一百二十……漸習轉增其心數，久久可以至千。至千則老者更少、日還一日矣。」所以若據葛洪的定義，這還不能稱為胎息。只不過真正的胎息恐怕沒有人能煉得成，能閉氣較久些也就難能可貴啦。《中黃經》即稱此為胎息，並說一旦人能胎息，便可以陽神出竅、屍解遊世、魂入天界，則是把它講得太神奇了。⑱

《中黃》亦黃庭系統中一家之言，亦可見《黃庭》之學的流衍。另有一些，則是名稱上未冠「黃庭」字樣，理論卻深受影響者，如《太上老君內觀經》、《元氣論》、《太一帝君太丹隱書》（一名《太一別訣》）、《老子中經》（又稱《珠宮玉曆》）。有一些是受其影響而發展出來的修煉法門，如「思修九宮法」（見《雲笈七籤》卷四三），「三一九宮法」（同上，卷四九），「太上隱書八景飛經八法」、「三素雲法」（同上，卷五三）。或改名為金庭，如《道藏》正一部所收《太上元寶金庭無為妙經》。或另作名稱如正一部《上清太極真人神仙經》等等，流衍至廣。凡此之類，亦應一併視為黃庭學，其說均可相互參證。

宋代以後的內丹學，基本上是革命性的：既反對魏晉南北朝隋唐流行的鼎爐燒煉丹藥法，創為內丹之說，以為大藥不在外而在身體內部；又反對內視存神，認為僅靠那種辦法並不能成仙。因此《黃庭經》的理論，正是他們所批評的。張伯端說得很明白：「道有二焉。夫煉五芽之氣、服七曜之光、注想、按摩、納清吐濁、誦經持咒、飲水吞符、叩齒集神、絕肉辟穀、存神閉息、補腦還精，及夫餌草木、鍛金石，是為幻化有為之用，所謂易遇而難成者也。況夫閉息者入定出神，其理屬於純陰，其舍難固。不免用遷移之法，未得所謂無漏之果，豈能回陽換骨而升天乎？」故他提倡的是另一道——九轉金液還丹之道。

但是，批評者其實正站在前人的基礎上說話，它所反對的方法，有些固然視若土苴，予以拋棄了，有些卻被吸收進了新的體系中。《黃庭經》就屬於後者，且是最重要的部分。如曾慥《道樞》卷五《百問篇》就載有呂洞賓問正陽子鍾離權鼎爐燒冶的情況，正陽子答：「紫煙非世之火也。紫煙者，氣也。三素升降乎內外，鼻之息，綿綿不失，而後煉之成紫煙焉。」呂洞賓又問：「明堂則何如？」正陽子曰：「其在洞房之前，入於眉者彌寸，內有中元之神居焉。」呂問：「洞房之宮何所居歟？」正陽子曰：「其在乎兩眉之間，其入二寸，屬於泥丸之前，狀如玉山。內有白元之神居於紫極。」這些都是消化《黃庭經》之後才能有的說法。他們又提到了如何以

「噓、呵、吸、呼、嘻、呬、吹」配臟腑的問題，更顯然是本於《黃庭五臟六腑玉軸圖》之類著作。

因此，內丹之學實亦可看成是「黃庭學」的另一種發展，講內丹者多以《黃庭》為其遠源，要非無故。曾慥《道樞》中即有幾篇，等於是《黃庭經》的注解。

卷八《崑崙篇》，謂：「崑崙之巔是為泥丸，百神所宅，升舉之門。」引《黃庭經》「子欲不死修崑崙」為說。其法是凝神以兩目視眉心，稱為「日月光照天門十二時」，流光下散於五臟、上朝泥丸，於是靈光自照，內境清明，可以成仙。

卷九《神景篇》，則是在內景、外景之外，另標神景之說，其實也是主煉三宮。以泥丸為天谷元神之府，所謂「谷神不死」。其法重在守一，守泥丸。然後以鼻吸氣，氣留於心、神止於脾，神氣交感。氣由脾下達玉關，過太倉、入尾閭，出於心，周流而上至腦。

以上皆用《黃庭》法，但不取其身中神說，只是一重心脾交感，一主煉泥丸而已。卷九另有《平都篇》則採身中神說，方法是內視，「存思之時，先存三神，彷佛見焉，乃叩齒而三呼名而祝。祝已乃存思」（三一洞房・九道諸要）。在存思諸神時，除身中諸真外，也包括了北斗七星君。

這是據《黃庭》而發揮的。卷八別有《內景篇》，完全摘錄梁丘子注，共釋經文二十四條，涵括了梁丘子注的主要部分，且以涉及練功之訣法者為主。《外景篇》亦然。

在這一大批黃庭學之前，卷七還有《黃庭篇》，闡述他自己的黃庭學。要同時合看這幾篇，才能明白他的用意。原來，曾慥把黃庭學分成新舊兩系，說：「內景之學，蓋有二家。」他先介紹他自己這一套融合黃庭與內丹的新說，再錄黃庭《內、外景經》以存其舊，後則附神景、崑崙、平都等以廣其流。整個合起來，才構成宋代黃庭學的風貌。

據曾慥的看法：

元氣者，出於下丹田，流注於身……會合於泥丸。……能服氣固精、得其節符，則靈氣凝變，如紫煙白雲充於三田。其升為雲、其降為雨，以之溉灌五臟。……如是則黃鈆紫汞生矣，依時採而煉之，入於丹田。……故曰「回紫抱黃入丹田」者，此之謂也。……收視返聽，絕諸外照，其名「七蕤玉籥閉二扉」，此之謂也。夫修大還者，必先扃三要焉。三要者，耳也、目也、口也。……

前面講原理，後面談方法，而都是從《黃庭內景經》揣摩體會出來的。並以之詮釋原來的經文字句。因此我說它可以視為另一種《黃庭經》注。只是這樣的注解充滿了內丹家的觀點，如以黃鈆紫汞解釋黃紫、以閉耳目為修大還丹之要訣，又說：

存想發火，運載河車，不離乎呼吸而已。於此煉其津液，而入於玄宮，腎之鈆汞飛出於上道，於是上下關鍵而不泄，聖胎斯成矣。……故曰「長生至謹房中急」，其此之謂歟？內視三房九室，使內外洞徹，乃存漱五牙之玉液而咽之。於是閉命關、下金鎖、制精氣，欲急伏鈆汞之將飛。鈆者水中金也，盈則魄動。汞者水中之銀也，滿則搖矣。……五行者，散而為五，混而為一者也。一者，道之始，藥之祖也。……聖人收采天地之真氣，分成二體，一曰鈆一曰汞。各八兩，合乎三百八十四銖，以應於卦爻者也。……其妙在乎合三五之氣，用九九之節符。三五者何也？水火土也。……《經》曰「知雌守雄可以無老」，何謂也？雄者火龍也，善食紫金黃芽。……雌者水虎也，喜食紅銀白雪。通乎道者，使龍虎潛交。……

把存想分成「真想」和「幻想」兩類，說那些閉目觀想五色氣、日月光等等都是幻想，只有他所介紹的這種才是真想。怎麼想呢？他藉由詮釋《黃庭內景經》來說明。

上面所舉，即為釋「可用存思登虛空」、「閉塞三關握固停」、「長生至謹房中急」、「帝鄉天中地戶端」、「存漱五芽不饑渴」、「五行相推反歸一」、「三五合氣九九節」、「父曰泥丸母雌一，能存玄真萬事畢」、「晝日曜景暮閉藏，通利華精調陰陽」、「經歷六合隱卯酉，兩腎之神主延壽」、「知雌守雄可無死」、「上合三焦下玉漿」、「唯待九轉八瓊丹，要複精思存七元」等句者。

本篇之後，尚有《太極篇》，是從《黃庭內景》所謂「橫津三寸靈所居」（第五章）中悟出，云：「身有橫津，太極之根。葆其中黃，形可長存。」以脾為太極、谷神、黃庭，引《經》文「閉絕命門保玉都，百年方酢壽有餘」為說。後則列《火候篇》、《水火篇》、《坎離篇》、《甲庚篇》闡揚內丹。把這些東西放在《黃庭篇》和《崑崙篇》、《服氣篇》、《內景篇》、《外景篇》之間，涵義至為明顯，表示坎離水火之說，亦可以成為黃庭內景學的一部分：《黃庭篇》乃綜合黃庭與坎離鉛汞而形成的說法，後附《坎離篇》等，正可以補明其理論；後面《內景篇》、《外景篇》等則是傳統的講法。

經過這樣的處理後，《黃庭經》的理論不但不與內丹說衝突，而且已成為內丹學的依據或源頭，內丹家釋注《黃庭》，或引之為同類，遂成習見之事。宋以後，注其書者，多是丹士。《道藏》所收《修真十書》，以收錄南宗丹法為主，亦收有《黃庭內景玉經注》、《黃庭內景五臟六腑圖》。《道藏輯要》所收《太上黃庭玉景經》有偽託為鍾離權之序，謂黃庭之學，「與金丹秘密飛升屍解，似為兩路，究之殊途同歸。……究之，太上有詔，脫殼飛仙，則亦與從事於金丹者合轍，而正不必拘拘於金丹之可希仙，黃庭之不克希仙也」，把這兩家的關係講得再清楚不過了。《輯要》另收有蔣國祚《黃庭內景經注》，更是直接以九轉金液還丹之法解說黃庭宗旨。這，可以說是內丹家運用《黃庭經》，也可以說是《黃庭經》到了內丹家手上，出現了新的發展。詮釋者與詮釋對象間的互動，原本就是兩方相浹而俱變的。黃庭學的發展史及《黃庭經》的詮釋史，正因如此而顯得豐富而複雜。

（七）《黃庭》的理論

《黃庭》的理論影響如此深遠，自然是因為它有其獨到之處。其大旨在於服氣以養精神，謂精神能固，則身形可以長存。這種想法，基本上是《莊子・養生主》所說養生非只養形，而更要養精神的延伸，將人的身體和生命區分為形骸和精神兩部分。但這兩部分又是相依存的，精神即寄寓於形體中，要由形體表現出精神來；但精神又可使形體有生命力，不止是一堆血肉骨殼。這個觀點，用宗教語言來表達，前者即所謂「身中神」，五臟六腑，皆有精神；後者則所謂「精神還歸老復壯」（《外》第四章）。唯有強固精神才能長壽的修煉方法，即由此發展出來。

這種身體觀，依道家的思路，必不會以補益，如食補藥補的方式來強固精神。這是它與醫家不同之處，其道在於「嗇損」，主於愛精惜氣、恬淡無欲、少吃少說話、行所無事，以保養精神。《外景經》中談到「棄捐淫俗專子精」、「行閑無事心太平」、「洗心自治無敗汚」、「虛無自然道之固，物有自然道不煩，垂拱無為身體安，虛無之居在幃間，寂寞廓然口不言」、「恬淡無欲遊德園，清淨香潔玉女前，修德明達神之門，作道優遊深獨居，扶養性命守虛無，恬淡自樂何思慮」、「清靜無為神留止」等等，都是就此而說。這是總的原則，即老子「致虛寂，守靜篤」云云。唯有進行這種倫理生活，清靜無為，方可以修道長生。

整個《黃庭經》的方法，建立於此。後世修其法者，徒求技術，講吞咽、導引、行氣、觀想身神，尋枝葉而不達根本，視此等文句為浮詞剩語，實甚可惜。由於它對整個生活的要求極低，恬淡無欲到最後，連人的基本要求，即食與色，便也要放棄。色欲部分，上清道是主張禁止的，禁不絕也要儘量減少，或予以轉化，變成一種「虛化」的性交法。⑲僅有陰陽二氣之相交，而不是形體上實際的性交，如《真誥》所述九華真妃與乩生楊羲那樣：「雖名為夫婦，不行夫婦之跡也。是用虛名以示視聽耳。」（卷二）

《黃庭經》對於色欲的部分較少處理，它雖有許多文句被後來的解釋者解釋為禁泄固精，但那主要是由其主嗇惜精、愛氣少欲之態度中推行出來的，對文句也頗有誤解。例如「長生要慎房中急，棄捐淫欲專子精」，看起來確實像是教人戒禁性交。但房中乃玉房之意，前文已有辨明。

所謂「專子精」者，亦非指男性的精子而言。《黃庭》言精，乃就精神說，所以全身都可說有精，如《外》第三章：「神廬之中當修治，亦膺氣管受精府，急固子精以自持。」氣管為精府，吸呼以固精，便顯然不能以房中性事說之。同理，《內》第二十一章：「長生至慎房中急，何為死作令神泣？忽之禍鄉三靈歿，但當呼吸錄子精。」也是在談「房中」時，將精神連言，且勸人呼吸固精。可見《黃庭》並未針對色欲部分發展其道法，它至多僅有一般狀況的提醒，勸人寡欲而已。

它主要是針對食欲的對治，謂：「仙人道士非異有，積精所致和專仁。人盡食穀與五味，獨食太和陰陽氣，故能不死天相溉。」（《外》第十八章）務成子注：「俗人皆啖五穀之寶、土地之精，五味香連，令飽食廚內，無真道，遂歸黃泉。」正因為一般人都好吃，它便提倡少吃乃至不吃。人當然不能不吃，它即提出了一種「虛化」的飲食法，即咽津食氣。這種辦法，與《真誥》之處理性欲問題，實有異曲同工之妙。

「沐浴盛潔棄肥熏……散發無欲以長存」（《內》第三十六章），而只吃津液及氣，依《黃庭經》看，才能吃得健康，吃得津津有味：「淡然無味天人糧，子丹進饌肴正黃，乃曰琅膏及玉霜，太上隱環八素瓊」（依梁丘子注，琅膏玉霜為津液精氣之象，八素瓊指喉管中的津液），「存漱五牙不饑渴」（《內》第二十二章），「恬淡無欲養華莖，服食玄氣可遂生」（《外》第二十三章）。

但這是種特殊的飲食法。須特別注意，這不是一般的服氣法。第一，它除了食氣，尚強調咽津，有食有飲，與大部分服氣法不同。第二，它也不只是呼吸。

據《抱朴子・釋滯》說：「學行氣，鼻中引氣而閉之。……行氣當以生氣之時，勿以死氣之時也。故曰『仙人服六氣』，此之謂也。一日一夜有十二時，其從半夜以至日中六時為生氣，從日中至夜半六時為死氣。死氣之時，行氣無益也。」《中黃經》注說服元氣要在「夜半一氣初生之時」（第一章），就是這個道理。但《內景》、《外景》無此說。因此它並不重視呼吸外氣，外氣好不好並不重要，而是說人的內部也有精氣。呼吸外界自然之氣以後，這個氣進入人體丹田之中，與人之精氣相配合，周流運行：「受意動靜氣得行，經歷六腑臟卯酉，通我精華調陰陽。」（《外》第十九章）故經文主要即是在說體內精氣如何周轉。

同理，津液更不是外在之物，它是人體內部產生的東西，但在《經》中至為重要：「玉池清水灌靈根」（《外》第一章），「渴可得漿饑自飽」（《外》第十九章），「精液流泉去臭香」（《外》第二十章），「口為玉池太和宮，漱咽靈液災不乾」（《內》第二十二章），「閉口屈舌食胎津，使我遂煉獲飛仙」（《內》第二十七章）。以舌頭頂住上顎，形成津液，吞咽之以灌溉臟腑，並配合所謂「六腑九液」（《內》第十二章），與食氣一樣重要。而此法亦與一般服氣法頗為不同。[20]

這些特殊的食物，如何吃法呢？其實總訣只有兩句話：「呼吸廬中入丹田，玉池清水灌靈根。」前說食、後說飲，知飲食，則「審能修之可長存」（《外》第一章）。

第一章開宗明義的這個講法，接著第二、三、四章不斷申說：

黃庭中人衣朱衣，關門壯鑰合兩扉，幽闕使之高巍巍，丹田之中精氣微，玉池清水上生肥，靈根堅固老不衰。中池有士衣朱衣，田下三寸神所居，中外相距重閉之。神廬之中當修理，懸膺氣管受精符，急固子精以自持。宅中有士常衣絳，子能見之可不病，橫立長尺約其上，子能守之可無恙，呼噓廬間以自償，保守完堅身受慶，方寸之中謹蓋藏。

這幾段，句式顯然甚為近似。第三、四章講「呼吸廬中入丹田」，第二章講「玉池清水灌靈根」。「關門」即「上有黃庭下關元」之「關」。明說黃庭在上，故「黃庭中人衣朱衣」絕不可能如梁丘子注云是：「存思脾中有子母從胃管入脾中著朱衣。」依這三段句式來看，黃庭、中池、宅中，所指為同一處，亦即是丹田、是方寸，所以說：「寸田尺宅可理生。」方寸丹田故曰寸田，宅中橫立長尺故曰尺宅。田下三寸即丹田之中，丹田中的精氣精神則是靠呼吸和津液澆灌來維持的。

氣液入丹田則有精神。這個神被擬人化，稱為黃庭中人，或中池、宅中之士，後文又稱之為真人、神：「真人子丹當吾前」、「赤城之子中池立」、「正室之中神所居」。丹田之所以名為「丹田」，就是因為心和血都是紅色的。所以這裡形容神，都說它穿紅衣，或逕云為真人子丹。神居田中，故稱其地為丹田。要存養精神在丹田中，除了運用呼吸與吞咽法之外，還須運用凝神存想的方法，以精神力量強化存養的效果。這就是存思觀想、如見心神，所謂「子能見之可不病」。

換言之，方法之一是呼吸咽津，二是存想心神。但這還不夠，食氣入身之後，尚須運行至五臟六腑，正如心臟的血液也是周流全身的。這種氣血周流的意思，經文中甚為強調，試看：「璇璣懸珠環無端……載地懸天周乾坤」，「心為國主五臟王，意中動靜氣得行……經歷六腑臟卯酉，轉陽之陰藏於九」（按：即「外本三陽神自來，內養三陰可長生」之意，梁丘子注：「鼻引陽氣，取之以內養赤子」）等，都是說運用心意推動氣的流轉。

血氣流轉五臟六腑一周，還歸於心，稱為還丹，所謂「期成還丹可長生，還過華池動腎精，望於明堂臨丹田，將使諸神開命門，通利天道藏靈根」。

這樣，一面存想心神，凝神守一，一面又能通利五臟諸神，不就是：「專守心神傳相呼，觀我諸神辟除邪」嗎？

飲津液方面也是如此。津液自喉管下貫，隨血液周流臟腑：「金木水火土為王，通利血脈汗為漿。……服食玄氣可長生，還返七門飲太淵，通我喉嚨過青靈」，「頭戴白素足丹田，沐浴華池灌靈根」，「清液醴泉通六腑」，「津液流泉去鼻香，玄於懸膺含明堂，通我華精調陰陽」。這說穿了，便只是要人注意身體氣血之流轉順暢而已。但通過一套存思五臟神的方式，以意導引血氣之運行，讓它通暢而無滯礙：「歷觀五臟視節度，六腑修治潔如素。」

以《外景》來看，《黃庭經》的基本理論，不過如此。《內景經》較為複雜，但也僅是技術操作上的複雜化。如將丹田分為三處，謂三處各有一神主之，一群神相與配合，「三老同坐各有朋」。並將每一處細密化，如一腦泥丸，而分九宮，存想內觀時便多了許多工夫。此外尚有一些較細微的修煉法，如按摩鼻根、注意七竅，忌遭死氣濺穢之類，以為輔助。然其理論結構並沒有太大的調整。

整個《黃庭經》的理論，並不難懂。無奈道教徒神秘其說，歷代注解，又各以己意附會之，遂弄得越來越複雜。尤其是把脾或臍下解為「黃庭」，實在是貽誤蒼生。

以脾為黃庭者，肇自梁丘子，但他也並不拘泥，所以他說：「黃庭在頭中，明堂、洞房、丹田，此三處是也。……此三處為上元一也。……一解云：黃庭者脾也」，又說：「黃者中央之色，庭者四方之中。外指事即天中地中人中，內指事即腦中心脾中」，顯然他是依《內景》所講的三丹田理論，把黃庭也分為上、中、下三處。但後人推崇脾太過，竟專以脾為說。又由梁丘子談房中術的地方，注意到臍下的重要，而說黃庭就在臍內，如陳攖甯《黃庭經講義》說：「神仙口訣，重在胎息。胎息者何？息息歸根之謂。根者何？臍內空處是也。臍內空處，即黃庭也。」（**《道教與養生》，華文出版社，一九八九年；另有中國道教協會出版單行本**）其實《黃庭》宗旨，本不在胎息，前文已有說明。臍內空處，究竟又為何處？「上有黃庭下關元」，關元既指臍內三寸，其上豈更有空處可為黃庭？其說之不通乃如是也。

有些反對把黃庭解釋為臍下或脾中的人，卻又走向了另一個極端。例如劉一明《黃庭經解》就把黃庭視為「中」，並說這個中不是身體上下之中，也「非腎前臍後之中，非心下腎上之中，亦非頭頂天谷之中，乃在四大不著之處，萬有皆空之境」。所以黃庭是黃庭，景是景。景有形有象，可見可聞；黃庭「不可見不可聞，亦不可思議，僅可心知，不可口說。這個不可見不可聞不可思議之神，即黃庭之神也。黃庭之神不在心下腎上黃庭之處，不在泥丸黃庭之處，不在脾部黃庭之處。經中雖言三黃庭，皆言黃庭之景，非言黃庭之真也。黃庭之真，乃一大包羅。因其為一大包羅，其神無處不在，無時不有……」（**收入其《道書十二種》**）。

這樣解釋是把黃庭虛化，不實指身體的某一處，而又無所不在。此乃玄說，對修煉沒有幫助，對經文的理解也不會有什麼幫助，讀者看它「黃庭經說來說去，只是說一神字，無非說一中字。中即神也，神即中也，中字從口從丨，口象太極，口即黃庭也。丨象一氣，即神也。口內有丨而為神，即黃庭中有神也」云云，恐怕只會一頭霧水。其實《黃庭經》的理論哪有這麼神秘玄奧呢？

《黃庭經》這套理論，與醫家關係密切。它對五臟六腑方位及功能的分析、血脈運行的理解，都得自醫學知識。其修煉法固然未必即能長生不死，對身體健康卻顯然能有所助益。但是，它與醫家觀點實屬二路。仙家之修煉，旨在不死成仙；醫家之志趣，則在治病療損。這是宗旨的不同。仙家煉養，在損而不在益；醫生的方法，則以補瀉兼行。這是手段的差異。要說明這種差別，最好的辦法便是比較《黃庭內景經》、《黃庭外景經》和《黃庭五臟六腑玉軸圖》的不同。[21]《玉軸圖》前文已有介紹，是以呼吸法來治療臟腑的損病。《修真十書》中另收有《黃庭內景五臟六腑圖》，與之相似但不同，當是另一種傳本。該書有胡怡序，泛言黃庭修真之法，未達體要，並不能真正說明該書的特點。該書的特點是什麼呢？

本書雖亦稱為「黃庭內景」，但與《內景經》、《外景經》不同，因其主旨在於如何治療臟腑的病，治病之法包括用「呬、噓、呵、呼、吹」瀉、用「吸」補，輔以吃藥、忌食，以及一些吐納法、導引術：例如心臟要強壯，可以正坐，以兩拳用力左右相抵；要脾好，則可以坐在地上伸一腳屈一腳，以兩手向後反掣各三五下等等；又，肺不好，吃消風散；心不好，吃五草丸；肝不好，少吃蔥蒜；腎不好，則吃八味丸。《黃庭‧內外景經》所講的內視、存神守一、服氣吞津、辟穀等方法則完全不談。故此雖亦以黃庭內景為名，其實已偏入醫學一路，與《內景經》、

《外景經》所述同源異流、涇渭分殊矣。

二路既分，如何調合？調合之典型，當屬《黃庭內外景玉經解》。這本書是蔣慎修將《內景》、《外景》經文重新組織編排而成，全文僅二一〇字，分為《仙人章》、《紫清章》、《百穀章》三部分，另作注解闡釋其意。這是黃庭學中最特殊的一本，完全打破原作的結構，刪並融裁，俱見心得。文雖簡，但條理清晰，遠比原作那重重複複的經文體清楚。只是經過他刪改後，整部經旨卻有了重大轉變。《百穀章》云：「百穀之食土地精，五味外美邪魔腥。臭亂神明胎氣零，那從返老得還嬰？三魂忽忽魄糜傾。何不食氣太和精，故能不死入黃寧」，表面上句義與《內景》、《外景》無甚差異，但注說：

初學之徒，天真未完，神守未固，則所以補相生理，蓋亦無所不備，外物之養，固未可以絕棄也。故天產養精而神氣泰定。地產養形而膚革充盈，則所藉脾胃合德致功，芳澤滋榮，其補大矣。是乙太倉明童，主調百穀，兼資五味，推陳致新，運動無方。所居之宮，謂之黃庭。庭者布治之地，中部老君，所以有為也。至於積功成煉，內守堅固，則百穀五味，一切棄絕，虛中恬淡，則脾胃之宮，同於虛室。故其所入，謂之黃寧。

這段注解，我把它分成三小段。第一小段提出食補之說，強調吃五穀百味仍不可放棄，且其功效甚大。天產之氣和地產之糧都各有功能，一養神，一養形。與《內景》、《外景》否定或貶斥地糧而勸人服食天糧者迥異。其次，以脾胃之功能在於消化穀食，屬於有為法，稱之為黃庭，更是與舊說矛盾。再次，辟穀內守，改稱黃寧，則為它自創的新說。

在修煉方法部分，本書亦不用內視、存神、服氣咽津法，只說：「真人之道，要在驅除邪偽，全其神守。必使符圖之數，冥契吻合」，「符圖者，河圖九宮皆我合也：左三右七，戴九履一，二四為肩，六八為足，此則一身上下無所不契」，重在精誠固守，且全身上下內外相配合，而不專重五臟六腑。所以說這是黃庭之學完全脫離《內景》、《外景》之架構，而竟稱為《黃庭內外景經解》的一本奇書。以「天糧／地糧」、「有為法／無為法」、「黃庭／黃寧」之區分來安頓仙學與醫學兩種路數，亦可說是煞費苦心了。

（八）理論的淵源

《黃庭經》的理論中，最重要的部分便是氣的觀念。

據荀子說：「扁善之度，以治氣養生則後彭祖，以修身自強則配堯、舜。」（《修身篇》）荀子自己是強調修身自強的人，但也認為他所講的那一套禮義之說，足以治氣養神：「治氣養神之術：血氣剛強則柔以調和，知慮漸深則一之以良易。……凡治氣養心之術，莫徑由禮。」由他的分析，知當時以醫家養生家為主的一些人，正進行治氣養生；他則提倡治氣養神。

這樣的區分，也可見諸《莊子．刻意篇》。莊子曾批言養生家：「吹呴呼吸、吐故納新，熊經鳥申，為壽而已矣。此導引之士、養形之人，彭祖壽考者之所好也」，「純粹而不雜、靜一而不變，淡而無為，動而天行，以養神之道也」。養形和養神不同，其分判一如荀子。但養神者也一樣要治氣，因此他教人要「聽之以氣。耳止於聽，心止於符。氣也者，虛而待之者也。唯道集虛，虛者，心齋也」（《大宗師》）。其方法雖異於荀卿，然亦治氣養心之道也。

儒道兩家論修養，如醫家養形衛生者一樣，重點都在治氣，而不是如當代新儒家某些人所強調的「逆氣顯理」。因為中國古人基本上認為人是血氣的存有，試看下列文獻：

君子有三戒，少之時血氣未定，戒之在色。及其壯也，血氣方剛，戒之在鬥。及其老，血氣既衰，戒之在得。（《論語・季氏》）孟子自范之齊，望見齊王之子，喟然歎曰：「居移氣，養移體，大哉居乎！」（《孟子・盡心》）

凡用血氣志意知慮，由禮則治通，不由禮則勃亂提慢。……君子貧窮而志廣，富貴而體恭，安燕而血氣不惰。（《荀子・修身》）血氣和平，志意廣大。（同上，《君道》）

「氣，體之充也」（《孟子・公孫丑》），身體是靠氣血來充實的，這是人的自然生命。我們在理論上固然可以再區分出另一種文化生命或意義生命，用「志意」來指稱，但事實上兩者仍是相關聯且難以析分的。故孔子說人血氣未定或衰或剛時，志意就會隨之變化。孟子也說：「志一則動氣，氣一則動志。」因此人都須要養氣。

可是氣不只在自己身體內部，中國人又認為宇宙亦為氣之充，所謂「通天下一氣耳」（《莊子・知北遊》）。人居天地之間，欲養氣，必須將自己和整個天地宇宙結合起來。所以孟子說養浩然之氣，便說其氣至大至剛，塞於天地之間。莊子則說他「願合六氣之精，以育群生」。這樣的思想到了《呂氏春秋》便正式提出一個天地自然之氣與人命血氣相關聯相配合的架構，作更細緻的說明。一年十二紀，陰陽相推，月令變化，人和萬物一樣，都須配合月令以養其血氣，順遂其生。並說：

凡事之本必先治身。嗇其大寶，用其新，棄其陳。腠理遂通，精氣日新，邪氣盡去，及其天年，此之謂真人。（《季春紀・先己》）凡人三百六十節，九竅五臟六腑。肌膚欲其比也，血脈欲其通也，筋骨欲其固也，心志欲其和也，精氣欲其行也，若此則病無所居而惡無由生矣。（《恃君覽・達鬱》）

治身養氣的觀念，到此遂將養神與養形結合起來，希望同時治病與去惡。這樣的講法，影響很大，以《淮南子》為例，它就幾乎全是在發揮衍申此說：

夫心者，五臟之主也。所以制使四肢、流行血氣，馳騁於是非之境，而出入於百事之門戶者也。（《原道篇》）

天有四時五行九解三百六十日，人亦有四肢五臟九竅三百六十節。天有風雨寒暑，人亦有取與喜怒。故膽為雲、肺為氣、肝為風、腎為雨、脾為雷，以與天地相參也，而心為之主。是故耳目者，日月也。血氣者，風雨也。（《精神篇》）

血氣者人之華也，而五臟者人之精也。夫血氣能專五臟而不外越，則胸腹充而嗜欲省矣。胸腹充而省，則耳目清、聽視達矣。耳目清、聽視達，謂之明。五臟能屬於心而無乖，則敦志勝而行不僻矣。敦志勝、行不僻，則精神盛而氣不散矣。精神盛而氣不散則理。理則均，均則通，通則神。神則以觀無不見，以聽無不聞也，以為無不成也。（同上）

夫孔竅，精神之戶牖也。而氣志者，五臟之使候也。耳目淫於聲色之樂，則五臟搖動而不定矣。五臟搖動而不定，則血氣滔蕩而不休矣。

血氣滔蕩而不休，則精神馳騁於外而不守矣。（同上）

要讓精神不越蕩不虛耗，就必須調理五臟六腑，讓血氣運行正常。其方法則是以心志為主，以志持氣，而使血氣專於五臟。這固然仍是孟子所說「持其志勿暴其氣」之意，但將義理之心和生理意義的心臟結合起來說，正是合養神與養形的思路。

形成於戰國以迄秦漢的《黃帝內經》，所體現的就是這種想法。《內景》十八卷，九卷為《靈樞》，九卷為《素問》，向來被稱為「至道之宗，養生之始」（唐王冰《黃帝內經素問序》）。其中《素問》之所以名為「素問」，是因漢人之宇宙論是乙太素為氣之始、乙太始為形之始，故「太素，素質之始也。氣形質具而病瘵由是萌生。故黃帝問此太素質之始也」（《黃帝內經素問補注釋文》宋林億等校正本說）。可見這本經典是討論如何治氣安養的。經云：

上古之人，其知道者，法於陰陽，和於術數，食飲有節，起居有常，不妄作勞，故能形與神俱，而盡終其天年，度百歲乃去。……虛邪賊風，避之有時；恬淡虛無，真氣從之。精神內守，病安從

> 來？是以志閑而少欲，心安而不懼，形勞而不倦，氣從以順，各行其欲，皆得所願。……是以嗜欲不能勞其目，淫邪不能惑其心，愚智賢不肖不懼於物，故合於道。（《上古天真論》）

形神相俱，「呼吸精氣」與「獨立守神」兩相配合，乃合於道。具體的方法，其一是順四時以調陰陽，故有《四時調神大論》。其二是認為人體九竅五臟十二節皆與天地之氣相通，所以要「服天氣而通神明」，並注意風邪的侵害，《生氣通天論》、《金匱真言論》、《陰陽應象大論》、《陰陽離合論》等皆發揮此義，把疾病的來源，解釋為「風觸五臟，邪氣發病」。所謂風邪，指人觸犯了天地之氣和內部五臟之氣，以致五臟有病，經脈受損。治療之方法則是：「形不足者，溫之以氣。精不足者，補之以味。中滿者瀉之於內，其在皮者汗而發之。陽病治陰，陰病治陽，定其血氣，各守其鄉。血實宜決之，氣虛宜導引之。」

根據這套理論，人體內部亦被分為三陰三陽——太陽、陽明、少陽、太陰、厥陰、少陰，形成經脈，並提倡以針來協助病人調理血氣。《靈樞經》基本上就是針法論。

《黃庭經》大抵延續著這樣的傳統，以守精全神、呼吸天氣、調和五臟為養形長壽之法。其中論五臟六腑血脈三焦，都直接沿用《素問》之說。某些論點，如「五行參差同根節，三五合契要本一」（《外》第十三章），「三五合氣九九節」（《內》第二十五章），注者胡亂解釋，或云：「三者，在天為日月星，在地為珠玉金。五者，帝精也」，「三五者天地之絡藏，六合之要會，九宮之氣節，九九八十一為一章」，「上下三五合一室，三五虧則返一」（梁丘子注）；或云：「以金為鼎，以木為火，以水為引，以火為配，以土為爐，收神煉汞之訣也」，「三山之精，五藏之神，合之為藥。九九節用八十一功之火」（《道藏輯要》收蘇普徵整理之乩筆《太上黃庭內景玉經》）；或云：「地丹之道，攢簇五行，五行順生逆制，總歸於一。一者丹也，合於三五之土，節以九九之火」（蔣國祚《黃庭經注》）；或云：「三合五庚為嫩氣，再加五日為兩弦之氣，再加七日為十五月圓之氣，陽氣純全，九九數足」（涵虛子注），簡直越說越不成話。不知其實皆本於《素問》也。

《素問・生氣通天論》有云：「生之本，本於陰陽，天地之間，六合之內，其氣九州、九竅、五臟、十二節皆通乎天氣。其生五，其氣三。數犯此者則邪氣傷人，此壽之本也」，此即所謂三五。《素問・六節藏象論》又說：「天以六六之節以成一歲，人以九九制會」，此即所謂九九節。注者不瞭解整個治氣養生說的源流發展，所以沒能發現它們之間的關聯。㉒

《素問》本身即為修真之書，所以它說上古之真人，呼吸精氣，獨立守神，故壽至無極。中古之至人則「淳德全道，和於陰陽，調於四時，去世離俗，積精全神，遊行天地之間，視聽八方之外。此蓋益其壽命而強者也，亦歸于真人」。其後則有聖人有賢人，也可以活得較長。它的修養論及治病法，「將從上古，合同於道。亦可使益壽而有極時」（《上古天真論》）。因此它是形神俱養、修道與治病合一之書。治氣養生和治氣養心的區分，至此得一綜合。

但承習者由此發展，便逐漸歧為二路。修道者，如《黃庭經》，較注意它如何呼吸精氣以至積精全神的部分，期望由此而能長壽無極，所謂：「仙人道士非有神，積精累氣以成真。」（《內》第二十八章）醫家則著重它後半講治病之術的部分，希望能夠益壽。二路既分，論旨當然也就有所不同了。㉓後世《黃庭經》的解釋者或衍述者，依違於兩者之間，或援用醫家之說，或立意與之區分，處境甚為微妙，如紫霞涵虛云：

《黃庭經》以腎為兩部水王，與醫家所論不同。秦越人《三十六難經》曰：「腎兩者非皆腎也，左者為腎，右者為命門。腎止一也。」其後有趙氏醫書，以七節為命門。仍言有兩腎，左腎為陰水、右腎為陽水，中間為命門。又言「人身各其一太極，正象兩腎之形。兩腎中間為命門，靜則合乎水，動則合乎火。一動一靜陰陽生焉」。注家遂謂趙氏《兩腎圖》為發前人所未發。以《黃庭經》觀之，其說猶未純也。夫曰左陰水、右陽水是兩部水也，然不得以七節中為命門。以七節為命門，則二十四椎，止有二十三也。《內經》曰：「七節之旁而有小心」。夫曰七節之旁，則七節之中非命門也。秦越人以腎為一，蓋執於右為命門之說。殊不知命門即右腎之別名也。趙氏以命門在中間，蓋執於左右兩腎之說，亦不知命門即右腎陽水之別名也。吾今以《內經》與《黃庭》為正。七節了七節，兩腎了兩腎，左水右水皆無形之水。左部動則為陰水、右部動則為陽水。陽水即命門之火也。故《內景》不曰左有右有，而曰旁有。是左右皆腎，左右皆水，左右皆小心。因有動靜而後分陰陽、分水火、分左腎與右命門耳。少年氣盛，兩部水溢。上泛二十四節，故一身融暢、百病不生。及乎時至情動，色欲交感，心君動搖，始令兩部水泄，精從內走、氣自中沖，由五臟而上兩頸，升泥丸，與髓同下。頭腦酥麻，自夾脊雙關至外腎而泄。兩部於焉虧損斯命，促腎虛水火遂不勻矣。又曰兩部兼內腎外腎而言。（《內》第十二章）

辨腎水，其說與醫家不同。他論三焦也是如此，說三焦乃真元一氣，與醫家云五穀入胃、氣傳於肺也不一樣。故它畢竟是修真之書，和一般醫學養生術是不能相提並論的。此即可見治氣養生說由《內景》轉折至《黃庭經》之軌跡。治《黃庭》者，觀瀾索源，原始以表末，方能悉其底蘊，窮其奧義，豈能姝姝然守一家之注解耶？㉔

（九）醫道關係論

大抵在漢魏南北朝間，醫與道術並不太能區分。張仲景《傷寒論》批評當時醫生不辨病症，胡亂下藥時，便說：「陽盛陰虛，汗之則死，下之則愈。陽虛陰盛，汗之則愈，下之則死。夫如是，則神丹安可以誤發，甘遂何可以妄攻？……而執迷妄意者，乃云神丹甘遂合而飲之，且解其表，又除其裡。言巧似是，其理實違。」（卷二《傷寒例》）神丹，顯然在當時已被醫家普遍用來作為發汗之藥。此類金石燒煉之藥，其性燥熱，修道者服食以求長生，醫生則用來教人發汗，正是醫術與道術一體之證。

再以孫思邈《千金要方》來看。它固然是著名醫經，但卷二七《養性》便明標「道林養性」之法。其中所談，如居處法、按摩法、調氣法、服食法、黃帝雜忌法、房中補益法，都是修道人所講究的。教人「常當習黃帝內視法，存想思念，令見五臟如懸盤，五色了了分明」（見《道林養性》），則更接近《黃庭經》法。孫氏另有《千金翼方》，卷十二論養性、十三論辟穀、十四論退居、十五論補益亦是如此。尤其是卷二九、三十《禁經》上下，完全是道教的禁咒。禁咒，能視為醫術嗎？這在今天看，當然會覺得奇怪。但我們不要忘了，古代巫醫一體，巫祝即是醫生，醫生便是巫人，故中國醫術中，本有「祝由」一科，以祝咒為醫療之法。孫思邈更說過：「醫方千卷，未盡其性。故有湯藥焉、有針灸焉、有禁咒焉、有符印焉、有導引焉。斯之五法，皆求急之術也。」（卷二九）道教的符印、導引、禁咒，顯然都被列入醫術的範疇。而針灸，在《太平經》中也甚為強調。故醫道混一，難以析分，恐怕正是漢晉南北朝的通例（另見本書《道醫論》的說明）。

在這種情況下，《黃庭經》被視為醫書醫術，或它與醫籍有許多相互呼應的關係，是一點也不奇怪的。除了由《素問》等處發展來的觀念外，得自其他醫典之處，似亦不少。例如晉皇甫謐《針灸甲乙經》卷四《三部九候第三》曾載：「黃帝問曰：『何謂三部？』岐伯對曰：『上部中部下部，其部各有三候。三候者，有天有地有人。上部天，兩耳之動脈；上部地，兩頰之動脈；上部人，耳前之動脈。中部天，手太陰；中部地，手陽明；中部人，手少陰。下部天，足厥陰；下部地，足少陰；下部人，足太陰』……此三部者，三而成天，三而成地，三而成人。三而三之，合為九，九分為九野。」其說本諸《內經・三部九候論》。《黃庭內景經》的三丹田之說，應該就是從這類上、中、下三部之分而得來的靈感。所以第十八章說：「三關之中精氣深，九微之內幽且陰。口為天關精神機，足為地關生命棐，手為人關把盛衰」，三關九微，並以天地人為說，脫胎於《內經》的痕跡甚為明顯。

《針灸甲乙經》完成於太康三年（二八二），又強調三部九候的講法，且以天地人相比配。它影響到或啟發了魏華存等人對《黃庭經》的理解，而出現上、中、下三丹田說，是十分自然的事。由此，也可讓我們對《黃庭內景經》的形成，更多了一層認識。

就後來的發展來說，《黃庭經》既然在形成期與醫術關係密切，後世論醫學者，遂亦不免援引《黃庭》，視為一家眷屬。例如《難經》在宋代有王惟的集注本，收輯了呂廣、丁德川、楊玄操、虞庶、楊康侯五家注（其中兩楊氏之注混淆莫辨，不知究為何人之說），即屢有引《黃庭》以詮釋《難經》之例。

如第八難「生氣之原者，謂十二經之根本也，謂腎間動氣也」，虞注就說：「坎主子位，所以元氣起於子也。腎者，水也，《黃庭經》云：『是水之精坎之九』。今言兩腎之間，即人之元氣也。術士云：腎間曰丹田，亦曰隱海，中有神龜，呼吸元氣」，不但引《黃庭經》，更舉丹士之說為證。

又，第三十一難「三焦者，何稟何生？何始何終？」虞注也說：「今依《黃庭經》配八卦屬五臟法，三焦以明人之三焦法象三元也。」其實《黃庭經》本身並無以五臟配八卦之說。以五臟配八卦，是宋代以後某些解釋《黃庭經》者之路數，虞注蓋用其說。不止虞注，六十六難「臍下腎間動氣者，人之生命也，十二經之根本也，故名曰元」，楊注也說：

臍下腎間動氣者，丹田也。丹田者，人之根本也，精神之所藏，五氣之根元，太子之府也。男子以藏精，女子主月水，以生養子息，合和陰陽之門戶也。在臍下三寸，方圓四寸，附著脊脈兩腎之根。其中央黃，左青，右白，上赤，下黑。三寸法三才，四寸法四時，五色法五行。兩腎之間名曰大海，一名弱水，中有神龜，呼吸元氣。流行則為風雨，通氣四肢，無所不至也。腎者，分為日月，為

> 精一虛無之氣，人之根本也。臍者，人之命也。腎者，分為日月，為精一虛無之氣，人之根本也。臍者，人之命也。一名太中極，一名太混，一名崑崙，一名持樞，一名五城。五城有真人，即五帝也。五城之外有八使者，即八卦神也。八使者，並太一為九卿。八卦之外，有十二樓，樓有十二子也，並三焦神為二十七大夫。又並四肢神為八十一元士。臍中央名太一君之候王、王天大將軍、特進候，主人身中萬二千神也。郊在頭上腦戶中，廟在項後頂上，社在脾左端，稷在大腸竅，風伯在八門，八門在臍傍，雨師在小腸竅，四瀆雲氣在崑崙，弱水在胞中。所以備言此者，欲明腎為人生之本焉。故知丹田者，性命之本也。道士思神、比丘坐禪，皆行心氣於臍下者，良為此也。

完全以道教下丹田說來解釋醫學，更以身中神來說明身體內部的構造、功能與器官間的關係。醫道混一，至為顯然。

但修道人之宗旨畢竟不同於醫生，故對身體之理解亦有與醫生不同之處。以一個最簡單的例子來說，醫學上固然也講氣，但是，「營氣之道，納穀為寶。谷入於胃，氣傳之肺，流溢於中，布散於外」（《針灸甲乙經‧營氣論》），基本上是要吃飯的。人吃了飯，才能生出血氣來。可是道士修煉，以《黃庭經》來說，卻是要辟穀，以呼吸元氣來行導本身的血氣。這是完全不同的想法，以致對於胃和三焦，就可能會有迥然異趣的解說。

在《針灸甲乙經》中，謂上焦出於胃口，中焦也並於胃口，「出上焦之後，此所以受氣、泌糟粕、蒸津液、化其精微，上注於肺，乃化而為血，以奉生身」，形成精氣，稱為營氣。下焦，則別於回腸，注於膀胱。所以說「上焦如霧、中焦如漚、下焦如瀆」。氣清者為營，氣濁者為衛，周流循環不已。如此論營衛血氣之流動，頗接近現代醫學所說血液在動靜脈間的循環，只是加上了胃與氣相關聯的說明（見其《營衛三焦論》）。據此說，胃乃水穀之海，膻中則為氣海。《難經》論三焦，基本上也是如此。因此說：「三焦者，水穀之道路，氣之所終始也。上焦在心下，下膈，在胃上口，主納而不出，其治在膻中。……中焦者，在胃中脘，不上不下，主腐蒸水谷。……下焦者，主分別清濁，主出而不納，以傳導也，其治在臍下一寸。」（第三十難）三焦都有明確的位置，也都與胃之消化水穀有關。其理論皆本諸《素問》，所謂「人受氣於谷，谷入於胃，乃傳五臟六腑」。

《黃庭內景經》剛好相反。它主張不食水谷，因此完全用不著胃腸的消化功能。所以論五臟僅及心肝脾肺腎，論腑亦僅言膽，不談胃，胃的功能則被脾所取代。第十三章：「脾部之宮屬戊己，中有明童黃裳裡，消穀散氣攝牙齒……主調五穀百味香」，十五章：「脾長一尺掩太倉……治人百病消穀糧」都可證明這一點。《外景》不強調脾，但不太談胃在製造精氣血氣方面的作用，則是一樣的。

對胃既不重視，它論三焦就未必仍要扣住胃來談。經文提到三焦的，包括「肺之為氣三焦起」（《外》第二十一章），「肝之為氣條且長，羅列五臟生三光，上合三焦下玉漿，我神魂魄在中央」（《外》第二十章）等，注家往往不依醫學上的三焦說來解釋。如：

梁丘子云：說三焦者多未明其實，例以為三臟之上系管為三焦。焦者，熱也，言心肝肺頭熱之義矣。……三焦者，三關元也。

乩筆《黃庭內景經》引臥龍真人云：三焦者，太元太和太清之氣也。涵虛子云：三焦為真元一氣，真元上升，肺乃受之。故從三焦起也。視聽幽闕者，中下二焦皆治在臍，返觀內察，以候臍下之氣。……三焦者，氣沖也。上焦在胃口上，治在膻中，中焦在胃管，治在臍旁，下焦在臍下，膀胱上口，亦治在臍。其實乃真元一氣也。有藏無府。故古歌云：「三焦無狀空有名，寄在胸中隔相應。」

梁丘子批評別人論三焦不對，正是想為三焦另作說明，所以用三關元或「熱」來解釋，其後臥龍真人和紫霞涵虛都說三焦是氣，且沒有固定的位置與形狀。但從醫學上看，三焦原來是十分明確的。《黃帝內經・金匱真言論》：「肝心脾肺腎五臟皆為陰，膽胃大腸小腸膀胱三焦六腑皆為陽。」《靈樞經，經脈》則謂肺手太陰之脈，起自中焦，下絡大腸；三焦手少陽之脈，起自小指次指之端；心主手厥陰心包絡之脈，起自胸中，出屬心包絡，下膈，歷絡三焦。又，《營衛生會第十八》更明說上焦出於胃口上，中焦在胃口後，與《針灸甲乙經》所述同。怎麼能說三焦只是氣呢？㉕

三焦既關聯著經脈，又有明確的位置，其功能在《難經》中也講得很明白，乃是「水穀之道路，氣之所終始也」。是因其「腐熟水穀」，「以傳導也」，所以才能生血氣，它本身絕對不是氣。把它看成氣，它當然就有名無形，且也沒有一定的位置，所謂「有藏無府」、「有其位而無正藏」了。前文所舉那些深受《黃庭經》影響的《難經》注解家，便曾這麼解釋三焦：

楊曰：「焦，元也。天有三元之氣，所以生成萬物。人法天地，所以亦有三元之氣，以養人身形。三焦皆有其位，而無正藏也。」虞曰：「天有三元，以統五運；人有三焦，以統五臟也。今依《黃庭經》配八卦屬五臟法，三焦，以明人之三焦法象三元也。心肺在上部，心法離卦，肺法兌卦、乾卦，主上焦。乾為天，所以肺行天氣。脾胃在中部，脾胃屬土，統坤卦，艮亦屬土，艮為運氣，主治中焦。腎肝在下部，腎法坎卦，肝法震卦、巽卦，主下焦，主通地氣，行水道。夫如是，乃知坎、離、震、兌、坤，以法五臟，乾、艮、巽，乃法三焦，以合八卦變用。……聖人云：『元氣起於子。』子者，坎之方位。坎者，即父母之元氣也。謂乾為天為父，坤為地為母。今坎之初六、六三，乃坤之初六、六三也；坎之九二，乾之九二也。謂乾坤交於六三、九二而成坎卦。坎主子位，所以元氣起於子也。腎者，水也。《黃庭經》云：『是水之精，坎之氣。』今言兩腎之間，即人之原氣也。術士云：腎間曰丹田，亦曰隱海，中有神龜，呼吸原氣，故曰呼吸之門也。人之三焦，法天地三元之氣，故曰三焦之原。十二經脈憑此而生，乃曰十二經之根也。」

在《難經》第三十八難中曾說過：「三焦者，主持諸氣，有名而無形。」楊虞之注都是逮著這個話來發揮，並援引《黃庭經》以為說。但三焦主持諸氣，它本身並不是氣，更不能說是「有藏無府」，因為《難經》接著就說：「其經屬手少陽，此外府也。……五臟各一府，三焦亦是一府。」現在楊氏、虞氏以焦為原，且以三焦統五臟，雖作的是醫書的注解，講的卻全是《黃庭》道法而非醫學。這種現象，足以說明《黃庭經》影響之大，更能看出醫學與道學在歷史中複雜的糾謬關係。

順著這樣的關係，我們可以進一步再看看《黃庭經》中對於身體部位的描述。

《外景經》第一章「上有黃庭下關元，後有幽闕前命門」，梁丘子注「關元在臍下三寸，元陽之門在其前」，「幽闕者，兩腎也，如覆杯。去臍三寸，上小下大，又有日月。命門者，及臍下也」。其說尚稱平實，但在注《內景》「上有魂靈下關元」時卻大作玄言，云：「上魂天分也，下關地分也，魂靈無形，關元有質，人法天地形象。」以致後來論者也胡扯一通，如乩筆《太上黃庭內景玉經注》引呂祖說「關元者，丹田以下之虛神也」；蔣國祚說「關元內有元，陰中有陽矣」，又說「黃庭，近脾，丹田之上。關元近尾閭，丹田之下。幽闕，腎也。命門，臍也」；劉長生則說：「地關緊閉，天門常開，魂清氣爽，結就靈胎。」㉖

此類說法，皆徒亂人意而已。據各家針灸經穴圖所載，關元在臍下三寸，乃足三陰，任脈之會。故「黃庭」應該是指中庭部位。因為任脈自天突、璇璣、華蓋、紫宮、玉堂、中庭而下，直到氣海、命門、關元、中極、曲骨、會陰，正所謂「上有黃庭下關元」。天突在喉結下四寸凹處，下一寸六分為璇璣，再下一寸六分為華蓋，又下一寸六分為紫宮，再下一寸六分為玉堂，更下一寸六分兩乳中間為膻中、下一寸六分便是中庭。因其名為中庭，故稱黃庭，本甚明白易懂，後世紛紛，皆因未能由此考核之故。

至於「後有幽闕前命門」，王羲之寫本作「上有黃庭，下有關元，前有幽闕，後有命門。呼吸廬外，出入丹田」。前幽闕後命門，幽闕應指神闕穴位置，神闕一名氣舍，在臍中。命門則在脊椎在第十四節下，與臍正好相對，乃背部督脈大穴。梁丘子以《黃庭》為惜精固腎之書，為了凸顯腎的重要性，將文句改為「後有幽闕前命門」，並說兩腎為幽闕，命門在臍下。蔣國祚則說命門即是臍。其說當然也不是全無根據的。在《針灸甲乙經》中便曾說：「石門，三焦募也，一名利機、一名精露、一名丹田、一名命門，在臍下三寸，任脈氣所發。」（卷三）這是穴位有不同名稱所形成的混淆，猶如利機也指會陽，督脈氣所發，在陰毛骨兩旁，和也稱為利機的石門穴也剛好一在前一在後。因此我們不能說梁丘子等人解釋錯了。可是，解經須就其整體文義說。將命門視為任脈的臍下位置，便只好把幽闕解為背部之腎。但說腎叫幽闕是沒有根據的。人只有前面任脈有巨闕、神闕穴。巨闕兩旁各五分處即幽門，屬沖脈。故若說幽闕，涵門、神闕或巨闕都比腎更有資格。

因為經文接著說「關門壯鑰闔兩扉，幽闕使之高巍巍」，《內景》又改為「玄泉幽闕高崔巍」。幽闕若指腎，怎麼能高崔巍呢？梁丘子注云：「腎在五臟下，而云高者，形伏存神則在丹田之上，故曰高也。」顯然也僅是強辯之辭。據穴法，巨闕兩旁的幽門，即所謂幽闕。幽門下為通谷，通谷下為陰都、陰都下為石關，其穴左右各一，去腹中各一寸五分，正所謂「關門壯鑰合兩扉」，否則「兩扉」云云便無法解釋。又足陽明胃經穴即有關門，在幽門旁一寸五分，下三寸，若云此即為經文所指之關門，亦符合經文文義。

這都是腹部的穴位，稱其為高，正如「上有黃庭」的句法那樣。何況下文更說：「方寸之中謹蓋藏，精神還歸老復壯，使以幽闕流下竟，養子玉樹令可壯。」明明是要以氣由幽闕往下流注，絕對不是如梁丘子所說「又思兩腎間氣從上至下」。腎氣必然只能由下至上，怎能從上至下呢？

《外景》接著又說：「至道不煩無旁迕，靈台通天臨中野，方寸之中至闕下，玉房之中神門戶，皆是公子教我者。」梁丘子解：「心為靈台，上通氣至腦戶，下過氣至脾中。」涵虛注云：

「靈台起於中天，即真心發現處也。下臨中野，注意于中央黃庭。」均未諦。本句與氣下至脾無關。靈台、通天則皆為穴位名。靈台在脊中，位於脊椎第六椎下，督脈大穴，禁針。通天在頭中，後一寸五分即腦蓋，又後為玉枕。所以說「靈台通天臨中野」。方寸至闕下，或作「關下」，指心腹幽闕或關元之間。

心腹之間，凡有三關：石關、關門、關元。石門指幽門下三寸，關門指幽門旁一寸五分下三寸。五臟六腑皆在此三關心腹之間，所以經文接著說：「三關之間精氣深」（第六章）。梁丘子注：「關有三部，天關口也，地官下部也，人關兩手也。常握固，閉塞三關，邪氣不生也。」是用《內景》第十八章所謂「三關之中精氣深，九微之內幽且陰，口為天關精神機，足為地關生命棐，手為人關把盛衰」來解說《外景經》。但梁丘子也覺得這樣講，就全部經文上下文義來說未必十分妥帖，所以注《內景》時反而說：「謂關元之中男子藏精之所也。又據下文，口手足為三關。又元陽子以明堂洞房丹田為三關。並皆可以文義取之而存也。」可見注家俱不能確定三關為何，所以各以己意為說。其實順著《外景經》開頭幾章一直採用經穴部位以陳述其說的方式來看，此處三關，應是運用同樣的方法。《內景》改造《外景》之理論，採上、中、下三丹田說，故不能只講心腹之間，所以才把三關改稱天地人、口足手，並獨立為一章。但地關為足，在整個《內景》中卻是沒有著落也缺乏呼應的，前文曾說《內景經》在理論構造上並不成功，這便是一個例子。

當然，《內景經》同樣採用了醫學上的經穴理論，第二章「左為少陽右太陰，後有密戶前生門」，梁丘子注：「左東右西，卯生酉殺。前南後北。密戶，後二竅，言隱密也。生門，前七竅，言藉以生也。」簡直不知所云。後來如劉長生注說「左看甲龍，右看庚虎，交媾往來，自然真趣。後戶藏金，前門隱玉，無中常有，妙道一二」之類，即由此濫觴。對理解經義，毫無幫助。

但若以經脈考之，手太陰為肺經、足太陰為脾經、手少陽為三焦經、足少陽為膽經，正是《內景》所最重視的臟腑。脾不用說了，膽也是《外景》所無而《內景》特別標舉出來的。肺則為呼吸之本，明楊繼洲《針灸大全》引《導引本經》云：「肺為五藏之華蓋……息調則動患不生，而心火自靜。……心靜氣調，息息歸根，金丹之母。」適足以說明肺在呼吸導引之學中的地位。而肺氣即起於三焦。手太陰起中焦，手少陽則為三焦經，故《內景》開篇綜述黃庭法要，專就此而說。因遷就對仗，左右、少太、陰陽分舉，說理未盡周延，易啟人疑竇，但它與經脈學說有密切關係仍是可以確定的。若非如此，則它在五臟的架構中忽然特別談到膽，便毫無道理了。

其他如「靈台郁靄望黃野」、「閑關榮衛高玄受」（第十七章），「腎部之宮玄闕圓，兩部水王對生門」（第十二章），「坐視華蓋遊貴京，飄搖三素席清涼」（第三十三章），「肺之為氣三焦起，視聽幽闕候童子」（第三十四章）等等，也都和醫家說法有關。深入瞭解醫學後，對《黃庭經》的掌握顯然便能更為準確。

然而，《黃庭經》援用醫學上的理論後，它本身的理論構造卻與醫家之說大相徑庭，最明顯的地方，便是它不再建立在經絡的基礎上。經絡，是就人體自然的生理的血氣流動現象而發展出來的一種理論說明，以十二經配五臟、六腑、十二時、陰陽。《黃庭經》只局部採用了它的經穴部位說，並參考了它對穴位及功能的講法，而完全不談經絡血氣等問題；所要談的，乃是呼吸天氣，並以意念導引它在身體中運行，此所謂天經也，即《內景》第八章所說「皆在心內運天經，晝夜存之自長生」。豈仍是人體原來由飲食水穀而生血氣運行的十二經呢？楊繼洲《針灸大全》卷七《任脈經穴主治》條，不達此理，乃云：

人身之有任督，猶天地之有子午也。……但在僧道，不明此脈，各執所尚，禁食、禁足、禁語、斷臂、燃指、燒身，枯坐而亡，良可悲夫！間有存中黃一事，而待神氣凝聚者；有運三華五氣之精，而洗骨伐毛者；有搬運周天火候者；有日運臍、夜運泥丸煉體者；有呼九靈、注三精而歸靈府者；有倒斗柄而運化機者；有默朝上帝者；有服氣吞霞者；有閉息存神者；有採煉日精月華者；有吐納導引者；有單運氣行火候者；有投胎奪舍者；有旁門九品、漸法三乘者，種種不同，豈離任督？……是以上人哲士，先依前注導引各經，調養純熟，即仙家之能築基是也。然後掃除妄念，以靜定為基本，而收視返聽，含光默默，調息綿綿，握固內守，注意玄關，頃刻水中火發、雪裡花開，兩腎如湯煎，膀胱似火熱，任督猶車輪，四肢若山石，一飯之間，天機自動，於是輕輕然運、默默然舉，微以意定，則金水自然混融，水火自然升降，如桔槔之呼水、稻花之凝露，忽然一粒大如黍米，落於黃庭之中。

其所論存中黃，及煉金丹如黍米落於黃庭等，均涉及黃庭道法，且認為所有修道法門皆不離任督兩脈。這是受了宋朝以降南北內丹家影響後才形成的看法。㉗就《黃庭經》來說，則它根本與經脈無關，更與任督兩脈無關。楊氏徵引張伯端之說，固足以見醫家與道術混通之現象，卻不能用以解釋《黃庭》宗旨，這實在是討論醫學與道學之關係時一個最有趣的事例。

注釋

①早期道教不血食，亦不見血穢，另詳本書《道教的性質》一文。但強調秘傳者卻主張歃血。《全唐文》卷九二五吳筠《服氣》說：「上古以來，文墨不載，須得至人，歃血玄盟，方傳口訣。」即是一例。紫霞涵虛的想法，就屬其裔脈。這是因為主張秘授者認為其方法具神秘性，唯有透過血祭的儀式，才能使獲受者也擁有這種神秘法力。這種血的崇拜，是許多巫術及宗教中都有的。道教原本反對此法，但自秘傳之想法興起後，授受者便又走上這個路子。如梁丘子注說：「古者為盟，誓不妄傳，當割發歃血。如傳丹經，歃血立誓，學神丹金液者，必先重盟而後可傳。」務成子注說：「契誠不假，出血斷髮。」都談到歃血斷髮。可是，道教的傳統力量畢竟仍大，所以務成子所說，其實只是採血盟之意，而代之以衣飾信物：「結盟之誓期以勿泄，古者盟用玄雲之錦九十尺、金簡鳳文之羅四十尺、金鈕九雙，以代割髮歃血勿泄之約。」（《黃庭內景經注序》）到紫霞涵虛時，則真的去歃血了。

②《道藏》洞玄部玉訣類也收了《黃庭經》內、外景的注，似是以本經為文，以注為訣。文與訣之不同者，正在普傳與密授、文載與口解之分。內丹各派，咸以口傳為主，文載為輔，陳攖甯《女功正法序》說：「讀者須知，神仙之學，有四大原則，第一務實不務虛（按：謂不講境界只重方法）、第二論事不論理（按：指其不多談理論，注意技術性的說明）、第三貴逆不貴順，第四重訣不重文。凡審定丹經道籍，皆當本比原則以求。」講內丹之特點甚確。在鍾呂丹法興起以前，道教中當然也有了口授與文載之爭，如《抱朴子．論仙》云：「作金仙皆在神仙集中，淮南王抄出，以作《鴻寶枕中書》。然皆秘其要文，必須口訣，臨文指解，然後可為耳。其所用藥，復改其本名，不可按之便用也。」陶弘景《登真隱訣序》也說：「非學之難，解學難也。屢見有人，得兩三卷書、五六條事，謂理盡於紙，便入山修用。動積歲月，愈久昏迷。……真人立象垂訓，本不為蒙狡設言。故每標通衢，而恒略曲徑。……凡五經子史，爰及賦頌，尚歷代注釋，猶不能辨，況玄妙之秘途、絕領之奇篇？」都強調口授的重要性。《抱朴子．微旨》甚至舉了個例子說：或人願聞守身煉形之術，答：「『始青之下月與日，兩半同升合或一，出彼玉池入金室，大如彈丸黃如橘，中有嘉味甘如蜜，子能得之謹勿失。既往不追身將滅，純白之氣至微密，升於三關三曲折，中丹煌煌獨無匹，立之命門形不卒，淵乎妙矣難致詰。』此先師之口訣，知之者不畏萬鬼五兵也。」此即口訣，可見魏晉間對於口訣或口傳解釋也是極為重視的。但此時整體趨勢是文重於訣，以文為本，以訣為解釋或摘要。而且訣雖口授，若

欲流傳，仍須錄於文字，故道經中收載各種訣法很多。這跟五代宋元以後內丹家重訣不重文的性質仍有很大的差異。

③像注二所引葛洪老師鄭隱的口訣，就很明顯有《黃庭經》理論的痕跡。葛洪曾在鄭隱處見過《黃庭經》，其《抱朴子．遐覽篇》也著錄了《黃庭經》。鄭隱乃漢末至西晉惠帝時人，《抱朴子》成書於東晉初，元帝建武年間（西元三一七年左右）。此時以前，《黃庭》已有傳本，殆無疑問。王羲之在永和十三年（西元三五七年）又有寫本。葛洪家族為靈寶道，與其師又修金丹，王羲之家族則為天師道。世傳魏華存傳《黃庭》則是在晉哀帝興寧一年（西元三六四年），遠在其後。

④睦麟《黃庭經講解》（浙江古籍出版社，一九八八年）認為：「晉太康九年（西元二八八年）《黃庭內景經》先出，晉成帝咸和年（西元三三四年）《黃庭外景經》問世。」不知何所依據。蓋誤讀王明的考證所致，詳後。

⑤王明《黃庭經考》謂魏晉之際，民間似已有了七言韻語的《黃庭》草本。大約在晉太康九年左右，魏華存得到這個本子，並予注述。或有道士口授，華存記錄，詳加詮次，寫為定本，即成為《真誥》中所提到的《黃庭內景經》。晉咸和九年，魏華存逝世，《外景經》大約也在此時問世（見《道家和道教思想研究》，中國社會科學院，一九八四年）。據此說，是《內景》先出，《外景》後見，但兩本之前尚有一祖本。我則以為王先生的考證不能成立。魏華存乃晉司徒魏舒之女，生於魏齊王嘉平三年（西元二五一年），卒於咸和九年，年輩不早於鄭隱、葛洪。謂魏華存於太康年間即已注述《黃庭》，縱或為真，亦未傳世，彼傳此經，終究是在哀帝時。何況，依此說，尚須假定有一草本。那個草本究竟接近《內景》還是《外景》呢？王明既說魏華存據草本「注述」、「重加詮次」，顯然也認為她有所增益。可見兩本之前，縱使尚有原著，《外景》也仍是較接近草本原作的。

⑥古代注家亦曾對兩經一重視心、一重視脾感到懷疑，如梁丘子《黃庭內景經注》便自問自答道：「『據五方之色脾為黃，應為五臟之主，而今共以心為主者何也？』答曰：『心居臟中，其質虛受也。夫虛無者神識之體，運用之源，故遍方而得其主，動周而獲其神，不可以象數言，不可以物類取也。』」這是發現了問題，卻不曉得解決，遂大打玄言以為解釋。

⑦董德寧本作「即得不死入玄室」，誤。

⑧受梁丘子注影響的務成子注或涵虛子注也都是如此。務成子注多引《真誥》中禁人性交之語來強化他的論述，涵虛注則以內丹家的房中觀來解釋，如「養生之道，最忌房中交戰。……惟當專心一志，嚴閉御女之景」（《內》第二十一章注），「長生要妙，自房中得之，丹家名接命術，有如男女交媾，並非採戰之事，乃神氣相胥」（《外》，第七章注），「諸般穢賤，如紅鉛秋石、閨丹泥水之類則不足觀矣」（《內》第二十八章注）。煉外丹者或用處女月經水，煉為紅鉛；用童子尿，煉為秋石。講內丹者，或言陰陽雙修，所謂泥水丹；或言採陰補陽，所謂閨丹。皆涉性事，俱為彼所不取，所取者唯虛擬式的性交方法。此法雖為內丹之正宗，然實與《黃庭》無關。

⑨務成子注云此「方寸」為：「頭為高台、腸為廣野。目央之中玉華際，大如雞子黃在外，下入口中生五味，晝夜行之可不既。」又前文「方寸之中謹蓋藏」也說是目：「不方不圓，目也，閉戶塞牖中之不有守之。守之得道之半。」與梁丘子注一樣欠通。梁丘子注《內景經》時，解靈台方寸則不同於此，謂第十六章「方寸之中念深藏，不方不圓閉牖窗」是：「方寸之中，下關元。在臍下三寸。方圓一寸，男子藏精之所。方止圓動，不動不靜，但當杜塞不妄泄也。」乃以房中術釋之。而接著第十七章「三寸異室有上下」卻又注云：「三丹田上中下三處各異，每室方圓一寸故云三寸。今人猶謂心為方寸，即一所。」解釋又不同。可見他本身並無定見。

⑩涵虛子為了配合其內丹陰陽交媾說，將《外景》第二章「關門壯鑰闔兩扉」之「壯」寫作「牡」，說牡才對：「鑰鑰同鎖鑰也。其機栝有牝有牡。關門之時，以牡入牝，則鑰分而兩扉亦闔，喻言神氣交媾，如牝牡之相銜也。」另外，董德甯本分章與涵虛本不同，涵虛本第十六章「玉牝金鑰身完堅」，董本在第十三章，作「玉牝金鑰常完堅」，釋為保藏精氣，意亦就謹慎房中性交之事這方面說。

⑪反倒是因梁丘子這一注，務成子便徑以「玉篇」來稱呼《黃庭經》了。其注《序》云：「《黃庭內景》者，一名《太上琴心文》，一名《大帝金書》，一名《東華玉篇》。」

⑫我認為「洞玄」可能是指王褒所撰《洞玄經》而非《洞玄靈寶》。王褒為魏華存之師，唐釋道世《法苑珠林》卷六九說王褒曾撰《洞玄經》。

⑬反而是《內景經》既提到了這隱地回八術，後人便造出了《太上丹景道精隱地八術》，又稱《紫霄飛靈八變玉符》，見《雲笈七籤》卷五三。但其所說乃藏形匿影、解形遁變之法。另參《道藏》正一部所

收《上清丹景道精隱地八術經》。

⑭梁丘子注、務成子注，於「紫煙」皆未釋。董德甯解紫煙為兩目之精光。兩目精光怎麼能起三丹田之素雲？其說顯然未諦。涵虛則以上句紫煙為「足下盡生紫氣雲煙，《大洞經》所謂『金闕上景氣，十方暉紫煙』是也」，又說下句紫煙為「陽氣也，三素雲乃肺肝脾」。其不通也極為明顯。劉長生注只簡單說「紫霧紅光結成華蓋，岳雲襯步，紫煙覆頂」，等於沒說。三素雲，後來也出現個「三素雲法」，見《雲笈七籤》卷五三雜秘要訣法部。

⑮融合佛家說法者，並不罕見，如紫霞涵虛雲金丹又名黃華玉女，即是佛家所說的「鬱鬱黃華」（《內第六章），又說儒道釋三教可以相通，其說尤其值得注意。《內景》第二十二章注：「心不離氣，氣不離心，心氣相依執中有權，非執一也。玄關往來無定位，故三房相通達回。孔子《易翼》曰：『九三，重剛而不中，上不在天，下不在田，故乾乾，因其時而惕。』言九三乾乾，只是因時候氣，不可執三為中也。又曰：『九四，剛而不中，上不在天，下不在田，中不在人。』故或之或之者，疑之也，言九四或躍，其剛氣或從此生，使人疑似無容揣測，不可執四為中也。此儒門通達之旨。《金剛經》曰：『發阿耨多羅三藐三菩提心者，云何應住？云何降伏其心？佛言：善哉善哉！發阿耨多羅三藐三菩提心者，應如是住，如是降伏其心。云何則執？如是則不執也。』又曰：『如來在燃燈佛所，於法有所得。不不也，世尊如來在燃燈佛所，於法實無所得。』有所得則言不必執，無所得則不執以為執也。又曰：『應無所住而生其心。』佛法至此圓妙極矣。身內身外，皆當如是。此釋門通達之旨。今讀《黃庭經》通達密諦，而後知三教聖人，傳心相似，特無通人提出，遂至各執一見耳。」又，第二十五章注：「孔子告子路要先知生，後知死。知得生處，乃可去死。知生，是立命功夫。丹家言心死神活，尚是盡性的事。至於去死方活，卻要在知生處下手去死，死了後方才復生也。世上丹經都只說個死生，不能說到生死，惟孔論與《黃庭》能言之生死交際之後。……或問涵虛曰：『孔子言知生知死，言明理乎？言修身乎？』曰：明理可以修身也。成聖成仁，皆在乎此。子路有敢死之心，孔子先教他知生，生即在當死處。可死便死，一死長生，見危授命，危即是生身處，特患其不知耳。這裡不死，雖生猶死；這裡一死，死中得生。子路結纓，即子路生處，即子路死處。生即死，死即生。生死關頭，分得開，合得攏。總要知壽可萬年處，方才下手去死，則生死皆智也。子貢問仁，夫子曰：『無殺生以害仁，有殺身以成仁。』這仁即生處知得便死。睢陽、信國諸公，至今尚在。此

皆生死之際也。內而修身，知得到生處方知得可死處。生處去死，不落空亡。故孔子曰：『未知生焉知死。』聖人之言，內外皆同。」將儒家生死學和《黃庭經》結合起來說，甚為精彩。解經雖不諦，但極具有理論開發的趣味。

⑯世傳許旌陽述《靈劍子引導子午記》，大體本諸《黃庭經》，講如何服氣導引。但別本《靈劍子》則介紹導引八勢，以春夏秋冬季夏配合五臟以補益之。情況正與《黃庭經》和《黃庭五臟玉軸圖》的關係類似。

⑰《道藏》另收有《黃庭中景經》一種，李千乘注，又稱《黃老黃庭經》，與此本完全不同，理論則仿《內景》、《外景》，發明無多。但它特別重視臍，說：「下念天門依命門，去臍下一寸名丹田。」這對後世影響甚大。

⑱胎息法另有一種，為孫思邈所傳，「不服氣、不咽津、不辛苦，要吃便吃，須休即休，自在自由，無阻無礙」，只要「五時七候，入胎定觀」，稱為胎息定觀。見《存神練氣銘》。

⑲另詳本書《道教的性質》一文。

⑳修此法者，對吞津的強調有時且甚於服氣。如陶弘景《養性延命錄・教誡第一》述黃庭經法時，說其道在於飲食自然，「自然者則是神水華池。華池者，口中唾液也，呼吸如法咽之，則不饑也」，並引《老子尹氏內解》為說。這裡實只說了飲而未及談食。

㉑另詳本文第八節。

㉒討論古代氣論及養生學發展的論著，近年已漸豐富，但我的講法與其他人均不一樣，幸祈留意。

㉓其中最有趣的地方，是修道人大體吸收了《內景》對五臟的講法，但對經脈卻不太注意。醫家對於如何服氣不感興趣，較集中氣力去討論經脈的問題，《靈樞》固然是如此，《難經》也以經脈為主。張仲景《傷寒論》全屬脈法，下至《金匱要略心典》、《針灸甲乙經》皆然。《千金要方》且將五臟六腑放在脈的架構下，說心臟脈、脾臟脈、小腸腑脈等。

㉔《黃庭外景經》或僅分為上、中、下三篇而不分章，本文分章所據則為涵虛子注本。

㉕醫學上也有以三焦為元氣者，如金朝李杲《脾胃論》即有《三焦元氣衰旺》條。但其說云：「三元真氣

衰憊，皆由脾胃先虛，而氣不上行所致也。」並非說三焦是真元一氣或太清太和之氣。

㉖梁丘子注《內景》和《外景》時，持論常不一致，除了他本身理解的問題外，一個重要的原因，就是其注與務成子注相混。《雲笈七籤》卷十一及十二所收梁丘子與務成子注，標示不清，以致難以析別，後人徵引遂常混稱為梁丘子注，而不能理會其中的矛盾了。

㉗他在論督脈時又說：「要知任督二脈一功，先將四門外閉，兩目內觀。默想黍米之珠，權作黃庭之主。卻乃徐徐咽氣一口，緩緩納入丹田。沖起命門，引督脈過尾閭，而上升泥丸；追動性元，引任脈降重樓，而下返氣海。二脈上下，旋轉如圓；前降後升，絡繹不絕。心如止水，身似空壺，即將穀道輕提，鼻息漸閉。倘或氣急，徐徐咽之；若仍神昏，勤加注想。意倦放參，久而行之，關竅自開，脈絡流通，百病不作。廣成子曰：『丹灶河車休矻矻。』此之謂也。督任原是通真路，丹經設作許多言，予今指出玄機理，但願人人壽萬年。」亦以其法為黃庭法，未察及兩者之異。他的混淆，也正是許多修丹道者共同的現象。

八　內丹學的興起

道教史上對於用爐火燒煉丹藥以成仙的理論，一般認為可以分成兩個系統：一是採金石草木燒煉，利用物質的化學變化，製成丹藥，說人若服食了此類丹藥即能成仙；另一種，則主張以自己身體為鼎爐，身體內部的氣血等物為燒煉的材料，修煉以結丹，成丹以後便可不死成神。前者通稱為「外丹」，因為丹藥是人體以外的物質、材料也是外在的；後者則相對而稱為「內丹」。

內丹這個詞以及整套修煉的觀念，顯然比較迂曲，它為什麼被提出來、什麼時候出現、又如何被大家接受的呢？

研究道教史的人通常推其語源上至天台宗的三祖慧思，慧思《立願誓文》曾說要「借外丹力修內丹，欲安眾生先自安」，這是「內丹」一詞正式見於文字的記錄。但是這個內丹一詞，與道教後來所說利用身體內部的成分與力量自行結丹，不假外力，並藉此以批判外丹之觀念，實不相符，故推源於此，殊不恰當。

另外又有些人從文獻記載，例如《羅浮山志》說自隋朝道士蘇元朗後，「道徒始知內丹矣」，推內丹之源起於蘇元朗。但這種後起的方志資料，怎能用來做證據？引錄這部方志時，是在清朝；方志所記，也混有太多唐末以後的觀念。例如說蘇元朗曾作《龍虎金液還丹通元論》，歸神丹於心煉，「性命雙修，內外一源」。這絕對不是唐朝人說的話。謂內丹之說始於此，頗嫌憒憒。

另有些人則認為內丹之說縱或起於隋，亦未發展流行。從史實上看，內丹應是在唐朝人熱衷修制丹藥，但其服食卻大量失敗的經驗中得到反省，才發展出來的。由於體內結丹說確實遲至晚唐五代方才大興，符合外丹失敗轉向說，因此這個論斷已是最通行的看法。

但也有些人認為從外丹至內丹的轉變，不能完全歸因於外丹之失敗，例賀碧來（Isabelle Robinet）《道教內丹術的起源和中國思想》、《上清道教的心象和忘形的飛翔》和阪出祥伸《隋唐時代之服丹、內觀和內丹》等文，就認為早期道教養生術亦應納入考慮。因為內丹的重點之一，即是洞察冥想，而內在冥思之術早見於上清道及各種養生法中。換句話說，因外丹吃了無效，甚或中毒發病，導致修煉者轉向發展而形成內丹學，只是內丹學出現的外緣因素；其術語、觀念、理論，則是從早期內煉養生思想發展來的。

我也傾向最後這種看法。因為煉丹失敗，只能解釋外丹因此而衰微，並不能說明內丹即因此而興，更無法解釋內丹理論內部之構造（**何況唐代以後爐火燒煉之術也沒有衰，傳承依然不絕，只不過不再是唯一的典範而已**）。內丹這個觀念及理論，確實是由漢魏以來各種道教養生術發展來的。

但是，漢魏南北朝有此類養生術卻並未發展出內丹之說，要到了唐朝才得以發展，又是什麼緣故？這就需要思想史性質的解釋了。

而且，內丹這個詞及其觀念，在唐代雖然仍不穩定，但是到了《通志・藝文略》時已明確地以「內丹」為一分類名目，著錄了四十部書，四十七卷。這些書，全都是唐宋間的作品。傳統的養生術法，則放在「存思」、「導引」、「吐納」、「胎息」部分。可見起碼在宋朝人看來，內丹與漢魏南北朝流行之養生術法仍是不同的。因此，我們固然可以從內丹學的術語、觀念、理論上，找到許多它與早期內煉思想的淵源，但依然必須明白它們是不一樣的東西。也就是說，內丹學既是六朝內煉學之發展，又是轉變。

事物之變，由來者漸。轉變之幾，則在隋唐之際。歷經許多發展，才終於形成一條新的路向。起先，它並不是針對煉丹的問題來作思考的，只是順著六朝以來有關服氣養生的理論予以發展。但逐漸深化以後，漸漸出現內在化及精神化的傾向，由服外氣講到服內氣、由存想身中神講到存養精神、由對肢體的按摩導引講到內在的以心引氣、由閉氣胎息講到元氣成胎，以至對丹、鼎、火候等，都有了新的解釋。此時又再援引老、莊、佛學、《易經》之義理來說明其見解，才逐漸形成一個新的論述體系。

要摸清這一段發展的歷程，是很不容易的，我費了許多工夫，走了許多冤枉路，誤聽了不少同行及前輩的言論，才逐漸得以撥雲霧而見衢徑。今茲補史述之闕、正流俗之訛、論丹道之要，其略如下。

（一）服食與服氣：典範間的爭衡

魏晉南北朝道教，雖在各個方面都有其建樹，但燒煉服食畢竟仍是其中最引人注目的成果，在道教中人看來，此亦是求長生最重要的法門。葛洪《抱朴子・金丹》說：

> 余考覽養性之書，鳩集久視之方，曾所披涉篇卷以千計矣。莫不皆以「還丹」「金液」為大要者焉。然則此二事，蓋仙道之極也，服此而不仙，則古來無仙。

極能代表這種看法。其他術法，固然也很重要，但「不得金丹，但服草木之藥及修小術者，可以延年遲死耳，不得仙也」《極言篇》。此誠為爐火一派之偏見，然而服食五石散尚且「京師翕然，傳以相授」（《諸病源候論》卷六引皇甫謐語），燒煉金液還丹更是一種時代流行的風氣。連上清道的著名人物楊羲也曾與人信說：「奉返告承服散三旦，宣通心中，此是得力，深慰馳情」（《真誥》卷十七），可見服食之效，廣為各界所認同。①既然在人們的日常經驗中，草木丸膏湯劑乃至五石之散，在治病療疾、健身延年方面，即已有顯著的功效，那些經過特殊燒煉方法製造的還丹金液，其效更神，乃至可以使人不死，也是合理的推論。

因此，燒鉛汞以成金丹，是當時道教最重要的活動，也是道教信仰的核心。入唐以後，此一風氣並未消褪，從唐太宗到僖宗，幾乎每個皇帝都在煉丹，趙翼《二十二史札記》所載，唐朝帝王服丹致死者即有六人之多。王公大臣死於此道者當然更是難以計數，白居易詩諷刺「退之服硫磺，一病迄不痊」者，蓋比比焉。既然死者接踵，為何仍有人執迷不悟，勇於以身試法呢？這就是信仰，就是一個時代「意見氣候」的問題了。

唐代就是籠罩在這種氣氛底下的時代，李白即曾煉大還丹，孫思邈也有《太清丹經要訣》，其中收錄了「神仙大丹異名三十四種」、「神仙出世大丹異名十三種」、「非世所用諸丹等名有二十種」。其餘唐人所傳丹經，如《張真人金石靈砂論》、《上洞心丹經訣》、《大丹鉛汞論》、《大還丹金虎白龍論》、《玉洞大神丹砂真要訣》、《石藥爾雅》等，講燒煉也各有門法。

他們不會認為不可能燒煉出仙丹，只會說其他人的燒煉方法是錯的，照那種方法煉丹，一定會吃死人。所以失敗的例子越多，越能證明唯有他自己的辦法才能制出真丹。②像開元年間張隱居所撰《張真人金石靈砂論》就反對丹砂，云「光明砂、紫砂，昔賢服之者甚眾，而求度世長生者未之有也」，「竊見世人以此二砂服餌，以為七返靈丹，服之無不夭橫者也」（《朱砂篇》），因為他主張用黃金。

別人則又反對他這種講法，據《真元妙道要略》載，當時丹士有用朱砂、鉛、汞、銀，取「抽台水銀」號天生芽，服之而死者；有用硫磺炒水銀為靈砂，服而頭破背裂者；有以密陀僧、鉛黃花號黃芽者；有炒黑鉛為「水鉛」，服而勞疾者；有燒桑木淋煎取灰霜，號為秋石者；有燒金樸草及糞灰，取霜，號為鉛汞者；有用胞衣號「河車」、「紫房」者；有以九煉砂石於葫蘆內，以水精玉環採月水、日火，號為大藥者；有燒砂錫錢取鉛珠，號為丹中真鉛者；有以銀雞子養朱砂及汞，伏火礬為「張果老龍虎丹」者；有以鹽、硇砂啖十六歲童男、童女，取大小便，燒淋取霜為鉛汞者；有用四黃八石合燒為大藥者；有以豬牙、皂莢，十一月採之，燒煉取灰霜號「莢天生牙」者；有以葫蘆盛硝石並白石英，號紫石英為「一物含五彩」之道者；有煎霜雪及百草上露，號「神水華池」修煉者；有燒煉姜石、雲母、硫磺及土為至藥者；有認鐵、銅綠為自然之藥者；有以桑葚子並蠶沙、赭石子，號為大小聖石、自然丹砂者；有燒熏松煙，號為「一子真黑鉛」者；有燒絲紬，取灰，淋煎為大藥者；有燒煉硝石並二江水及青鹽三年，擬為至藥者；有以水火鼎燒赤白二樟柳根，號「玄牝」者；有以曾青、空青結水銀燒伏火，號真金者；有以硫磺、雄黃合硝石並蜜燒之，焰起燒手、面及燼屋舍者；有以「水火漏爐櫃」燒水銀、青砂子九遍，號九轉七返靈砂者；有以黃丹、胡粉、樸硝燒為至藥者；有合燒雄黃、雌黃號為「知雄守雌」之道者；有以煉黑鉛一斤取銀一銖，號「知白守黑，神明自來」為真鉛銀者；有以盆於十一月合地土，取陰氣，認為真水者；有燒火糞灰以臘水淋汁煎霜，號大藥者；有以黑鉛一斤投水銀一兩，號為「真一神符白雪」者。種種法門，不一而足。

為了強調只有他自己的方法才是真正有效之法，他們便又強調「師傳口授」的重要性，以自神其術，並保障在各種燒煉之術的競爭中不會喪失了優勢。

換言之，自漢魏南北朝以迄隋唐，燒丹術不斷失敗之歷史，不唯未使煉丹術式微，反而使它更為蓬勃了。煉丹之法門，在不斷失敗中，也不斷汲取教訓，損益精進。以至於燒煉之學，至隋唐才真正達到高峰，術法之繁，實非葛洪那個時代所能比擬。③

但是，這些燒煉之術不論如何精進，均只限於「術」的層次，理論上並無進展。唐初，道教在義理方面，既已從重新消化老子莊子和吸收佛教理論兩個方面打開了新的格局，在思想上就不會再滿意於這種型態。故省思六朝以來道教另一種思想脈絡——氣論，並予以深化，便成為一個充滿新的可能性的方向。

日人福永光司曾對隋唐思想史作了個有趣的描述，說六朝以迄隋唐，佛教義理著重在說明真如世界之理，這個理固然是空理，但佛教論理不論氣，卻是一基本特點。像華嚴宗所鋪陳的「理法界」或「理事無礙」境，推宇宙究極之原理在其真性空寂之理，而不是道家所說的氣，甚為明顯。華嚴宗密《原人論》即曾批判儒道二教「道法自然而生元氣，元氣生天地，天地生萬物」之說，謂：「天地之氣本無知，人稟無知之氣，安得然起有知？草木亦皆氣稟，何以無知？」因此，六朝至隋唐佛道之對立，他認為可視為佛教對「道以氣為宗」的批評，是一種「理」與「氣」的對立。

但是，他又發現佛教在理論層面反對講氣，在實踐層面卻頗受道教胎息服氣、吐故納新等氣術之影響，例如《雲笈七籤》卷五九便收有《達磨大師住世留形內真妙用訣》、《曇鸞法師服氣法》等書，教人「息氣常在氣海，氣海即元氣根本」，蓋在坐禪時，以此加強僧人之數息觀。由此，他更發現佛教還吸收了與道教服氣論相關之醫學。如《金光明經》雖在北涼時即有漢譯，但初唐義淨的新譯本《金光明最勝王經》中卻有不少與道教調氣治病說相同的文字，如《除病品》云節氣推移之際人較容易生病，又論「何時風病起，何時熱病發」，「當此（六）時中隨飲食調息」，均近於道教醫學書所載。而唐代，又正是一個以氣論醫學最重要的時代。因此他提醒我們應從氣的角度去看佛道交涉史。④

他這個講法點出了一個思想史重點：氣論在唐代思想史上的重要性。且歷來講思想史，偏重於說明思想家的理論構造，忽略了氣論不僅見於理論層面，也實際影響到人的精神修持及形體調養活動。福永光司此說，恰好可以教人重新注意這其間的問題。

是的，環繞著隋唐道教醫學、養生學，氣的觀念仍是不可忽視的。隋大業年間，太醫博士巢元方《諸病源候論》五十卷，論各種疾病的症候，一般認為是我國病因病徵學最重要的著作，因為它並未收載任何治病的方藥。但此書其實不僅只是論症候，它也有療法，其療法即是補養宣導，尤其是行氣法和導引法。廖平與曹章曾輯為《巢氏病源補導宣導方》，近四百法，如「龍行氣，叩頭下視，不息十二通。愈風疥惡瘡，熱不能入」（卷三五），「蛇行氣，曲臥以正身，複起踞。閉目隨氣所在，不息，少食以通陽，服氣為食，以舐為漿」（卷三），「冥心，從頭上引氣，想以達足之十趾及足掌心。蓋謂上引泥丸、下達湧泉是也」（卷一），凡此種種，俱見行氣、服氣、引氣云云，用於醫療行為中，在隋代乃是官方正式療病之法。

與巢元方同時的醫家，如太醫侍禦楊上善，著有《黃帝內經太素》，乃《內經》最早之注解，亦主導引行氣，謂「導引則筋骨易柔，行氣則其氣易和也」（卷十九），「呼吸運其陰陽」（《序》）。

其後醫道之最著者為孫思邈（五八一至六八二）。所著《千金要方》、《千金翼方》雖為方劑之書，但前者卷二十七論養性，全是道教中人語，共八篇：序、道林養性、居處法、按摩法、調氣法、服食法、黃帝雜忌法、房中補益。後者卷二十二論飛煉，即一般所說的道教外丹服食；卷二十九、三十論禁咒，亦皆為道教療病之方術。由這一部分看，孫思邈的道教淵源非常明顯，但以氣為主的想法尚難確定。可是孫氏另外著有《攝生真錄》、《真氣銘》、《保生銘》、《存神煉氣銘》、《氣訣》、《攝養枕中方》等，卻極清楚地說明了孫真人的養生治病學，與陶弘景《養性延命錄》有直接之關聯，除服氣療病、道引按摩之外，更講胎息定觀以求長生久視。

孫思邈之道脈歸屬，目前尚不甚明瞭，但由其說服氣的部分看，當與上清道頗有關係。上清道也是唐朝勢力最大的道脈。隋唐之際，道士王遠知曾師事陶弘景，隋煬帝、唐太宗都很崇奉他。其門徒最著者為潘師正，潘氏弟子之著名者，則有吳筠（？—七七八）與司馬承禎（六四五至七三五）。二人年輩略晚於孫思邈，司馬承禎著有《天隱子養生書》、《坐忘論》等，吳筠著有《形神可固論》、《玄綱論》等。《道藏》所收《南統大君內丹九章經》，亦稱為吳筠所傳。

在司馬承禎已卒，而吳筠仍活躍之際，王冰（道號啟玄子）重新整理了《內經素問》，並補了《天元紀論》、《五運行論》、《六微旨論》、《氣交變論》、《五常政論》、《六元正紀論》、《至真要論》七篇，以六氣應五行為說；又對其書作了詳細的注解，以《四氣調神論》、《生氣通天論》、《陰陽應象論》等為首，而以論經脈及針法者列於後，改造了《內經素問》的理論性質，在醫學史上影響尤其深遠。⑤

假若把唐朝初年成玄英、王玄覽等人吸收佛教義理並深化對老、莊的詮釋，視為道教在隋唐間一種發展特徵，⑥則我們也可以說，自隋至唐代中葉，以氣為主的煉養理論乃是道教發展的另一個脈絡。

（二）內氣與定觀：服氣論的轉向

隋朝的氣論，可以京黑先生《神仙食氣金櫃妙錄》為代表。此書收錄了中嶽郭儉食十一時氣法、食氣辟谷法、真人食黃氣法、行氣法、行氣訣、治萬病訣等。論養性服氣，修煉胎息之法甚備。所謂食十一時氣，是咽食外界的氣；食黃氣，是想像自己身體內部肝臟之氣飽滿，即取而咽食之，故是服內氣。行氣，是借著呼吸讓氣彷彿在身體內部流動。行氣之秘訣，則在於胎息與守一。胎息，指呼吸漸緩，如不用口鼻，若在胎胞之中。守一，謂人有上中下三丹田，各有真一，名為赤子、真人、嬰兒，須常存念之。

這本書十分簡要，但很重要。第一，它論三丹田，並直接徵引《黃庭經》，又以黃脾之黃為黃庭，不但可以看出它源出上清法，亦影響到唐代黃庭學的基本看法，梁丘子《黃庭內景玉經注》可為例證。⑦

第二，它論服氣有服內氣和服外氣兩類。服外氣是南北朝以來傳統的說法，服內氣說則對唐代服氣論有很大的啟發，據稱傳於羅浮真人王公的中唐著作《嵩山太無先生氣經》序云：

> 其二景、五牙、六戊諸服氣法，皆為外氣。外氣剛勁，非俗中之士所能宜服也。至如內氣，是曰胎息，身中自有，非假外求。

即以服內氣為胎息，且認為服內氣較佳，顯然代表了唐代道教義理越來越重視內在化的傾向。不止此書如此，《延陵先生集新舊服氣經》亦云：

夫服氣本名胎息。胎息者，如嬰兒在腹中為新受正氣，無思無慮，兀然凝寂，受元氣變化，關節腑臟皆自然而成。及出母腹，即吸納外氣而有啼叫之聲，即幹濕饑飽似有所念，即失元氣。人能依嬰兒在母腹中自服內氣，握固守一，是名胎息。（《修養大略》）

古經法皆有時節行之，今議食氣不復以時節也。所論食氣皆內氣也，咽之代食耳。（《王說山人服氣新訣》）

所謂「新舊服氣經」，新，指王說山人這類服內氣說、新胎息論；舊，指曇鸞的服氣法等。對於「郭儉食十一時氣法」那種服外氣法，它是一概摒斥的。即使曇鸞「徐徐長吐氣，一息、二息，旁人聞氣出入聲，初粗漸細；十餘息後，乃得自聞聲」的舊胎息說，它也不贊成，視為「最下乘者」。這當然有些矯枉過正，因此桑榆子評價說：「此言失元氣者，非也。苟納外氣便失元氣，即世間無複有生人矣。」但無論如何，這種新趨勢是非常明顯的，而轉變之幾，則可見諸《神仙食氣金櫃妙錄》。

第三，此書《行氣訣》抬高了行氣的地位，說：「凡欲求仙，大法有三，一保精、二行氣、三服餌。凡此三事亦各有深淺，不遇至人，不涉勤苦，亦不可卒知之也。然保精之術，列敘百數；服餌之方，略有千種。」只有行氣最好，可以治百病、延年命。保精，指房中術。它在房中術、服餌丹藥及行氣之間，特別強調行氣，並以此為求仙之術，對於唐代氣論也有很大的激勵作用，如張白《服氣精義論》就說：

> 金石之藥，實虛費而難求。習學之功，彌歲年而易遠。若乃為之速效、專之克成，虛無合其道要，與神靈合其德者，其唯氣妙乎！[8]

這就是正面反對燒煉丹藥而提倡服氣了。此類說法，京黑先生則已開風氣之先。

第四，它提出修仙之法「並有漸次階級，不可逾軌越格。輒爾登陟，務速必不達，造次必顛墜」（《服陰陽符召六甲玉女法》），也是非常重要的。後來司馬承禎據此而與佛家頓漸之說擬況，說仙道不在頓悟而在漸修：

> 《易》有漸卦，老氏有妙門。人之修真達性，不能頓悟，必須漸而進之、安而行之，故設漸門。一曰齋戒、二曰安處、三曰存想、四曰坐忘、五曰神解。習此五漸之門者，了一則漸次至二，了二則漸次三，了三則漸次四，了四則漸次五，神仙成矣。（《天隱子漸門》）

這在後來可說已成為道家內煉之學的共識，足證京黑先生此書在服氣論上實有啟後之功。但其中也不乏承先的部分，例如，它論行氣治病，都是配合導引而說的，書中雖未談及「導引」一詞，但《治萬病訣》中卻說：「欲引頭病者仰頭，欲引腰腳病者仰足十指，欲引胸中病者俯足十指。」引，就是導引。故其所云，如「平坐，兩手抱頭，宛轉上下，名為開口。除身體昏沉，不通暢者並皆愈之」，「踞坐，兩手抱膝頭，以鼻納氣，自極，七息，除腰痺背痛」之類，俱是導引。其法又見於《太清導引養生經》，乃是南北朝以來之常法，隋唐之際亦常用此法。楊上善云「審吐納導引以調氣」（卷十九），即指此。又，它第一篇是《服陰陽符召六甲玉女法》，就是把服氣和服符混為一談的，「奉符如法，皆能不食」，宗教信仰的力量，仍然是它所重視的。後來唐朝的氣論就都沒有這些祝咒及符圖了。正如盛唐以後講服氣導引的人，很多也不再像它這樣，仍以導引為「搖筋骨，動肢節」了（詳見下文）。

京黑先生此書，著作之確切年代不可考，大抵在隋唐之間，與其同時，佛教天台智者大師著有《修習止觀坐禪法要》、《六妙法門》、《摩訶止觀》等。六妙法門，乃承（五三八－五九七）之禪法亦極重要。

《安般守意經》的「六結意」說而來，謂「佛有六結意，謂數息、相隨、止、觀、還、淨」，次第相生六妙門，每一法門都有具體修習之方法。如數，有修數、證數之法。修數，指行氣調息、安詳徐數，從一至十。證數，指隨心任運，心住息緣，所以不必數，而覺息虛微，心相漸細。可見「修」重在該法門之方法，「證」重在體會該法門之效果與境界，而其內容，均在於調息。

《修習止觀坐禪法要》說修禪者應調五和，即調飲食、調睡眠、調息、調心、調身。其中身、心、息「三應合用」尤為重要。其實這只是將調息一事細緻一點地說，因為調息一事即含三法：「一者下著安心，二者寬放身體，三者想氣遍毛孔出入通同無障。若細其心，令息微微然、息調則眾患不生、其心易定，是行者初入定時調息方法。」為配合調身，亦應寬放身體，它也採用了許多呼吸配合導引的方法，「作七八反，如似按摩法」。

天台止觀法門之精義當然不止如此，但由以上的敘述來看，它與胎息導引之間實有極密切之關聯。原本安般守意之法，「禪心寄託於呼吸，與中國方土習吐納者相似」，⑨但禪修所重，畢竟在於守意，而非調息。智者之說，顯然吸收了道家的養生學。其次，謂「息調則眾患不生」，並在《修習止觀坐禪法要》中立專節討論如何調息治病，均與道教論服氣行氣治病相似。其修止法，實即守一，云「臍下一寸名優陀那，此云丹田，若能止心守此不散，經久即多有所治」；其修觀法，首敘六字氣訣「心配屬呵腎屬吹，脾呼肺呬聖皆知，肝臟熱來噓字至，三焦壅處但言嘻」，以這呵、吹、呼、呬、噓、嘻六字治病，也是漢魏以來常法。修觀法又說了十二種調息法，謂「此十二種息皆從觀想心生，今略明十二息對治之相：上息治沉重，下息治虛懸，滿息治枯瘠、焦息治腫滿」把息和觀想結合起來說。

凡此，俱可見智者大師之止觀調息論結合了不少道家之說，但也因此而開唐人氣論不少門徑。例如孫思邈《存神煉氣銘》提出一種新的「胎息定觀」，純從道教的傳統看，是看不出淵源的。司馬承禎以「信、閑、慧、定、神」描述漸門五次第，亦必有取於佛家戒定慧之說。足證智者所論，乃關鍵時代之關鍵作品，對孫思邈等人必有所啟發。

《存神煉氣銘》是氣論的一大突破。所謂煉氣，不同於服氣，所以說：「此法不服氣、不咽津、不辛苦，要吃但吃，須休即休，自在自由，無阻無礙。」其重點在於存神：

若欲安神，須煉元氣。氣在身內，神安氣海，氣海充盈，心安神定。定若不散，身心凝靜。靜至定俱，身存年永。常住道源，自然成聖。氣通神境，神通慧命。命往身存，合於真性。

此處說定、說慧命、說真性，都有儒家氣味。其論氣，則指元氣，這是內氣，不是外氣，故與以往論服氣者不同。⑩神安氣海，乃古來守下丹田之說，故曰「安心氣海，存神丹田」，但底下加了一句「攝心靜慮」。如何攝心靜慮呢？它提出了「五時七候，入胎定觀」的方法。所謂五時，一是常人時，思慮攀緣萬境，所以動多靜少，如野馬一般。二是始用功時，攝動入靜，但難以制伏，動多靜少。三是漸調熟時，動靜相半。第四時，已可靜多動少，縱然偶爾動心，也可以專注一境再予攝住。待第五時，則心一向純靜，有事無事，觸亦不動了。能如此，則可入七候。

七候，指入道之後七種境界徵候。一是抱一守中，神靜氣安，四大適然。二是色返童顏。三為仙人，不死延年。四為真人，可以煉身成氣，存亡自在。五是煉氣成神，為神人。六是又可由無入有，有無不定，所謂至人，「煉神合色，神既通靈，色形不定，對機施化，應物現形」。七則身超物外，造化通靈了。

這套講法，有幾點值得注意之處：一、不談服食外氣，只煉身體內部之氣。二、煉氣，不只是服食內氣，而是以煉養元氣來安神，故此處加上了工夫論的講法。三、煉養之工夫，著在心上，以攝心靜慮來達成安神存氣的目的。四、靜心攝慮，他稱為胎息定觀或胎定觀，此乃胎息說之新解。其來源應是佛教的觀法，故外息諸緣，攝心入定。五、五時七候，也是以往未見的新說。五時云云，或許靈感來自智者大師對佛教的判教。智者判佛教一切教義為五時：華嚴時，佛初成道時所說；鹿苑時，佛說小乘義；方等時，廣說各法門，斥小贊大；般若時，專說空義；

法華涅槃時，表究竟了義。孫思邈此處亦說五時，用以表修煉入道之五個層次。智者又有八教之說，判佛教為藏、通、別、圓、頓、漸、秘、不定八教，與當時華嚴賢首判佛教為五教（小乘、大乘始、大乘終、頓、圓）十宗（我法俱有、我無法有、法無去來、現通假實、俗妄真實、諸法但名、一切法皆空、真德不空、相想俱絕、圓明俱德），相互輝映。其以圓教為究竟，適與孫思邈論七候而以最後一候為究竟相似，孫氏云「修行至此，方到道源，萬行休停，名曰究竟」，必定是由智者大師論圓教處得了啟發。六、它論第一候，說存神煉氣之後，「宿疾並銷，身輕心暢，停心入內，神靜氣安，四大適然，六情沈寂」。

六情、四大，固然是佛家詞語，這段話更有氣論上的背景在：將四大與服氣調息理論並在一塊講，始於曇鸞，《鸞法師服氣訣》云：「四大不調，何以察之？當於脣口察之。冷為風增、熱為火增、澀為地增、滑為水增，不冷不熱不澀不滑為調和。又聲為風增、動為喘增、涎為水增。」

中醫以疾病起於風邪，此處則以四大不調來解釋病況，而主張用服氣調息之法來治療。後來智《修習止觀坐禪法要》談治病，也以四大增損論病，如云「地大增者，則腫結沉重，身體枯瘠如是等。水大增者，則痰飲脹滿，食飲不消，腹痛大痢」等等。孫思邈說煉養元氣後即可「四大適然」，正是順著這個脈絡說的。

這樣的一套講法，影響自然也是深遠的。例如題為許旌陽所作而年代應在唐代以後的《靈劍子引導子午記》說「燕坐調息，心無外緣，以神馭氣」，便是此說之後裔。而且它重在存神，而不在服氣咽津，也就是著重精神性的修持，不僅在技術層面用功，這個方向上的扭轉更具有決定性的影響，底下我們看《天隱子》、《用氣集神訣》、《胎息精微論》、《坐忘論》，都可以看到這樣的趨勢。

此外，它說——「此胎息定觀，是留神駐形之道。術在口訣，不書於文。有德至人，方遇此法」——古來只有燒丹是重口訣的，丹藥多隱語假名，故須師傳，且須口訣，以說明運用之方。現在講練氣也說要口訣，這便推波助瀾，促使後來者紛紛強調口訣秘授，蔚為風氣了。

（三）虛心與存神：心性論的發展

隋唐之際以及唐初的氣論，顯然已如上述，承先啟後，不僅傳承了六朝的導引服氣理論，也有了新的開展，而其趨向，則是內在化與精神化。

時代略晚於孫思邈的司馬承禎、吳筠等，都是這個趨向的發展者。司馬承禎所述《天隱子》，一般認為即其自著之書。一開頭就說「神仙之道，以長生為本，長生之要，以養氣為先」，可見它是論氣的。但完全擺脫了漢魏以來一切行氣、服氣、呼吸、吐吶、吞咽、內視、導引等等詞語及觀念，比《存神煉氣銘》走得更遠。故這兩篇文章其實都已脫離了漢魏南北朝「服氣論」的講法，而是講煉氣、養氣。孫思邈主張以心安神定來煉氣，司馬承禎則發揮莊子心齋坐忘之理論來談養心。其序云：

> 氣，受之於天地，和之於陰陽，陰陽神虛謂之心。觀夫修煉形氣，養和心虛，歸根契於伯陽，遺

照齊于莊叟，長生久視，無出是書。

它與《存神煉氣銘》一樣，都在氣字之外又強調「神」。依孫說，「氣為神母，神為氣子」，故煉元氣可以安神；司馬承禎則說氣虛則為神，所謂「人生時，稟得虛氣，精神通悟，學無滯塞，則謂之神」；氣與神之外，他們又都說「心」。孫氏教人安心氣海，存神丹田，攝心靜慮；司馬承禎則說陰陽神虛謂之心，所謂存神就是收心內視，自見己心。孫氏論心，明顯受到佛教義理的影響；司馬氏卻要以此接上莊子的心齋坐忘說，因此《序》中將養氣的淵源接上老、莊，發揮老、莊「唯氣集虛」之義，以虛氣為神，以神虛為心，而以「修煉形氣、養和心虛」為宗旨。同時在內文的論述中，先講飲食之齋戒，再講起居之安處，然後談存想、坐忘及神解。《漸門》云：

何謂齋戒？曰澡身虛心。何謂安處？曰深居靜室。何謂存想？曰收心復性。何謂坐忘？曰遺形忘我。何謂神解？曰萬法通神。

依司馬承禎的看法，「神仙亦人也。在於修我虛性，勿為世俗所淪折；遂我自然，勿為邪見所凝滯，則成功矣」（《神仙》）。神仙之道，並不奇妙玄秘，只要能去七情八氣之邪，養和心虛即能成仙。其方法就是《漸門》所說五個步驟。在那五個步驟中，齋戒與安處，主要是調理形骸；存想坐忘則是在心上做工夫。要人收心，存我之神，想我之身，不逐外境。但僅是心不動，返照己身，那還是有我。坐忘也者，乃是教人再進而忘其存想，達到「道果在我矣，我果何人哉？天隱子果何人哉？於是彼我兩忘，了無所照」的境界，生死、動靜、真邪一如。

《天隱子》之外，司馬承禎另有《坐忘論》，宋曾慥編《道樞》改為《坐忘篇》，分上、中、下三部分。真靜居士所序另本《坐忘論》則分為敬信、斷緣、收心、簡事、真觀、泰定、得道七篇，並附《坐忘樞翼》。大旨略同，而文字差異極大。按：曾慥所述，上篇摻入《存神煉氣銘》的五時七候說；中篇泛引《天隱子》；下篇引莊子語，與上篇重複，結尾說了妄、定心、生慧之後，又說此「猶未免於陰陽之陶鑄也，必借夫金丹以羽化，入於無形，出乎化機之表，然後陰陽為我所制矣」，實大違坐忘宗旨，歸於金丹一路。顯然是曾慥括司馬承禎之說而有所改造，殊非原貌。

真靜居士所序之本，廣引老、莊及《西升經》，詮說坐忘，義理較為完整，但用佛家詞語義理甚多。如云「苦樂生死之業」，「安坐收心，離境住無所有。因住無所有，不著一物」，「神用無方，心體亦然」，「若心起皆滅，不簡是非，則永斷知覺，入於盲定」，「因定生慧，深達真假」，「依法觀之，若色病重者，當觀染色都由想爾。想若不生，終無色事，當知色想外空，色心內妄，妄想心空，誰為色主」？這些，究竟是當時融攝佛教義理已達如此純熟之地步，抑或後人附益，尚難判斷，然其大體理趣，與《天隱子》是相符合的。

它們所說的心，都是個虛靜心。不著在一物上，故無所住，其體亦空。但它又不是無所作用的，因此說：「心之虛，妙不可思也。夫心之為物也，即體非有，隨用非無。」可是作用雖為有，作用者卻仍可以是無心無為，「處動而常寂」（《坐忘論泰定》）。此一工夫就是「忘」。

這樣說心，當然比《存神煉氣銘》周密深刻得多。因為孫思邈順著原有服氣論的架構與傳統，試圖加入「神」與「心」的觀念，以攝心來煉氣安神，固然見解超妙，但是心、神、氣的關係卻是混侖模糊的，甚且是令人難於理解的。司馬承禎則知其所講之虛靜心，其實是指一超越主體，故說：「心者，一身之主，百神之帥。」套著氣說，反而難以說得清楚，因此他在《天隱子》中仍以虛心來說虛氣，到了《坐忘論》則完全放棄了神與氣的問題，只就心立論。這代表了隋唐之際的服氣論，發展到這個階段，已出現了轉折，由氣論的突破轉入另一個方向，不再論氣了。

司馬承禎之所以能如此，應該是因為他接續了成玄英以降對老、莊學的理解。成玄英在解釋老、莊所說的道時，多次以「虛」或「虛通」來界定道的性質，例如：

虛通之道，為之相貌；自然之理，遺其形質。（《莊子德充符疏》）

道是虛通之理境，德是志忘之妙智。境能發智，智能克境，境智相會，故稱道德。（《老子義疏道經總序》）

第二依義釋者，道以虛通為義，德以克獲受名。為道能通物，物能得道故也。（《老子開題》）

道以虛無為宗，以自然為本。（《靈寶度人經注》卷二）

其後李榮注《老子》，也一再以虛、虛極為說，如「虛極之理，以理可名，稱之可道」，「道者，虛極之理也」（皆見第一章注），「至虛之理，『空』未足議」（第十八章注），「至本空寂，名曰虛無；虛無即非空寂，有無不定。故知虛無者，此即道之根本」（《西升經》卷四

注）。盛唐時，玄宗御注《老子》依然採用這個講法，云「道者，虛極之妙用」，「至道虛而生物」（皆見卷一）。可見以虛論道，乃唐初以來風氣。而虛極之道，往往又與氣合說，如玄宗云「無名者，妙本也，妙本見氣，權輿天地」，「妙本降氣，開闢天地」，孟安排也說：「精、神、氣，三，混而為一。亦曰希夷微，夷平希遠微細也。微即是氣，以氣於妙本，義有非粗。」（《道教義樞》卷五）似乎道體虛無，其活動與作用則在於氣，司馬承禎處風氣之中，亦以虛論道，如《得道七》云：「道者，神異之物，靈而有性，虛而無象。」但他接著便不從宇宙論方面說道氣生化，而直接說修真之士應效法道，「克己勤行，虛心穀神，唯邇來集」，由道之虛講虛心。這是他繼承唐初道論而又有所突破的地方。⑪

其次，虛心無心云云，並不只是無，而是非有非無的。前引《坐忘論》曾說「心之為物也，即體非有，隨用非無」，又說心「處動而常寂」，這若不知唐初成玄英以來所說「重玄」之理，實在是難以理解的。《坐忘論收心三》云：

若執心住空，還是有所，非是無所。凡住有所，則令心勞，既不合理，又反成病。但心不著物，又得不動，此是真定。若心起皆滅，不簡是非，則永斷覺知，入於盲定。若任心所起，一無收制，則與凡夫原來不別。今則息亂而不滅照，守靜而不著空。非淨非穢，故毀譽無從生，非智非愚，故利害無由撓。

孫思邈所說的「攝心」，只是心不緣境，心不住於物，乃入靜之道。司馬承禎所說的收心，卻是既不隨境起滅，也不住於空，是守靜又非守靜，是起動而又非起動。用成玄英的話來說，就是「既不滯有，又不滯無」（《老子開題》）。用司馬承禎自己的話來說，則是：「本一性而言，由之真如。邪由一性，真由一性。是以生死、動靜、邪真，吾皆以神而解之。」（《天隱子神解》）故孫思邈說他的方法叫做定觀，司馬承禎之法則自稱為太定，「寂泊之至，無心於定，而無所不定。故曰太定」（《坐忘論太定》）。

從整個思想史的角度看，我們可以說這是宇宙論傾向轉入心性論傾向的一個徵象，標示著盛唐以後思想史發展的方向。

雖然如此，對於氣論來說，司馬承禎之說依然大有影響。一是它充分發展了道教「自力宗教」的特性，相信有神仙，可是並不向神仙祈求福佑。相較於《神仙食氣金匱妙錄》仍在燒符拜神，它完全沒有這些信仰活動，而僅是理性化的行為：神仙也是人，他能成仙，我也能成仙，而且成仙的秘密與能力就在我自己身上。這個情況，在年代大體相近的《嵩山太無先生氣經》中也看得到。它說：「老君云：我命在我，不在天地。」「吾與天地分一氣而自理焉，天地焉能死吾哉？」氣魄何等之大！唐代才獲流行的《陰符經》，提倡「觀天之道，執天之行，盡矣。宇宙在乎手，萬化生乎身」，也表現了這種氣魄。⑫後來各種內丹學，可說都是這種精神的發揚。漢魏南北朝道教雖也說「我命在我不在天」，但仰仗服食，不論服氣或服丹藥，其成仙之條件都不在自己身上，與此畢竟是不同的。

同時，司馬承禎《坐忘論》、《天隱子》也表現了道教氣論前所未有的哲學深度，融攝佛理，契接老、莊，局面弘開之外，更將它與《易經》結合，說「《易》有漸門，老氏有妙門」（《漸門》），「天隱子生乎《易》中，死乎《易》中」（《神解》），「《易》曰『天地之道易簡』者何也？天隱子曰：天地在我首之上、足之下，開目盡見，無假繁巧而言，故曰易簡。易簡者，神仙之德也」（《易簡》）。這在煉氣成仙的理論發展史上是非常重要的事，一方面，《易》、老、莊、佛理之結合，啟開了此後綜合三教以說煉養的格局；另一方面，也顯示了以《易經》論煉養的風氣業已出現，劉知古《日月玄樞篇》亦在他那個時代問世，漢人所著的《周易參同契》更是要到了這個時代才重新獲得體認而逐漸流行。服氣理論轉入身內成丹的時代，於焉開啟。

也就是說，漢魏南北朝以來以氣煉養的理論，發展到了盛唐，在不斷深化之後，反而面臨著一個變轉的命運。司馬承禎即是站在這個轉捩點上的人物。

（四）胎息與內丹：內丹說的出現

從服氣論逐漸轉向內丹理論，並不只有孫思邈、司馬承禎這一種類型。當時大部分的修道者，仍在講服氣之法，唯其所謂服氣，亦已因隋及唐初這些新趨向的衝擊而有了不少改變。例如《嵩山太無先生氣經》，據說是天寶中羅浮真人王公所傳，一云乃大曆中。上卷與《道藏》所收《幻真先生服內元氣訣》略同，就是在講六朝以來傳統服氣法之外，特別強調服內氣，謂「世人將外氣以為內氣，不能分別，怍何甚哉！吐納之士，宜審而為之，無或錯怍耳。夫人皆稟天地元氣而生，身中分之元氣而自理」，顯然是一種新說；其服內氣之法也很素樸，只是在吐氣將盡之際，閉口咽之而已（見《咽氣訣》）。

到了《延陵先生集新舊服氣經》時，新說，如前所述，已成正說，稱為胎息，謂嬰兒在胎中，不受外氣，只稟元氣，故「人能依嬰兒在母腹中自服內氣，握固守一，是名曰胎息」（《修養大略》）。這也是新的胎息說，但它以此為正途，批評服外氣者：

夫道者或傳服五牙、八方、四時、日月、星辰等氣，思自頂而入，自鼻而出。雖古經所載，為之者少見成。遂亦非食穀者所能行致耳。今之學其氣也，或得古方，或授自非道，皆閉口縮鼻，但貴長息，而不知五臟壅閉，畜損正氣，殊非自然之息。但煩勞形神，無所裨益。（《胎息精微論》）

又以咽內氣至腹中，可以再逐漸凝結成胎：「每咽如水流過坎聲，是氣通也。真下氣海中，凝結腹中，充滿如含胎之狀。氣從有胎中息，氣成即清氣凝為胎，濁氣散而出。胎成即萬病自遣，漸通仙靈。」

這段話，真該加上一連串的圈點，因為它太重要了。唐末內丹學所說調和內氣以養聖胎云云，其思想之根源，正在於斯。⑬

服氣既已由服外氣轉為胎息內氣，導引之義亦起了變化。自先秦以迄唐初，凡說導引，都是指「熊經、鳥伸、五禽戲等」（楊上善《黃帝內經太素》），「謂搖筋骨、動肢節」（《素問異法方宜論》注），「按：謂按摩。蹺，謂如蹺捷者之舉動手足，是所謂導引也」（同上，《金匱真言》注）——可是隋巢元方《諸病源候論》卷一《風偏枯候》已談到以意引氣之法：「以背真倚，展兩足及指，暝心，從頭上引氣，想從達足之十趾及足掌心。可三七引，候掌心似受氣止。蓋謂上引泥丸，下達湧泉也。」六朝時本有行氣之法，此處所說，大抵即為行氣法，但它稱為引氣；待《延陵先生集新舊服氣經秘要口訣》便以此說服氣導引。早期說服氣導引，皆如《神仙食氣金櫃妙錄》，是以按摩導引配合服氣治病，但此時則是服內氣並導引此氣的意思：「捩身左右，精思氣入骨節，行引相應，令通不斷，謂之行氣導引。」這就是導引說的內在化，以行氣為導引。

《氣法要妙至訣》則引王公曰：「夫學導引之人者，用氣斷穀，教人不食，性少虛羸，乃用咽氣助導引也。」咽氣即是咽內氣。此王公，不知是否即為《嵩山太無先生氣經》所說的羅浮王公，該書曾載《行氣訣》，但無這一段文字，故或許為另一人。蓋當時主張這種新導引說的人並不止一兩位，所以《氣法要妙至訣》又錄了《導引新候要訣》教人如何導引內氣。全文長達數千字，十分詳細地說明如何讓氣下降入腹、如何繞腹而行、如何配合時辰、如何通達四肢，謂此乃張果先生傳龍岡法。又引王公曰：「此是落籍逃丁，不為太陰所管者。妙也。煉肉煉骨，輕清上浮，同太虛天地之神靈變化自在者，此是導引之極也。」不但確定了新說的地位，更認為這才是好的導引法。

服氣與導引不僅都顯示內化的傾向，也同樣顯示了注意「神」的作用。早期講行氣，大抵只講「存思」之法，或以意行氣，現在則喜歡說神。孫思邈云存神煉氣，「氣為神母，神為氣子。氣通神境、神通慧命、命住身存，合於真性」；司馬承禎云宅神於內，遺照於外，便是神仙；

《導引新候要訣》則說「氣是神之用、意是神之靈。神之使氣，氣自使身，此乃神之動作也」；《延陵先生集新舊服氣經》更有《用氣神集訣》說：

神集於虛，而安於實。神，心中知者也。安而無欲，則神旺而氣知。正如此之時，則一任之，唯久彌善。行之不已，體氣至安，謂之樂天。樂天則壽。身外虛空亦天也，身內虛通亦天也，習之久久，乃明生焉。

心，是虛靜而能知的，其知之謂神。這是哲學性地說神，與自《太平經》、《黃庭經》、《上清大洞真經》以來把形神之神朝「身中神」方向去解釋者有明顯之不同。身中神是精神的形象化、物質化，因此神或長三寸或長七寸、或衣玄或衣丹。現在說神，則只是說人的精神性作用或虛靜心的作用；而且服氣之要訣，也不再是呼吸吐納，而是在於集神存神。除上引諸文外，底下這些文獻也可充分說明這種轉變：

學者或吐或納四時五芽之氣，或服引七宿二景之精，握固以象胎形，閉氣以為胎息，殊乖真人之妙旨，蓋是古來之末事。如此之徒，濁亂元氣，尤損於形神。夫至人以心游於淡，氣合於漠，飲漱於玄泉，胎息於無味，則神光內照，五臟生靈。（《神氣養形論》）

元氣之術，上古以來，文墨不載。每尋諸家氣術，及見服氣之人，不逾十年五年，身已亡矣。或食從子至午，或飲五牙之津，或吐故納新，仰眠伸足，或餐日月，或閉所通，又加絕粒。以此尋之，死而最疾。若明胎息，則曉元氣，胎息與元氣同也。我命在我不在天者，謂知元氣也。人與天地各分一氣，天地長存，人多夭逝，何也？謂役氣也，氣者神也。人者神之車也、神之室也、神之主人也。主人安靜，神則居之；躁動，神去矣。神去身死矣。（吳筠《宗玄先生文集》卷中《服氣》）

他們講神與氣的關係未必一致，但守神以得元氣是相同的；以新的元氣說胎息說，反對舊的服氣理論，也是十分明顯的。盛唐時期氣論之內在化與精神化，亦於此可見其梗概。

當時已稱此種新胎息方法為內丹。《道藏》成三收《胎息經》、《胎息秘要訣》，後者是老胎息法，所以分成閉氣、布氣、六氣、調液、飲食所宜、飲食雜忌、休糧、慎守各節，教人如何吞氣咽津。《胎息經》卻是新說法，故截然異趣，云：「胎從伏氣中潔，氣從有胎中息。知神氣可以長生，固守虛無以養神氣。神行即氣行，神住即氣住。若欲長生，神氣相注。」結尾則銘曰：「假名胎息，實曰內丹，非只治病，決定延年。」《胎息精微論》也有《胎息神會內丹七返訣》。《道藏》另收有吳筠《南統大君內丹九章經》，序云於驪山養胎息，至元和中游淮西遇李謫仙，得授此經，曰：「內丹者，即此也。」這當然是偽託的。但可見「內丹」一詞，在當時應已流行，且公認與胎息之法極有關聯。⑭

歷來論思想史道教史者，都說「內丹」一詞是相對於燒採鉛汞等藥物燒煉丹藥的「外丹」而說，其實都是知其一不知其二。內丹這個詞語和觀念，與唐代這種服氣論的發展有密切的關係：從服氣到區分內氣外氣，到將內氣稱為元氣，再到以服元氣為胎息，乃形成內丹之說。故張果《太上九要心印妙經》論內外丹，根本不從鉛汞金石藥物說，只從氣說內外丹，云「其內丹不得，其外丹則不成。其外丹不得，則內丹無主。內丹者，真一之氣，外丹者，五穀之氣。以氣接氣，以精補精，補接之功不離陰陽二氣」（《七返還丹簡要》），又說「一氣者，胎息也。胎乃藏神之府，息乃胎化，元因息生，息因神為胎」（《九還一氣總要》）。張果乃唐玄宗時人，為吳筠司馬承禎同時人，其思路亦相彷彿，適可以相互比觀。

類此者，尚有《通幽訣》云：「氣能存生，內丹也。」（《道藏．蘭字號》）我以為這才是內丹說的形成。歷來推內丹源起於隋朝道士蘇元朗，是錯誤的。蘇元朗著《旨道篇》、《龍虎金液還丹通玄論》等，據《古今圖書集成》神異典神仙部引《羅浮山志》說：「自此道徒始知內丹矣。」方志推尊本地人士，何可盡信？況且其說已大談性命雙修、真火真水、姹女黃婆、鵲橋河車，焉能是宋朝以前人的口吻？以此證明隋朝時已有內丹之說，殊屬可笑。

事實上，內丹說在唐朝仍是新說，其勢初尚不足以與傳統煉丹成仙之說爭衡，故唐人《上洞心丹經訣》有「修道之士有內丹者可以延年，得外丹者可以升天」之說。若其興起已久，何至於此？內氣為丹，存神煉養，可以成神。這樣的觀念，乃是服氣理論一步步發展，並經許多人提倡推闡，才逐漸形成的。假若隋朝時蘇元朗已有如此詳備之內丹論，初、盛唐這些人何須如此費勁？

（五）還丹與火候：《參同契》的運用

但張果《太上九要心妙真經》另有與司馬承禎、吳筠等人明顯不同之處，那就是他論「火候」、「鼎爐」、「日魂月魄」、「一斤十六兩」、「周天三百六十四爻」、「坎卦進汞一兩，離卦進鉛一兩」、「八卦朝元」的部分。如此論氣、論煉養，顯然另有淵源，那就是他由《周易參同契》得來的靈感。

唐代道士論《易》者原本就不少，《郡齋讀書志》云成玄英有《周易窮寂圖》五卷，錯綜六四卦，演九宮，以直年月日，推國家吉凶。《通志》載袁天綱有《易鏡玄要》一卷，李淳風有《周易玄義》三卷、《周易新冥》一卷。《玉函山房輯佚書》則從《火珠林》輯得其八卦六點陣圖。凡此皆論《易》者，但均未將《易》學與服氣、煉丹等說相結合。結合《易》學以說存養煉氣，至司馬承禎乃見端倪，標舉《周易參同契》之風氣，則大約在高宗、玄宗時。

這時最重要的人物是劉知古。他於高宗龍朔中出家為道士，唐玄宗時，詔求丹藥之事，劉知古著論上奏，謂神仙大藥無出《參同契》者。其書今佚。曾慥《道樞》卷二六引《日月玄樞論》或即摘錄自其書（另一種收入《全唐文》卷三二四，有小序）。其中說：

> 世之淺見者，或以鉛黃花合於水銀，煆之為紫粉；或以朱砂、水銀、雄黃、雌黃、曾青、空青、礬石、雲母合煉而制伏之；或以諸青、諸礬、諸綠、諸灰，結水銀以為紅銀，復化以為粉屑；或非吾之所為也。或曰金銀銅鐵錫者五金也，雄雌砒礬膽曾空礜者，八石也。劉子曰：非吾之所謂者也。子午以成三，戊己以為五，此吾之八石之名也。

又說：「五石棄捐，安在金石之為丹哉？」可見他所見的丹不是金石之丹，而是還丹。據他說：「還丹者，陰陽氣之所為」，而又是子午成三，配以戊己之五，這究竟說的是啥呢？

考《周易參同契》曾云：「子午數合三，戊己號稱五，三五既和諧，八石正綱紀巨勝尚延年，還丹可入口。」子，水數一。午，火數二。戊己，火數五。水火既濟，又能歸土，便是三五和諧。劉知古所說的還丹，其淵源在此。同樣地，張果論「九還一氣」、「七返還丹」，也是本諸《參同契》所說的「九還七返，八歸六居」。這個時候，與金石之丹相對舉的，就是這種「氣之所為」的還丹了。這是丹字的新解，張果《太上九要心印妙經》就說：「一心歸命謂之還，五氣不散謂之丹。」故相對於金石之丹藥而言，此可稱為氣丹。要成就這種丹，必須有個收攝心神的工夫，使心還歸，與氣相合，故又名還丹。唐人所著丹經，具有類似觀點者，也大多仍只稱此為還丹，如《大還丹契秘圖》、《大還丹金虎白龍論》、《還金術》，都是如此。⑮

從原理上說，收攝心神，乃是孫思邈、司馬承禎以來，修道者便一致強調的原則與方向，可是如何落實這項原則，其收視返聽的工夫，卻人言言殊。司馬承禎、吳筠乞靈於老、莊學的傳統，孫思邈有取於佛家，張果、劉知古乃從《周易參同契》找到門徑。

《周易參同契》，正如葛洪所說，乃是「假借爻象，以論作丹之意」，而其所說之丹，則是金石制煉而成的所謂外丹。故大力批判內視臟腑、存思內景、食氣吐納、導引運動、立壇祭祀等術法，並說「還丹可入口」、「服食三載，輕舉遠遊」，可見他所說的，乃是可以服食之丹藥。所以它所說的鼎器，是指燒煉用的器具，直徑一尺五寸，厚一寸一分，三隻腳；其中放置鉛汞等藥物，用火燒煉，以待鉛汞化合變化，氧化還原，「赫然成還丹」。其過程，則借用《易經》的卦爻來形容，例如根據月亮晦望弦朔之運行規律，結合納甲卦象陰陽之消長，把一月三十日分成六節，每五日一節，每一節分屬一卦，然後就用卦來說明火候的進退；進火指加溫、退火指冷卻。又用十二消息卦來配合十二月、十二干支、十二時辰、十二音律，談煉丹時火候之循環。另外，他也採用五行的觀念，將鉛汞比喻為金木、龍虎，以五行生克的道理來描述煉丹的過程。以火燒金、金生水、水滋木、而俱歸於土為其總原理，所以說：「五行錯王，相據以生，火性銷金，金伐木榮，三五與一。」

《參同契》自漢代以後，一直默默無聞，論者甚罕。劉知古等人重新將之表彰出來，遂使後來凡言內丹者都祖述此書，推崇其為「萬古丹經王」。但是，劉知古等人幾乎吸收了整個《周易參同契》對煉丹過程及火候進退的描述架構，用以作為其修煉之工夫論內容，卻在方向上有了個大逆轉，將論鉛汞爐火者轉為論氣：

《參同契》者，吾能陳其梗概焉。其要曰或者曰：「肝青為父，曾青是也；肺白為母，鉛銀是也；腎黑為子，玄磁是也；脾黃為祖，雄雌是也。還丹白赤而為紫赤者，曾雄之氣染之也。」曾不知還丹者，陰陽之氣所為，變化順天地之生成、合金水之自然。

過去談道教史者，輒據此說劉知古主張內丹，甚謬。他講的陰陽之氣並不是身體內部的氣，而是外在的日月之氣。所以說：「還丹者何以度世耶？其食乎日月之精華者也」，「吾之所論丹者，龍虎也。流珠為青龍，青龍者日也。黃芽為白虎，白虎者月也。故日月之精氣者，有變化之理，餌之者亦可以變化矣」。這其實乃是古服氣論的一種發展。六朝以來，服日月光芒法、食日月精法均已甚為普遍，但實踐法門都講得很簡單，不過吞咽而已。劉知古此處援用《參同契》，「論火候、定生成、莫不循卦節於鐘律」，故生面別開：

或謂鼎中有土者亦妄也。土者戊己之氣也，非土之土也，此乃坎戊月精、離己日光之義焉。故一陰一陽而為水火，火者以水為夫焉，水者以火為婦焉。夫婦之道，乃成戊己者也。太陽者日也，其出東方，東方者木位也。鉛者，則為金矣，何也？月生於西方，西方者金位也，故還丹者准乎玄象，謂日月之符，必在於晦朔焉。天道左旋，日月右行。俯而視之，則金生水，木生火矣。仰而視之，則水生金，火生木矣。

以食日月之精華為還丹。而食之之法，不是分別在日出月出之時餌其精氣，而是著重在日月相合、陰陽變化的關係上，龍虎交媾、陰陽和合。

張果比劉知古更進一步，他也以氣說丹，但不只是外氣，更有內氣。所以他也講日月，但所指為日魂月魄：「日屬陰魂，月屬陰魄。日中有雞，西方金、肺之象，屬陰，乃日魂藏月魄，魄滿於魂，故日以清。月中有兔，東方木，肝之象，肝屬陽魂。魂魄者，乃人之鉛汞也。」（《日魂月魄真要》）這是他與劉知古迥異之處。魂魄、鉛汞，都是指身體內部的陰陽兩種性質，這兩種性質除了用魂魄鉛汞來表述外，也可用坎離、心腎、青龍白虎、神氣來指稱，而其原則則在於陰陽調和。

其法與古來行氣法不同，故說：「今時學道之人，使心運氣，亂作萬端，屈體勞形，非自然之道。」他推薦的辦法，則是讓心神專一來調氣，再借氣來定神，號稱「神氣不相離，精神內守」，其實就是守一存神的意思。先以此清神定心，然後神、魂、意、志、魄五行相聚，會於丹田，形成「真火」，以之煉丹。煉丹之法，依經文考之，首先應該是呼吸調息，所以說：

神定則氣定，氣定則精定，三火既定，並會丹田，聚燒金鼎，返煉五行，運於一氣，綿綿一晝一夜，一萬三千五百息。按周天三百六十四爻，氣血行八百一十丈，脈行五十度，此乃周天，方為火候。在腹之中謂之胎，一呼一吸謂之息，故故名胎息也，胎者形中氣之子，息者形中神之母。形中子母，何不存守？存守者，存其神而守其氣。藉外氣則升，隨氣升而腹自鼓；外氣升而內氣降，內氣降而腹自納。鼓納之機，天地之橐鑰也。橐鑰者，天地動作之氣，真陰真陽也。內氣為陽，外氣為陰，內氣不出，外氣不入，神符氣定。外氣符即為至寶，內氣符即成金丹。

彼時汾州刺史崔恭幼女少玄有異跡，後傳屍解，留了一首《守一詩》。棲真子王損一為之章句，王屋山樵長孫巨澤為作《玄珠心鏡注》。張果也有《玄珠歌》，講如何採日魂月魄而結玄珠。故守一以得玄珠，應也是張果的想法。此處論修煉，雖只說成胎而不說結玄珠，但原理是相通的。不過他論守一，是說：「若能內守真火，聚而不散者，真抱元守一之道也。」守一生火之後，吸外氣、呼內氣，陰陽升降（內氣為陽、外氣為陰），綿綿晝夜，息息無窮，便能成丹。如上文所引錄。

除此之外，身體內部的鉛汞也要調和燒煉：「每月初一日為首，正子時坎卦進汞一兩，離卦進鉛一十五兩。次日坎卦進汞二兩，離卦進鉛十四兩。至十五日抽添數足。周而復始。」「上十五日魂守魄，下十五日魄守魂。」

他講坎離龍虎鉛汞火候，採用了《參同契》的架構，是非常明顯的，但內涵完全不同，著重在神與氣合、內與外合、陰與陽合、心腎相交、坎離互補、性命相守。因此丹分內外，必須相符；氣分內外，必須相接；火分內外，也須相通。

換言之，相對於一般的爐火燒煉之術，這時已有不少人提出另一種思路，說燒煉之藥並非金石鉛汞，而是氣。這些氣，或指日月之氣、或指身內之氣、或指五穀之氣，總之，都非金石鉛汞。故古丹經所云之鉛汞或水火均須另作解釋。於是就出現了「真水」、「真火」、「真鉛」、「真汞」的講法。丹，也一樣，不再指丹砂丹藥，而是指氣。內氣稱內丹、外氣稱外丹；心還於氣，或陰陽兩氣相往還則稱還丹；又或以內外氣為金丹。這都是新的鉛汞丹藥論。在論述其修煉方法寺，他們喜歡借用漢朝魏伯陽《參同契》的火候論來說明抽添進退的方法，示人以徑路。這種做法，重新表彰了《參同契》，卻也改造了它，影響到後來唐末五代乃至宋代大規模的《參同契》新詮釋路向。

他們雖然並未能專從內氣方面說內丹，但在強調心神之作用上，仍與司馬承禎等人同趨共轍。而且張果以心神為性、以氣為命的講法，更開啟了內丹家講「性命雙修」的門庭。唐末五代彭曉、鍾離權、呂洞賓等人的內丹理論，正是順著這樣的路子發展而成的。

（六）交媾與結胎：內煉者的擬喻

進一步發展《參同契》之體系，而對宋代內丹學卓具影響者，應推唐末五代之彭曉。《參同契》一書至南宋鄭樵編《通志》時，已著錄注本十九部，可見祖述者甚繁，乃五代以來之顯學也。其中最早且最重要的注本，就是彭曉的《周易參同契分章通真義》。

彭曉為五代時後蜀人，所注第一個特點，是反對當時已有的另一種說法。因《周易參同契》自盛唐以後既漸流行，論者漸多，大家對這本書也就有了些不同的見解，故彭曉說：

> 諸道書或以真契三篇，是魏公與徐從事、淳于叔通三人各述一篇。斯言甚誤。且公於此再述《五相類》一篇云。今更撰錄《補塞遺脫》，則公一人所撰明矣。況唐蜀有真人劉知古者，因述《日月玄樞論》，進於玄宗，亦備言之。則從事箋注、淳于傳受之說更複奚疑？（八三章注）

當時或謂書乃魏伯陽、徐從事、淳于叔通三人所作，各成一篇。彭曉反對其說，主張經文為魏伯陽作，徐從事只是作了注解，淳于叔通則是傳經之人。此說後人未必同意，因為經文文義確實重重複複。而且，徐從事既有箋注，其箋注於今何在？能保證不會與經文相混淆嗎？這些都是明顯的疑問。但彭曉之注，既為最早的注本，他所批駁的那些道書，一方面是只有論點卻無注本，一方面也沒有流傳，因此談《參同契》的人只好接受或採用他這個本子。

自元朝俞琰開始，才懷疑這其中可能可以拆成「經」與「傳」。明朝正德年間，杜一誠開始依文體來區分，四言為經、五言為傳，《三相類》作為補遺。嘉靖間，楊慎說有農夫掘土得石函，獲古本《周易參同契》，與杜一誠的本子相同。《周易參同契》遂有今古文之爭。其實所謂「古本」，乃是楊慎偽造的，但之所以會出現這樣的本子以及杜一誠的重編本，卻顯示彭曉的主張已受到質疑。萬曆年間注《古本參同契》的彭好古，甚至說經傳淆亂始於彭曉，致使後世讀者如亂絲無緒，徒然目眩心煩。此外明王九靈《參同契注》、蔣一彪《參同契集解》、清仇兆鰲《參同契集注》等，均不依彭曉之說。因此，彭曉注本這第一大特點可說並不太成功。

彭曉又將《參同契》分成上、中、下三卷九十一章：「以四篇統分三卷為九十章，以應陽九之數。上卷分四十章，中卷分三十八，下卷分十二章。內有《鼎器篇》一篇，分章不得，故獨存焉，以應水一之數。」（《序》）後人大抵也不甚依從。陳顯微、俞琰本均依朱熹重定之章次；陳致虛分成三十三章；陸西星分成四十九章；陶素耜分成四十四章。其他依據所謂古本者，分章更與彭曉不同。故在版本的處理上，彭曉的做法也可說是被質疑的。

不過，作者與版本問題其實無關宏旨。彭注雖自矜其分章及論斷作者歸屬權上的貢獻，其重要性實不在此。彭注之所以重要，在於它扭轉了《參同契》的性質，把原屬於爐火燒煉之書朝內丹方面去解釋了。

這樣的扭轉，自劉知古以來已然。可是劉知古只是略陳梗概，旨在藉《參同契》以講自己的還丹之術。彭注卻是對《參同契》全面展開解釋，必須一字一句去把原先說燒煉的東西講成是煉精氣，有多麼困難呀！其工程之大，自非劉氏所能比擬。試看以下這段解說：

［三十二章］巨勝尚延年，還丹可入口，金性不敗朽，故為萬物寶。術士服食之，壽命得長久。

［注］巨勝，胡麻。人食之尚得延年，況金液還丹，入口豈不長生乎？還丹始生於真金，金體故無敗朽。然真金是天地元氣之祖，以為萬物之母，《道德經》曰：「無名天地之始，有名萬物之母。」是也。天地之先，氣為初，而生萬象。金是水根，取為藥基，是故真金母能產金砂而成還丹也。

經文明明是講服食。胡麻吃了尚且可以延年，服食黃金自然更可以不朽，語意甚為明白。注解卻偷天換日，把「金」字改從「真金」來解釋。真金不是金，而是元氣之祖，是水根。於是服食成仙的理論，就一轉而成為內煉金水之說了。

接著，經文說：「欲作服食仙，宜以同類者，植禾當以黍，覆雞用其子，以類輔自然，物成易陶冶。」（第三十三章）這是接著上文「金性不敗朽」云云而說的，更上面還有第三十章大談「金入於猛火，色不奪精光；自開闢以來，日月不虧明；金不失其重，日月形如常」。可見它是主張人若欲不朽只有服食同樣不朽的金子，才是同類的。彭注卻將之解釋為冰會化為水、雞卵可生雞，以金為母，還產丹砂，是「種類相生，始終相因」，與經文對「同類」的講法大相徑庭。再用金母生丹砂，而金母又就氣水而說，云此乃內丹之道：「若以金石、草木、霜露、冰雪、鹽鹵之類，皆為誤用。是將天地根為藥根，真金母為藥母，令產陰陽成精。」經文中哪裡瞧得出這樣的意思來？

這便可見彭注完全是一種創造性的詮釋。經文只說「以無制有，器用者空」，它可以創造出這樣的解說「無者龍也，有者虎也。無者汞類之氣也，有者鉛陰之質也。鉛汞處空器之中，而未能自生變化，因坎離升降，推運四時，遂見生成。蓋用空器，而以無制有也」；經文說「上德無為，不以察求；下德為之。其用不休」，它也可以創造出這樣的說解：「上德者，水在上也。下德者，火在下也。水火既濟，乾坤之謂也。水在上常清靜，無為而處陰，不以察求也。火在下常動，運轉經歷十二辰內，其用不休也。」這些句子，若不是先有了一套他那樣的想法，恐怕唯讀得出有點《老子》的氣味，萬萬不能講出這些水火鉛汞來的。

更有些時候，他嫌如此依經作解太過費事，還會在經文之外自己陳述一段見解。例如第二十五章注，解畢經文後，自行發表了一篇議論說：

> 修丹之始，須以天地根為藥根，以陰陽母為丹母，如不能於其間生天地陰陽者，即非金液還丹之道。若以有天地陰陽之後所產者，五金八石、草汁木灰、晨霜夜露、雪漿冰水、青鹽白鹵諸物雜類而為之者，不亦難乎？

這即是他的宗旨所在，認為燒煉外在的、後天的金石藥草都不可能成仙，只有以先天元氣來鍛煉才有希望。整部書就在發揮此義，將《周易參同契》朝這個方向來解釋。

由於整部《參同契》都在講燒煉，他要將之內化，即必須說它所講的鼎爐、水火、鉛汞、火候等等均非真正的鼎爐水火等，而是一種擬喻。整個《參同契》即是一個大的擬喻體系，例如經文說到水，指的其實是虎、陰、母、妻、金、金華、精、情等；火，則是氣、龍、陽、父、夫、流珠、木、性等等。據他看，魏伯陽寫《參同契》時本來也就是用這種擬喻之法的，所以才會以《易》象來說明火候：

公撰《參同契》者，謂修丹與天地造化同途，故托《易》象而論之。莫不假借君臣以彰內外，敘其離坎直指汞鉛，列以乾坤奠量鼎器，明之父母繫以終始，令以夫婦拘其交媾，譬諸男女顯以滋生。《易》曰：「聖人有以見天下之賾而擬諸其形容，象其物宜，因取象焉。」假借爻象，寓此事端。

所謂托論、假借、譬、寓、擬諸形容、象其物宜，都是說魏伯陽的整個論述即是一大套擬喻，而他自己作的這部注解，目的也即在於說明這樣的擬喻，故序云：「曉所分真契為章義者，蓋以假借為宗。」

這是非常重要的一步。在劉知古張果那個時代，雖已用《參同契》之說來喻擬煉氣時的火候進退，但其實仍屬於「借用」的階段；彭曉以《易》之擬象、《詩》之比興，來講假借托寓，實在是一大發明。從此，所有說內丹者都採用了這種方法。消極地，可把古來一切丹經中說及金石鉛汞爐鼎采煉者，全部理解為是體內成丹的擬喻；積極地，也可以用這種方法來表述自己的內丹見解，「將乾坤，鼎而同大冶；運坎離，氣而比化權。則而象之，取而行之」（第八十八章），形成一篇篇類似謎語的擬喻系統。

這是個方法學上的點明，影響深遠。另一影響深遠的，則是他對煉丹之具體方法及過程的解釋。

在彭曉之前，談《參同契》者，如張果，已提到「神抱於氣，氣抱於神，神氣相抱」、「神氣不相離」、「神氣相守」。但神氣如何相合相守呢？他用心腎、日月、鉛汞、性命、坎離、魂魄、金火等等來反覆說明況喻，卻不曾談到男女交合、夫婦交媾、陰陽交感。其中有幾處講到陰陽，只說「陰陽者日月也」，「陰陽者內外也，內氣為陽，外氣為陰」，「坎離為陰陽，陽即魂也，陰即魄也」。足證他不僅無意把陰陽的意涵限定在男女關係上，也未以男女關係為基礎去理解神氣相合的問題。因此他解釋神氣相抱所用的一些喻況，如「龜蛇相纏」；「性是蛇、命是龜」；「心為宅，腎為府」；日中有雞，月中有兔，乃陽藏陰、陰藏陽；或息為母、胎為子等，都沒有性交的意涵。

劉知古《日月玄樞篇》亦然。它比張果更重視陰陽，但論陰陽也僅就其性質說陰陽交感，所謂「陽消陰息，金盛水衰，魂魄相安，剛柔合體，水盛坎侵陽也，火衰離盡昏也，陰陽相飲也，交感道自然也」。陰陽交感指的是一種原理。而此種原理具體見於煉養時，它反而常以「父母」為說。父母是由夫婦發展來的，夫婦有子乃成父母，故父母不是陰陽的概念，而是夫婦子的關係：「丹道相成，子出於母之胞」，「以汞投鉛，以類合類，如父制子，子制孫也」。夫婦關係遂轉而至父子、母子關係的討論上去了。

彭注完全不同，它將一切還原為男女關係，以性交去解釋整個煉丹的過程。請看：

> 東西之氣相交，夫婦之情相契。當斯之際，震來受符，天地媾其精神，日月合其魂魄。陽龍陰虎在混沌中相承，交感之氣，樹立根基。（第十章）

魏公喻易，創立鼎器，運動天機，媾龍虎之形，合夫婦之體。既經起火運符，則男女精氣相紐。故《關雎》兩慕，昏冠相求。（第十一章）

青龍呼白虎，白虎吸龍精，呼吸其貪育，佇思為夫婦也。（第三十一章）

鼎內五行自拘，陰陽交媾，火與水退，水激火衰。（第三十九章）

陰陽氣停，夫婦交接，漸兆龍虎之精，敷榮金汞。（第五十一章）

一陰一陽之謂道，曲成萬物而不遺。運陰陽進退之火符，合乾坤坎離之精氣，周而復始，妙用無窮。因使聖女靈男交陰陽於神室，飛龍伏虎媾魂魄於母胞。（第六〇章）

五行互用，更為男女，遞作夫妻。金妻先唱，木婿播施，神母妊娠而生女。（第六十六章）

孤陰寡陽不能自生成。故自雌雄交媾而胤其真精也。（第七十三章）

坎男離女，雄精雌性，相須含吐，類聚生成，變化真精，以為神藥也。（第七十四章）

男動外施，則水行於外。女靜內藏，則金守中宮。（第七十五章）

凡修金液還丹者，先明鉛火之根，次明陰陽之理。孤陰不自產，孤陽不自成。須候陰陽相交，牝牡襲氣，龍呼虎吸，男成女產，故曰牝雞自卵，其雛不全；二女同車，其情不契。（第七十八章）

注解本須依傍經文，所以說義不免重複。但它翻來覆去地說，卻正好顯示了它是用男女交媾的情況來解說丹道之原理與過程。這樣的解說，固然在魏伯陽原著中已見端倪，但前文已經說過，《參同契》原本是可以不由此去理解的。彭注擴大了魏伯陽對男女的喻況，到處講交媾、施精、結胎，要人通過對性事的理解而理解成丹的道理，這畢竟還是空前的。

內丹之學在此以後，遂充滿了性意象和性意識。例如號稱鍾離權著、呂洞賓傳的《秘傳正陽真人靈寶畢法》第一篇即是《匹配陰陽》，第二篇為《聚散水火》，三則曰《交媾龍虎》。號稱鍾離權述、呂洞賓集、施肩吾傳的《鍾呂傳道集》也介紹了如何觀想龍虎交媾而匹配陰陽之法。說是要想像九皇真人，九皇真母各帶一男一女來，由一黃衣老嫗接引到一黃屋中去交合，「盡時歡悅」。然後男女離去，黃嫗抱一物，形若朱桔，抛入黃屋中，以金盤盛留之（《論內觀》）。又傳鍾離權之《破迷正道歌》云「虎繞龍蟠尋至寶，金公奼女結婚姻」、傳呂洞賓《敲爻歌》云「道力人，真散漢，酒是良朋花是伴，花街柳巷覓真人，真人只在花街玩。一夫一婦同天地，一男一女合乾坤」等，都是如此。

考內丹結胎之說，本出於胎息。古呼吸吐納之法，教人緩息，漸緩漸細，漸至於如不呼吸，如嬰兒在母親胎胞中那樣，故稱胎息。其後改以服元氣吞咽入氣海，凝結如含胎之狀為胎息。故胎字原本即與男女交合以致結胎生子無關，至彭曉才首先扣住這個胎字大加發揮，結合《參同契》的講法，把整個內丹修煉的過程說成是一種性交生子的仿擬，後來如呂洞賓《敲爻歌》云「養胎十月神丹結，男子懷胎豈等閒」；《沁園春》「又誰信，無中養就兒」，俞琰注《翠虛篇》「怪事教人笑幾回，男兒今也會懷胎。自家精血自交結，身裡夫妻是妙哉」，鍾離權《破迷正道歌》「二氣交結產胎嬰」，俱是如此。此類文獻，雖均號稱為鍾為呂為施肩吾等等所作，但整個性交生子的仿擬體系既是彭曉構造出來的，這些文獻就絕不會早於五代。其後兩宋內丹南北各派，則亦均依循舊轍，暢言交媾結胎，影響之大，無與倫比。

至於講具體煉養之法，彭注也有特點。張果《太上九要心印妙經》所說重在金火，亦即以火燒金。借五穀之氣以生內火，又名真火，會於丹田，燒聚金鼎，然後一氣運轉，陽升陰降，七返九還而成丹。劉知古的方法是服食日月精華，所重則在水火。但水火如夫婦，卻非交合關係，而是對偶關係：水生金、金生水，是鉛中生黃芽；木生火、火生木，是丹砂之中出汞。陰陽、日月、水火、鉛汞，都是對偶的關係，日出月落，陽消陰長，人亦「以天地為雌雄，陰陽為父母，左為青龍，右為白虎」，「一陰一陽而為水火，火者以水為夫焉，水者以火為婦焉」，龍虎是不交媾的，就如日月不會交會一樣。彭曉論煉丹之法迥異於彼，他說：

> 金丹之要，全在鉛火二字。鉛火則水火也，為還返之宗祖。其餘五行氣候皆輔助而成功。（第四十一章）
>
> 金液還丹，秘在鉛火二字，為之終始。既得真鉛，又難得真火也，其可輕議也哉？（第十八章）

此法也說重在水火，但其實與劉知古之說不同。更不只是水與火，乃是起火以燒金，但強調金生水，故亦勿同於張果。而且故弄玄虛，把金水皆歸為水，火則指氣，然後套著五行生克，陰陽相合、八卦方位、十二月消息講這水火之作用，越講越複雜，也越來讓人越糊塗。所以讀者切不可乙太相信他「金丹之要，秘在鉛火二字」這樣的說法。其功法精要，實在第六十六章注所說：「鼎內陰陽升降調和，則胎中龍虎起伏相抱，固住真精，顏色浸潤、骨節堅強。修之不休，久而可驗。抽除陰火，謂排卻陰邪。添入陽符，乃正與陽運。周而復始，神室安和，雲行雨施，汞流金液，如冰解釋。自足至頭，遍匝真人之身。」

故其說並無後來丹家所常講的心腎相交、顛倒龍虎之法，亦不講周天、不談運氣、不說河車，也無丹道逆生之說，跟後世內丹家相比，還算是平實的了。

注釋

①《真誥運象篇》：「自古及今，死生有津，顯然異會。藏往滅智，與世同之者，皆得道之行也。若夫瓊丹一御，九華三飛，雲液晨酣，流黃徘徊，仰咽金漿，咀嚼玉蕤者，立便控景登空，玄升太微也。」對於服丹藥可以成仙，也是毫不懷疑的。

②縱使照他們的方法煉丹，吃了還是死，道士們依然可以說那只是屍解。《無上秘要》就舉了一些例子說：「此諸君並已龍奏靈河，鳳鼓雲池，而猶屍解托死者，正欲斷以死生之情，示民有始終之限耳。」（卷八十《屍解品》）所以，有多少人服丹而死之事實，都不足以動搖服丹可以成仙的信念。歷來思想史道教史老是舉一些服丹失敗的事例，來論斷唐代爐火丹藥之術因此而衰，實大謬也。

③唐代道教燒煉丹藥之盛況，可參看金正耀《道教與科學》第八章，中國社會科學出版社，一九九〇年；趙匡華《中國古代化學史研究》，北京大學出版社，一九八五年；陳國符《道藏源流續考》，明文書局，一九八三年；金正耀《唐代道教外丹》，《歷史研究》一九九〇年第二期。

④見福永光司《道教思想史研究》，岩波書店，一九八七 年，《儒道佛三教交涉記おける「氣」の思想》。

⑤另詳本書《道醫論》一文。

⑥另詳龔鵬程《成玄英莊子疏初探》，收入「三教論衡」系列之《佛學新解》。

⑦另詳本書〈《黃庭經》論〉一文。

⑧據唐史載，司馬承禎有此論，但可能是另一篇同名之作。本文署白雲子述，乃張白，衢州人，少應試不第，修道於天台山。Ute Engelhardt Qi for life:longevity the Tang據此文大談司馬承禎思想，誤。

⑨見湯用彤《漢魏兩晉南北朝佛教史》，中華書局，一九八三年。另外，陳寅恪也討論過天台宗與道教的關係，見其《審查馮友蘭《中國哲學史》報告書》。

⑩昔人論服氣行氣，於此區分，類多懵然。如《通志・藝文略》著錄行氣吐納者七四部、九四卷，就是將服外氣與服元氣內氣者並為一類了。如此分類，殊不能見流變之跡。其實此在修道者內部原本是清楚的，《太清服氣口訣》便立一節《分別外氣元氣訣》云：「元氣與外氣，都不相雜。」

⑪詳砂山稔《隋唐道教思想史研究》第二部第七章《虛の思想：初唐より盛唐に至る道家。道教思想史の一側面》。

⑫《陰符經》之撰成，必在唐朝以前，但至唐代始顯。唐初褚遂良、歐陽詢均曾抄寫之，吳筠《形神可固論》亦曾徵引，詳本書〈《陰符經》敘論〉一文。

⑬這裡應注意另外一部經典：《高上玉皇胎息經》。此經乃幻真先生注。據《幻真先生服內元氣訣序》說唐天寶間幻真先生曾遇羅浮真人王公，則他也是盛唐時期人物，此經或即為他所作。經云：「胎從伏氣中結，氣從胎中息。氣入身來為之生，神去離形為之死。故知神氣可以長生，固虛無以養神氣。神行即氣行，神住即氣住。若欲長生，神氣相注。心不動念，無來無去，不出不入，自然常住。勤而行之，是真道路。」注曾引《西升經》及《玄綱論》，故知其觀點大抵與司馬承禎吳筠相似，是以心不動念為守神，謂人若能虛心絕慮，保氣養精，則元氣不離，如此「神氣相合而生玄胎。玄胎既結，乃生自身，即為內丹不死之道也」。因此它反對食氣，說：「元氣即陽氣也，食氣即陰氣也。元氣若壯，即陰氣自消。陽壯陰衰，則百病不作。」又因食氣者都以口鼻呼吸，故以口鼻為玄牝，他便說玄牝非口鼻：「氣海亦為下丹田，亦為玄牝，世人多以口鼻為玄牝，非也。」這也是玄牝說的新解。後附《胎息銘》，也說了吞咽元氣的方法，並說其法「假名胎息，實曰內丹」。另一部《高上玉皇心印妙經》論者常與上述《高上玉皇胎息經》並論，殊非其倫。此經名稱蓋仿張果《太上九要心印妙經》。但張果之所以稱其經為「心印」，是因為他強調心的作用，認為：「心者神之宅，神者心之主」「以心為帝王。帝正者心不亂也，心不亂則氣自調。」《高上玉皇心印妙經》卻無一字提到心。而且說的仍是呼吸，且謂「呼吸育清，出玄入牝」，理論根本不通，乃無知者妄作也。後人不乏依之修煉者，各道廟也常以此為主要的課誦經典，其實皆誤入歧途。

⑭另有《大還心鑒》一篇，一般也將它歸入內丹類，我以為不然。此文亦推源煉丹於《參同契》，且說「心為出世之宗，丹為延年之藥」，「知爐鼎又不可不知火候也，知火候又不可知心也」，因此論者誤以為它是內煉之書，實則非也。彼只是說在煉丹之外尚須重視心，或煉丹時須心悟真理，並不是教人以心神合氣，來內養成丹。故其丹，仍為金石之丹：「一金一石謂之丹，亦合天地也。一金者，真鉛中白虎是也；一石者，丹砂中水銀是也。」底下引唐代流行的神符白雪門馬真人語，謂「汞與水銀別，迷人用之拙」，主要是說明他所謂的汞，並非水銀，而是上文所說「丹砂中出水銀」的意思，所以稱為真汞：「水銀本在丹砂中，出合鉛汞即成至寶。色還本丹，丹更不能卻歸水銀，即真汞矣，即從凡入聖。」如此，便是它所說的還丹了。這種真汞，非身中之氣或水，乃丹砂燒煉而得之汞。所謂丹砂，是一種紅色固態礦物，成分是硫和汞，故丹砂礦氧化即會出現液態的水銀，此為生水銀、自然汞；也可用燒煉之法，使丹砂氧化而得熟水銀。所謂汞由丹砂中出，即是這麼回事。此書以此化學變化為從凡入聖，故引神符白雪門之說以為依據。神符白雪者，《真元妙道要略》已說明了那是當時流行的燒丹之一派：「有以黑鉛一斤，投水銀一兩號為真一神符白雪者。」本書既引其說，益足以證明它非內丹之學。

⑮《參同契》彭曉本四十章說它乃仿古人而作：「吾不敢虛說，仿效聖人文，古記題龍虎，黃帝美金華。」從文義上看，古記題龍虎，是相對「黃帝美金華」而說，但古代記錄有題為龍虎者，其名稱可不見得就叫《龍虎經》，後人竟因此而附會道「真人魏伯陽，不知師授誰氏，得古文《龍虎經》，盡獲妙旨」（彭曉《周易參同契通真義序》），真是杜撰得可笑。而後來居然更出現了一大批《龍虎經》，都說是上古某某仙真所作，幻中出幻，益可見其為虛誕。題為《真龍虎九仙經》者，即其中之一也。此經托為天皇真人所傳，唐羅公遠、葉法善注。論者當然不會相信它真是天皇真人所著，但不少人相信它也許是羅、葉兩人所作。羅、葉兩位，均為唐高宗、玄宗朝之著名道士，此書卻絕非兩人所著及注。原因是：一、凡題為某某《龍虎經》者，皆偽託，時代必在五代以後。二、此書所說龍虎金丹大藥，只用以治病。此乃古代引氣布氣治病學之發展。後文說學道諸法門時，便不再談龍虎，只講呼吸。以鼻上住息為定，然後存想脾上起雲，開頂門，身中之神 運行自在；再吞日華（它主張以鼻接氣，仍以鼻為玄牝）、煉五臟之氣以成仙。這套講法，應是鍾呂丹法流行後才提出來的，對「龍虎」有新的解釋，故稱其書為《真龍虎九仙經》。分仙為九等，有與鍾呂分仙為五等之說相頡頏之意。

九　《陰符經》敘論

《陰符經》，今所謂「道教四書」之一也。本文僅三百餘字，一本作四百字，而注釋其書者數十百家，考異辨難，聚訟紛如。余讀《道藏》，於此盤根錯節處，輒欲綜理眾說，比量異同。故嘗輯為《陰符經集釋》一種，用便觀覽焉。

惟余所謂集釋者，用心稍與古人不同。昔之為集釋集注，皆類聚舊說，斷以己意，折衷群言。蓋以此為能得作者之本意也。然《陰符經》諸家注，取徑各不相蒙，或言兵，或言丹法，南檣北馬，無可折衷；孰為本意，尤難質證。余穿穴講貫既久，乃悟古人所謂求本意之非也。凡經典之所以為經典者，不正以其書能使各時代人讀誦之皆具意義乎？各時代人，懷諸困惑，叩諸經典，經典則相應而現諸解答，隨方應緣，靡不饜勝義以去，故可以為萬世之常經、百代之資糧。諸家注解參差歧午，貌若射覆，然交光互攝，俱能發明經典之意蘊。為集釋者，自應條貫其理趣，分析其思緒，說明該經典之詮釋史，乃為得之。至其本意，實不可考；即其著作年代及作者亦多不可知。縱令可知，又何益耶？此余之偏見也，然非精思熟玩，似不足以知此義。故敝帚自珍，殺青有待，未敢倉促面世。茲所移錄，乃《集釋》稿中雜考其作者與書之年代者，名曰

「陰符經敘論」，凡四則，聊示一斑，用乞並世賢達教之。

（一）經係唐朝以前書考

《黃帝陰符經》一種，昔人或謂其為偽書。

所謂「偽」者，謂書非黃帝時有，並非黃帝作也。作此書者，或云即唐人李筌。如晁公武曰：「唐少室山人布衣李筌注。云：『《陰符經》者，黃帝之書。或曰受之廣成子，或曰受之玄女，或曰黃帝與風后玉女論陰陽六甲，退而自著其事。陰者暗也，符者合也，天機暗合於事機，故曰《陰符》。』皇朝黃庭堅魯直嘗跋其後云：『《陰符》出於李筌，熟讀其文，知非黃帝書也。蓋欲其文奇古，反詭譎不經。蓋糅雜兵家語，又妄撰太公、范蠡、鬼谷、張良、諸葛亮訓注，尤吾笑。惜不經柳子厚一捁擊也。』」（《郡齋讀書志》）按：宋人多作此說，晁公武黃山谷之外，如：

朱熹曰：「《陰符經》恐是唐李筌所為。是他著意去做，學那古文。何故只是他說起便行於世？某向以語伯恭，伯恭亦以為然。一如《麻衣易》，只是戴氏自做自解，文字自可認。」（《朱子語錄》）

陳振孫曰：「《陰符玄機》即《陰符經》也。監察御史新安朱文國注。此書出於李筌。云得於驪山老母。舊志皆列於道家。文國以為兵書之祖。要之，非古書也。」（《書錄解題》）

黃震曰：「經以符言，既異矣；符以陰言，愈異矣。首云：『觀天之道，執天之行，盡矣。』天之道固可觀，天之行其可執耶？謂五行為五賊，謂三才為三盜。五行豈可言賊，三才豈可盜？又曰：『天有五賊，見之者昌；三盜既宜，三才既安。』賊豈所以為昌，盜豈所以為安耶？若謂『人知其神而神，不知不神所以神』，此老聃可道非道之說。後世有偽為道書者，曰《常清淨經》；有偽為佛書者，曰《般若經》，千變萬化，皆不出反常一語，初非異事，乃雷同語耳。言用兵而不能明其所以用兵，言修煉而不能明其所以修煉，言鬼神而不能明其所以鬼神。蓋異端之士，掇拾異說，而無所定見，此其所以為《陰符》歟？然則人生安用此書為也？」（《黃氏日抄》）

皆不只疑其書非黃帝作，兼指作書為李筌之偽。李筌好言兵，嘗著《太白陰經》，其書或名為《太白陰符》，故益滋論者疑惑。

然今本《陰符經》雖自李筌注後始顯，其書實非李筌所偽。李筌之年里仕履，《四庫提要》及余嘉錫皆有考證。四庫子部兵學類嘗收李筌所作《太白陰經》八卷，提要曰：「唐李筌撰。筌里籍未詳，惟《集仙傳》稱其仕至荊南節度副使、仙州刺史，著《太白陰經》。又《神仙感遇傳》曰：『筌有將略，作《太白陰符》十卷，入山訪道，不知所終。』《太白陰符》，當即此書。傳寫偽一字也。」余嘉錫曰：

《集仙傳》為宋曾慥所撰（見《書錄解題》卷十二）。四庫著錄者非原本。《提要》此條，蓋從《太平廣記》卷六十三轉引也。至所引《神仙感遇傳》，亦見《廣記》卷十四。不載筌所歷官位。考《雲笈七籤》卷一百十二引《感遇傳》「筌有將略」上，多「開元中為江陵節度副使、御史中丞」

十四字。「陰符」作「陰經」。與《廣記》小異。

羅振玉敦煌《閫外春秋》跋云：「李筌《閫外春秋》十卷，《直齋書錄解題》云：唐少室山布衣李筌撰。四庫全書錄筌所撰《太白陰經》總目云：筌里籍未詳。《集仙傳》、《神仙感遇傳》云云。今傳《太白陰經》則前有《自序》及《進書表》文，後並有結銜。序末作唐永泰四年秋河東節度使都虞侯。表末作乾元二年四月二十八日正議大夫持節幽州諸軍事幽州刺史并州防禦使上柱國。與《集仙傳》不同。表文辭鄙拙，當是偽託。序署永泰四年。考永泰無四年，二月十一月即改元大曆。作偽之跡顯然。至進表，前有『臣少室書生，才非武職』，而後又有『臣自風塵悖亂，牧口邊陲，兵行天機，戰伐常勝。雖坐偏裨之職，未展縱橫之謀』云云。前恭後倨。又自謂牧口邊陲，戰伐常勝。幽州去兩京密邇，並非荒裔，何以史家絕不一及其功伐，且並其名氏而遺之？揆是情實，誣偽可知。仙家紀傳，例多難信。序表所署，亦複相類。而此卷署題作少室山布衣（按：巴黎圖書館所藏敦煌本《閫外春秋》殘卷，北平圖書館有影片存卷一及卷二之上半。卷首《進書表》末署天寶二年六月十三日少室山布衣臣李筌上表），與陳氏所云正合。筌或竟以布衣終耳。」

嘉錫考之：唐范攄《雲溪友議》卷上云：「李筌郎中為荊南節度判官，集《閫外春秋》十卷，既成，自鄙之曰：常文也。乃注《黃帝陰符經》。」其敘筌之官職與《集仙傳》小異，與此書自序及進表署銜全不同。《友議》又云：「筌後為鄧州刺史，一夕三更，東南隅忽見異氣。明旦呼吏於郊市，如產男女者，不以貧富，悉取至焉。得牧羊胡婦一子。李君慘容曰：此假天子也。座客勸殺之，筌以為不可。曰：此胡雛必為國盜，古亦如然，殺假恐生真矣。則知安祿山生於南陽。異人先知之矣。」宋人所輯《分門古今類事》卷九，亦載此事。

《雲溪友議》敘事固多里巷傳聞，即此所載安祿山事，亦涉荒鄉誕。且筌天寶初尚是布衣，安得當祿山生時，已官刺史？然范攄究為唐時人，其敘李筌官爵，應不至大誤。豈筌撰《閫外春秋》時，尚為布衣，後乃出仕，由節度判官歷任州郡，入為郎中。而攄特誤記其著書之時歟？要之，筌之初仕荊南，後官刺史，唐人固有紀載。不僅見於《集仙傳》也。觀《郡齋讀書志》卷七記筌撰《中台志》。以唐相李林甫、陳希烈附皇道，筌上元中自表。天寶初，迫以綴名云。夫以布衣著書，紀載失實，縱觸刑網，亦止宜辯之有司。今亟亟上表自明，亦似非布衣之事矣。筌儒者，官至省郎，不當任偏裨作都虞侯。此書自序及表文，固出後人偽造無疑。

《新唐志》道家類，李筌驪山母傳《陰符玄義》一卷，注云：「筌號少室山達觀子。」《通考》卷二百十一引《崇文總目》值「陰符玄機」。其解題與唐志注略同。不著官閥，與題少室山布衣者合。筌所著書。見於《唐志》者，《陰符》、《太白陰經》、《閫外春秋》、《中台志》外，尚有注《孫子》二卷、《青囊括》一卷、《六壬大玉帳歌》十卷。

李荃為天寶時人，本係儒者，而隱居嵩岳，又習道家兵家言。范攄云其注《陰符》，是唐人初不謂書為李筌所作也。且《唐志》所載張果《陰符經太無傳》，自稱得諸道藏。則當時《陰符》除李筌所得之本外，別有流傳。張果之注，專駁李疏，其經文亦不自李筌處來。益可見《陰符經》者，非李筌所能偽作也。且吳萊曰：「廣漢鄭山古曾語蜀黃承真：『蜀宮大火，甲申乙酉，則殺人無數。我授汝秘術，庶幾少減於殺伐。幸汝詣朝堂陳之，陳而不受，汝當死，泄天秘也。』已而蜀王不聽，而承真死。孫光憲竊窺其書，題曰《黃帝陰符》。然與今經本實不同，不知此又何書也？若乃筌務用兵，而山古又欲務禁兵，此果何耶？」（《陰符經注序》）據此，似於唐末五代間，又別有二本《黃帝陰符》，與李筌所傳之本不同。倘《陰符經》係李筌所偽作，豈另有一人亦偽作《陰符》耶？此當是舊籍相傳，而始出，且不無增刪補假，故同時遂有二本也。

又曾慥所集《集仙傳》曰：「唐李筌於嵩山虎口岩石室得此書，題曰：『大魏真君二年七月七日道士寇謙之藏之名山，用傳同好。』已糜爛，筌鈔讀數千遍，竟不曉其義；後於驪山逢老母，乃授微旨，為之作注。」又，《崇文總目》亦曰：「《陰符玄機》一卷，唐李筌撰。自號少室山達觀子。筌好神仙，嘗於嵩山虎岩石壁得黃石《陰符》本，題云魏道士寇謙之傳諸名山。筌雖略抄記。而未曉其義；後入秦驪山，逢老母傳授。」皆與杜光庭《神仙感遇傳》所載相符，述筌得經之由來皆甚詳。書非筌所偽，可斷言也。

故姚際恒曰：「《陰符經》出於唐李筌。其云得於石壁中，上封云：『上清道士寇謙之藏諸名山，用傳同好。』於是筌詭為黃帝所作。後遇驪山老母，說其玄義。按：此書言虛無之道，言修煉之術，以『氣』作『炁』，乃道家書；必寇謙之所作而筌得之耳。其云得於石壁中，則妄也。若云黃帝所作，驪山老母為之解說，則更妄矣。又相傳《七賢注》，為太公、范蠡、張良、諸葛亮諸人，益不足辨。或謂即筌所為，亦非也。褚遂良書之以傳於世。又朱仲晦嘗注之，而曰：『謂非深於道者不能。』吁，不知其所謂道者何道也？可慨也夫！」（《古今偽書考》）其言書非李筌所為，甚是。顧所謂褚遂良書之者，《四庫提要》頗不謂然。

《提要》曰：「《集仙傳》說怪誕不足信。胡應麟《筆叢》乃謂蘇秦所讀即此書，故書而非偽，而托於黃帝則李筌之偽。考《戰國策》載蘇秦發篋得太公《陰符》，具有明文。又歷代史志皆以《周書》《陰符》著錄兵家，而黃帝《陰符》入道家，亦足為判然兩書之證。應麟假借牽合，殊為未確。至所云唐永徽初褚遂良嘗寫一百本者，考文徵明《停雲館帖》所刻遂良小字《陰符經》卷末實有此文。然遂良此帖自米芾《書史》，寶章《待訪錄》、《宣和書譜》即不著錄，諸家鑒藏亦從不及其名，明之中葉忽出於徵明家，石刻之真偽尚不可定，又烏可據以定書之真偽乎？」此說余嘉錫又駁之曰：

提要此篇，未言（《陰符經》）定出於何人之手。至下篇論朱子《陰符經考異》，始言晁公武《讀書志》引「黃庭堅跋，定為筌所偽託。朱子語錄，亦以為然」。定為李筌所托，則不得有褚遂良手書一百之事。若果有此真跡，則在宋時，必入於好之者之家。而有宋一代儲藏富而賞鑒精者，莫過次宣和秘閣及米氏之寶晉齋。乃考之其書，皆不著於錄。故敢毅然斷其不足據。然所謂諸家鑒藏，從不及其名者，想當然云爾。豈凡宋時公私收藏書畫目錄，悉經取而一一加以檢察也哉？按：樓鑰《攻媿集》卷七十二，有《褚河南陰符經跋》，與停雲館石刻悉合。《提要》不之知也。

其跋云：「《陰符經》說者甚眾，以文義不貫，頗費牽合。蓋嘗疑之。唐李筌傳驪山老母之言曰：『此符三百餘言，百言演道、百言演法、百言演術。上有神仙抱一之道。中有富國安民之法。下有強兵戰勝之術。』分為三章。又有六注，謂太公、范蠡、鬼谷、張良、諸葛亮及筌也。繫以正義，不言誰作。後序中謂出於驪山老母，亦間有無主名者。略計太公之言八、張良之言九、鬼谷六、諸葛五、范蠡才一見。而筌及正義尤詳，又與世所版行不同。後有斷章三贊。又道士希嚴，不知何許人，作贊三十九首，可謂備矣。比歲於都下三茅甯壽觀，見《褚河南真跡注》，始知上古真仙，各出一二語，以至三四。自愚人以天地文理聖（原校云：此句似有脫誤字）而彼不言其誰。其間有若相應答，亦有旨意全不聯屬者。將由群仙之集而為之耶？抑高真薈而成此經耶？凡見河南所書三，其一草書，貞觀六年奉敕書五十卷。其一亦小楷，永徽五年奉旨寫一百二十卷（此與停雲館石刻作寫一百者小有不同）。及此，蓋書百九十矣。二者皆見石刻。惟此真跡，尤為合作。字至小而楷法精妙。河南卒於顯慶三年，年六十有三。此時計四十五歲；而永徽所書，則五十有九矣。三詳略亦自不同，草書本又冠以『黃帝陰符經』，要當以此本為善。」

岳珂《寶真齋法書贊》卷五，又著錄有「歐陽詢陰符經帖」。末行題「黃帝陰符經。貞觀十年丁酉歲九月□□日書與善奴」。珂跋云：「右唐太子率更令歐陽詢字信本《陰符經》真跡一卷。楷莊而勁、嚴而有法，真歐筆也。按率更之子曰通，字通師，官至內史。號小歐陽。亦以能書稱。淳化閣帖中，有所授筆訣，亦雲付善奴。即其人也。」

《隨隱漫錄》卷五云：常州澄清觀有「褚遂良陰符經」。夫使此果為李筌所偽託，筌嘗自稱為天寶布衣，褚登善歐陽信本烏能書之于貞觀之時乎？若曰二人之書，皆出於後人偽作。則樓攻媿之博學多聞、岳倦翁之好精鑒，其識解有時或出米元章之上，非但不愧之而已。觀其極口讚美如此，豈均盲於目哉？

近人文廷式《純常子枝語》卷三十五云：「陰符經雖非黃帝書，然褚登善書之，歐陽信《藝文類聚》引之，其不出於李筌審矣。」夫文氏所謂登善書之，不過據《停雲館法帖》為言，《提要》已自不信，此不足以設難。惟《藝文類聚》所引，實見於其卷八十八。引《陰符經》曰：「火生於木。禍發必克。」夫歐陽信既嘗手寫是經，以付善奴。又引用之於其奉詔所撰之書。其信重之如此。是必六

朝以前相傳之古矣。然其非黃帝之書，雖三尺童子，猶能知之。褚歐亦因其舊本所題書之耳。（《四庫提要辨證》卷十九）

蓋四庫館臣誤信李筌造經之說，謂書為李筌所造，唐初人豈能寫之？殊不知《陰符經》於唐朝初年即已為書家所常書，明汪砢玉《珊瑚網》卷二十亦有王弇州《褚登善書陰符經跋》云：「《陰符經》古未有，自唐初褚河南先後奉命書百十卷。今石刻存者：真觀六年行草一卷，永徽五年正書一卷。而歐陽渤海亦有貞觀六年正書一卷。皆絕妙。《道藏》內《陰符》，凡數十種。注釋亦如之。獨趙文敏最為定本。蓋據歐陽本也。」是歐陽詢、褚遂良皆嘗寫之，歐陽詢編《藝文類聚》亦嘗徵引。

除樓鑰岳珂之外，宋陳思《寶刻叢編》卷十三《石氏所刻歷代名帖》中亦有褚遂良小字《陰符經》及草書《陰符經》，皆在越州。宋無名氏《寶刻類編》卷二則著錄褚遂良草書及小字《陰符經》。與李筌同時之吳筠《宋玄先生文集》卷中《刑神可固論論神篇》亦引《陰符》「火生於木，禍發必克」兩句，又引「終冬之藉，復之不死，露之見傷」云云，則不見於今本。斯亦屬傳本之異也。凡此皆可見書在李筌以前即已面世，非李筌所能偽。

唯此中猶應有所考論者，則褚書之真贗也。依余嘉錫考證及前文所述，褚遂良嘗書《陰符經》，宋人亦確曾著錄，四庫館臣謂宋人未予著錄者誤也。然著錄者皆在南宋，善疑者遂仍不免疑其為晚出之贗鼎，如歐陽輔《集古求真》即云：「《陰符經》褚遂良書，有二本，一小楷，一小草。小楷乃永徽五年奉敕所書。翁覃溪以楷書者為真跡，江藻、姚鼐等以為均非褚書，張廷濟則均以為非偽。按諸家紛紜其說，莫衷一是，其實真草二本，皆偽託耳。考此經為李筌偽作，筌開元時人，褚公安得預書之？殆即筌之徒所偽託，欲借褚公大名，又加以奉敕之重，冀以增當時之聲價，且取信後世。觀其前銜名之下，有奉旨寫一百二十卷，其後年月之下，又有奉旨造，重見復出，可灼見其隱衷矣。不知此等重複，通人必不若此，適足以自彰其偽。」（卷二）以褚書草字及小楷二本《陰符經》皆偽作。

翁方綱《復初齋文集》卷二三《跋俞紫芝臨褚草陰符經》則云小楷為真跡精品、草書為偽作：「褚草書陰符，宋越州石氏帖目在褚楷陰符前，故停雲亦依此摹也。何義門云：『二十三行缺處甚多，而不言後有諸題人名，則停雲所摹勒，蓋又從石氏本翻出者耳。』此內『萬化生乎身』句，化訛作；『可以伏藏』句，伏訛夥；『大小有定』句，大訛火。又不止義門所云缺失而已。且褚公於貞觀十二年始召入侍書，豈有貞觀六年奉敕書此之事，不特義門未之詳考，而越州石氏此刻在北宋末、南宋初，乃亦不加詳考，冒為褚跡，則何怪樂毅論海字本，後來重摹之有失乎！此幅有俞紫芝臨款，紫芝之明洪武初尚在，則天曆初年年尚少，因宜其不知深考，一依其誤而臨之也。蓋考訂之學不講久矣，孫退谷乃與過庭《書譜》同語，又何足譏乎？」

孫退谷即孫承澤，孫氏《庚子銷夏記》卷六謂褚書陰符小楷有晉人風度；草書則步驟二王，微帶章草，孫過庭《書譜》即脫胎於此。翁氏不以其說為然，故訶之如此。翁方綱、歐陽輔之後，葉公超於一九六一年左右，又出其收藏《大字褚書陰符經》一種，沈尹默、王壯為等以為真跡，李郁周《大字陰符經題跋與書體之研究》則力辨其為偽。聚訟亦如褚氏草書及小字《陰符經》也。

今按：《陰符》在李筌之前，並未大顯，否則李筌得書於嵩山虎口岩尚得為傳奇乎？以筌得書之鄭重珍什，知此書雖有流傳，當時人見之不甚廣。若於唐初褚河南果嘗手書百七十本，則依褚公之位望書藝，化身千百，豈不廣遍區宇耶？以此推之，褚書百七十卷，要係後人依託之辭，未必即為實事。今傳褚書小字及草書又皆石刻，石刻固可見其規矩，筆法實難推求，欲斷其為真為偽，誠非易易。大字陰符，結體用筆且與世傳褚書《兒寬贊》不同，亦未必即為真跡。雖然，褚書三本縱使皆偽，不能如歐陽輔所云，乃李筌之徒偽作。何則？褚書可偽，《藝文類聚》引書不可偽，吳筠引文亦不可偽。李靖之注可偽，張果之注、張果於《道藏》中別得一卷《陰符》亦不可偽。准斯而論，褚遂良於貞觀間書《陰符》數本，又何必即為情理之所無？李筌未杜撰《陰符經》，正毋庸以褚河南必曾書《陰符經》為論據也。

（二）今本與《周書陰符》之關係

《陰符經》既為唐朝以前書，非李筌偽造，則果出於黃帝耶？凡今云黃帝書者，俱依託之辭，固無人復信其為黃帝造矣。然《史記》嘗謂然蘇秦「得《周書陰符》，伏而讀之」，《索隱》引《戰國策》謂得太公陰符之謀。則其書雖不出於黃帝，要係周秦舊籍，故蘇秦能得讀之。宋朝邵雍、程頤，明人胡應麟等，皆主此說，如：

胡應麟曰：「《陰符經》，稱黃帝，唐李筌之偽也。筌嗜道好著述；得《陰符》，注之，而托於驪山老母以神其說。楊用修直云筌作，非也。或以唐永徽初，褚遂良嘗寫一百本，今墨蹟尚存。夫曰遂良書，則既盛行當世，筌何得托於軒轅？意世無傳本，遂良奉敕錄於秘書，人不恒覯也。余按《國策》，蘇秦干諸侯不遂，因讀《陰符》，至刺股，則此書自戰國以前有之。而《漢書・藝文志》不載，蓋毀於兵火故。《隋志》有《太公陰符鈐錄》一卷，又《周書陰符》九卷，未知孰是，當居一於斯。或疑季子所攻必權術，而《陰符》兼養生。夫《陰符》實兵家之祖，非養生可概也。此書固匪黃帝，亦匪太公，其為蘇子所讀則了然；而前人無取證者。故余首發之，俟博雅士定焉。（《四部正》）

王謨曰：「《史記》蘇秦得《周書陰符》伏而讀之，《索隱》引《戰國策》謂得太公《陰符》之謀，則《陰符》是太公兵法，以為黃帝書，固謬。但如山谷謂出李筌，恐亦未然。此書宗旨與《大易》《老子》同歸，而《易》言：『龍戰於野，其血玄黃。』老言：『聖人不死，大盜不止。』亦奇險語。安得以書中『天發殺機，龍蛇起陸，天地萬之盜』等語，遂以詭誕不經乎？」（《漢魏叢書識》）

梁啟超曰：「其文簡潔，不似唐人文字。特未必太公或寇謙之所作。置之戰國之末，與《繫辭》、《老子》同時可耳。蓋其思想與二書相近也。」（《古書真偽及其年代》）

此說，姚際恒及四庫館臣皆不謂然。以今傳《陰符》言虛無之道、修煉之術，係養生之書，而非陰謀；故歷代史志均以《周書陰符》著錄於兵家，《黃帝陰符》則入道家，判然兩途，不容相溷也。

今人王明《試論陰符經及其唯物主義思想》即據姚氏及四庫館臣言。然《陰符》之書，史志著錄分為兩類，乃史官之意見，未必定符其情。以今傳《陰符》考之。自宋以來，或析其書為三篇，即所謂「神仙抱一演道」、「富國安民演法」、「強兵戰勝演術」。是今本《陰符》亦自有為兵學，故陸西星《陰符經測疏後序》云：「兵家者流，又竊其八卦甲子神機鬼藏之說以為兵機。」即《四庫》，亦嘗謂今本「自筌而後，凡數十字，或以為道家言，或以為兵家言，或以為神仙家言」（焦竑《陰符經解提要》）。

然則今本豈可必其即為養生之書，而非兵法乎？李筌疏注此書，最為有名，其人即好言兵者，所著《太白陰經》，非兵家言耶？注《陰符》者，唐初更有李靖。唐志所著錄范蠡、諸葛亮、鬼谷子、張良等《集注陰符經》一卷，固是托古，非同史實；然此數家則皆以用兵神奇，為世所仰，故冒其名氏注釋今本《陰符》也。

宋代夏元鼎注《陰符》，其人亦談兵者，劉克莊跋其書有云：「觀其所注三書，皆遁世之學也，深於道矣。余獨問書向在兵間，曾殺人否？及與君抵掌論兵，頗右武安君，問語楚台叛寇，又欲僇之而後已。噫！是猶有用世之心也。」（《後村大全集》卷九九）則是另一李筌也。由是觀之，以《陰符》為兵法者多矣。今本是否即為蘇秦所讀之書，蘇秦所讀之書是否即太公所著，皆不可考。然雖不可考，據史志分類斷今本非周秦舊籍則大謬矣。

（三）論今傳《陰符經》作者不可考

或云，書非周秦舊籍，乃寇謙之輩所著。

其說殆本諸杜光庭《神仙感遇傳》所云李筌得經事。杜氏曰：「李筌至嵩山虎口岩，得《黃帝陰符》本經。素書、朱漆軸、緘以玉匣。題云：『大魏真君二年七月七日，上清道士寇謙之藏之名山，用傳同好。』其本糜爛。筌抄讀數千遍，竟不曉其義理。」李筌之本，係寇謙之所傳，故全祖望、姚際恒等皆謂其書即寇謙之或其流派中人所為。然王明以為：太武帝太平真君二年，魏尚未稱「大魏」；且寇謙之修整道教，係以禮度為主，與《陰符經》之思想無甚關聯；世傳寇氏一派所奉經典，亦唯《雲中音誦誡經》等戒律靈圖之屬，不聞隨所謂《陰符經》者。以此知書非寇謙之作，並非寇謙之所傳。云寇氏傳藏者，後人依託之耳。王明之說甚辨。且世謂《陰符》為寇氏作者，以李筌得書故，本亦無所佐證。得書於寇氏之傳，尚且可以存疑，寇氏作書之說，自當芟棄矣。

余嘉錫《四庫提要辨證》亦不以《陰符》為寇謙之輩作，然又別出考證，疑經係上清派楊羲、許謐諸君所為，其言曰：

> 昔晉哀帝興寧二年，紫虛元君上真司命南嶽魏夫人下降，授弟子楊羲以上清真經。使作隸字寫出，以傳句容許謐並第三息許翽。事見《真誥運題象》。於時所出道經甚多，《黃庭經》即出於是時。《真誥翼真檢篇》云「有王靈期者，詣許丞（謂許謐中男聯。少名虎牙，為衛尉丞），求受上經。許感其誠。遂復授之。王得經欣躍，乃竊加損益，凡五十餘篇。枝葉蘩雜，新舊渾淆」云云。可見其時依託偽造，莫可究詰矣。其實不獨王靈期作偽，即楊、許所受於高真者亦偽也。其後杜京產將諸經書往剡南。吾疑《陰符經》即為此輩所作，以其有強兵戰勝之術，故京產弟子孫恩，遂因之以

作亂。又按明郁逢慶《書畫題跋記》卷九，子昂小楷《陰符經》，後有大德丁未十月南山從吾子黃仲圭跋云「《陰符經》。一名《黃帝天機之書》。曩見王右軍石刻《陰符》，文與今文小異。子昂蓋有受，故筆力精到，不減右軍」云云。右軍石刻《陰符》，他書未見，然元人所見古刻，自較今日為多。使右軍果有此刻，則與其寫《黃庭》以換白鵝者何以異，吾向疑此經為楊、許之徒所偽作者，不亦大彰明較著也哉？

按：道經自漢迄魏晉間，出世甚多。上清派托諸高真降授，靈寶派則多為葛巢甫等所造。余嘉錫謂《陰符》亦或係此時偽為，想當然耳之辭，本無質證，但據其他道經之出世，推想《陰符》或亦為此輩人所造耳。此非考據，亦悖於推論之術。蓋楊羲、許謐等，上清派也。《陰符》為上清派存思黃庭之道否耶？如《陰符》宗旨果與《黃庭經》、《上清大洞真經》之類相同，尚可據之以推想造《陰符》者為誰。今《陰符經》與上清派之關係，猶待推考；《陰符經》與《黃庭經》之說，顯有差越，復難比合。乃徑謂《陰符經》為楊、許之徒所偽為，有是理乎？若以楊、許嘗造經，故疑此為楊、許輩所為，則亦何妨並疑為葛巢甫所作乎？

故曰：《陰符》為古書名，蘇秦嘗讀之。與今本《陰符經》不知是一是二。《隋書．經籍志》所載《太公陰符鈐錄》一卷、《周書陰符》九卷，則非今之《陰符經》，並非古之《周書陰符》也。然自戰國年以迄隋末，此經流傳端緒，渺不可考。唐初頗為歐陽詢、褚遂良等徵錄謄寫之，殆未廣行。李筌、張果之後，始為道流所矚目。而撰人與撰時，終不可知。強定其為周秦舊籍、為南朝楊、許輩或北朝寇謙之輩，甚或唐朝李筌輩所作，非愚則誣，皆不可信據。其書本名《陰符經》，題為《黃帝陰符經》者，後人推原於黃帝耳，倘云書即黃帝作，亦非也。

（四）《陰符經》諸注本

《陰符經》，於唐以前無所聞。唐代著錄鑽研者甚多。《唐書》卷五九《藝文志》所載，凡六種六卷：《集注陰符經》一卷（太公、鬼谷子、張良、諸葛亮、李淳風、李洽、李鑒、李銳、楊晟）；李靖《陰符機》一卷；張果《陰符經太無傳》一卷，又《陰符經辨命論》一卷；韋弘《陰符經正卷》一卷；李筌《驪山母傳陰符玄義》一卷（筌，號少室山達觀子，於嵩山虎口岩石壁得《黃帝陰符》本，題云：「魏道士寇謙之傳諸名山。」筌至驪山，老母傳其說）。

宋鄭樵《通志》卷六七《藝文略》道家類，所收更廣達三十九部五十四卷：

《陰符經》一卷（黃帝撰，太公等十一家注）
又一卷（唐張果注）
又三卷（陸佃注）
又三卷（蕭真宰注）
又一卷（黃居真注）又一卷（沈亞夫注）

又一卷（任照一注）

又一卷（蹇昌辰注）又一卷（杜光庭注）

《陰符機》一卷（李靖撰）

《陰符經太無傳》一卷（唐張果得於道藏，作者不詳）

《陰符經正義》一卷（唐韋洪撰）

《陰符經要義》一卷

《驪山母傳陰符妙義》一卷（唐李撰）

《新注陰符經序》一卷

《陰符經辨命論》一卷（唐張果撰）

《陰符經小解》一卷

《陰符天機經》一卷

《陰符經玄談》二卷（玄解先生撰《釋陰符章句》）

《陰符經》一卷（杜光庭撰）

《陰符十德經》一卷（葛洪撰）

《陰符經疏》三卷（袁淑真撰）

《釋自論集解陰符隨經玄義》五卷

《頌陰符經》一卷（元陽子撰）

《李筌傳陰符經序》一卷

《陰符經訣》一卷
《陰符經解題》一卷
《陰符經章句疏》三卷（張彬卿撰）
《陰符經序》一卷
《陰符太玄傳》一卷
《陰符經五賊義》一卷
《經符經玄義》一卷
《太丹黃帝陰符經》一卷（唐張魯撰）
《陰符太丹經》一卷（驪山母注）
《陰符太丹經解》一卷

此三十九部中，除依託及不明撰者所作外，唐人注釋《陰符》者猶得十餘部，較《唐書》所著錄者為多。蓋老、莊之外，《陰符》已為道教第一要藉，故注者如是之夥，而鄭樵敘列，乃在《黃庭經》、《參同契》之上也。《宋史》係元人所修，載《陰符經》釋訓之作雖不及《通志》該備，仍存十餘種：

太公等《陰符經注》一卷
張果《陰符經注》一卷、《陰符經辨命論》一卷、袁淑真《陰符經注》一卷，又《陰符經疏》三卷

《陰符集解》五卷
韋洪《陰符經疏訣》一卷
蔡望《陰符經》一卷，又《陰符經要義》一卷
《陰符經小解》一卷
張魯《陰符經文義》一卷
李靖《陰符機》一卷
房山長注《大丹黃帝陰符經》一卷
《黃帝陰符經》一卷（舊目云：驪山老母注，李筌撰）
李筌《陰符經疏》一卷
《陰符玄譚》一卷（不知作者）
沈該《陰符經注》一卷
朱安國《陰符玄機》

以上沈該、蔡望、朱安國之注，皆鄭樵所未著錄者。然此於朱熹，則僅著錄其《參同契考異》，而未及其注《陰符》，可見疏略之甚矣。明人注《陰符經》者少，《明史》卷九八《藝文志》僅得三家，曰：

陸長庚《陰符經測疏》一卷，收入《方壺外史》。李芳《陰符經解》一卷、《蓬玄雜錄》十卷、

沈宗霈《陰符釋義》三卷。

清代則有《清史稿・藝文志》所載六種：

《陰符經注》一卷（李光地撰）
《陰符經注》一卷（徐大椿撰）
《陰符經本義》一卷（董德寧撰）
《讀陰符經》一卷（汪紱撰）
《陰符經注》一卷（宋葆淳撰）
《陰符經發隱》一卷（楊文會撰）

今依四庫所收書考之，別有不見於以上著錄者，如宋夏元鼎《陰符經講義》四卷、天一閣藏宋人作《陰符經三皇玉訣》二十三卷、宋唐淳《陰符經注》一卷、宋俞琰《陰符經注》一卷、金劉處玄《陰符經注》一卷、宋侯善淵《陰符經注》一卷、明焦竑《陰符經注》一卷、明方時化《陰符經質劑》一卷等。又，術數類中收有不著撰人所作《將門秘法陰符經》三卷，託名陳摶所傳，乃星占孤虛甲遁之書也，亦解《陰符》之別派。

此類書，皆史籍所失收，而為四庫徵錄者。其書數目已如是之多，則唐宋金元以來，世有其書，而不見於史家著錄者，殆不可勝數。且如侯善淵之注，四庫雖有其書，然四庫館臣已不知其為何許人。其實侯氏嘗著《上清太玄集》十卷、注《太上老君說常清淨經》和《太上太清天童護命妙經》，並作《上清太玄九陽圖》、《上清太玄鑒誡論》各一卷，皆收入《道藏》中，於道教中無名小卒。四庫館臣必於《道藏》疏於檢核，故未能盡其底蘊。其餘各書，四庫館亦僅依各省採進本為據，而未持與明刊《道藏》對勘，若不知有《道藏》中諸《陰符經》注本者，此亦深可歎惋也。明正統《道藏》所收有關《陰符經》及注本為：

《黃帝陰符經》，唐・李筌　昃下

《黃帝陰符經集注》伊尹、太公、范蠡、鬼谷子、張良、諸葛亮、李筌　藏下

《黃帝陰符經疏》三卷唐，李筌　閏上

《黃帝陰符經十真集解》三卷赤松子、張良、葛玄、許遜、鍾離權、呂岩、施肩吾、崔明公、劉玄英、曹道沖　閏上（要，斗六，六六）

《黃帝陰符經注》一卷唐・張果　閏上（要，斗六，六六）

《黃帝陰符經解》一卷宋・蹇昌辰　閏上

《黃帝陰符經注解》一卷宋・任照一　閏下

《黃帝陰符經注》一卷宋・黃居真　閏下

《黃帝陰符經》宋・沈亞夫　閏下（要，斗六，六六）

《黃帝陰符經注》宋・蔡望　閏下

《黃帝陰符經解義》一卷宋・蕭真宰　閏下

《陰符經三皇玉訣》三卷　餘上

《黃帝陰符經心法》三卷宋・胥元一　餘上

《黃帝陰符經注》二卷宋・唐淳　餘上

《黃帝陰符經注》一卷金・劉處玄　餘上

《黃帝陰符經注》一卷宋・侯善淵　餘下

《黃帝陰符經注解》一卷宋・鄒訢　餘下

《黃帝陰符經注》元・俞琰　餘下

《黃帝陰符夾頌解注》三卷元・王道淵　餘下

《黃帝陰符經集解》三卷宋・袁淑真　餘下

《黃帝陰符經頌》元・陽子頌　鳥下

共二十一種。其中所謂伊尹、太公、范蠡、鬼谷子、諸葛亮、張良、葛玄、許遜、赤松子諸家注，皆偽託。《崇文總目》曰：「自太公而下，注傳尤多。今諸家之說，合為一書。若太公、范蠡、鬼谷子、諸葛亮、張良、李筌、李合、李鑒、李銳、楊晟凡十一家。自淳風以下皆唐人。又有傳曰者，不詳何代人。太公之書，世遠不傳，張良本傳不云著書，二說疑後人假託云。」甚是。

至於《陰符經三皇玉訣》，體例特殊，述黃帝得經，問於廣成子及天真皇人，實係釋解而非注疏之體，前且有黃帝御制序一篇。蓋序及書皆不出黃帝也。四庫館臣謂金明昌中范懌作《陰符經注序》已引及此書，可見其來歷當在唐宋之間。亦甚是。除此之外，作注者多可考。清閔一得《陰符經玄解正義》以太公、張良等所謂《十真集注》為偽，疑其為乩筆，遂並疑其他諸注，曰：「唐通玄經先生張果注、元混然子王道淵注、明時復初道人王時明訂正，亦屬乩筆。一本沈亞夫注、一本蒼臣氏注、一本元陽子頌，均屬乩筆。」乩筆者，憑沙演解也。所謂「十真集解」或即此類。然徑以其他各本注釋均屬扶乩所得，則不然。

又按：注在李筌以前者，疑皆偽託；即筌注，亦不能無疑問。今傳李筌注，收入《黃帝陰符經集注》中，其書非唐志所載之舊，然《通志》及晁公武《讀書記》皆著錄，來源甚古。所謂七家注也。別有《黃帝陰符經疏》一種，稱驪山老母所傳陰符玄義。其所據之經文即與各本互有異同；其疏，亦非李筌所作。依劉師培考證，實即袁淑真疏也。劉氏《讀道藏記》曰：

> 《黃帝陰符經疏》三卷，題曰：少室山李筌疏。前有序文，記受道驪山老母事。上卷曰：神仙抱一演道章，至「謂之聖人」止，計一百五字。中卷曰：富國演法章，至「小人得之輕命」止，計九十二字。下卷曰強兵戰勝演術章，至「我以時物文理哲」止，計一百三字。「自然之道靜」以下七十字，亦附下卷之末。每卷之中，先注後疏，注與七注本筌說不同。疏則分析經義。每章之末，各有贊詞八語，疏至「文理哲」三字止，以下僅引張良諸注。末節注云：此七十言經盡不疏也。即書略例所據之，與七家注各互有異同。

據《新唐書・藝文志》有李筌《驪山母傳陰符玄義》一卷，注云：筌號少室山達觀子。於嵩山虎口岩石壁得《黃帝陰符》本，題云：魏道士寇謙之傳諸名山。筌至驪山，老母傳其說。志注所云，即本筌序。又，《崇文總目》有《陰符大丹經》一卷，驪山老母傳。《通志・藝文略》同，別有驪山母傳《陰符妙義》一卷，唐李筌撰（按：《總目》又有《陰符經玄義》一卷）。釋云：張魯撰。此即《唐志》張果傳《陰符經玄解》，魯乃果訛。《通志》列《妙義》（《妙義》即《唐志》《玄義》也）；《陰符經》一卷，李筌注。復有李筌傳《陰符經序》一卷。又《玉海》卷五云：《黃帝陰符經》，《中興書目》一卷，分上中下篇。驪山老母注，少室山布衣李筌撰序云云。《晁志》並引「陰者暗也」一條與此書（《通志》析《妙義》與注為二，則考之未審。所云序一卷，蓋序之單行本）。惟均不言疏為筌作，即筌序亦僅言筌注《陰符》，不言作疏。又本藏余字號袁淑真《陰符經集解序》云：「唐隴西李筌，尤加詳釋，亦不立章疏，何以光暢玄文？」此尤筌不作疏之證。

袁序又云：「今輒敘三章之要義，以為上中下三卷，各述其本因。義亦有等威，光（當作先）注略舉其綱宗，後疏冀陳其周細。」是為經作疏，僅袁氏耳。《通志》列袁濼真注一卷、疏三卷。《玉海》云：「《陰符經疏》一卷。袁淑真疏，有序有贊。」是袁疏兼有贊文，且無集解之名。乃本藏所收袁淑真《集解》，既無注疏之分章，末無贊。各節之首雖冠淑真曰三字，然其下悉與此疏同，惟小有損益。以是知此本之疏，乃後人取袁疏附李注，因此疏文為李作，強加改竄，致失袁疏舊名（袁氏之例，雖於疏冠淑真曰三字，然疏中凡引他書加以詮釋者，亦標淑真曰，或袁曰為別。此悉刪其文，強相聯屬。如袁本上卷所引諸葛亮語，每語加以引伸，各冠淑真曰三字，此本乃改為酈山母，並刪淑真曰各文。致袁氏釋詞亦為酈山母語，其誕妄有若此）。並移袁贊為李贊，即「自然之道靜」以下所引舊注，及「不疏」云云。亦即袁注之文（袁疏「自然之道靜」以下，無復釋詞，與此文注經盡不疏合，故定為袁注）。

今袁本有疏無注，遂弗克考（據《通志》所著錄，袁書注疏各單行。故《玉海》所記有疏無注，今之集解即係單疏本改題。集解不知出自何時，據《宋志》於袁氏注疏外別列集解五卷，則宋代已有此題。惟作志不知疏即集解耳）。此則亟當辨正者也（宋人偽疏不僅一本。《玉海》五，陰符經條云：又有六注。謂太公、范蠡、鬼谷、張良及筌也。系以正義，不言誰作。後序中謂：出於酈山老母。亦間有有無主名者，略計太公之言八，張良之言九，鬼谷六，諸葛五，范蠡才一見。而筌及正義尤詳。後有斷章三贊，又道士希嚴作贊三十九首，可謂備矣。據王說，是當時七家注本亦附疏文。依後有三贊推之，當亦袁疏所云。希嚴贊今不克考，《宋志》列李筌《陰符經疏》一卷，疑即王氏所見正義也）。阮氏芸台《揅經室外集》四，有李筌《黃帝陰符經疏》三卷提要，謂與藏本分目相符。所據之本蓋此本轉錄。阮氏未知其出自袁氏，則考之未審也。

據此，《黃帝陰符經疏》非李筌所作，可謂彰彰甚明。然彼七家注本所引李筌語，亦遂為唐人李筌之舊文乎？請以張果《黃帝陰符經符》考之。

張果注與李筌注關係特深，劉師培嘗云：「《黃帝陰符經注》一卷，題曰：『張果先生注。不分篇章，與七注本同。惟字句稍異。前有自序，以李注為非。』又謂：『偶於道經藏中，得《陰符傳》，不知何代人制。臣遂編之，附而入注』。此即作注凡例。故注中於伊尹、太公、鬼谷三注、頗有所採。於筌說，則力加辨斥。所引之傳，即本序所云得自《道藏》之書也。

據《唐志》，張果《陰符經太無傳》一卷，《通志》云《陰符經》一卷，唐張果注；《陰符經太無傳》一卷，唐張果得自《道藏》，不詳作者。是《唐志》所標《太無傳》，即果序所稱《陰符傳》。惟據果序，言附注入傳，則非離注單行。

又據《舊唐書・張果傳》謂嘗著《陰符經玄解》，盡其玄理。《崇文總目》有《陰符經玄義》一卷，張魯撰。《玄義》即《玄解》。魯乃果訛。似果之所作，別有玄解。豈注即《玄解》異名，而《唐志》所錄，別為單傳本。抑係後人因傳由果得，偽作果注及序文以傳附注，其異名則為《玄解》。今不可考。」

此考張果注甚詳。顧今不論果注及序文是否為後人所偽，果注所引駁之李筌注，實與今七注則為《玄解》。今不可考。」

本所傳李筌注不同。

如「九竅之邪，在乎三要」，李注：「兩葉掩目，不見泰山；雙豆塞耳，不聞雷霆；一椒掠舌，不能立言；九竅皆邪，不足以察機變。其在三者，神心息也。」張果駁之曰：「太公以三要為身目口，李筌為心神息，皆忘機也。俱失《陰符》之正意。」

又「瞽者善聽，聾者善視。利絕一源，用師十倍，三反晝夜，用師萬倍」，李注：「人之身目，皆分於心而竟於神。心分則機不精，神意則機不微，是以師曠熏目而聰耳，離朱漆耳而明目。任一源之利，而反用師於心。舉事發機，十全成也。」張果駁之曰：「瞽者善聽，忘色審音所以致其聽。聾者善於視，遺耳專目所以致其明。故能十眾之功，一晝之中，三而行之，所以至也。筌不知師是眾，以為兵師，誤也。」所駁者皆與李注不相應，疑七注本所引李筌注，亦非張果所見之本，故駁引或合或不合也。

如「生者死之根，死者生之根；恩生於害，害生於恩」，張果謂：「筌引孫子用兵為生死，丁公、管仲為恩害。異哉！」李注但引孫武吳起論用兵生死，其言恩害乃用吳越殷周故事，曰：「吳樹恩於越而害生，周立害於殷而恩死。」與丁公、管仲何與？此可證今七注本之李注非張果所見書，或李筌注在唐代即有傳抄之異耶？

十　淨明道的道法

（一）

淨明道，又稱孝道、忠孝淨明道，來源甚古，而大盛則在唐朝以後。其道奉許遜旌陽為宗師，教法道籍，元黃元超所編《淨明忠孝全書》六卷，徵錄較備。《正統道藏》所收，別有：

許太史真君圖傳　二卷，國下

西山許真君八十五化錄　三卷，施岑，虞上

許真君受煉形上清畢道法要節文　此下

許真君石函記　二卷，之下

許真君仙傳　虞上

孝道吳許二真君傳　虞下

靈劍子　大上
靈劍子引導子午記　大上
高上月宮大陰元君孝道仙王靈寶淨明黃素書　十卷，傳飛卿解，身上
靈寶淨明天樞都司法院須知法文　此下
淨明道院真師秘誥　身下
太上淨明靈寶入道品　身下
太上淨明院補奏職局太玄都省須知　許遜，發下
太上靈寶淨明洞神上品經　二卷，奉上
太上靈寶淨明九仙水經　奉上
太上靈寶淨明中黃八柱經　奉上
太上靈寶淨明天尊說禦瘟經　奉上
太上靈寶淨明玉真樞真經　奉上
太上靈寶淨明明道元正印經　奉上
太上靈寶淨明飛仙度人經法　五卷，許遜，發下
靈寶淨明大法萬道玉章秘訣　身下
太上靈寶淨明釋例　一卷，發下
靈寶淨明行遣式　周真人編，毀下
太上靈寶淨明法印式　身下

靈寶淨明黃素書釋義秘訣　身上
靈寶淨明新修九老神印伏魔秘法　何守證，身下
太上靈寶淨明秘法篇　二卷，身下
太上靈寶淨明首入淨明四規明鑒注　奉上
靈寶淨明教師周真公起請畫一　此下

另有道號淨明子的郭岡鳳，參校並贊青元真人注，清河老人頌《元始無量度人上器妙經注》三卷，來上中。《道藏輯要》危字也收入了胡德周、胡弘道編校的《太上靈寶淨明宗教錄》。此外，傳許遜所作《垂世八寶》，收於《修真十書》卷七，許遜與赤松子、張良、葛玄、鍾離權、呂岩、施肩吾等又有合注之《黃帝陰符經集解》三卷，皆可以考見淨明道之宗旨。

據柳存仁先生《許遜與蘭公》一文之考證，道教中被稱為孝道、淨明道的一支，早期可能是一種自西域東傳的外道。在山東一帶萌芽，其後逐漸傳佈至南方。在東晉至劉宋時，奉孝悌明王，以蘭公為使者；其後漸與許遜、吳猛之故事結合，而且吸收了佛教與儒家的思想，又結合了靈寶道，遂成為道教中的一大系統。《孝道真君傳》約寫於唐憲宗元和年間，唯其時尚無許旌陽之稱，宋初才有許遜曾任蜀郡旌陽令之說。

柳先生的考證非常有見地，對於淨明道的來歷說明甚詳。但對於淨明道的道法內容，我覺得仍可以有所補論，例如柳先生曾引《太上靈寶淨明洞神上品經天官列次篇》說：

倬倬孝弟，忠義不虧。雖無大藥，亦可以悟法，名列巍巍。或行符咒水，給藥度厄，是為下品，皆未若吾以孝弟而服氣，事雙親、養一身，不尸解即起真。

這裡說「雖無大藥，可以悟法」，又說它的修持方法在於「孝弟而服氣」，到底說的是什麼？如何孝弟而服氣？大藥又何所指？其法是否靈寶一派即能概括，抑或別有淵源？與唐宋間興起的各家丹道又有什麼關聯？這些問題，其實都是可以再予深究的。因此我底下準備以《靈劍子》及《靈劍子引導子午記》來略作說明，並衍申一下柳先生的論點。

（二）

許遜《靈劍子》一卷，題「旌陽許真君述」。其中以自述的口吻敘說他如何獲得靈劍斬殺蛇精，並在豫章闡教的經過（見《松沙記》第六），但其實是宋朝以後之書。故書中吸收了佛教的業力說，也提到了內丹的修煉法，並引用了《陰符經》。

此書共分八章、序一章，第八章是論具體的導引姿勢，因此主要內容實僅六章。文詞蹇澀，條理並不分明，但其理論實不乏特點。例如其修煉法，教人逐漸少吃而且要吃得淡，以逐步達到絕粒辟穀的目標。這本是道家修煉之常法，可是它卻教人要喝酒，說：「酒能助氣。酒糟作羹，盡能引元氣，易成。酒後氣當易通。時復一杯，止饑代食。酒能濤蕩陰滓，得道之人，無不好於酒也。」又說：「酒能煉真養氣，不須服人參湯。」——這與早期道教如太平道教人勿飲酒之戒律，實相矛盾。

又，它強調冷食，說修道人忍饑，「經二日或七日，饑困，更以淡麵、葉子餉飥，放冷食之」，或「淡煮糟芋冬瓜薯蕷，薤虀亦得，切須放冷食之」。這原因，我們推想是因食物熟食才好吃，它教人冷食、淡食，正因如此才能讓人食欲漸少而漸能絕食服氣。不過據它自己說，則是因為「穀氣蒸煮之氣，觸修（？）服氣之氣」，反之，「冷能動氣，若經時當精神聿壯，夜自不困，眼中神光時出如電」，把冷食跟它服氣的理論結合起來了。如此談飲食，在道書中實甚罕見，一般說飲食攝生，總是較忌生冷的。

它論飲食既有其特點，論男女便也不會沒有特色。比較之下，男女之欲對於修道的妨礙，它認為大於飲食，所以說：「初服氣之士，未可便思玄珠，但且三年淡食，未可便絕糧。色欲須頓絕，不爾反夭身命。」在修道過程中，修到某一階段，眼中出現神光，夜中可以見物了，「如此之兆，急守閉精髓。道欲成也而有此矣，乃天發地應，爾不能急守，亂起姦淫，死之致也」。換言之，修道以絕色欲為入門初階，修道中途，亦以禁色欲為生死關鍵，「不能急守，徒忍饑絕味，非入神仙之格」。①

如此談飲食男女，以色戒重於飲食，已很能顯示出它的特殊性了。但它真正特殊之處，更在於它對食色兩欲的處理都具有一個折衷的彈性空間。

飲食部分，當然它是以絕粒服氣為目標的，然而尚未能絕粒者怎麼辦呢？它便提出一套漸進折衷之法：「五更三十六燕，津氣相連，漸漸少食，所食淡食，去鹽醋。三年，旦暮行之，漸覺淡食有味。」同理，色欲是應斷的，可是人若不能立刻禁絕怎麼辦呢？它說：「爾如未能便斷嘗欲，則須房中將息。節服之，則施而不泄不瀉。」不能禁欲，那便採用房中術好了。

房中術，在各道教中，大多被視為成仙的方法，但在此處，僅被視為一種調節的手段。這是它論房中術的第一個特點。其次，則是兼用「不泄」與「採補」之說。不泄，是指男子在性交時不可泄精。《靈劍子》對這點十分重視，說：「精髓一出，永為涕瀉，如此則非上真之士，（乃）渾濁精漏之夫。房中之事，稍難擒制，皆返神退智，須假俗味方朝昏。」道教強調「精神」的持守，因此對於精液之精也極端護惜，認為精液流失即代表精神的淪喪，所以縱使性交也不可射精。許多道派都有這類說法，不過淨明道卻無因此而發展出的「還精補腦」說。因為還精補腦正是賴以成仙的手段，而淨明道論房中術只不過是教人消極地以此紓解色欲之需求而已。

但淨明道談房中術也有它積極的一面，那就是「採補」。俗稱採陰補陽：「如房中得擒制之王者，深達洞微，乃知究竟。及遇少女，採玩精氣，咽而服之，可謂如虎戴角，文武全備。此皆福德之人所行，非常流之見矣。」採補之道，雖未必如其他道派所說，足以成仙，畢竟仍認為是有益的。

以上皆就其特色看。從他正面的修行理論看，則它也是兼用「陰騭說」與「術法說」。陰騭，是指人憑藉著他所積的善行、所做的功德，便能成仙。重要在於教人在倫理道德上進行宗教性提升，偏重於主觀的能力說成仙的條件。術法說，則認為成仙有其方法，只要找對了方法，依法修煉，即能成仙，偏重於從客觀的方法上說成仙的原理。這兩種講法，固然不同，但都是自力宗教的型態。因為積善成神說，把能不能成神的責任完全放在自己道德好不好上面；以術成仙說，也認為人只要依術修習，自成能就，故「唯道氣可憑信，至於鬼神，豈可憑焉？」（《道誡第七》）「天不能殺，地不能埋，我命在我，不在天地」（《道海喻第四》）。

淨明道，就是站在自力宗教的立場上講陰騭與氣術。兩者，依它看是一樣重要的，都是成仙的必要條件。初入機者，可以練氣法，但能否成就，仍須視其陰騭如何而定：

《松沙記第六》：余自修道，方明氣術為先，陰功為首。重宣氣術陰功：學道之士，初廣布陰騭。先行氣，攻持內丹，長生久視之法。氣成之後，方修大藥矣。自十得道超升之士、屍解之徒皆以陰騭為先。或濟貧拔難，或暗行施惠、將救饑寒，種種方便，以添三千功滿自然矣（司命司籙言奏于上玄，大藥可修矣）。

《道海喻第四》：凡修學之人，須假陰騭助之。三千善功修滿，玉帝自然詔上玄都受職。故修上法，陰騭為先。方度他人而自身功全，自古得道皆復如然。道以信為合、德以智為先。

《道誡第七》：道以清淨為本，德以陰騭為先。欲傳度，先觀前人行行，心有慈悲，口常談道德，孝敬中外，信義忠良，仁和禮善，卑遜德行，聰明英秀，異智高見，有此之功，方可傳授。

淨明道又稱忠孝淨明道，就是因為它對道德性的善行倫理格外強調，上引文獻很能看出它的特徵。但由此引文，也可以發現它論術法其實已因加入陰騭之條件而將之分成了兩類：一種是行氣之法，另一種是大藥上法。行氣之法，入手就可以練；大藥上法則非陰騭功滿不可。這樣區分，是為了調節並安頓術法說與陰功說的矛盾，但也是針對當時流行之內丹說而發。

唐代形成的內丹理論，謂大藥即在人體內部，故不須再去采煉草木金石之藥煉製成丹，只須以身中之氣煉藥成丹即可。《靈劍子》的理論，則應是六朝服氣論的延續，與上清道法關係密切。因此，面對內丹說的新形勢新挑戰，它必須在理論上有所回應。

說淨明道與上清道法關係密切，證據之一便是《松沙記》許遜以自述的方式說他曾於「豫章河西城尋獲魏夫人、洪傳先生舊跡，入府內，得金錢丹藥」；其次，就是它談胎息、服氣、導引，相較於宋代論內丹諸家，分量是較多的。而且有不少直接徵引《黃庭經》的地方。另本題許旌陽述的《靈劍子引導子午記》更引了許多《大洞真經》、《真誥》、《黃庭經》以及紫薇夫人的言論。

站在這種服氣理論的淵源關係上，《靈劍子》不但只談氣法，不談大藥，說大藥須陰功行滿才能修煉，更直接以氣法為內丹法，說：「未可修大藥，先須氣成，憑氣補形精，大藥方始靈」，「調咽用內氣，說曰內丹」（《服氣第三》）。如此解釋內丹，自居於地仙之位，在唐宋之間自屬它一家之言，與南北內丹法異趣。

不過，它的氣法終究是已與內丹學遭遇之後的氣法，跟南北朝隋代及唐初講服氣之理論並不相同。不同之處，在於將服氣分為兩段，一服外氣，一服內氣：

二段者，上元一段從心，中元並下元為一段，號曰二段。上段理上焦，諸疾用之。下段服氣，心中之內氣。凡服氣調咽用內氣，號曰內丹，心中意氣，存之綿綿。不得用上段外氣引外風損人五臟，故曰兩段。

服氣呼吸調息，主要是治病，它認為：「一百二病是熱為風，二百二病是冷為氣，悉能療之。故曰四百四病也。《黃庭經》云：『仙人道士非有神，積精累氣結成真。』非大藥能先成也。」靠著吸（補）呼（瀉）即可調理上焦，治療諸疾。這一部分，其說略與南北朝隋唐服氣論相似，故彼亦論服食草木朱砂等（見《道海喻》）。但它所論下段內氣，便結合了內丹說：

《學問第二》：心者猛獰之猿，火，巳午。屬之腎者，陰女之容儀，亥子，窈窕之元根。故青龍白虎，一飛一伏之能氣。日心之火為雲津，月濕之水為雲雨，相隨北亥而行歸子亥，腎海氣宮，向巳心之氣上通泥丸宮，下補八尸，百關毛髮，悉能應徹。

《服氣第三》：存心中之氣，以意送之，歸臍下氣海之中。夾之日月，左腎為日，右腎為月，乃兩畔同升合為一。即先存思右腎為月，白氣入氣海中，從脊右邊上至頂泥丸宮，眉間入三寸也。卻存曆洞房宮，又歷明堂宮，守寸雙田，下歷十二重樓，歷絳宮入氣海金室，日月照兩畔。又存左腎為日，黃氣從脊左邊骨終上直入泥丸宮。存出歷洞房宮、明堂宮，守寸雙田，下歷十二重樓，歷絳宮入氣海，中心日月左右照。又存白氣為裡，黃氣為表，團圓為珠爾。外黃內白，懸在氣海之中。黃光燦爛，圓如彈丸，黃如橘。久久行之，光斗日月，此為「玄珠」爾。玄，牝子腎宮爾，珠則珠爾。亦曰兩物合成一體，一陰一陽而成。俱黃者為表，黃表卻白裏爾。「赤水」則血爾。玄珠若成，津血自盈。

《暗銘柱第五》曾說養聖胎之法，重點在於「尿阿兩畔催」，就是這裡所談到的，運用存思法，存想心氣下降，入氣海之中，再分入左右兩腎，一黃一白之氣從腎循脊椎上入泥丸，再下降入氣海，共結成一個外黃內白的玄珠。這種方法，說穿了，基本上仍是《黃庭經》所講的那一套，但附會了內丹學心腎相交、水火既濟、調合龍虎之云云，以玄珠為聖胎，遂成它獨創的一家之言。

此為地仙之法。能行此法，即成真人。再修上升之法，才能成為天仙。若下修天仙之術，便可恃此遁隱洞府，長做地仙。故此亦為長生久視之道，只不過與南北內丹家所講未必相同罷了。

（三）

另有《靈劍子引導子午記》，年代當更晚於《靈劍子》，論服氣導引大略相同，但對內丹學則有更進一步的吸收。最明顯的，是《靈劍子》下談大藥，說：「自古得道之人，竺乾風後七元三老，皆從氣中而全，非先大藥之能。諸得道神仙聖賢上士，初成道皆從氣也，別無徑路。」此書卻徵引內丹家之說解釋「偷龍咽津」，謂「養生家名曰煉精，含虛鼓漱，攪成大藥，其數一周天」云云。此所謂養生家，其實就是內丹學者。②

可見在此時，對內丹大藥之說已不能再摒於存而勿論的狀態。不過，在論理結構上，此書依然篤守矩矱，把胎息服氣稱為內丹，與大藥區分成前後兩段功法，保持了《靈劍子》以來的論述架構：「含津煉氣，吐故納新，上入泥丸，下注丹田，謂之內丹。陽龍陰虎，木液金精，二氣交會，烹煉而成，謂之外丹。修道之人，先成內丹，後煉外藥。內外相應，即致神仙。只修真氣不修丹，到了應多變化難。更須修大藥，方始得飛仙。」把煉氣稱為內丹，而將通稱為內丹大藥者改稱外丹，顯然就是因為要照顧到它原有的論理結構而作的特殊解釋。

但在這個架構下，談到具體的修煉方法時，此書仍比《靈劍子》吸收了更多的內丹學，出現了《靈劍子》所未談及的坎離鉛汞字樣，而且直接採用了鍾呂丹法的「五行顛倒」觀點，所謂「五行顛倒術，龍從火裡出；五行不順行，虎向水中生」，指鉛中有金，石中有水；水不在腎，火不在心：

山嶺取水。此在口訣。氣海與腎相連，屬壬癸。水性就下，水歸於海，不能獨升，必以陽配。陽既下臨，陰即上報。故化為雲霧，蒸為甘雨，潤澤枯槁，百骸九竅，無所不達。

陽在腎中，正如坎卦是兩陰中有一陽，一陽起而興雲降雨，所以水是由上面來的。同理，火卻由下起：

海底覓火。此在口訣。世人不蒙師授，多將心火為火；火屬神，且內中爐鼎在心下，得心火為火，其火在鼎上。千經萬論，言火從下發，未聞火從上來。《周易》卦有水火既濟，是上水下火，火自臍下起，水在鼎中生。訣曰：但從山頭取水，海底起火，重陽中取汞，重陰中取鉛。

離卦兩陽爻中一陰爻，稱為陽中取汞。心火下是真火，腎水下是真水，故謂為顛倒。此書所用的「口訣」，正是內丹家的東西，混然子《崔公人藥鏡注解》云「鉛者，坎中一點真陽，謂之龍也。汞者，離中一點真陰，謂之虎也。凡作丹時，抽坎中之鉛，木生火而炎，上升泥丸，龍從火裡出。攝離中之汞，金生水而流，下降丹田，虎白水中生。丹家之法，妙在口傳」之類，正可與此書所述丹法相比觀。其采汲內丹家之跡，至為明顯。

因此，綜合來說，淨明道不論在晉宋之間的教法如何，至遲在唐代，其教法即以「孝弟而服氣」為主。但孝弟陰騭主要是在修上玄天仙時能發揮其作用，故平時修習，反倒是氣術占了更重要的分量。而此氣術，包括導引、胎息、服氣之法，似均與上清黃庭之法相近，顯然吸收自上清一脈。柳存仁先生《許遜與蘭公》一文曾考「孝道淨明一派之經典，現存《道藏》中者尚有數種，多以太上靈寶淨明開題」，證彼吸收靈寶道之跡。然而由《靈劍子》、《靈劍子引導子午記》則也可證明它在流傳發展的過程中深受上清道的影響。

其次，則如上文描述，淨明道在內丹學興起後，對內丹法也有所消化。其逐步吸收的情況，借著兩本《靈劍子》所述功法之比較，可以得知其梗概。

（四）

雖然如此，孝道本身仍然是有其特點的，它論飲食、男女、修真次第、功法內容，俱有它本身的立場與特色，並不混於上清、靈寶或內丹。而且，它原初所擁有的日月明王信仰，也仍有其遺跡可考。據《孝道真君傳》說：

孝道本起兗州剛輔縣高平鄉九原裡，有一至人，姓蘭，不示其名，號曰蘭公。義居百人，同心合德，志行孝行。時感得斗中真人號孝悌王，即先王之次弟，明王之兄也。《孝經》云：「昔者明王之以孝治天下也。」其之謂歟？以蘭公孝道之志，通於神明，遂降示蘭公孝道根本，言：「先王為日中王，明王為月中王。」云：「先王玄氣，為大道明王；始氣，為至道孝悌王；元氣，散為孝道。此三者起由玄、元、始氣也。」孝悌王與先王明（王）分作銅符鐵券，券中征許氏陽。氏陽則晉時征為氏陽縣令。氏陽縣蜀郚所管，為孝道之師。

孝道之祖師是三兄弟：大道明王（日中王）、孝悌明王、孝道明王（月中王）。柳先生已指出：至遲至十四世紀後期，淨明孝道一派仍保持孝道早期事日月者所傳之說法，故《高上月宮太陰元君孝道仙王靈寶淨明黃素書》序例云：「上帝憫生靈之夭折，故召日月二尊天尊為說靈寶大法、黃素法、淨明法、度人法各一也」，又說道君以黃素法付月宮大陰元君孝道仙王靈寶淨明黃素天尊，而以淨明靈寶法付日宮太陽上帝孝道明王靈寶淨明天尊。同理，在其修煉方法中，也有這樣的痕跡，例如《靈劍子》說：「日心之火為雲津，月濕之水為雲雨。」（《第二》）「左腎為日，右腎為月，此乃兩畔同升，合為一。即先存思右腎為月，白氣入氣海中。下歷十二重樓，歷絳宮，入氣海，日月照兩畔。又存思左腎為日入氣海中，日月左右照。」（《服氣第三》）都是日月信仰內在化的講法。諸家論胎息，如《諸真盛胎而用訣》所錄二十九家，無一有此說；南北內丹學，只講坎離、陰陽、天根月窟，亦不言日月，可見這是由其原有信仰發展而來的。

另外，《孝道真君傳》說「斗中真人號孝悌王」，降示蘭公孝道根本。可見孝道原有星斗信仰，這種信仰在《靈劍子》中也仍有保存，它說：「此道授之，或未能修奉，但業俗務縈牽時，將此文於日月之下、星斗分明之時，香燈鮮果，好花好酒供養，心祝曰：『某自傳妙法，未能修奉，乞不減折本師氣功，皆記玄穹鑒察。』則師不減氣功也。如下依此法告祝星辰，則當有不測之疾。」之所以要祝告星辰，說明奉師所傳而未精勤修習，正因為淨明法乃斗中真人孝悌王所授，彼為先師之故。

注釋

① 柳存仁：《和風堂文集》，古籍出版社，一九九一年。

② 《道藏》洞玄部術數類另收有元張暉齊《貫斗忠孝五雷武侯秘法》一卷，我懷疑貫斗忠孝之說亦與淨明道有關。

十一　陳師道：陳侯學詩如學道

（一）學詩如學道

黃山谷曾有詩贈陳後山，說：「陳侯學詩如學道，又似秋蟲憶寒草。」這原本是我國詩歌藝術批評中常見的說詞，擬象喻詩，言其作詩用功之甚而已。①但當時此說即頗獲時人認同，紛紛從學道這個角度來掌握後山詩。有人說後山是以一種類似道教的工夫在作詩，有些人則說後山詩類似禪宗語。

謂其如道教修煉者，如《泊宅編》載：「陳去非謂余曰：秦少遊詩如刻就楮葉，陳無已詩如養成內丹。」說後山詩類似禪語的，則有任淵的後山詩注，云：「讀後山詩，大似參曹洞禪，不犯正位，切忌死語。非冥搜旁引，莫窺其用意深處。」

這兩種比喻，雖有佛道之殊，其含意卻是一樣的，都是形容陳後山作詩極費烹煉。世傳彼閉門覓句，擁被臥思，呻吟如病。這種創作型態，用思既苦，讀其詩者自然也應仔細玩索方能不枉其苦心。但評者既以參禪為喻，後人便不免要執著於象喻，去找陳後山詩中有禪機禪味的部分了。有人則覺得後山的詩質樸得很，根本不像禪宗語那樣靈轉圓活，以禪喻之，未必恰當（如王漁洋就說：「余反覆其詩，終落鈍根。任淵雲無己詩如曹洞禪，不犯正位，切忌死語。恐未盡然。」）②不過，以禪喻詩或喻詩人間的關係，是任淵的一種習慣，如詩注卷三：「曾鞏，于歐公猶宗門中嫡子，而後山又師南豐，乃其孫也。」③此與《竹坡詩話》言：「東坡寄子由云：『贈君一籠牢收取，盛取東坡長老來。』則是東坡子由為師兄弟也。陳無己詩云：『向來一瓣香，敬為曾南豐，』則無己承嗣鞏和尚為何疑？余嘗以此語客，為林下一笑，無不撫掌。」可謂同調。都是借用當時禪林事蹟，喻況詩家，用供談助。執其喻況，而謂可以禪語求諸後山詩，正不免滯於色相，死在句下。

其禪喻者如此，以道教內丹學喻後山詩者，當然也應如此看。但是從道教與佛教的角度來觀察陳後山及其詩，也不是不可能或無意義的。昔人於此，偶或觸及，未遑深入，誤解尤多，且讓我來談談。

（二）學詩如學仙

「陳無己詩如養成內丹」，後山本人確實即曾學養內丹。《後山詩集》卷九〈嗟哉行〉對當時士大夫服食外丹者頗致譏誚，云：「張生服石為石奴，下潦上乾如渴烏，一朝僨蹶須人扶，伏毒未動風出虛，此生所得與昔殊。韓子作志還自屠，自笑未還人復吁。以身濟欲未必愚，欲久而速反所圖。嗟哉偉然兩丈夫。」這「兩丈夫」是指白居易和韓愈，二者皆曾撰文批評別人服食丹砂，自己卻又都去服藥，後山深不以為然，故於譏議張生時一併批評之。此張生不知是誰，但北宋士大夫服食丹藥之風甚盛，此類人士蓋甚常見，所以蘇軾曾有信給章惇之子章致平說：「舒州李惟熙丹，化鐵成金，可謂至矣。服之皆生胎髮，然卒為癰疽大患。皆耳目所接，戒之戒之。」服藥而發病者，輒見於耳目，可見是很多的。後山對此，則似乎不愛好亦不信從。

然後山性好玄奇，對神仙異術仍充滿了好奇，如卷十一〈贈周秀才〉詩云：「早逢異人得異術，究窮咎休出頃刻，相逢拍手問由來，怪我今年有陰德。」卷十二〈贈石先生〉又云：「多方作計老如期，百疾交攻遽得衰。晚有勝緣逢異士，生須快意缺前知，迫人鬢頷紛紛白，臨事回迂種種遲。分我刀圭容不死，他年鶴馭得追隨。」周秀才和石先生都是異人，有異術，尤其是石先生石藏用。此人以醫病用藥太熱聞名，但依《老學庵筆記》載，他每見親友蓄丹即取來吃。足證彼亦嗜丹之士，故後山詩引韓愈「金丹別後知傳得，乞取刀圭救病身」之句，想向他乞「刀圭」以長生，並願隨他「鶴馭」登仙。④

這豈不與他嘲罵的韓愈、白居易一樣了嗎？一方面笑別人服食丹藥而致夭卒，一方面卻又想服藥以求長生。

莫笑他們自相矛盾。詩人的生命本來就不是理性主義的。對生命本身的憂懼，自然會使他們希望透過服食丹藥來減低死亡的威脅。⑤所以縱或理智上明白餌丹藥多半速死，在情感上仍不免想試試，東坡和後山就都是這樣的人。逸詩卷上〈次韻蘇公獨酌試藥玉滑盞〉說：「仙人棄餘糧，玉色已可欺，小試換骨方，價重十冰甆。但愧聞道晚，早從雁門師。」此藥既然甚貴，又是換骨神方，則亦為外丹服食之一類。東坡雖未必以服食丹藥為然，亦不免小試此藥，後山又何嘗不是如此呢？⑥

正因為有此服食之經驗，陳後山才會在〈次韻答秦少章詩〉中說出以下這句名言：「學詩如學仙，時至骨自換。」服食金丹，漸蛻凡骨，道教這個理論，後山應該是無所懷疑的。但畢竟耳目所接，服丹而速死者甚眾，因此後山對於這種外丹術，恐怕也只是「小試」。他親試之而覺其卓有功效者，乃是內丹。⑦

後山之學內丹法，也與東坡有關，據《避暑錄話》載當時有王繹，化名姚丹元，事建隆觀一道士，故得觀《道藏》，且獲傳其方術丹藥。能詩，東坡謂其似李太白。《後山集》卷十亦有〈送姚先生歸宜山〉三絕，稱讚姚道士「定力不為生死動，始知天地有閒人」，又說自己：「老逢熙運乞前官，病遇先生得內丹。」「一飽有期吾事了，千年不死後人看。」大概他用了姚丹元含和煉藏、吐故納新之法，很見功效，「宇定心清面發丹，下床投杖覺輕安」；所以對他極為佩服，準備「此身已許壺丘子」，要棄家學道去了。

後山之親近姚丹元，可能是東坡介紹的。但他本人對此種內丹修持法原本即很有好感。《東坡詩話》裡記錄了一則回道人的故事，說有道人去沈東老家飲酒，並以石榴皮題詩於壁上，忽失所在。或謂此即呂洞賓。東坡曾向東老的兒子談及此事，並和回道人詩「符離道士晨興起，華岳先生尸解余，忽見黃庭丹篆字，猶傳青紙小朱書」云云。後山也有〈次韻回山人贈沈東老二首〉，其中談到：「一杯領意不須沽，六字持身已有餘。」這六字就是道教導引法所講的「嘻、吁、呬、噓、呵、呼」六字氣。既謂此六字足以持身，對於以「胎息導引」構成的內丹法，自必深感歆服。

陳後山與道教的關聯還不止於此。其〈穎師字序〉言：「吾里中少年，每歲首簪飾箕帚，召紫姑以戲。」可見他從小就有降神的經驗，後來他作〈徐仙書〉三首，講的就是這類事，對降真的女仙能作謝靈運體詩、寫黃山谷體字，極致推賞，其他與道士交遊之作也很不少，都可以看出他與道教之關係殊非泛泛。山谷謂其學詩如學道，其實後山本人即為學道之人也。

（三）學詩如學佛

後山之所謂學道，包括了學佛。他有一首很重要的〈送劉主簿〉詩，送給劉羲仲。劉羲仲的祖父凝之、父道原，都排斥佛老，羲仲之弟咸臨，據東坡〈題黃魯直所作劉咸臨墓誌銘後〉說：「咸臨不喜佛，其父道原尤甚。」可知乃一排斥佛老之家族。而後山送詩給他卻說：「三千奏牘諸儒上，四百庵寮一歲中。二父風流皆可繼，謗禪排道不須同。」要他放棄家風。羲仲當然未必會聽他的，可是後山自己的態度卻表達得十分清楚了。

後山不只是不排道不謗禪而已。他信仰，也修行實踐之，而且佛與道在他的生命中並不形成強烈的衝突。這是跟許多詩人異趣的。如白居易，早年學道，後覺金丹難成、飛升不易，乃轉而學佛以求得內心之安頓。這時詩人內心即會有一番波折，會有輾轉反覆、矛盾掙扎的現象，連蘇東坡都不免如是。東坡〈登金山妙高台〉云：「我欲乘飛車，東訪赤松子，蓬萊不可到，弱水三千里。不如金山去，清風半帆耳。長生未暇學，請學長不死。」即是擬由學仙改為學佛。後山在許多地方均與東坡相似，此則不然。文集〈持善序〉說：「元祐二年春，徐之東禪主者超懷，夢出庭中，見二道士相繫於木下。怪而問之，對曰：此陳教授之物也。是夏，師道始承命至，則館於東禪。」這件事最能形象化地說明他的佛道關係：住在僧舍，而房子及屋後的老柏卻是道士來替他保留並預示的。要注意這一點，我們才能明白後山詩中雖也常有晚而好禪一類話，其實直至他死那一年仍在學石藏用之術。佛與道，在其生命中是並存的，並不能截然區隔為前後兩段或兩個部分。

事實上，後山亦稱佛為仙，是「西方仙」，如〈和邢惇夫秋懷〉：「潭潭光明殿，稽首西方仙。」對此西方仙，他是很虔誠敬事的。與禪僧法師來往亦極頻繁，文集中有〈請觀音院禪師疏〉、〈觀音院兩盡供疏〉、〈觀音院廣疏〉等相關文字甚多；與潁州觀音院普仁交情很深；自云：「洗足投笻只坐禪，厭尋歧路費行纏」（卷四《以拄杖供仁山主》之二），有歸宗於禪之意。

後山家族中頗有信佛者，如其叔即曾贈缽給他，他有詩記其事，云「當家父子親分付，不比黃梅萬里來」，「蒲團未有祖師意，洗缽何曾識趙州」，「聲中得句已忘言，斷酒持齋卻自然」。所以後山宗奉禪宗，應有家族信仰的因素。其後他交友朋儕如東坡，亦與禪相熟，後山與之唱和，自然又加強了他與禪宗的關聯和認識，所謂「更無人問維摩詰，始是東坡不二門」。而更重要的，則是後山母親、妻子都信佛。他曾說其母將卒時「西向臥，諷彌陀不絕口」，可知為虔誠之信徒。文集中另有〈華嚴證明疏〉載他與妻子買《華嚴經》一部，請曹州開元寺上生院講主重寶贊，知其妻亦信教。在此環境中薰染既久，後山的信仰也頗為誠摯。⑧

不過信仰終究仍要由個人的認知和認同來決定。從後山頻與禪師來往的事蹟中，我們可以發現這主要是後山個人的喜好與追求。這些事蹟是很多的，不只在後山詩文集中數量甚豐，時人記載中亦輒錄其蹤跡，如《王直方詩話》即云：「雙井黃叔達，字知命，自江南來京師與彭城陳履常俱謁法雲禪師於城南。」由此類記載，我們也可確定後山確如他自己所說那樣，是歸宗於禪宗。

《後山詩集》卷六〈別寶講主〉：「此地相逢晚，他方有勝緣，咒功先服猛，戒力得扶顛，暫息三支論，重參二祖禪。夜床鞋腳別，何日著行纏。」方回《瀛奎律髓》說此詩乃勸寶講主學禪：「天下博知無過三支，今後山欲其舍博而就約，棄講而悟禪。」錯。後山《佛指記》已載寶自稱：「我初出家，得《證道歌》，雖聽相論而喜性宗。三歲以後，將參學於東南，余歎曰：趙州與臨濟，皆曹人也，今數百歲矣，嗣古導今，將在子歟！」所以本詩「重參二祖禪」句下，後山有自注云：「趙州臨濟皆曹人也。」

重寶是曹州和尚，初出家已深契於永嘉禪師《證道歌》，故後山以重參二祖禪勉之。⑨後山本人也是喜歡趙州禪的。他描寫勝果院老柏，即以趙州禪為喻云：「解道庭前柏，何曾識趙州？」此類公案，顯非熟讀燈錄者不能為，其〈答顏生〉說「世間公器無多取，句裡宗風卻飽參」，應當也是夫子自道。他另有一首〈寄晁載之兄弟〉勸他們：「端能過我三冬學，可復參儂一味禪。」更是公然以參學前輩自居了。凡此，均大略可以曉得後山的禪學造詣。

但後山之佛學，並不只限於禪宗，他對華嚴也深感興趣。曾買《華嚴經》請重寶贊之，已如前述。又〈寄呂侍講〉云：「縱談尚記華嚴夜，枉道難隨剌史車。」言在曹州華嚴寺夜話之事。〈謝寇十一惠瑞硯〉云：「敢書細字注蟲魚，要傳華嚴八千偈。」也以華嚴為說。

但對華嚴與禪的分際，他似乎並不注意。這也與他對待佛道的關係相似，如他有《遊鵲山院詩》，鵲山院係因扁鵲在該地煉丹而得名，後山卻在遊山時說「頓懾塵緣盡，方知象教尊」，既以佛為西方仙，又在彷彿該是道教的地方稱讚其地佛教甚盛。佛道分際，既不太檢別，參禪之際，偶禮華嚴，也就沒什麼可奇怪的了。何況，歷經唐朝宗密等人宣揚華嚴與禪「教禪一致」之後，可能後山也覺得兩者本來就是一家了呢。他所親近的法寶禪師，又名月華嚴，適可說明當時有禪教一致的現象。

（四）詩禪不合一

後山與禪宗的關係既如此緊密，又有歸宗於禪之意，為什麼並沒有說出後來詩家常說的「學詩如參禪」一類話，反倒僅云「學詩如學仙，時至骨自換」？

陳後山好與方外人士交往，一方面是由於信仰，另一方面則是因為性格上的緣故。他是個孤僻狷介的人，世俗來往酬酢既不擅長亦不喜歡，佛道所開顯的虛靜世界對他反而有極大的吸引力，藉此逃俗，以得清涼。其詩如〈謝贇闍黎見訪〉：「終歲杜門逃俗士，為師設榻對修筠，蒲團藜杖焚香坐，此意此時無點塵。」〈贈大素口輌律師三首〉：「林間細路暗通門，火閣深藏雪裡春，自笑世間千計錯，羨他湖上十年人。」「定知城市無窮事，盡在山人冷眼中。」〈贈寫真禧道人〉：「早須置我岩谷裡，不是麒麟閣上人。」〈湖上晚歸寄詩友〉「髭髮難藏老，湖山穩寄身，卻尋方外士，招作社中人」等等，都可以證明後山狷退之性格、逃俗的心理狀態，是他喜歡親近方外士的重要原因。

有這種性格的人，入仕本是迫於生計或從俗，對整個世俗世界與社會認同感並不強烈，可是他又沒有棄絕人世、切斷人與世俗社會之聯繫而捨離的氣力。故只有在進入佛道世界時，可以暫時消釋其內在之緊張。而且這些方外人士可以成為他自己生命的一種對照，那即是他內心所嚮往的生活以及生命樣態，所以對這些人，後山表現出來的熱情，與他面對世俗人際關係時的孤涼，恰成一強烈之對比。

例如《宋史》本傳、謝克家〈後山文集序〉及魏衍〈彭城陳先生集記〉載後山幾件近乎不通人情的表現，如「樞密章公惇，高其義。冀來見，特薦於朝，而終不一往」，「後山推尊蘇黃，不服王氏，故與（邢）和叔不合。南郊行禮，其妻於邢家借得一裘以衣後山，不肯服」之類，後山之所以弄到「我貧無一錐，所向皆四壁」（〈答張文潛〉），乃至凍死，均與此個性有關。這樣不能諧俗應世的人，對佛道生涯倍感親切，自是不難理解的。再加上對生命本質存有憂懼，又有家族親人信仰上的支持，當然就表現得越發地虔誠。

也就是說，佛教和道教，對後山來說都具有安頓生命的意義，道教之丹藥更能延其壽命、療其老弱。它們的性質，和詩是一樣的。魏衍說他：「寓僧舍，人不堪其貧。暨外除，猶不言仕者四年。左圖右書，日以討論為務，蓋其志專欲以文學名後世也。」詩歌創作，也是後山在這個他不喜歡亦不甚能適應的世俗中僅存的一點依託。創作能安頓他的生命，與佛教道教能令他獲得生命的清涼與喜悅，是一樣的。詩與宗教，對他來說，有著相同的意義。他對之一樣虔誠、一樣充滿熱情地去進行存在的實踐。黃山谷說：「陳侯學詩如學道。」即是在這個意義上說的。

學詩和學道，被後山看成是同一性質的活動。所以後山也才會將學詩喻之為學仙，學仙者凡骨漸換，正是一種存在的實踐性活動。那不是一種客觀的知識與技術，而是靠著不斷粹煉修持，不斷從事實踐性的活動，才能「時至骨自換」，在時間中烹煉出結果來。藝術創作者與宗教教修持者，在這裡，有著奇妙的一致性。

然而，佛與道畢竟是不同的，詩與宗教也不是同一件事。在詩與道教的關係上，後山發現了它們在修持上的類同性，可是在詩與禪的關係上，後山看到的卻是兩者並不完全一致的性質⑩。

請看後山〈寄參寥〉。詩云：「平生西方願，擺落區中緣，惟於世外人，相從可忘年。道人贊公徒，相識幾生前，早作步兵語，晚參雲門禪。」

前面四句就是前文所講的，因後山性情狷退故喜與方外人來往，後四句則形容參寥是詩僧。參寥之詩，甚得東坡推重，是著名的詩僧，後山稱讚他並不奇怪。但請注意他的敘述，是「早作步兵語，晚參雲門禪」，作詩和參禪，並不被後山視為參寥同時具有的能力或同時進行之活動，而是由詩人轉而或進而為禪師的。這種句式，在後山論及詩禪關係時，幾乎已成通例。如後山自述其志趣的〈南軒絕句〉說：「少日書林頗著勳，暮年貪佛替論文，銅鐺瓦枕芒鞋裡，此外惟須對此君。」說自己早年文章頗負時名，暮年則以向佛代替了討論文章。一個「替」字，正足以解釋他對參寥的描述為何是將作詩和參憚對舉著說。

再看〈別圓澄禪師〉詩。詩云：「早年著眼覷文字，萬卷初無一言契，多生詩語未經懺，半世虛名足為累。此去他來尚有緣，頭童齒豁恐無年。」明顯地對自己早年的文學創作有所不滿，故任淵注曰：「樂天香山寺《白氏洛中集記》曰：『願以今生世俗文字之業、狂言綺語之過，轉為將來世世贊佛乘之因、轉法輪之緣。』按：釋氏書，綺語蓋口中四業之一，謂能綺飾文詞、過有增華也。」懺悔早年的文字功業，希望晚年能結佛緣。這些「早」、「晚」，未必實指年齡，如〈南軒絕句〉寫於元祐八年，〈寄參寥〉寫於元祐六年，〈別圖澄禪師〉寫於紹聖元年，正是後山詩創作的旺盛期。因此，我也不認為後山真的要懺悔其文字事業，棄而入佛。這些詩句所表現的其實是一種心情，一種面對詩與禪兩事時的內在矛盾。

他顯然仍採用了禪宗本來的觀點，就像白居易那樣，謂文字為障、綺語有過。南宋人常常談到的「詩禪一致」，實非後山觀念中所能有。詩與禪，畢竟是兩件事，縱或不相矛盾，仍為二物，如他〈贈白闍黎〉讚美白和尚「空宗能自判，文學更兼通」，二者若同時能「兼」得，依他看是最好的。可是，他內在常為了不能同時進行兩種存在的實踐活動而感到苦惱。為了參禪而放棄文字創作，自然是不可能的，那麼，就把問題推給時間吧，心裡老在想著：到晚年再去專心學佛參禪吧。

後山慣說早年從事文學而晚年要學佛，其心理狀況及對詩禪之認識，是應該這麼來瞭解的。因此他對詩僧，雖能欣賞，畢竟不視之為可遵循的典範與方向。他送給吳中詩僧規禪的〈規禪停雲齋詩〉說得很清楚：「道人秀叢林，妙語出禪寂。是身如浮雲，隨處同建立。平生與二子，嗜好同一律。我此復借緣，語綺已多責。何時一把茅，據坐孤峯嵂，呵佛罵祖師，塗糊千五百。」

詩僧之詩，妙語出於禪寂。和後山作詩亦復參禪之形態，在後山看來是一樣的。然雖皆於此助緣，畢竟綺語堪責，不如徑去呵祖罵祖，過著禪師而非詩僧之生涯。在這樣的詩句中，絲毫沒有後來一般人所常見的那種推崇詩僧、大談詩妙本諸禪悟或通於禪理的氣味，詩是詩、禪是禪，縱或能兼，亦終是兼，且最後仍應棄去文字事業，以專心禪悟。

此種態度，更可見諸後山《次韻蘇公勸酒與詩》。詩說：「平生西方社，努力須自度，不憂九頭龜，肯為語一誤。頓悟而漸修，從此辭世故。」以西方為生命的終極歸向，意甚明白。但九頭龜數語，意思就較曲折了。這是用《法苑珠林》說庾信死後變成九頭龜的典故，云彼「生時好作文章，妄用佛經，雜糅俗書，又誹謗佛法，故受此苦」。

後山引此，是以九頭龜喻自己及東坡這樣的文人。「肯為語一誤」者，因《晉書・謝安傳》載謝安語未嘗誤，忽有一誤，大家都覺得奇怪，而不久謝安果然死了的故事。所以兩句合起來，就是回應東坡的〈勸詩〉詩，說我們都是希望歸宗於佛教的人，原應努力自度；依佛教修行的道理，本不該作詩。但我們也並不怕作了詩會變成九頭龜，我們是肯犯一下口業的。這就是見解上已然了悟，而修行上不妨慢慢來。後山以此解釋為何自己明知綺語有過、恐墮因果，卻仍要作詩。說明了他為什麼老是把不作詩而專心禪寂放在暮年的緣故。所謂頓悟而漸修，既維特了他的禪宗終極信仰，也保住了他眼前對詩歌創作的愛好，安置了彼此的分位，調解了兩者的衝突，在他看來，恐怕是最恰當的模式了。⑪

依他這樣的思路，怎麼可能會說學詩如參禪？怎麼會以禪家參悟之法來作詩？

（五）論者當知道

當然，也不能說後山詩完全與禪無關。如其詩語多俚俗，前人詩話中常視為其特色之一，莊綽《雞肋編》、王楙《野客叢書》卷二十四等均曾摘論其俚語，可是只說到後山多用當時的俚俗語，卻未注意到他有用禪宗公案語以致俚俗乃至費解的情況。

其實這類例子很多，如方回云後山〈別寶講主〉的「夜床鞋腳別」即是「本俗語」。而此實即禪家公案語，故任注引「尊宿云：大修行人，上床即與鞋履為別」。又〈和魏衍同遊阻風〉有「勝日著忙端取怪」句，任注也說：「著忙，蓋亦俗語。《僧寶傳》：『楊歧會禪師問僧曰：一喝兩喝後作麼生？曰：看這老和尚著忙。』」這些都是用禪家公案語而亦為俗語之例。

這些俚語俗語，是構成後山詩風格要件之一，既形成了他樸素古硬的詩風，也使詩意曲折了起來，像前文所舉「夜床鞋腳別」那一句，方回便極為歎賞，說：「腳不可以無鞋，而夜寐之際，腳亦無用於鞋，此又以其膠戀執著為戒也。故後山詩愈玩愈有味。」

方回這番議論，紀昀並不贊成，認為它是「有意推求，未為公論」。但事實上引用俚語俗諺，在詩中確實可以造成令人進而思索之的效果。而且俗語出自禪宗公案，本身即具有引發人思考的功能，詩家借用，多一層轉折，自然也容易產生使人越玩越有味的作用。俗語經過時間差距後，後代人對之反而覺得陌生，更可能形成語句「陌生化」的美感效能，刺激讀者去深入玩索，所以方回的解釋並非毫無道理。後山的禪宗信仰與知識，適度表現於詩中，確實與其詩藝頗有關聯。

但整體說來，陳後山並未把信仰層面的禪宗跟他的詩文創作活動結合起來，而是將之視為人生的兩種實踐性活動。且此二種活動基本上是有衝突的，兼得不易，遂只能以「頓悟而漸修」自我寬解之。這種態度與一般喜歡播弄口頭禪、文字禪，率意牽合詩與禪的關係者，實在頗為不同。

後世談宋詩者，多好論詩禪關係，而其實對禪宗往往一知半解，也不太願意仔細去觀察每一位詩人對詩與禪的態度是否有所異同，囫圇言之，故多妄誕不經之說，殊無益於瞭解陳後山這類詩人。同時，像任淵注只說讀後山詩須用一種類似參禪句之法，後人卻常把它解讀為後山等詩人是以參禪之法作詩，不知以學詩為參禪乃南宋時之話題，在黃山谷、陳後山的觀念中，只泛以「學道」或專就道教方面立論，並不就參禪方面說。

以山谷為例，其〈送王郎〉云：「炒沙作糜終不飽，鏤冰文章費工巧。要須心地收汗馬，孔孟行世日杲杲。」是以學孔、孟之道為學道的。他〈奉和文潛贈無咎篇末多以見及，以「既見君子云胡不喜」為韻〉說：「後生玩華藻，照影終沒世。安得八紘罝，以道獵眾智。」是以道家泯除私智為學道的。〈柳閎展如，蘇子瞻甥也，其才德甚美，有意於學，故以桃李不言下自成蹊八字作詩贈之〉所謂「任世萬鈞重，載言以為軒，空文誤來世，聖達欲無言，咸池浴日月，深宅養靈根，胸中浩然氣，一家同化玄」，則是並含儒道而說的。

〈次韻楊明叔〉說：「道常無一物，學要反三隅。」以無一物為道，似乎是指學禪了，但其詩四首，小序即有「文章者道之器耕禮義之田而深其耒」等語，第一首又由魚游濠上講起，並有「利用兼精義」之類《易經》句，及「道學歸吾子，言詩起老夫」等語，其〈再次韻〉亦云：「道應無芥蒂，學要盡工夫。」可見山谷此時論詩，多是原則性地說，認為詩句要好，應是作者本人須有道，所以詩人應該學道。他稱讚「陳侯學詩如學道」，是在這個觀念脈絡中說的。可是他對詩人學道之內容，並未詳細解說，詩人究竟應當以何者為道，終仍為一留存之問題。⑫

同樣的，山谷只原則性地說文章為道之器，故欲作好詩文須作者本身學道有成。然而，作者學道之後為何詩之表現也會隨之改變？這個過程應如何描述，山谷於此亦少闡發。因此，後山說「學詩如學仙，時至骨自換」，從詩歌批評觀念的發展史上看，正是回應或接續著山谷後面這個問題而發展的。但前面那個問題，後山仍未完整地回答，仍只能大體地說是學道，兼攝學佛學道，有時也指要學儒家聖賢之道。且在學之過程中，學佛漸篤，成了信仰，以致道與文裂為兩段，「文章者道之器」的理論反而發生了困難。南宋時候繼起的「學詩如參禪」理論，正是重新黏合文道關係的，所以把詩禪合在一塊兒說，且漸以學禪為學道的主要內容。⑬

所以在這兒便須有一文學批評觀念史的認識，才能明白陳後山的態度和他所具的意義，對詩與禪的複雜關係，亦應有所瞭解，更當同時注意到詩與道教之關聯。

因為後山所云「學詩如學仙，時至骨自換」，在南宋也一樣是有承繼發展的。南宋人論學詩如學道時，道之內容亦不局限於禪學。吳可《能改齋漫錄》卷五載：「鮑慎由〈答潘見素詩〉云『學詩如登仙，金膏換凡骨』，蓋用陳無己〈答秦少章〉：『學詩如學仙，時至骨自換』之句」又見《漫齋語錄》。李勤〈十章兼寄雲叟之三〉云「學詩如食蜜，甘芳無中邊，陳言初務去，晚乃換骨仙」（《日涉園集》卷二），都明顯是繼承後山之說。此外，如陸放翁〈夜坐示桑甥〉：「好詩如靈丹，不雜羶葷腸，子誠欲得之，潔齋祓不祥」（詩集卷十九），〈讀梅宛陵詩〉：「豈惟凡骨換，要是頂門開，鍛煉無餘力，淵源有自來，平生解牛手，餘力獨恢恢。」（卷五七）則明顯是後山說法的發展。循此脈絡，若再往上關聯著北宋末期以「金丹一粒，點鐵成金」來說明江西詩派奪胎換骨法的現象，合併起來看，自不難也勾勒出一條以道教丹道喻詩之系統。而此亦非世之論禪詩者所能知也。

最後，當提醒讀者注意：後山因被呂居仁歸入江西詩社宗派，又被方回稱為江西宗派的一祖三宗之一宗，所以向來是和黃山谷並置在一起談的。據魏衍說，後山「及見豫章黃公庭堅詩，愛不舍手，卒從其學，黃亦不讓」，故把後山詩和黃山谷詩並置起來看，亦非不合理。但後山有關佛道信仰的部分，無論是交遊、觀念、詩作、事蹟，大多與東坡有關而不只是和山谷有關。要瞭解後山，畢竟不能不瞭解東坡，此亦宜為讀後山詩集者告也。

附論

文章本論敘說既訖，有關方法論之反省，宜為附論。

克羅齊《文學藝術史的改革》一文曾激烈地批評了幾種文學史、藝術史、詩史的論述方法。一種是廣泛表現其歷史知識，歷數淵源的；一種是賣弄文字或學究式的；還有一種則是社會學式的歷史研究。

尤其是第三種，克羅齊認為它們老是在歷史中建立一些論述的公式，將藝術系統化，分為希臘藝術時代／基督教藝術時代、古典／浪漫、文學性等體系，然後描述藝術史的「發展」即是上述體系之交織或盤旋、進步或後退，並認為其所以前進後退、交織或盤旋，乃是由於宗教、社會、哲學、精神、政治等緣故。於是，每部作品都可根據其誕生之時代和社會所各自具有的精神價值而被理解。其優點可被認識，其缺點亦因屬於該時代與歷史特性而獲諒解。而且，我們可以清楚地說明：某一時代古典藝術占上風、某一時代浪漫藝術流行、某個時代詩占上風、某個時代是戲劇、某個時代又是造型藝術，也可以看出每一時代作品有不同的內容和態度。

克羅齊反對這類做法，他覺得如此一來，我們只是藉由詩或藝術去瞭解風俗習慣、哲學思想、道德風尚、宗教信仰、思維方式、感覺及行動方式。藝術成為資料，而非主體。平庸的作品，更常因它能結合社會實踐和思維推理，具有此種印證時代的資料作用而獲青睞。真正超越性的，具有獨特精神面貌的天才傑作，反遭埋沒。

而且，歷史彷彿有一條鎖鏈，好像是說：某位畫家提出了有關一藝術創作過程或風格的問題，另一位畫家解決了這個問題，第三位卻放過了這個問題，視若無物，第四位才進一步發展了這個問題等等。克羅齊認為這樣便忽視了作家神秘的創造性特點。天才不是一些人從另一些人那裡發展出來的，不繼承誰也不發展誰，天才是獨立的。

准此，克羅齊所提倡的文學史，乃是針對每位藝術家的特點，研究他的個性與特徵。要以解釋作家和作品的論文和專題論述，代替那種大論述。此種「個性化的歷史」，不考慮什麼歷史或思維的必然發展，只關注「種種個人」，注意其氣質、感情和個人創造性（**原文收入《政治、詩歌、歷史》，中國社會科學院外國文學研究所，一九九二；另編入《美學或藝術和語言哲學》**）。

這個觀念，到現在仍然十分有用。因為充斥於坊間的，正是此種社會學式的文學史藝術史。

且自一九六〇年代以後，對文學史寫作的反省，也傾向於反對連續性的編年史觀，強調歷史中存在著斷層與空白，不是單線傳承遞嬗那樣簡單，這種新觀念，與克羅齊個性化歷史的主張，頗有可以相通之處。

本文討論陳後山獨特的心理狀態，人格特質、思想信仰及其作品。論述方法和角度，與克羅齊所提倡的個性化歷史，顯然甚多合拍。但是，我通過對後山個人特質的掌握，仍然企圖說明宋代詩與詩學發展的脈絡與性質。這是我與克羅齊不同的地方。

克羅齊是反對文學風格史論述的，因為他認為文學是獨立的創造、是直覺的表現，所以他特別重視創造性的直覺力量、重視創造的個體。評在社會學式的歷史論述遺忘了藝術之所以為藝術的核心所在，這當然是對的。但他忘了：詩人固然具有創造的直覺（或抒情的直覺），然而他整個人仍舊擁有直覺以外的東西，如邏輯思維能力、現實關聯生理感性等等。

這些固然非詩藝術的核心，但它們不構成詩人的整體人格嗎？詩人的創造性想像與直覺能不與這些相關聯起來嗎？再者，藝術創作活動雖然基本上是獨立的，但人的精神在歷史或同一時空中，相互映發呼應，也是情理之常。天才人物，更不可能不與其他天才的偉大心靈相對話。因此，個性化的歷史，仍然可以看出形成此一個性的時代文風、思維狀態來。

我的宋詩研究，正是透過唐宋風格史的區分，由宋詩與宋文化的關聯上描述宋代詩史的。此一研究，彷彿如克羅齊所譏評者，其實不然。本文從克羅齊自己所主張的「個性化歷史」這一角度展開論述，而最後仍然印證了我對宋代詩史基本脈絡的描述，也仍能說明「學詩如學道」的理論發展。可見克羅齊式文藝史論述方法和社會學式、風格史式的文學史論述，兩極之外尚有廣大之空間，足供我人馳騁也。

注釋

①山谷此說，與他的文學觀有關。因為他是贊成學詩如學道的，認為詩文只是人內在修養的表現，故作詩者用功之方向應該不是朝向文字鍛煉，而是朝創作者內在去修持，後來南宋陸放翁告其子說「汝果欲學詩，工夫在詩外」，即順此一脈絡而來，詳後文第五節。

②針對王漁洋「鈍根」之評而替後山辯護，是後世研究陳後山詩時的熱門話題，談者紛紛，皆鈍根也。

③任淵注黃山谷詩時，也同樣喜歡運用其本人之禪宗知識。後人未注意到任淵注本身就存在著這樣一種禪宗詮釋之問題，而往往徑由此等處大談黃山谷詩與禪的關聯。相關之著作者甚多，然亦鈍根也。

④後山性好玄奇，喜談神仙相卜，是觀察後山性格的一個重要側面。歷來陳後山的形象，均被理解為「秘書省正字」、「儒學教授」，是端嚴狷介的正人君子，有點不通世務人情、有些木訥、不太圓通，其詩亦以質實為主要特點。此沒有注意到後山有超越性的嚮往與追求，也未發現後山的個性中有好奇尚異的一面。本文所欲談的，正是這一面。

⑤對生命的憂慮、對死亡的恐懼，是後山詩中的主要論題或浮漾於其間的氣氛，也是後山之所以會好奇尚異、親近佛道的內在精神原因。本文對此不暇深論，但讀者不宜忽略這一點。

⑥鍾來因《蘇軾與道家道教》（台北：學生書局，一九九二），整部書的主要論點即建立在東坡不信外丹而親習內丹上。實則東坡未必不服外丹。趙汸《東山集》說東坡「晚歲播遷嶺海，遂欲陰學長生」，其實東坡學長生，亦不僅在晚年。故《曲洧舊聞》載：「東坡因與方士論內外丹，仍有所得，喜而曰：白樂天作廬山草堂，蓋亦燒丹也。丹欲成而爐鼎敗。明日忠州除書到，乃知出世世間事不兩立也。僕有此志久矣，而終無成，亦以世間事未敗故也。」東坡所接觸的道士，如陸惟忠便是論內外丹的，〈陸道士墓誌銘〉說：「道士陸惟忠始見余黃州，出所作《詩論》、《內外丹指略》，自以為決不死者。然余嘗告之曰：『子神清而骨寒，其清可以仙，其寒亦足以死。』其後十五年復來見余惠州，則得瘐疾，骨見衣表。然詩益工，論內外丹益精，曰：『吾真坐寒而死矣。』余曰：『然，子若

死，必復為道士，以究此志。』」依此即知「東坡因與方士論內外丹，仍有所得」的論述是不錯的，且煉食外丹亦未必發熱致死。此為宋代兼修內外丹的一類。今人談道教史，大抵只是從唐末外丹學轉入內丹學的角度，或引用唐人服食外丹而毒熱致死的情況，來理解宋代的道士與士大夫煉丹狀況。這並不甚切合當時之實況。如東坡後山就都是兼習內外丹的。當時人也相信東坡對外丹的造詣，最顯的例子是《春渚紀聞》所記：「丹灶之事，士大夫與山林學道之人喜於談訪者蓋七八也。然不知皆是仙藥丹頭也。自三茅君以丹陽歲歉，死者盈道，因取丹頭點銀為金、化鐵為銀以救饑人。故後人以煅粉點銅，名其法曰丹陽，以死砒點銅者名其法曰點茆。亦有取丹頭，初轉伏朱以養黃茆，死硫以乾汞。不可謂世無此法也。但得之者真龜毛兔角，而為之致禍者十之八九也。如東坡先生、楊元素內相皆密受真訣，知而不為者。章申公黃八座道夫皆訪求畢世，費資巨萬而了無一遇者。」把東坡和煉丹無成者對舉而說，亦可見當時人對其深知外丹是十分相信的。

⑦姚丹元也是兼行內外丹之士，見《長公外紀》及《避暑錄話》。

⑧後山是對佛教有整體的信仰，而不是單獨信仰禪宗。他與禪宗的關係較為密切，但也常與論師往來，除此處所記者外，還有一些送給闍黎的詩。阿闍黎就是論師（acarya）。詳後文。

⑨方回之評，是從一般禪教對立的觀點說，後山本人則無此禪教分別觀，亦詳後文。

⑩禪宗本以「不立文字」立宗，所以和造作華美語言的詩歌創作存有衝突。道教則本屬文字宗教，和詩創作沒有矛盾。這是後山在面對道教時未曾談及道文之衝突關係，而在面對禪宗時卻會如此的宗教原因。關於道教是文字教的問題，請詳本書《道門文字教》一文。

⑪之所以不能立刻放棄詩歌創作，也應考慮到這首詩本為「勸詩」而作，基於作詩的習慣，必須「尊題」。

⑫葛立方《韻語陽秋》卷十二：「柳展如，東坡甥也。不問坡而問道於山谷，山谷作八詩贈之，其間有『寢興與時俱，由我屈伸肘；飯羹自知味，如此是道否』之句，是告之以佛理也。其曰：『咸池浴日月，深宅養靈根，胸中浩然氣，一家同化玄。』是告以道教也。『聖學魯東家，恭惟同出自，乘流去本遠，遂有作書肆。』是告之以儒道也。」把山谷所說的「道」乃兼涵三教之情形，講得非常清楚。

⑬北宋末年逐漸興起而在南宋蔚為風氣的「學詩如參禪」之說，詳見龔鵬程《詩史本色與妙悟》第四章，（台北：學生書局，一九八六年）。

十二　黃宗羲與道教

（一）博學多藝的黃梨洲

明末清初大儒黃宗羲之學術，久為世人所景慕。彼為東林孤兒，參與晚明政治活動。思想既承劉蕺山之傳，又能切應於時代。故不獨整理宋元明儒學術，為理學心學之殿軍，又開清代實學經世之風，對中國政治傳統更具深刻的反省能力，巍然宗師，可稱無愧。

但是，不論從理學心學的傳統看①，或由經世實學的角度來掌握梨洲，皆仍不免僅得一偏，未必能見梨洲之真貌②。我讀梨洲遺文，別有會心，想從另一個面相上來觀察。

梨洲是劉蕺山之高弟，畢生眷眷師門，發揚劉蕺山學術，可謂不遺餘力。但梨洲的學術及其性氣精神，我以為並不能完全從宋明理學這個方向去看，因為他對當時理學的發展是很有意見的。

針對理學傳統之忽視事功，他曾提倡研究古代禮制，云：「所以救浙學之弊，其在此夫。」（《南雷文定前集》卷一〈學禮質疑序〉）針對理學家不通文學之弊，以及心學理學家不讀書的毛病，他又指出：「今之言心學者，則無事乎讀書窮理。言理學者，其所讀之書，不過經生之章句；其所窮之理，不過字義之從違。薄文苑為詞章、惜儒林於皓首，封己守殘，摘索不出一卷之內。豈非逃之者愈巧乎？」（同上，〈留別海昌同學序〉）他之反對道學與儒林分立、大談文章之學，都是基於這種對理學心學傳統的不滿而來。

黃宗羲既是蕺山高弟，對心學自有深入的瞭解與高度的認同，那麼為何他對心學乃至整個道學傳統卻有這種態度呢？需知宋明理學傳統性地反對文章與事功，並非枝節問題，而是關涉其基本立場的。從程伊川與蘇東坡交哄、朱子與陳同甫辨英雄以來，直到當代新儒家，如牟宗三之持論，都可以發現這個基本立場幾乎是不能鬆動的。在中國社會裡，文人與道學家、講事功經濟之學的人和道學家，也幾乎成了結構性的對抗者。黃宗羲這位心學殿軍何以竟能破此藩籬，不惟能講經濟事功的政治之學，也能整齊文獻，進行類似漢學家的工作，更能討論文章詞令，被人認為明代「三百年來，作者林立，先生實集其大成」（鄭梁〈南雷文案序〉）？[3]

我以為，這是因黃宗羲對於心性之學的瞭解，只是理性的認知，但性氣所近以及他所真正承接的學脈，卻是明代一種博學多藝的傳統。[4]

黃宗羲在〈傳是樓藏書記〉中曾談過明代的「博洽」之學，謂：「近世之以博洽名者，陳晦伯、李于田、胡元瑞之流，皆不免『疥駝』『書簏』之誚。弇州、牧齋，好醜相半。上下三百年間，免於疑論者，宋景濂、唐荊川二人；其次楊升庵、黃石齋，森森武庫，霜寒日耀。」（《文定》三集）黃宗羲自己事實上就是自居於此一位置的。他博覽的狀況，具詳於〈天一閣藏書記〉中。諸如越中藏書家紐石溪的世學樓、歙叢桂堂以及祁曠園、胡孝轅、孫月峰、天一閣、千頃堂、絳雲樓等海內大家之藏書，他幾乎都看過。牧齋更曾約他一齊閉關三年，準備讀盡絳雲樓的收藏。所以他文獻極熟，非其他講理學心學的人所能及。

而此所謂博洽者，非徒讀書而已。它與講圖書館藏書學目錄學的傳統不同，它講究博覽，而又重在兼通眾藝。對於各門學問，不僅要有百科全書式的知識，更有擅長各門知識的愛好，欲使這些知識成為本身的才藝。黃宗羲所與交遊者，就多是這種人。如前文所舉之錢牧齋固無論矣，他弟弟黃澤望和好朋友方以智、魏子一等，都是如此。〈翰林院庶起士子一魏先生墓誌銘〉說魏氏：「兵書、戰策、農政、天官、治河、城守、律呂、鹽鐵之類，無不講求，將以見之行事。逆知天下大亂，訪劍客奇才，而與之習射角藝，不盡其能不止」，經學、文章亦皆精深，且又「旁通藝事，章草之書、倪黃之畫、陽冰之篆」，俱稱妙絕（見《文定》前集卷六）。據黃宗羲說「余束髮交遊，所見天下士，才分與余不甚懸絕而為余之所畏者，桐城方密之、秋浦沈鋼昆、余弟澤望及子一四人。五行一覽，半面十年，漁獵所及，便企專門」，這是什麼口氣？

從理學家的角度說，此不過是才氣發越，且有玩物喪志、流遁無歸之虞。可是黃宗羲在談到這些人、這些為學類型時，卻總是充滿讚美惋吊的口吻，一種氣類之感，油然見於紙上。自謂願「執簡而拾其後」，也顯然是把自己和他們放在一個路線上看待的。他說他弟弟黃澤望：「冥搜博覽，天官、地志、金石、算數、卦影、革軌、藝術、雜學，蓋無勿與余同者。」正可以見他自己的學問路數為何。他另有同門前輩陳之問，雖亦從學於蕺山，然「書畫古奇器，賞鑒無不精絕；而青烏素問龜卜雜術，皆能言其理」（《文定後集》卷四〈陳令升先生傳〉），黃宗羲常與他論學讀書。⑤

此外，影響他最大的陸文虎，也是這類人物。他曾說：「念終身偲偲之力，使余稍有所知者，眉生與先生，二人而已。」（《文定》前集卷六）陸氏學仙、學佛，能為古文，議論又近於陳同甫、辛稼軒，兼且辨書畫、識金石古奇器，梨洲乃謂他能幫助自己「發明大體，擊去疵雜」，則梨洲之學，可以概見。

從這些人身上，我們即可以看到梨洲的影子。例如他說魏子一曾訪劍客奇才，說陸文虎是遊俠郭元振一流人物，他自己呢？——「司馬遷傳遊俠十年以前，（余）亦嘗從事於此。心枯力竭，不勝利害之糾纏，逃之深山，以避相尋之急，此事遂止」（《文定》前集卷八〈陸周明墓誌銘〉），則他自己確實也曾經遊俠。他又說張元岵「未嘗忘世，學雙劍，學長槍，皆精其技」（卷七〈張元岵先生墓誌銘〉），他自己的武技如何雖不易考，但他與內家武術傳人王征南交情甚好，嘗與王氏入天童山，所撰〈王征南墓誌銘〉是研究內家拳源流最重要的文獻。這些地方，都可以看出黃宗羲和他這群師友，實在皆非規行矩步之儒生，意氣感激、才情飆舉，可能才是他們生命的實相。

像黃澤望「臨觴高談，割臂痛哭」那樣，黃宗羲也是這種類型的人，所以他才會喜歡何心隱等深受晚明道學家詆議的人物。他為海盜蔣洲家族寫〈蔣氏三世傳〉，竟至神傷不能下筆，末尾更說：「吾觀胡（宗憲）之幕府，周雲淵之易歷、何心隱之遊俠、徐文長沈嘉則之詩文及宗信之遊說，皆振古奇人也，曠世且不可得，況場屋之功名所敢望哉？」（《文定》前集卷十）

換言之，他的博學多聞，並非學究式的，乃才性發舒，生命為意氣所鼓蕩使然。故此時其博學雜藝自然就會偏向那屬於異端奇詭的方面。他曾說有次生病時，方以智替他切脈，「其尺脈去關下一尺取之，亦好奇之過也」。「王午，在京師，言河洛之數，另出新意」，也是好奇之一例（見《思舊錄》）。方氏是他佩服的人，也是「漁獵所及，便企專門」的人，其好奇，正可說是和黃宗羲有生命之所同。因為好奇，所以才會欣賞奇行異能之士；因為好奇，所以才會去研治一般儒者所不屑、不能、不及治之學。而事實上也只有在這些偏仄之學上，才更足以顯示他們特殊且過人的才情。

黃宗羲的許多學問都必須由這裡去瞭解，他憶王仲，說「仲好天官王遁之學，皆余所授也」（《思舊錄》）。黃宗羲的天官王遁之學，乃當時一大宗門，清初修《明史》時，《曆志》即特請黃氏予以刪定。然彼與徐光啟以來受西洋影響的曆算之學頗為不同，他是參稽古法而自行啟悟的，自言：「自某好象數之學，其始學之也，無從叩問，心火上炎，頭目為腫。及學成而無所用，屠龍之技，不待問而與之言，亦無有能聽者矣。」（《文定》前集卷七〈王仲墓表〉）其說除一部分見諸文集外，主要是《易學象數論》。

《易學象數論》是古來論象數最詳備之書，約成於梨洲五十二歲時。舉凡先後天、圖書、天根月窟、八卦方位、納甲、納音、占課、卦氣、互卦、蓍法、占法等與易學有關的象數門道，以及衍申變化而出的術法，如太玄、元苞、潛虛、洞極、洪範、皇極、六壬、太乙、遁甲、奇門、衡運等，均詳述其原委。《四庫提要》謂該書「一一能洞曉其始末，因而盡得其瑕疵」，洵非過譽。黃氏自己則說是因這些術數方技，一般世儒莫名其妙，視為絕學，所以他才一一疏通之；語甚謙和，而實含自負自喜之意，因為這套學問，不是人人弄得來的。

但《易學象數論》畢竟仍屬於易學範疇，殊不足以盡黃氏雜學之底蘊，例如律呂、曆法、算術、形氣、星命等，便非該書所能包含。試翻《文定》前集卷十一〈讀葬書問對〉及《後集》卷三〈封庶常桓墅陳府君墓誌銘〉等文，便知黃宗羲在這些「雜學」方面確實造詣非常，不容忽視。

在正統儒者眼中，這些「雜學」的造詣即使再精深，也不值得重視。但我們應注意：凡治此雜學者，皆不僅從知識上肯定這些雜學亦自有其學術傳統，值得研究，更在心態上，存著反抗所謂正統異端的說法之傾向。越是異端、越是絕學，他們就越覺得好奇，非一探究竟不可；探而有得，有時也會甘為異端而不辭。

黃宗羲弟弟黃澤望之治唯識學、方以智之削髮為僧，都可以從這個角度去理解。黃宗羲自己則是對道教較為親近。

（二）梨洲與道教的關係

黃宗羲三十二歲時，「在金陵，從朝天宮翻《道藏》，自《易》學以外，干涉山川者，皆手鈔之，矻矻窮日」（《文定》前集卷一〈丹山圖詠序〉）。此為崇禎十四年事。該年清兵大敗洪承疇於松山；李自成連破洛陽、南陽，殺福王唐王；張獻忠破襄陽，殺襄王及貴陽王，天下正大亂。黃宗羲的老師黃道周也剛好在前一年遭廷杖訊，次年才得謫。張溥則卒於此年，攻訐復社者猶不已。在這個時候，黃宗羲卻在金陵大讀《道藏》，實在很值得注意。

他是明代少數讀過《道藏》的學者，而且讀得很仔細，他對《易》學象數的理解，顯然得力於此；⑥對方志及地理學的掌握，也與此有密切之關係。他曾說弟弟澤望的學問跟他沒啥不同，唯一的差異，就在於澤望「所未盡讀者，獨《道藏》耳」。可見他對於自己曾盡讀《道藏》是頗為自負的，這部書對其學術也一定有很大的影響。永曆十五年（順治十八年）黃氏五十二歲，更曾住在道教聖地龍虎山。教王仲曆算，即在其處。彼與道教淵源之深，可以概見。

黃宗羲的友人也多與道教有關聯。除了道士外，如陸文虎「幼多羸疾，因讀《參同》、《悟真》，閉關齋禱，以為神仙可學而至」，後雖因不驗而中輟，卻仍欲刊行黃氏的《四明山志》。《四明山志》正是黃氏據《道藏》中的《丹山圖詠》而撰者。此外，〈萬祖繩七十壽序〉言萬氏「從道士郎堯生，學老氏法。久之自詫有得，蒙存淺達，誠不如《參同》、《悟真》之有倫脊矣」（《文定》後集卷一）。又有友人周子佩者，「嘗病危，遇異人，授以養煉之法，疾尋愈，信之甚篤。過中不食，飲茶數杯而已。晚年注《參同契》」（同上，卷三）。另據《思舊錄》云，黃宗羲對周氏的造詣似頗稱道，謂：「乙丑，余至姑蘇，子佩在僧舍，法東坡坐道堂四十九日，厚自養煉，因破關出見。其所著《參同契》頗有心得，而汪鈍翁但以神仙忠孝陳言序之，失其旨矣。」頗不以實煉為妄，對其價值是很能認同的。

這些文字，都表明了黃宗羲不僅有一批深受《參同契》影響的朋友，他本人對此書及道教煉養之學也不輕視。這種態度，在撰《易學象數論》時更為明顯。四庫館臣在評論他這本書時，說「《易》至京房、焦延壽而流為方術，至陳摶而歧入道家，學者失其初旨，彌推衍彌增。宗羲病其末派之支離，先糾其本原之依託」，這實在是不瞭解黃宗羲思想的誤會，要不然就是四庫館臣自己有太濃厚的儒家正宗思想，故不免以梨洲此書為破除《易》學歧途的利器也。事實上黃氏確實是對京房、焦延壽等使《易》學流入方術之說不以為然，但他並不認為《易》學流入道教就是走上了歧途。《易學象數論・自序》說得很明白：「魏伯陽之《參同契》、陳希夷之圖書，遠有端緒。」其後學固可訾議，這派卻不應貶抑輕視。四庫館臣惋惜他這本書唯一的缺點就在「轉使傳陳摶之學者，得據經典而反唇，是其一失」，殊不知他本來就不以為陳摶、魏伯陽之學有什麼大錯。

黃宗羲及其弟宗炎，在易學史上最大的貢獻或特點就在這兒。他們具體指出了宋儒的易學乃是淵源於道教。宗炎發現周敦頤的「太極圖」是採用了《參同契》的「水火匡廓圖」及《道藏》中的「上方大洞真元妙經圖」，將原本逆而成丹者，倒轉過來講氣化順生（見《昭代叢書》癸集卷二《易學辨惑》）。黃宗羲則認為程伊川和邵康節的易學也都是由道教發展而來：

> 魏伯陽……陳希夷……遠有端緒。世之好奇者，卑王注之淡薄，未嘗不以別傳私之。逮伊川作《易傳》收其崑崙旁薄者，散之於六十四卦中，理到語精，《易》道於是而大定矣。其時康節上接種放、穆修、李子才之傳，而創為河圖先天之說，是亦不過一家之學耳。（《自序》）

二者均由道教中來，亦即為《易》學中的別傳。別傳有反而成為正宗者，亦有遂入歧途者，伊川與康節就是其中的代表。他讚美伊川而不贊成邵雍的「創說」，反對圖書與先天圖。這，一方面可以發現黃家兄弟都是從跟道教的關係處去瞭解宋儒，未讀《道藏》或無道教淵源者斷不能覓出這層關係；另一方面，我們也應看到黃宗羲論圖書六篇，駁薛士隆、駁關朗、駁邵雍、駁朱子，卻對陳摶之說甚為尊重。其駁後人之誤，往往也是為了說明陳摶的講法，如卷一辨圖書之三，批評朱子河圖數十洛書數九之說，謂「劉邵則同出希夷，授受甚明。若彼此異同，所傳者亦復何事？故以十為圖、九為書者，特始朱子」；之六辨龍圖亦云朱子「蓋不知天一居上之上，謂上位也，以復希夷之舊」。

這倒不是說黃宗羲替陳摶等道教學說張目。黃宗羲的基本儒家立場仍然是非常鮮明的。他論易，是承認道教之說為另一大傳說，所謂「遠有端緒」，而不認為這個傳統應當與易學混為一談。頂多，他願承認此為易之別派，但他總不相信這就能代表經傳本身的義理。最明顯的例子，就是內篇卷一論《參同契》之納甲。他論天根月窟時也說：「康節之意，所謂天根者，性也；所謂月窟者，命也。性命雙修，老氏之學。其理為《易》所無，故其數與《易》無與也。」

這種講法，在學術史上意義重大。他和宗炎替宋儒找出道教的淵源，並批判其圖書之學，直接影響到清初的學術發展，與胡渭的《易圖明辨》有同樣的作用，為清初之反宋明理學提供了犀利的武器。可是，黃宗羲之本意，並不是要反宋儒的。相反地，他乃是批判康節一路，而欲人歸向伊川一路。故自序云：「奈何添入康節之學，使之統體皆障乎？世儒過視象數，以為絕學，故為所欺。余一一疏通之，知其于易本了無干涉，而後返求之程《傳》，或亦廓清之一端也。」

同理，他也不如清人那麼反道教。他誠然覺得道教那一套不見得與《易經》有直接的關係，但他稱道道教的重要丹經《參同契》、《悟真篇》「有倫脊」，可見是能承認其價值的，此即系彼熟於道教義理並與教中人多所來往所致。《思舊錄》載崇禎十二年他病瘧，吳子遠「拜求茅山道士，得藥一丸致余。余知其為絕瘧丹」。又載朱荃宰因病，「與韓道士講坐功。韓道士者，住重陽觀，一飯能盡斗米，閉戶或一月不食，至庚寅（順治七年）猶在。重陽王爾祿拜之為師，不知所在」。另有陳元齡，黃宗羲謂「其王遁之學，得之於吾鄉周雲淵，惜其時未及受之也」。從這些記載裡，我們可以發現他與道教南北諸派均有來往。而且，一般儒者在既辨王遁之學、性命雙修之道非易學原貌後，必然因此而棄去佛道，他卻是雖辨其為兩途，卻仍然衷心願學。此即可見他對此「異端之學」縱使缺乏價值的認同，亦不能說沒有客觀學術上的興趣以及主觀情感上的愛好。

這種態度與他對佛教甚為不同。

（三）梨洲辨儒佛之界限

明末儒者往往遁入佛老，入於佛教者為尤多。黃宗羲說：「桑海之交，道暗、季初俱為法門有力者所網羅」（《文定》前集卷一〈張仁庵古本大學說序〉），「今世為遺老退士者，大抵齷齪治生，其次丐貸江湖，又其次拈香嗣法」（卷六〈韋庵魯先生墓誌銘〉），「武林之讀書社，徒為釋氏之所網羅」（《文定》後集卷三〈陳夔獻墓誌銘〉）。明亡之前，佛教勢力即已極盛；明朝亡後，士不仕清而入教者更多。即使未出家為僧，如錢牧齋，也往往歸心釋氏，謂「僕年逾七十，時以醫藥自賴，近復箋注教典，於三藏十二部之文日親，萬物灑然，視天地為旅泊」（《牧齋尺牘》卷上〈與吳梅村書第三首〉）。之所以能如此，形成了風氣，其原因，黃宗羲說得很清楚：

自來佛法之盛，必有儒者開其溝澮。如李習之之於藥山、白樂天之於烏窠、張無垢之於妙喜、胡康侯之於封秀。有歐陽永叔，而鐔津、圓通始著；有東坡，而覺範、大覺、樋始顯。明初以來，宗風寥落。萬曆間，儒者講席遍天下，釋氏亦遂有紫柏、憨山因緣而起。至於密雲、湛然，則周海門、陶石簣為之推波助瀾，而儒釋幾如肉受串，處處同其義味矣。（《文定》後集卷四〈張仁庵先生墓誌銘〉）

儒者替佛教推揚，才使佛教勢力漸大；此時之佛教既由儒者推闡而來，則儒者入佛，其勢當然甚順。不斷發展下去，便成了個儒門淡泊收拾不住，儒者紛紛被佛教網羅而去的局面。以吳梅村的家世為例，其外曾祖曹魯川「著書數百卷，其論浮屠氏與孔子之道合」，其孫曹洵遂出家，法號照如。《梅村家藏稿》卷五十一〈照如禪師生塔頌〉云梅村幼時拜見外祖母，祖母即為之述魯川之學曰：「我父循良吏，上書忤時宰，拂袖歸田廬。理學專門家，孔釋水乳合。諸方大尊宿，推重唯魯川，教律與論藏，一一手撰述。」

梅村母篤信佛教，受具足戒，即受此影響而然。梅村在明亡以後雖不殉國，但遺囑死後「斂以僧裝」，正與其他遺民遁入教門一樣。他們本來就和佛教頗有淵源，長期生活於孔釋水乳相合的氣氛下，一旦逃世，自然便會歸入佛教。

可是黃宗羲對此現象卻頗不以為然。因遁世而出家，他尚能諒解；然逃入佛教，在他看，恐怕就不如逃入道教好。全祖望〈梨洲神道碑〉說：「遺老之以軍持自晦者，久之或嗣法上堂。公曰：『是不甘為異姓之臣，反甘為異姓之子也。』故其所許者，只吾鄉周囊雲一人。」（《鮚琦亭集》卷十一）黃氏及其弟晦木之批評遺民僧，是很有名的，詳見陳垣《清初僧諍記》記餘部分。他有一友人鄧起西，原先起兵抗清，事敗之後，出家為道士，又仍與宗羲游虞山等處。後宗羲為撰墓誌銘時便說：

桑海之交，士之不得志於時者，往往逃之二氏。比如縛虎之急，勢不得不迸裂而倒行逆施。顧今之逃於釋氏者，鐘鼓杖佛，投身濃豔之火。是虎而就人之豢，其威盡喪。起西之在玄門，苦身持力，無異於全真之教。有死之心，無生之氣，以保此悲天憫人之故我。（《文定》後集卷二）

藉佛道對比，來顯示他是比較欣賞道教的。大抵宗羲對於儒者學佛，主張學佛知佛之後，最好仍能返歸儒者之路，如朱子、陽明等人，即為典型。其次，因性之所近或確實信持其義理，以至入於佛教，他也能理解並認可其價值，但不免存有惋惜之意。他對友人張仁庵即是如此。入佛之後，藉佛教為衣食交遊者，則他甚為瞧不起。此因宗羲於佛學向存敬意，對佛教卻無太大好感，他批評當時「世眼易欺，禪師語錄流通，頗不寂寞」（〈鄧起西墓誌銘〉）；又嘲笑晚明臨濟、曹洞兩宗互爭正統，是「今之學佛者，倚傍門戶者也。如奴僕占風望氣，必較量主者之炎涼」（〈答汪魏美問濟洞兩宗爭端書〉）；斥「今日釋氏之文，大約以市井常談、兔園四六、支那剩語，三者和會而成，相望於黃茅白葦之間，以為甕中天地，章亥之所不步也。讀之者，亦不審解，疑其有教外微言落於粗野之中」（《文定》後集卷一〈山翁禪師文集序〉），對當時佛教的發展方式、宗派糾紛、禪師作風、文字表現都很不滿意。

儒佛之分，宗羲尤為在意，自謂「余在釋氏之教，疑而信，信而疑，久之知其於儒者愈深而愈不相似」（〈澤望黃君壙志〉）。為什麼儒佛不同呢？他解釋道：

先生會通儒釋，主於向上一著，謂兩家異處在下學，同處在上達。從來儒者皆為此說。弟究心有年，頗覺其同處在下學，異處在上達。同處在下學者，收斂精神，動心忍性是也。異處在上達者，到得貫通時節，儒者步步是實，釋氏步步是虛；釋氏必須求悟，儒者篤實光輝而已。（《文定》前集卷四〈復無錫秦燈岩書〉）

梨洲之學，重點不在會通儒釋，而在辨別「儒釋界限」，而其所辨者亦可謂精當不移。因為儒學不是工夫不同卻能殊途同歸，乃是對人生之基本看法迴異，所以一是要成就聖賢人格，一卻要解脫輪迴以得無生涅槃。工夫略似，結果相反。黃氏不能認同佛教，此為根本原因，故彼與佛教可謂跡親而心異，對佛教的世界觀也無法同意：

佛者之言曰：「有物先天地，無形本寂寥，能為萬象主，不逐四時雕。」夫無形亦何物之有？不誠無物，而以為萬象主，此理能生氣之說也。以無為理，理亦非其理矣。總緣解「物」字錯，後儒以紛紜應感，所交之物纔為之物。佛者離氣以言物，宜乎格物之義不明也。（同上，〈答萬充宗論格物書〉）

佛家區分本體與現象，然又謂本體非有，只是虛空。黃宗羲則認為天地萬物，氣化流行，就是理，非理能生氣物；四氣流行，人生而有家國天下喜怒哀樂仁義禮智信，這就是物，也不能說是空。

這個論點非常重要。事實上黃宗羲即是依此說在兩面作戰，一以反對儒家中把理氣分開來講的人，一則由此質疑佛家的性空思想。據佛家言，緣起性空，萬法生滅本無自性，人生亦是業力流轉，不斷輪迴而已。梨洲則云輪迴與地獄之說都很可疑：

然則釋氏投胎托生之說有之乎？曰：有之而不儘然也。史傳如羊叔子識環之事甚多，故不可謂之無。或者稟得氣厚，或者培養功深，或專心致志，透過生死；兇暴之徒，性與人殊，投入異類，亦或有之。此在億兆分之中，有此一分，其餘皆隨氣而散，散有遲速。總之不能留也。釋氏執其一端以概萬理，以為無始以來，此魂常聚，輪迴、六道，輾轉無已。若是則盛衰消息聚散有無成虧之理，一切可以抹卻矣。試觀天下之人，尸居餘氣，精神蒙憧，即其生時，魂已欲散，焉能死後而複聚乎？且六合之內，種類不同，似人非人，地氣隔絕，禽蟲之中，牛象蟣虱，大小懸殊，有魄無魂，何所憑以為輪迴乎？（《破邪論・魂魄》）

或曰：「地獄之慘形，所禁陽世之為非者也。上帝設此末命，使亂臣賊子知得容于陽世者終不容于陰府，以補名教之所不及，不亦可乎？」余曰：「不然。大奸大惡，非可以刑懼者也。地獄之說，相傳已久，而亂臣賊子未嘗不接跡於世，徒使虔婆頂老，凜其纖介之惡，而又以奉佛消之，於世又何益乎？夫人之為惡，陰也，刑獄之事，亦陰也。以陰止陰，則沍結而不可解，唯陽和之氣，足以化之。天下地下，無一非生氣之充滿，使有陰慘之象，滯於一隅，則天地不能合德矣。故地獄為佛氏之私言，非大道之通論也。」（同上，〈地獄〉）

《文定》前集卷十一〈讀葬書問對〉曾分析形神關係，謂：「昔范縝作《神滅論》，後來儒者言，斷無以既盡之氣為將來之氣者，即神滅之說也。釋氏所言，人死為鬼，鬼復為人者，即鬼不滅之論也。而『鬼蔭』之說，是於二家之外，鑿空言死者之骨骸能為禍福窮通。乃是形不滅也，其可通乎？」反對講風水葬地的習俗，也反對輪迴說。與此處所論正可相發明。蓋儒者言理氣之分，有專主理而斥形氣者，程、朱以來存天理去人欲一路即是如此；⑦又有專言形氣者，葬地風水云云即屬於此等。梨洲反對這些說法，也不贊同佛教的理論，乃是因他為學自有宗旨，故不肯為遊移騎牆之言也。

黃氏對佛學是下過苦功的，他並不是很看得起當時的佛教大師。《文定》前集卷二〈阿育王寺舍利記〉曾把佛徒偽造舍利子的情況著實諷刺了一陣。論其弟澤望時，亦云其「穿剝三藏，窮歲累月，稍稍出而觀之今之所謂宗師者，發露其敗闕」。

又說「相宗性海，即彼教中之專門者，尚且入而迷其向背。澤望乃能算沙摶空」，寫成《瑜珈師地論注》、《成唯識論注》等。這些話，不僅表明了他對當時佛教的輕視，也可看出兩兄弟在佛教學術上的造詣。對佛教，黃氏應該是確有實際學術研究，而乏主觀之愛好，亦終不能在價值上予以認同的。

（四）論晚明的博洽學風

鑽研佛道，而或親近或批判，是梨洲對待「異端」的兩種態度。不過無論如何，他對這些學問均甚精熟，其博學雜藝之性格在這些地方更可以充分地顯現出來。

但這一點不只是論黃宗羲者甚少注意，論晚明思潮者亦何嘗知之？歷來談晚明文學與社會，受「五四」的影響，形成了一套基本觀點，從公安派如何反復古、反摹擬，結合到李卓吾如何提倡童心說、反抗道學家；再由李卓吾如何受陽明學的影響，牽扯到陽明後學，所謂「左派王學」之狂肆氣象，以及湯顯祖等人的情教說。謂此時講真、講現成良知、講自然生命、講情，而反抗道學家之講天理心性、虛矯名教以及七子派之復古摹擬等等。

換言之，整個晚明，被解釋為是在文學上反抗摹古、思想上反抗道學家存天理去人欲之說而重視情欲的自然生命，社會行動上又反抗壓抑人性的名教禮法之時代。凡論晚明之世變文風者，眾口鑠金，幾於千人一辭，形成了一個強固的論述典範。可是我們只要看看黃宗羲，就知道這個論述實在大可商榷，為什麼？

黃宗羲〈明文案序〉說過，明代文章盛於明初，再盛於嘉靖，三盛於崇禎。顯然萬曆間的公安派是不算在內的。公安派崛起一時，固為事實，但此派影響力及晚明對此派之評價卻並不甚高。黃氏說：「萬曆以後又稍衰，然江夏、福清、秣陵、荊石，未嘗失先天民之矩矱也。崇禎時，昆山之遺澤未泯，婁子柔、唐叔達、錢牧齋、顧仲恭、張長皆能拾其墜緒。江右艾千子、徐巨源，閩中曾弗人、李元仲亦卓犖一方。石齋以理數潤澤其間。」這些當時被評價為重要文人者，哪一位可以算是受公安派之影響並提倡獨抒性靈的？哪一位可以用前述那種論述來描述？[8]

再以黃宗羲實際參與的文學活動來看，〈高元發三稿類存序〉說甬上文風本屬公安一脈，奉行屠隆之說，黃宗羲殊不以為然，結果「曾不二十年，而甬上諸君子皆原本經術為文章」。〈壽李杲堂五十序〉也說：「數年來，甬上諸子皆好古讀書，以經術淵源，以遷、固、歐、曾為波瀾。」可見這時文風本是反對公安之類風氣的，講究讀書學古，而非獨抒性靈。

若云此乃黃氏個人或其二三學侶之所為，那麼我們來看看晚明文壇之大勢。姚江、甬上這批好古讀書的人，都參加了復社。復社，乃是晚明文人社集統合起來的總名，取名復社者，以「期復古學」為宗旨也。這跟所謂獨抒性靈良知童心云云，恰屬枘鑿。所以，我們檢查一下晚明的幾社、聞社、南社、則社、席社、臂社、羽朋社、匡社、讀書社、大社、邑社、端社、超社、莊社、質社、應社這些文人集團，根本沒有一個跟什麼左派王學、童心說、情教論可以扯上關係，都只是「吾以嗣東林也」、「與四方多士共興復古學，將使異日務為有用」而已，與公安派左派王學湯顯祖李卓吾等等俱無關聯。黃宗羲曾與陳怡庭等人在甬上辦的「講經會」，其學務期文與道合、原本經術、有裨世用，正是基於這樣的一種時代風氣。

在這種風氣中，文學的型態雖未必仍如前後七子那樣「文必秦漢，詩必盛唐」，但其復古是一致的。這就是為什麼七子文風仍能復振的原因，陳臥子等人即效法七子者。其餘如張溥編《漢魏百三家集》之類，取徑亦在於學古。明清之際，忽有一股學宋詩的潮流崛起，豈非宋詩書卷較多，而搜輯發揚宋詩，亦整齊文獻、發揚絕學之一例乎？呂晚村、吳之振等皆其人也。吳氏《宋詩鈔・凡例》更謂其書梨洲曾參與搜討研訂。其事關係詩史甚巨，潮流之起，則由此博洽之學風來。黃氏《文定》前集卷六《韋庵魯先生墓誌銘》又批評當時文家：「錢牧齋掎摭當世之疵瑕，欲還先民之矩矱，而所得在排比鋪張之間，卻是不能入情。艾千子論文之書亦盡有到處，而所作摹擬太過，只與摹擬王李者爭一頭面。」足見錢艾諸君之毛病也正在於過分強調學古。然此時學古，與李、何不同，因李、何門徑較隘，倡言不讀唐以後書，使人不學，這個時代則力圖在學問上予以增廣。梨洲謂：「崇禎間，士大夫之言學者，尚廣大」，就是這個道理（見《文定》三集卷二〈清溪錢先生墓誌銘〉）。

以讀書學古為尚，讀書又以廣大為尚，才會造成一種博洽的學風。這樣的學風，一方面可以說是對明代時文古文及王學之流弊不滿而生，顯示了一種時代精神；一方面也可說是接續了何良俊、楊升廣、王世貞以降的一種學術傳說。博學經史，成為當時學人共同的趨向。

對這種學風缺乏瞭解，就無法妥善解釋明清之交的學術變遷。從民族主義立場或宋明理學新儒家的角度來說，清儒提倡經史以反心經反理學，被認為是清兵入關後斲喪民族文化命脈之結果，而未注意到風氣之變實在明末，清朝只是承此而續有發展罷了。從反理學或浪漫主義文學觀的角度說，明末又被看成是一個反禮教反模擬古典法的時代。而未考慮到程、朱學在晚明仍佔有主流勢力，復古博學的社會也不會贊成獨抒性靈，而且若只從這個角度看，明末如何轉出清初那種學風，實在也無法解釋。

近來另有一種講法，從宋明理學本身「尊德性，道問學」的內在理路上解釋明清之交的學術變遷，並謂王學講良知，其後仍不能不從經典上尋找證據，以致逐漸轉向道問學一路。⑨這似乎也未注意到明代本有此種博洽之學術傳說，晚明博洽之學興盛的原因更不是從王學逐步發展來的。

黃宗羲的老師，劉蕺山之外，還有黃道周石齋漳浦。黃石齋的學問，吳梅村極為讚歎，說：「吾登朝見諸名流，如錢牧齋、陳臥子、夏彝仲，即才甚，可窺其極。惟漳浦吾不能測，殆神人也。」黃道周能繪人物、善八分書；注《尚書・洪範》時，在空几上成書，而雜引經史百氏之言，原原本本。吳氏曰：「噫！以朱雲、耿育之憨，兼信國、疊山之氣，以京房、翼奉之奧，兼董仲舒、劉向之文，曾不得以一端名之，殆神人也。」（**談遷《北游錄・紀文・黃石齋先生遺事》引**）

這樣的學問路數，自極廣大，故梅村有博大真人之歎。黃道周另有弟子董說論《易》專主數學，兼取焦、京、陳、邵之法，《四庫提要》謂其即根柢於黃道周《三易洞璣》。董說著有《昭陽夢史》、《狼煙香法》、《榔穀編》、《河圖卦板》、《文定障》、《分野發》、《詩律表》、《漢鐃歌發》、《樂緯》、《掃葉詩》、《七國考》、《易發》、《運氣定論》、《天宮翼》及《西遊補》等，今傳以補西遊者最為著名，言孫悟空夢遊事，鑿天驅山，出入老、莊。恢奇佚宕，足以令讀者想見其為人。有徒如此，其師可知。梨洲出其門，亦謂其為「森森武庫，霜寒日耀」，認為在明代博洽之學的傳統中，他僅次於宋景濂、唐荊川，而與楊慎差不多，王世貞、錢牧齋則比他略遜。

這個傳統極堪注意。梅村〈汲古閣歌〉有云：「嘉隆以後藏書家，天下毗陵與琅琊。整齊舊聞收放失，後來好事知誰及。比聞充棟虞山翁，里中又得小毛公。」博學之風與藏書有十分密切的關係，毗陵即唐順之，琅琊即王世貞，虞山即錢牧齋，小毛公是毛晉，這些都是大藏書家，也是博洽之學的倡行者。《明史‧唐順之傳》云荊川「家多藏書，於學無所不窺，大則天文、樂律、地理、兵法，小則勾股、弧矢、壬、奇、禽、乙，莫不究極原本，盡取古今載籍，割裂補綴，區分部居，為左右文武儒稗六編，儒者不能測其奧也」。這是梨洲所佩服的人。然博洽一派，在明末影響更大者應是王世貞。談遷《北游錄‧紀文‧上吳駿公太史書》說：

> 竊有私旨，臨文勃露，不敢輒匿，謹質之大君子：當代文囿，實藉琅琊，雖前有北地，並有歷下新都，而門風孤峻，承流頗少。惟琅琊隃冠操觚，家三戟而身八座，鮮華映帶，傾動宇內。顧劉子威時地略同，孫文融、馮元成、湯若士輩生稍晚，俱外葵丘之盟。窺彼諸公，不無悻悻。而王氏之學，堂奧難窮，閫域易獵，所避唐宋人之輕靡，而不能盡謝其縝密，第以秦漢之紀律部伍之耳。孫武子用三駟，有一敗二勝，琅琊之謂也。一時附麗而起者，如雨如雲，及身而已，並腐草木，非此曹，子不自為扶餘也。學王氏而局之，優孟其衣冠，人人抵掌，至於盜狐白裘解齊相之幬，猶未易才，況能治及九鼎，哀及長城乎？噫，何琅琊後之寥寥也。歲星在吳，文不絕厄，牧齋得其漪蘭、臥子得其豪勁，而門下之風骨，又蛻琅琊，出之入之，讀者不知為王氏學也。二三百里間，五六十年內，婁江再興，而餘皆其分身，或小有差別，總不離其胎息。蓋末俗薄惡，知以所短詆王氏，不知以所長變王氏。虞山、雲間，俱善變也。

論王氏對晚明學風的影響，沒有比本文更詳細的了。不從此處尋筋脈，卻去扯什麼公安或陽明學，實在是摸錯了門道。

當然，談遷的說法也可能只是一人之私見，但他是吳梅村、黃宗羲都很欣賞的人，其說未必非諸公之公言。⑩且萬曆間臧晉叔〈答錢司理書〉即曾說過：「《左傳》、《莊子》、《楚辭》、《唐詩選》、《藝苑卮言》敬授使者。《卮言》是王元美緒論，可謂後進橐籥。足下須細閱之。」（《負苞堂集》卷四）臧氏本身就是博雅一派，藏書甚多，自云曾「集中晚唐人詩，已得十之八九。而庚戌冬為無賴子盜去大半。搜羅校訂之勤，一旦盡廢」（同上，〈寄謝在杭書〉），又輯得元人雜劇三百餘種，編為《元曲選》：「欲匯秦漢以來諸書，悉加裒集，以其雅訓者編為正史，而怪誕不經者詳注其下，以俟閎博大儒更為刪定，附之史乘之末。」（〈與錢惟凝書〉）這樣的人，對王世貞的推崇，應該是有意義的。⑪

但這並不是說諸如胡應麟、何良俊、楊慎、臧晉叔、謝肇淛、唐順之、王世貞，以迄錢謙益、周亮工、黃道周、黃宗羲、朱彝尊等都屬於一個學派，或者說這學派的主要宗師是王世貞。而是說在明代中葉以後，除了講理學心學的程、朱和陽明學者、講性靈的公安派、講情教的湯顯祖之外，尚有一大批學尚博洽者，他們收輯文獻、考訂校刊圖籍，廣泛涉獵學術之各個領域。因為人數甚多，為學型態又很近似，故亦成為一種學術傳統，而王世貞就是在這個傳統中頗具影響力的人物。清初博古通經之學，講究讀書及考訂校刊之道，真正的淵源應即在於此，未必是由王學或程、朱學發展出來的。

晚明此類學者至多，梅村有少年同學吳志衍，「強記矜絕倫，讀書取大略。家世攻《春秋》，訓詁苦穿鑿；君撮諸家長，弗受專門縛」（〈哭志衍〉），就是能經史、擅文章而又不為專家之學者。梅村又有〈壽王鑒明五十〉詩，王氏亦精經學，留心經濟，通達治體，而肆力於天文地理，是復社中人。隨手檢查詩家文集，似此之例甚夥，此皆非由理學中之「道問學精神」匯出者，梨洲不云乎？「今之言心學者，則無事乎讀書窮理。言理學者，其所讀之書，不過經生之章句」，他們這些人則是以「於學無所不窺」為鵠的的。

（五）好奇者辨佛老宗旨

於學無所不窺，不僅是知識的獵取，事實上也是性情上的不斷恢張。要能籠罩掌握整個傳統文化，深入每一個學術領域中去，需要絕大的才情與氣力。人之才性皆有所偏，人的習性又好逸惡勞，故墨守易而廣取難，要不斷恢揚鼓蕩之，方能逐漸拓展學術的視域。但激揚鼓蕩不已，便可能使生命狂野流浪而乏歸宿，明末此類矜才使氣的才士特別多，就是這個道理。即或不至於此，才情激昂，恢拓橫佚之，也常使生命涉入一般視為奇詭不經的領域。顧炎武說明朝隆慶二年後科場文字始用《莊子》，萬曆丁丑後始用禪學，又說當時南方的士大夫晚年多學佛，北方的士大夫晚年多學仙，正可以說明這種情況。

學佛學仙，未必是信仰的問題，也未必是用以避世，乃是生命藉此流遁而得到一種滿足。就像顧炎武的學侶歸莊那樣，歸氏與顧炎武合稱「歸奇顧怪」，朱彝尊詩話曾說他「好奇，世目為狂生」。顧炎武後來有所轉變，他則好奇如故，曾著僧衣繪一小像，吳梅村有詩詠之。此亦未必是信佛教，未必希望出家，但使生命流遁於此，便能得到一種快感。田茂遇《燕台文選初集》卷六有周肇〈再與吳梅村學士書〉一篇，謂：

> 神仙本不能學，大藥決不可成。而僕於丹灶洞籙、流珠姹女，恍惚寂寞、捕風捉影之說，聊自適意。知為方士所給，亦復不怒。

甚可以見此輩心境。

此即所謂「好奇」，猶如黃宗羲謂方以智好奇那樣。好奇而不軌於正，便可能遂入於所謂的「異端」；但好奇者縱使學術自有宗旨，對異端也仍是喜好的。因為若無強烈的好奇心，即不可能在學術領域上極力恢拓，進行知識經驗的探險；而既要不斷探險，那些原先被視為蠻荒夷俗之地者，當然也比生活慣了的通都大邑更能激起人們的興趣。黃宗羲云：「崇禎間，士大夫之言學者尚廣大，多以宗門為入處。蔡雲怡、黃海岸、林可任、錢清溪，其尤也。」就是這個道理。這些人物好奇尚異，涉入異端之後，可能玩玩就仍返歸舊廬，也可能竟定居於異邦。但無論如何，就好奇者的心態來說，絕不以為涉足於所謂的異端有什麼不對，黃宗羲說：

> 昔明道氾濫諸家，出入於老、釋者幾十年而後返求諸六經；考亭於釋、老之學，亦必究其歸趣、訂其是非。自來求道之士，未有不然者。蓋道非一家之私，聖賢之血路，散殊於百家，求之愈艱，則得之愈真。雖其得之有至有不至，要不可謂無與於道者。（〈清溪錢先生墓誌銘〉，見《南雷文定三

集》卷二）

這種開闊的態度，正足以顯示講博洽之學的學者那種寬廣的襟胸，與韓愈以來道學家所強調的單線傳承、門庭甚隘之聖學正統觀，實有極大的差異。故在儒學內部，他能承認「朱雲青易理隱僻，金伯玉苦身持力」，「江右如顏山農、何心隱，皆嶔崎豪傑」；在儒學之外，他也認為佛、老等所謂異端者，「要不可謂無與於道者」（均見上引文）。縱使終究不能認同佛教的義理，他仍覺得深入探究一番是很有必要的。⑫

不過，「尚廣大」之學者除了多以宗門為入處外，道教也是他們常涉足之處。黃宗羲因行文專就錢氏立論，故對這一點未及敘明。一般論晚明文事及學術史者，於此亦罕措意，頂多僅注目儒者文人與佛教之關係而已。

但事實上佛教只興盛於晚明一段時間，道教卻在整個明朝都擁有極大的勢力。即使在晚明階段，顧炎武也明白指出北方士大夫多喜學仙，此即受道教之影響也。如孫奇逢，梅村謂其「異人手授先天圖，談仁講義追堯夫，後來姚許開榛蕪，斯文不墮須吾徒」。孫氏是「中原學者多沾濡，百年文獻其存諸」（〈題蘇門高士圖贈孫徵君鍾元〉）的醇儒，然任俠使氣，學問又顯然得自道教方面。顏元少年時期也曾學神仙之術，娶妻不近。這些都是北方學者受道教影響之實例。南方則士大夫雖多學佛，濡染於道教者亦復不少。道教對於這些學人來說，它既可提供老、莊等學術問題，也有神仙養生的理論可供探究，又有關於信仰的層面，如佛教所不能提供的術數神秘學成分，格外能吸引好奇的尚異之士。研究明清之際文風與學術發展者，何以竟會長期忽略道教，實在是令人難以理解的。⑬

黃宗羲與道教的關聯，具體說明了明末清初南方士大夫學仙或精研道教之狀況。梨洲而外，如船山亦是如此。船山反對王陽明，謂其為禪學；批評羅念庵為意氣，譏王龍溪放縱（見《俟解》）；又指斥泰州學派，大罵李贄《藏書》；對劉蕺山的誠意慎獨之說，也不以為然，謂其非探本之道，見《思問錄內篇》。因此船山在學術上表現的主見較強，對異端的態度也較不寬容，學術見解及型態和梨洲都不相同。然而他對道教事務也是很精熟的，《思問錄外篇》載：

太極第二圖，東有坎、西有離，頗與玄家畢月烏、房日兔、龍呑虎髓、虎吸龍精之說相類，所謂互藏其宅也。世傳周子得之於陳圖南。

《易》言「先天而天弗違，後天而奉天時」，以聖人之德業而言，非謂天之有先後也。天純一而無間，不因物之已生、未生而有殊，何先後之有哉！先天、後天之說始於玄家，以天地生物之氣為先天，以水火土穀之滋所生之氣為後天，故有後天氣接先天氣之說。此區區養生之瑣論爾，其說亦時竊《易》之卦象附會之。而邵子於《易》亦循之，而有先後天之辨，雖與魏、徐、呂、張諸黃冠之言氣者不同，而以天地之自然為先天，事物之流行為後天，則抑暗用其說矣。

京房卦氣之說立，而後之言理數者一因之。邵子《先天圓圖》、蔡九峰《九九圓圖》，皆此術耳。楊雄《太玄》亦但如之。以卦氣治曆，且粗疏而不審，況欲推之理乎？《參同契》亦用卦氣，而精於其術者且有活子時、活冬至之說，明乎以曆配合之不親也。何諸先生之墨守之也？邵子據「數往者順、知來者逆」之說以為卦序，乃自其《圓圖》觀之，自復起午中至坤為子半，皆左旋順行，未嘗有所謂逆也。九峰分八十一節八節，每節得十，而冬至獨得十一，亦與《太玄》贅立、踦贏二贊均皆無可奈何而姑為安頓也。

水生木、一生三也，則老子一生二之說不行矣。木生火，三生二也，則老子二生三之說不行矣。火生土，二生五也；土生金，五生四也，則邵子二生四之說不行矣。金生水，四生一也，則邵子四生八之說不行矣。

五行生克之說，但言其氣之變通、性之互成耳，非生者果如父母，克者果如仇敵也。克，能也，制也，效能於彼，制而成之。術家以克者為夫，所克者為妻，尚不失此旨。醫家泥於其說，遂將謂脾強則妨腎，腎強則妨心，心強則妨肺，肺強則妨肝，肝強則妨脾，豈人之腑藏，日構怨於胸中，得勢以驕而即相淩奪乎？懸坐以必爭之勢，而瀉彼以補此，其不為元氣之賊也幾何哉？

不於地氣之外別有天氣，則玄家所云先天氣者無實矣。既生以後，玄之所謂後天也，則固凡為其氣者，皆水、火、金、木、土、穀之氣矣。未生以前，胞胎之氣其先天者乎？棲心淡泊，神不妄動，則醞釀清微而其行不迫，以此養生，庶乎可矣。不審而謂此氣之自天而來，在五行之先，亦誕也已。

邵子之言先天，亦倚氣以言天耳。氣，有質者也，有質則有未有質者。《淮南子》云「有夫未始有有無者」，所謂先天者此也。乃天固不可以質求，而並未有氣，則強欲先之，將誰先乎？張子云「清虛一大」，立誠之辭，無有先於清虛一大者也。玄家謂「順之則生人生物」者，謂由魄聚氣，由氣立魂，由魂生神，由神動意，意動而陰陽之感通，則人物以生矣。「逆之則成佛成仙」者，謂以意取神，以神充魂，以魂襲氣，以氣環魄，為主於身中而神常不死也。嗚呼！彼之所為秘而不宣者，吾數言盡之矣。

這些言論的基本態度是：「道教那一套沒有什麼了不起，我也懂。」對於他懂的這些道教玩意兒，他雖認為沒啥稀罕，畢竟也承認其中還是有點道理，所以一併指出儒者如何暗用其說，並對於這些採用道教說法而又與道教不盡相同之論給予批評。這些地方充分顯示了他與黃宗羲的不同只是語氣上的，對於天文、曆算、地理、醫、相、葬法、《易》學象數、道教內丹說等等，他和黃宗羲一樣非常熟悉，其返歸六經孔、孟之道亦無甚不同，只不過他討厭道教那種神秘其說的做法，故《俟解》謂：「語學而有云秘傳密語者，不必更問而即知其為邪說。密室傳心之法，乃玄禪兩家自欺欺人事。王龍溪、錢緒山天泉傳道一事，乃摹仿慧能神秀而為之學者當遠之。」只要不如此，船山倒也不排斥道教，他自己撰〈愚鼓詞〉，便是借內丹以抒情的，舉此一例，可見一斑。

然而船山謂龍溪為禪學，亦不確。龍溪與道教的關係可能還更深些。黃宗羲〈汪魏美先生墓誌銘〉云汪氏「夜觀乾象，盡習王遁。余丁酉遇之孤山，頗講龍溪調息之法，各賦三詩契勘。戊戌三宜盂設供同坐葛仙祠」。這位先生是研習道術的，梨洲曾與相賦詩印證工夫，但彼所精習者即為龍溪調息之法。可見龍溪之修道法門不僅見重於當時，也有傳習者。《王龍溪語錄》中，道教術語極多，謂其為禪學，實乃皮相之見。⑭為何船山會有這樣的誤解呢？

原因就在於佛道兩教雖然一樣被堅持正統論的儒者目為異端，但儒佛之異遠大於儒道之殊。所以儒者之學若類似佛教則甚易辨見，色彩非常鮮明；儒者之學摻雜了道教成分，卻很難簡別。正統儒者在態度上也較能寬容道教的成分，而對佛教卻較易產生排斥感。所謂「攘斥佛、老者」，往往是以攻佛教為主，附及道教而已，便是這個緣故。即使像梨洲這樣並不執著於正統異端之辨的儒者，亦難免親道教而於佛教仍有距離。〈汪魏美先生墓誌銘〉此曾有辨析。蓋汪氏卒後，金道隱撰〈汪孝廉傳〉云：

道隱言：「盡大地人未有死者，七趣三世，如旋火輪，皆熾然而生。求不生者，了不可得。君即不壽，何患不仙，要以所苦不得無身，則俟君仙後，尚當與余求必死之道。」此言魏美調息長生之非也。道隱之所謂熾然熱而生者，即輪迴之說；所謂必死之道，即安身立命於死了燒了之說也。而余之論生死，正是相反。天地生氣流行，人以富貴利達、愛惡攻取之心熾然而死之，輪迴顛倒，死氣所成。魏美之志，如食金剛終竟不銷，此不銷者，不可得死。忠孝至性，與天地無窮，甯向屍居餘氣，同受輪迴乎？道隱視此，與萬起萬滅之交感一類，斷絕其種子，則乾坤或幾乎息矣！

本文替汪魏美之調息長生辯護，而切中儒道佛三教之根本差異，乃一有絕大關係之文字。茲略為釋義如下：

佛教規人生為業力流轉的過程，業力不斷流轉輪迴，不因某一段生命軀殼之死亡而消失。人死後又再進入輪迴，以另一段生命軀殼繼續活動，循回輪轉不已。只有徹悟業力無明，才能超越輪迴，證入無生涅槃，獲得解脫。金道隱說一切人生都在輪迴中，都不是真死，只是輪迴熾生，而希望求得必死不生之道，即指此言。

儒道兩家的基本人生觀卻不是如此的。它們從「天地之大德曰生」講起，強調生生，故皆貴生而惡死，認為人須貴其生而勿速其死。只不過儒家著重在尊重自己這具體生命，「毋忝所生」方面：工夫落在如何使此有限之生命成為有價值的存在，可以俯仰無愧，甚或創造「功、德、言」等不朽之價值。道家則重在如何養生、如何勿速其死，甚或如何才能不死。因此，儒道之旨，與佛家「正是相反」。

這個道理，早在南北朝期間即已廣為人知了。如謝鎮之〈析夷夏論〉云：「假使形之可爛，生而不死，此則老宗本異，非佛理所同」（《弘明集》卷六），因為佛教是主張「三界為長夜之宅，有生為大夢之主」，而要跳出三界生生輪迴、離世解脫的。道安辨儒佛異同的《二教論》謂「佛法以有生為空幻」，原因即在於此。北周甄鸞《笑道論》引葛玄《老子序》云：「道主生，佛主死。」《三天內解經》說：「老君主生化，釋迦主死化。」以及《弘明集》卷八劉勰《滅惑論》引南齊道士《三破論》說：「道家之妙，妙在精思得一，而無死入聖。佛家之化，妙在三昧通禪，無生可冀，故銘死為泥洹。未見學死而不得死者。」所言也都是這個道理。唐法琳《辯正論》更說得明白：「老君垂訓，開不生不死之長生。釋迦設教，示不滅不生之永滅。」二者迥異，完全無法調和，亦無可折衷。南北朝隋唐期間儒道之排佛，即本於此一理由。

唯佛教進入中國日久，本身既有若干「中國化」之轉變，國人信持其教者亦未必皆由理入。唐朝以後，我國宗教之發展，更走向通俗化與混雜化，佛教與儒道差異的論爭，竟逐漸被一種表面化、淺俗化的三教混融運動所替代。即使還有一些儒者在排佛，但主要的觀點乃是政治經濟。在義理方面，則因儒者普遍不通佛理，故對佛教的批評大多膚泛空洞，更無法掌握二者根本上的歧異。黃宗羲因鑽研釋典既久，乃能悟此，允為當時最明晰的儒道與佛不同論。

而這個原理，就是像黃宗羲這類雖好奇尚異、承認異端的價值，卻不肯徑入於異端的文人儒士，之所以會對道教的態度要較對佛教親和的內在理由。研究明清之交的學術史文學史，應該正視這一現象，不能僅從儒家性理之學的發展，或文士儒生和佛教的關聯方面去瞭解。⑮

注釋

①從理學心學的傳統來看黃宗羲，是當代新儒家一系之思路。從錢穆《中國近三百年學術史》以來，講明末清初，即是「自乾嘉上溯康雍，以及明末諸遺老。自諸遺老上溯東林以及於陽明。更自陽明上溯朱陸以及北宋詩儒」（見該書第一章）。論梨洲，則謂他「專以發揮蕺山慎獨遺教為主」，「自負蕺山正傳，以排異端闡正學為己任」。直到劉述先《黃宗羲心學之定位》一書，仍是這個角度的討論。從這個角度看，梨洲那種博綜經史之學，便被解釋為是「晚年思想蛻變」，故開啟了清代務博綜、尚實證的新學風。詳錢氏書，第二章第四節。我完全不贊成這個解析路向。

②從經世實學的角度來談梨洲，乃晚清學者發揚中國傳統中民主精神、批判君王專制時提出者，近仍不乏人採用，如葛榮晉編《明清實學思潮史》即是。

③全謝山《梨洲先生神道碑》云梨洲「以濂洛之統，綜會諸家，橫渠之禮教、康節之術數、東萊之文獻、艮齋止齋之經制、水心之文章，莫不旁推交通，為從來儒林所未有」。從理學家的身份來說，如此淹貫通博，確屬異數。

④梨洲五十九歲時，自謂少年時「始學於子劉子，志在舉業，不能有得，聊備我山門人之一數。天移地轉，僵深臥山，盡發藏書而讀之。近二十年，胸中窒礙解剝，始知曩日之辜負」（《文案》卷一〈惲日升文集序〉）。因此他不是早年承受蕺山之教即專力於性理的，發明蕺山性之學是後來的事，他從學之徑路不應由此處來瞭解。

⑤陳氏與黃宗羲一樣，皆曾從學於劉宗周與黃道周。他稱讚黃宗羲時也說黃氏「淵綜律曆百家稗乘之言，靡不究心」。疑此種博綜之學，即出於黃道周之傳，詳後文。

⑥《道藏》刻本頒行於英宗正統九年至十二年間，《續道藏》則刊於萬曆三十五年。據柳存仁《道藏刻本之四個日期》一文云，嘉靖三年可能印過一次，萬曆間應該還重印過一次《道藏》，時間則在萬曆二十六年。但現在中國現存完整的正續《道藏》只有一部，因此明代刊印時數量可能甚少，當時讀過全《藏》者則更少了。柳文見《和風堂文集》，古籍出版社，一九九一年，第九四二至九七三頁。

⑦程、朱言天理，不僅斥形氣，也以理言天，黃宗羲則認為不能只以理說天，《破邪論上帝》云：「天一而已，四時之寒暑溫涼，總一氣升降為之，其主宰是氣者，即昊天上帝也。今夫儒者之言天，以為理而已矣。《易》言『天生人物』，《詩》言『天降喪亂』，蓋冥冥之中，實有以主之者。不然，四時將顛倒錯亂，人民禽獸草木，亦渾淆而不可分擘矣。古者設為郊祀之禮，豈真徒為故事，而來格來享，聽其不可知乎？是必有真實不虛者存乎其間，惡得以理之一字虛言之耶？」主張天不只是理，而是真有一上帝主宰氣化流行。這個觀點不僅與程、朱理學不同，與陽明心學不同，也不能由「明末因反存天理去人欲之說故肯定氣」的角度來解釋，只能說這是黃宗羲受道教影響使然。

⑧錢鍾書《談藝錄》修訂本增加了一條，論晚明公安派其實並不具重要地位，又收入《也是集》。但錢氏主要是從「竟陵言出，取公安而代表之，推中郎者益寡而非益眾」立論，故云：「後世論明詩，每以公安竟陵與前後七子為鼎立驂靳。余流覽明清之交詩家，則竟陵派與七子體兩大爭雄，公安無足比數。」（見增訂本第四一七頁）此專就詩言之耳。本文取逕自異，讀者可以互參。又按：安徽璧《抱真堂詩稿》卷一附〈上吳駿公先生書〉，謂將與梅村仿高棅《唐詩品彙》之例，同編一書，「以大複、滄溟、大樽為正宗。空同、弇州為大家」，可見時人仍常以七子為正宗。故我們不能誤以為公安派把七子派打倒了。

⑨這主要是余英時的見解，詳見余氏《歷史與思想》一書。更精要之說法又見余氏《清代學術思想史重要觀念通釋》一文。余先生說朱子偏於道問學，陸象山偏於尊德性，陽明則主張博文與約禮不能分先後。但先後之說，在朱、陸生前即已存在，且陽明後學又不免於廢學問，故漸有人出而強調道問學，如黃宗羲在調和朱、陸異同時，「竟又回到『先後』的觀點上，顯與陽明不同」。

按：黃氏之意並非如此。《文定》前集卷四〈復秦燈岩書〉云：「所言德性問學之分合，弟謂不然，非尊德性則不成問學，非道問學則不成德性，故朱子以復性言學，陸子戒學者束書不觀。周程以後，兩者固未嘗分也。未嘗分，又何容姚江梁溪之合乎？此一時教法，稍有偏重，無關於學脈也。」余先生所引黃氏《宋元學案》卷五十八《象山學案》中謂：「（朱、陸）特以示學者之入門，各有先後，曰：此其所以異耳。」也是同樣的意思，亦即教法略有偏重，不能視為學脈之不同。余先生卻想由此證明有一個道問學的傳統，係由程、朱開創，且謂黃氏也不能不同意此種「先後之論」，恐與黃氏宗旨大相違異。何況，僅從理學內部看，朱子誠然較具有道問學之傾向，但理學家不管如何道問學，跟文人學者比起來，都只顯得孤陋空疏。明清之際博古通經的風氣，怎麼能從程、朱學之傳統開啟出來呢？討論學術思想史，不能只由理學這個單一的角度去把握。

⑩《南雷文定》前集卷七有〈談孺木墓表〉，對其著史，極為稱道。唯黃文謂談遷卒於順治十三年冬十一月，似誤。談氏應卒於順治十四年，見錢朝璋〈談孺木先生傳〉。

⑪明末論戲曲者之復古傾向，另詳龔鵬程《南北曲爭霸記》。

⑫黃氏這種態度，才能開出史學。當時史學家亦往往具此精神，如康熙二年遇史禍的潘檉章，載笠《潘力田傳》就說他「肆力於學，綜貫百家，天文、地理、皇極、太乙之學，無不通曉」。

⑬過去，只有柳存仁先生談到研究明代思想史必須注意道教。但他《明儒與道教》、《王陽明與道教》、《王陽明與佛道二教》三篇，只就王學言之，尚未能下及明末清初。

⑭見《王龍溪語錄》所收《東遊會語》4／6a、《留都會紀》4／1a—b、《答楚侗耿子問》4／1b-、《致知議辨》6／10a、《南游會紀》7／2a5b—6a、《新安門山書院會語》7／12a、《天根月窟說》8／。另詳前引柳氏書。

⑮本文論梨洲與道教，並藉此兼論晚明學術之大勢。然非謂由梨洲即可盡窺當日之全貌也。梨洲為一例，如此之例不少，不同之例也不少，同同異異之處，更待仔細辨析。如顧亭林，博洽與梨洲略似，卻不通雜藝，對異端之態度又甚為斬截，自言平生不讀佛書，見李顒《二曲集》卷十六《書牘上》附。從顧炎武的情況，我們也可以觀察到當時的另一些學術風氣。晚明學術思想史之仍有待董理者，即在於此。

十三　道教影響下的儒家經學

道教在興起時，原本就與經學頗有關係，但談道教者鮮有人明白這一點。我在第二屆海峽兩岸道教研討會中發表《道教概論》之後，這個問題，才漸為道教研究界所重視。

但道教與儒家經學的關係，除了經學影響道教之外，還有道教影響儒家經學的部分。此為前文所未及詳，而亦為道教界尚罕知聞之事，尚待抉發。

這樣的關係，我想以廖平為例來作說明。

廖平（一八五二至一九三二），今文學派的大將，著名的經學家。其學術與康有為、張之洞頗有瓜葛，著述宏富而褒貶不一。他曾命門人賀龍驤編《廖氏經學叢書百種解題》，可是實際著述則遠超過此一數目，大約有二百九十幾種。

這樣一位經學家，在他的著作中卻透露著一種不尋常的消息——其中頗有道術書，例如：

（1）《老子新義》（二卷，光緒廿四年作，附《化胡釋證》一卷）

（2）《莊子經說敘意》（一卷，一九二一年發表，收入《六譯館叢書》）

（3）《莊子新解》（一卷，宣統二年作，自刻，《天下篇》收入《六譯館叢書》）
（4）《莊子新義》（四卷，光緒廿四年作）
（5）《列子新解》（四卷，光緒廿四年作）
（6）《列莊上下釋例》（不著卷數）
（7）《淮南經說考》（見《四譯宬書目》）
（8）《尸子經義輯證》（二卷）
（9）《陰陽五行經說》（四卷）
（10）《太乙下行九宮說例》（一卷）
（11）《都天寶照經》（又名《天玉寶照蔣注補證》，收入《六譯館叢書》）
（12）《書陰曆陽曆校誼後》（《中國學報》第八期）
（13）《地理辨正補證》（三卷，一九一五年刊，門人黃鎔筆述）
（14）《撼龍經傳訂本注》（一卷，一九一五年刊，門人黃鎔筆述）
（15）《命理支藏干釋例》（一卷，一九一六年刊，門人黃鎔撰）

不但對老、莊、列、尸、淮南都有研究論述，也大談陰陽、命理、地理。其中論風水堪輿者，多由門人黃鎔筆受。黃鎔與他合作甚多，如《書尚書弘道篇》、《書中候弘道篇》均為黃氏筆述。《詩緯新解》附《詩緯搜遺》、《釋風》，為黃氏補證。《書經周禮皇帝疆域圖表》，是黃氏就廖平原稿補編，廖平審定後收入《六譯館叢書》。黃鎔自己寫的《經傳九州通解》也被收入該書，因此我們可相信他筆述的見解應該也就是廖平的看法。而像廖平這樣一位經學家，為什麼竟有這麼多討論道家思想及道術的著作呢？

廖平不只論道家道術之作甚多，他有關醫學之論著更多。陳文豪《廖平經學思想研究》曾輯列其目，凡三十九種：

（1）《黃帝內經太素診皮篇補證》一卷，《古經診皮名詞》一卷。一九一二年成。此書《補證》為廖宗浚纂輯。一九一四年，四川存古書局刊，收入《六譯館叢書》。

（2）《楊氏太素診絡篇補證》三卷，《病表》一卷，《名詞》一卷。一九一二年成。一九一四年，四川存古書局刊，收入《六譯館叢書》。

（3）《黃帝太素人迎脈口診補證》二卷。一九一二年成。又名《人寸診補證》。一九一四年，四川存古書局刊，收入《六譯館叢書》。

（4）《靈素皇帝學分篇》，不著卷數。見《四譯宬書目》。今未見。

（5）《五運六氣說例》二卷。見《四譯宬書目》。今未見。

（6）《內經三才學說》，不著卷數。見《四譯宬書目》。今未見。

（7）《靈素陰陽五行家治法考》，不著卷數。見《四譯宬書目》。今未見。

（8）《脈學輯要評》三卷。一九一四年成。此書為廖平評日本丹波元堅《脈學輯要》。一九一四年，四川存古書局刊，收入《六譯館叢書》。

（9）《難經經釋補證》二卷。一九一四年成。此書為廖平補證清代徐大椿《難經經釋》。收入

《六譯館叢書》。

（10）《營衛運行楊注補證》一卷。一九一四年成。一九一四年，四川存古書局刊，收入《六譯館叢書》。

（11）《分方治宜篇》一卷。一九一四年成。一九一五年四川存古書局刊，收入《六譯館叢書》。

（12）《脈經考證》一卷。一九一四年成。一九一五年，四川存古書局刊，收入《六譯館叢書》。

（13）《靈素五解篇》一卷，附《素問靈台秘典論篇新解》一卷，《瘧解補證》一卷。一九一五年成。《靈素五解篇》為廖宗澤輯，附錄為廖平撰。一九一五年，四川存古書局刊，收入《六譯館叢書》。

（14）《黃帝內經明堂》一卷。一九一五年成。此書為隋楊上善撰，廖平識。收入《六譯館叢書》。

（15）《平脈考》一卷，《內經平脈考》一卷。一九一五年成。一九一五年，四川存古書局刊，收入《六譯館叢書》。

（16）《三部九候篇補證》二卷，附《十二經動脈表》一卷。一九一五年成。包含《楊氏太素三部診法補證》一卷、《九候精診法補證》一卷。一九一五年，四川存古書局刊，收入《六譯館叢書》。

（17）《黃帝內經太素篇目》一卷。一九一五年成。廖宗澤輯錄。收入《六譯館叢書》。

（18）《靈樞隋楊氏太素注本目錄》一卷。一九一五年成。廖宗澤輯錄。收入《六譯館叢書》。

（19）《素問隋楊氏太素注本目錄》一卷。一九一五年成。廖宗澤輯錄。收入《六譯館叢書》。

（20）《隋本靈樞》九卷。一九一五年成。廖平命門人楊岳宗輯錄。收入《六譯館叢書》。

（21）《傷寒講義》一卷。一九一五年成。收入《六譯館叢書》。
（22）《診骨篇補證》一卷，附《十二筋病表》一卷。一九一六年成。一九一六年，四川存古書局刊，收入《六譯館叢書》。
（23）《診筋篇補證》一卷。一九一六年成。一九一六年，四川存古書局刊，收入《六譯館叢書》。
（24）《仲景三部九候診法》二卷。一九一六年成。收入《六譯館叢書》。
（25）《平脈法砭偽平議》一卷。一九一七年成。四川存古書局刊，出版年代不詳。
（26）《桂枝湯講義》一卷。一九一七年成。收入《六譯館叢書》。
（27）《傷寒總論》一卷。一九一七年成。收入《六譯館叢書》。
（28）《傷寒平議》一卷，附《瘟疫平議》一卷。一九一七年成。一九一七年，四川存古書局刊，收入《六譯館叢書》。
（29）《傷寒古本考》一卷。一九一七年成。同年，四川存古書局刊，收入《六譯館叢書》。
（30）《傷寒雜病論古本》三卷，附《傷寒之雜病》一卷。一九一八年成。收入《六譯館叢書》。
（31）《傷寒古本訂補》一卷。一九一八年成。收入《六譯館叢書》。
（32）《太素內經傷寒總論補證》一卷，《太素四時病補證》一卷。收入《六譯館叢書》。
（33）《巢氏病源補養宣導法》一卷。收入《六譯館叢書》；亦收入上海大東書局《中國醫學大成》第十一集《按摩叢刊》。
（34）《圖書集成醫部總目表》一卷。收入《六譯館叢書》。

(35)《攝生消息論》一卷。此書為丘處機原作。收入《六譯館叢書》。

(36)《黃帝內經明堂敘》一卷，《舊鈔太素經校本敘》一卷，《黃帝內經素問重校正敘》一卷。此書為清黃以周撰。收入《六譯館叢書》。

(37)《藥治通義輯要》二卷。此書為日本丹波元堅撰。收入《六譯館叢書》。

(38)《藏俞五十府七十二證詩表》，附《藏五俞分屬五行、俞穴分屬六天考》，不著卷數。

(39)《五運六氣即易詩緯候之微》，附日本丹波元堅《駁義》，不著卷數。見《六譯書目》待梓數種之一。今未見。

這些醫書，大抵作於民國元年至六年之間，收入《六譯館叢書》中。顯然是廖平晚年之作。對於他為何編寫收纂了這麼多醫書，陳文豪解釋道：這乃是受其家世師友之影響而然；而且他幼時就曾習醫；撰醫書而不行醫，則是因為他想成為儒醫，「改醫籍入儒林」，以證明孔子經學之可貴。但對廖平這種做法，陳文豪認為他並不成功，說廖平晚年成就「固在醫，不在經學」（蒙文通《廖季平先生傳》語）。

然而，廖平固然少小即曾學醫，但醫學一直未與他的經學關聯起來。猶如我們現今也可能從小學過數學、化學，但有多少講經學講哲學的人會把它們關聯起來說呢？廖平早年正是如此。醫學與他的經學是不相干的兩個知識領域或能力。其次，對醫學這個領域，他早年也較少在此花費氣力。所有醫學著作都集中於晚年，即可證明這一點。再者，對於他晚年如此熱衷於醫理，其目的何在、成就又如何，蒙文通、陳文豪的解釋恐怕也不能令人滿意。因為蒙先生認為廖平是為了實際的醫病，所謂「以醫治之故而移以說經」，故其所論有功於實際的醫術。陳文豪也說廖平欲闡揚國粹，擬以醫術之足裨實用來證明孔經之可貴。殊不知民國以來中醫地位一落千丈，根本不是西醫的敵手，是國粹之中最先被視為現代化糟粕的領域，欲以中醫之有實用價值來榮耀六經、證明經學可貴，實不免問道於盲。廖氏論醫，許多著作也都不重在實際的醫治行為，而重在闡述醫理，特別是陰陽、氣運、三才、五行，以及它與經學的關聯，例如《五運之氣即易詩緯候之徵》、《靈素皇帝學分篇》之類。談這些，都與實際的醫療治病無關，廖平本人也不執業、不行醫，故此均係基於理論之興趣，而非本於實用之目的。

而且，我認為這些論醫之作，亦不能孤立地看，而應與廖平論道術者合看。因為從道術之士的角度看，醫術正是道術之一，《黃帝內經》王冰注最為著名，王冰本來就是道士。他不但注解了《內經》，更替它補了師傳的七篇文字，即《天元紀論》、《五運行論》、《六微旨論》、《氣交變論》、《五常政論》、《六元正紀論》、《至真要論》。我們看廖平講《內經素問》時所最重視的五運六氣等，正是王冰所強調的。歷來醫經也均收入《道藏》中。廖平既對太乙行九宮之術、命理、地理都有興趣，當然也會對醫術有興趣並進行鑽研。

且廖平研究並著述老、莊、尸、列及命理地理之書，時間約在光緒二十三年至民國五年間。這個時期，正是他的「經學三變」以後，故其經學與在此之前有極大的不同。

一般論廖平，都知道他的學問可分為六個階段，稱為「六變」。但我認為六變只應區分成兩大段。前期為一、二變：從光緒九年起，講今學古學；光緒十三年起，改講尊今抑古，批評古學如《周禮》為劉歆偽作，主張孔子托古改制、作六經、《王制》為六經綱領。是為前二變。這時的廖平，是位今文學家。

可是光緒廿三、四年，即丁酉、戊戌之後，他便放棄了今古之分，改講皇帝王霸、大統小統。不但《周禮》被視為大統之書，《王制》不再重要，更逐漸偏重《易》、《詩》、《書》、《春秋》。此後四變、五變、六變都是由三變的架構逐步發展而成的。四變，約起於光緒三十年左右，改大統小統之分為天學人學，以天學為《詩》、《易》，人學為《書》、《春秋》。五變，約始於光緒三十二年，仍講天人，但將《樂》加入天學，《禮》加入人學，並在天學人學中再分大小，例如說人學小統為《春秋》，大統為《尚書》。六變，約始於民國八年，仍維持著天人大小等講法，而以《黃帝內經》說《詩》與《易》。

也就是說：六變也者，實僅前後兩期。前期區分今古，繼而尊今抑古，乃是同一義理思路之發展。後期以大小分判而漸講天人、方內方外、內聖外王，也是同一系列的發展。唯獨在前後兩期間，有些斷裂的現象。當然，今文家講大同、三世、尊孔等基本立場並未改變，但整個思考學術史的架構、對經典的看法，都迥然異於前期了。

這種轉變，是廖平思想的變中之變。為什麼他會有這麼大的變化呢？這就與他鑽研道術有關了。經學三變之時，恰好也就是他開始著述道術類書的時候。光緒廿四年一口氣完成了《列子新解》、《莊子新義》、《老子新義》等。相較於他的經學研究，此適為其新歡。因為他有關《公羊傳》的著作研究，大概在光緒十六年左右就停止了；《穀梁傳》的著作，也都集中在光緒十九年以前；《左傳》的研究，除一本《春秋左氏古經說義疏》外，也全在光緒廿四年前。所以此後所講，不唯專講經學者漸少，說經也常受到他所研究的道術學之影響。

影響最明顯的地方，是他吸收了鄒衍「大九州」之說，謂《禹貢》所載僅為小九州，治中國小九州固然應用《王制》，治全球大九州就要采《周禮》。光緒廿四年又完成了《地球新義》二卷。據廖平自己描述說，「講《詩》、《易》前後十餘年，每說至數十百易，皆不能通。乃改用《周禮》、《地形訓》大九州說之，編為《地球新義》」（《四益館經學四變記》）。可見其說並不直接來自鄒衍，而是從《淮南子‧地形篇》獲得的靈感。

引進這個觀念，使廖平的思想起了結構性的大變動。古學今學之分，漸被揚棄，廖平也從一位經學家蛻變為一位思想家，越來越不重視屬於「小」的這個層面，而將注意力集中到「大」的那個部分。

所以即使是講經學，廖平早期多論《春秋》、《王制》、《周禮》，後期則重心移到《詩》、《易》。有關《詩經》的研究著述，除光緒二十年編過《詩圖表》之外，全部作於光緒二十六年以後。關於《易經》的論述，也始於光緒十七年之後。這與他前期「有海內無海外」、「有《春秋》、《尚書》而無《詩》、《易》」（施煥《四益館書目序》），可謂截然不同。

在「三變」時期，廖平以《春秋》、《王制》為小學，以《詩》、《易》為大學。到了四變階段，將之分屬人學、天學，謂「《書》盡人學，《詩》、《易》則遨遊六合外」（《四益館經學四變記自序》）。

六合內外之分，是莊子的講法。廖平這個「天人之變」，正如他大小之變是得啟發於《淮南子》那樣，是由莊子的方內方外之分來。故《四變記》云：「人學六合以內，所謂絕地天通，格於上下。」天學則是講六合以外的。

六合以內，以聖人為主。若講六合以外，則「聖人之外，尚有進境」，所以他又採用道家說，云：「今故以經傳為主，詳考至人、神人、化人、真人、神人、大德、至誠大人，以皇天名號，而以《靈樞》、《素問》道家之說輔之，以見聖人人帝之外，尚有天皇。此天人學之所分也。」（《四變記》）

在人學部分，他講皇帝王霸，說：「《春秋》言霸而包王，《尚書》言帝而包皇。《周禮》三皇五帝之說，專言《尚書》。《王制》王霸之說，專言《春秋》。言皇帝王霸，制度在《周禮》、《王制》，經在《尚書》、《春秋》。」（《四變記》）此乃沿續三變時期的見解，但三變時系以皇帝王霸配《易》、《詩》、《書》、《春秋》。此期則將皇帝王霸全歸入人學，且只配《書》、《春秋》，而把《易》、《詩》拉出來，列為天學二經。

而這種改變，仍舊仰賴他在道教思想方面的思想資源。因為用皇帝王霸比配經典的辦法原本就是由邵雍《皇極經世》來的。後來他認為：「邵子亦以四經配四代，惟以《詩》為王、《尚書》為帝不同。」以《書》配帝，固然不錯，但以《詩》配王，「不惟體裁不合」，且「亦相齟齬」，以致「懷疑而不敢輕改，遲之又久，乃知四經體例，以天人分」（《四變記》）。

在這些地方，他借助道教之觀念以建構新的思想體系，是極為明顯的。這樣的借用，又不僅只具有啟發之功能，或只在形式架構上受其影響。廖平對儒家經典的理解，或對人格境界的追求，也都起了變化。

儒家的理想人格是聖賢。聖賢經世，故云「未知生，焉知死」，「六合之外，存而不論」。現在廖平卻認為這僅達到人學的層次，他還要鼓舞人向上追求，以逐漸逼進（進化）至神人真人之境界：

《詩》、《易》以上徵下浮為大例；《中庸》所謂鳶飛於天、魚躍於淵，為上下察之止境。周遊大漠，魂夢飛身，以今日時勢言之，誠為力所不至。然以今日之民，視草昧之初，不過數千萬年，道德風俗，靈魂體魄，已非昔比。若再加數千年，精進改良，各科學繼以昌明，所謂長壽服氣，不衣不食，其進步固可按程而計也。近人據佛理言人民進化，將來必可至輕易飛舉，眾生皆佛。（《四變記》）

這裡，顯然已從儒家講道德修養、經世濟眾，逐漸轉到追求長壽，乃至輕身飛舉之型態了。這是道家藐姑射之神人的樣式，卻非聖賢人格之追求。

這種講法，到了「五變」時期，更直接用「下學上達」來區分，人學只是低層次的初階。為學次第，不可躐等而進，所以要從下學開始，由人企天。經典則是從《禮經》、《春秋》、《書》之人學，進至《大學》、《中庸》、《黃帝內經》等天人合發之天學進階，再進至《樂》、《詩》、《易》等天學三經。

如此云云，雖然在天學人學中均配以經書，可是整個學問的內涵，其實是以儒學為初階的。他自負：「自天人之學明，儒先所稱詭怪不經之書皆得其解」，而實質上是把儒者原先所不太談的六合之外、詭怪不經之說抬舉在《禮》、《書》、《春秋》之上。如云《靈樞》、《素問》為「治皇帝學之專書」，《山海經》亦「天學之專書，並非詭誕」，列子莊子尸子「同以地球為齊州，屢言游於六合以外、無何有之鄉，游於塵垢之外，皆不在本世界」等等。

在講天學諸經時，他其實也是用道家說法或觀點來解經。例如他曾以《楚辭》說《詩》，謂：「晚得一巨證，曰：《楚辭》屈、宋，與列、莊所學宗旨全同；騷為詩餘，蓋實詩說。」（《知聖續篇》）這種解詩觀點與歷來今文學派古文學派全不相干，乃是將《詩》歸入道家學說，故云《楚辭》「其根源與道家同，故《遠遊》之類，多用道家語。全書專為夢遊，即《易》之遊魂歸魂，所說皆不在本世界，故有招魂掌夢之說」（《四變記》）。楚辭既為夢遊，詩便也是如此：「詩全為思想學，全為夢境思夢，全為靈魂學。《遠遊》云神雖去而形留，是《楚辭》之周遊六虛，即為《詩》神遊夢想之師說。」（《哲學思想論》）「《詩》為神遊，《易》之遊魂、《楚辭》所謂神雖去而形留，鬼神之學不見不聞，非可言喻，魂夢則智愚所同，故經之天學每借夢境以立神遊之法。《周禮》掌六夢，文與《列子》全同，《楚辭．招魂》以為掌夢職事。《莊子》云夢為鳥而戾天、夢為魚而潛淵。《詩》所謂匪鶉匪鳶，翰飛戾天；匪鱣匪鮪，潛逃於淵，即此義也。故《詩經》全部皆神遊夢境。」（《莊子經說敘意》）

到了「六變」階段，廖平更是直接以《黃帝內經》解詩，云：「其論《詩》，本《樂記》歌風、歌商、歌齊、歌小雅、歌大雅、歌頌之六歌，的悟六詩之師說存於《內經》。訂四風、五運、六氣、小天地、大天地、二十八宿為六門，以應《樂記》。」（《六變記》）以周、召、檜、曹為四風。其中《召南》十四篇，起廿八宿例。檜、曹各四篇，以起八風例。再以鄘、衛、王、秦、陳，各十篇，合於《內經》之五運。又以邶、鄭、齊、唐、魏、豳，合於六氣之甲子。更以《小雅》為小天地，《大雅》為大天地。

同樣地，廖平也用《黃帝內經》來解《易》：「因乾、坤生六子為八，父母卦各生三子，三八二十四，合父母為三十卦，合老少父母共得六十四卦。《內經方盛衰論》奇恒之勢，乃六十首。與《禁服篇》通於九緘六十篇之說相同。因訂上經下經為十首六首，各四朋。十首者以十卦為一朋；六首者，以六卦為一朋。凡上經三朋，朋皆十卦；下經五朋，惟咸、恒一朋十卦。」（《六變記》）

這樣解經，形式上仍是尊孔，說孔子之學兼有天人兩部分，既下學又上達。又把道家道教之學收攝到經學中來，說：「至此而上天下地無不通，即道釋之學亦為經學博士之大宗矣」（《四變記》），「孔子為中外有一無二之至聖」（《尊孔篇》）。可是實際上乃是將孔子及六經道家化及道教化。不但屬天學之《詩》、《易》是如此，連原本屬於人學的六藝，《書》、《禮》等，在「四變」時仍以儒術視之，到「五變」時也道家化了，說《周禮》為「人學之大標本，道家陰陽家主之」（《五變記箋述》卷上）。

在這種情形下，所謂經學、所謂孔教，其內涵已是道家道教的了。故六合以內，聖人為尊，是內聖；六合以外，天人至人是外王（《莊子新解》）。「人學天學皆以修身為基礎」（《五變記箋述》），講修身這個儒家的立場固然保留了，然而，修身卻有層次之別：《洪範五行傳》所說僅為「仕宦修身」；賈子所說「為普通修身」；《靈樞》、《素問》才是「專就養生言修身，以性情喜怒哀樂能傷生，此修身之高等也」（《四變記》）。

《靈樞》、《素問》之修身，其實乃是養形，但廖平之理想亦正在於此。所以他先將篤實於人事的儒學虛化，說《詩經》為夢境、為神思、為遊魂，提舉在人學之上。然後再說「神遊」境界之上更有《易經》所代表的「形遊」境界：

蓋世界進步，魂學愈精，碧落黃泉，上下自在，鬼神之事，未至其時，難取徵信，惟夢者雖屬寤寐之近事，而神通肉體之分別，可藉是以考鑒焉。此千萬年娑婆世界，飛相往來之事蹟，預早載述，使人信而不疑，樂而忘倦，則惟恃此夢境以道之。《詩》為靈魂學之大成，因可由楚辭列莊而通其理想，若修養家之出神、與催眠術之移志，則事實之萌芽矣。（《哲學思想論》）

如仙家之嬰兒煉魂，神去形留，不能白日飛升、脫此軀殼，《詩》故專言夢境，魚鳥上下。《內經》、《靈樞》、《素問》、《山海經》、《列子》、《莊子》、《楚辭》古賦遊仙詩各書以為之傳。（《五變記箋述》）

人種進化至於千萬年後，輕身服氣，煉氣歸神，眾生一律，同有佛慧，各具神通，入實無間，入虛如實，水不濡、火不熱。在彼時為普化，眾生同等，往來無間，生於其時之人，亦同仙佛具大智慧大神通，同為恒河沙數百千億萬之化身。則為日用尋常，周遊六漠，亦如車舟往來郡國，人人能知能行，乃平常進化之極典。（《孔子天學上達說》）

以上三段，一是說人類未來將進化至神遊之境地，以《詩經》為神遊之學，他稱為靈魂學。二是說此種神遊靈魂學尚非極至，因為形體還不能遊。三則以《易》為形遊之學，說人類將來應可進化到「乘雲御風，人人可以飛身」（《哲學思想論》），「履虛若實，入石不礙，無待風雲而行」（《莊子經說敘意》），「為真人，入水不濡、入火不焚」，「如菩薩之成佛，由神遊以至形」（《孔經哲學發微》）。

白日飛升，是廖平最終的理想。長生服氣的真人至人，是他的人格典範。自無怪乎他會以《靈樞》、《素問》為修身之最高等了。

在這套講法中，他也融攝了佛教思想，故云未來世「眾生一律，同有佛慧」等等，《四變記》甚至說光緒二十八年「因梵宗大有感悟」，才促成了他思想的變化。但實質上他是把佛教吸納在道教中的，不僅同意道教中「老子西行化胡」的傳說，而且積極主張佛道相同。他在《佛學考原》中說：「昔年立『經統老釋』之說，曾抄《子史精華釋道》一卷，以明老、釋相同之證」，可以見其態度。

這種態度及看法，與晚清「今文學家兼治佛學」、「晚清所謂新學家者，殆無一不與佛學有關」（梁啟超《清代學術概論》）之風氣毫無瓜葛，廖平對佛學事實上也是不懂的。反倒是他在《中外比較改良編序》中提到：「宋芸子壬寅（光緒廿八年）嘗致書云：請與外國教友相約研究道教真理，不立門戶，不分主客云云」，廖平當時因正遭到批評，所以不敢應和宋芸子之請，邀人來講明「道教真理」。但宋芸子之所以會寫這樣的信給他，顯示廖平確實有這麼一批研究道教的朋友；廖平本人在這方面之造詣與興趣，也令宋芸子相信他可以出來領導。光緒二十八年，亦正是廖平鑽研道教有成，注釋老、莊尸列、完成經學「三變」的大工程之後。他對道教思想的熱衷，想必已讓宋芸子感到他應該可以出來承擔這個任務，所以才會寫這封信給他。

而像廖平這樣的經學家，也才能讓我們具體理解到道教思想如何影響著經學發展。廖平不是一個人，他代表了四川的一種學風，他本人的門弟子也自成一個學脈。廖平的情況，大概也就形塑了他們這一派的學風及思路（我們應注意廖平著述書籍中收錄了大量門人、同道著作之現象）。雖然廖宗澤《六譯先生行述》說廖平「三變」之後「門人信其說且從而為之詞者，獨樂山黃經華師」，近人陳文豪也說廖平「三變」以後的思想談不上有何影響。可是我們若看他的四川後輩，如蒙文通一類學者，就知道廖氏之餘風遺澤猶未斬也。論近代思想史學術史者，既不知道教思想曾影響及於經學，更不知在晚清除了佛學復興之外，尚有道教思潮之發展。故草此文，略述梗概，對學界或不無裨益焉。

十四　道醫論

中國醫學的發展，應起於早期巫祝之禁咒祈禳，其後則用湯醴草藥，並逐漸採用針法與灸法。在戰國以迄秦漢之際，經脈理論漸次形成。鬼神祟人之觀念，漸為「邪氣致疾論」所替代，因而發展出以「補瀉」為基本原則的調經理氣治病法，並由針灸運用到湯液方面，導致醫術發生典範轉移的現象。古之巫醫，分化成為巫與醫。

巫者，自然仍以其禁咒祈禳，從事著奉侍鬼神的工作；醫者，則除了講調經理氣的一支以外，似乎還有另一支「道醫」的傳統。由《馬王堆醫書》、《太平經》、《素問》的道教傳本以及《素問》的注解中，我們即可窺知有一種根據道教思想，並廣泛吸收禁咒、存思、服氣、按摩諸術法的道醫傳統在發展著，與醫者之間亦頗有交集。

宋朝以後，醫者之傳承漸漸依附於儒學體系，出現「儒醫」的觀念，不但以《易經》等儒家經典來解釋醫籍，排斥禁咒、服食、辟穀、調氣諸法，且不承認神仙家及房中術可列入醫學傳統中，形成另一次典範轉移的變革。「道林養性」之說，漸成「儒門事親」之業。

本文主旨在說明這個醫學的傳統變遷的歷程，並考察彼此內部之關聯，說明宋代以後僅以儒醫觀念去解釋醫學史所造成的偏失。

（一）中醫傳統的變遷

元代名醫王好古曾著有《此事難知》二卷，清陳念祖則撰有《醫學實在易》八卷。到底醫學難不難呢？

恐怕是難的。古今聚訟，蓋有數派：或以針為主，如《靈樞》號稱針經。但唐王燾著《外台秘要》，則謂誤針之害甚大，凡針法穴法皆刪不錄，僅主灸法一門。其後西方子《明堂灸經》八卷承其說，言灸不言針，是針與灸之分也。明汪機則又有《針灸問對》，云古人充實，病中於外，故針灸有效，今人虛耗，病多在內，故針灸不如湯液，凡治病亦皆以藥餌攻補，無僅用針灸奏功者，認為針灸能治有餘之病而不能補不足。這便是針灸與湯液分途了。像這樣，醫生或主湯液或施針灸，醫療手段的不同，其實也正是醫學觀念的差異。

由於醫家見解互殊，而對經典的認知各不相同，故亦常移易古書，改易竄亂，如朱熹改《大學》為一經十傳、分《中庸》為三十三章之類。儒者辨《古文尚書》之真偽、考《大學》之版本，醫家亦復如是。

《四庫提要》卷一〇三說：《傷寒論》自金成無己之後，「注家各自爭名，互相竄改，如宋儒之談錯簡。原書端緒，久已瞀亂難尋」，又說「明方有執作《傷寒論條辨》，則詆叔和所編與無已所注，多所改易竄亂。並以《序例》一篇為叔和偽託而刪之。國朝喻昌作《尚論篇》，於叔和編次之外、序例之謬，及無已所注及林億等所校之失，攻擊尤詳。皆重為考訂，自謂復長沙之舊本」，「《傷寒論》為諸醫所亂，幾如爭《大學》之錯簡，改本愈多而義愈晦」等等，講的就是這種現象。

批評別人所依據的經典有錯誤，其實是因為不同意對方的觀點。宋朝以後，河間金人劉完素《素問玄機原病式》、張從正《儒門事親》力申瀉火之說。元朱震亨《局方發揮》、明張介賓《景岳全書》則主滋陰溫補。一謂諸病皆屬於火，故多用涼寒之藥；一謂陰虛火動，故宜滋陰補益。兩派爭執不已，而另有主理脾胃者，如金李杲《脾胃論》，重點在於補中益氣，補土生金，升清降濁。①

凡此分歧，不獨可見於由《內景》及《傷寒論》發展下來的傳統中，宋代以後才逐漸發展起來的痘瘡症治法門，也同樣有類似的情況：「其間以固元氣為主者，謂元氣既盛，自能驅毒氣使出。以攻毒氣為主者，謂毒氣既解，始可保元氣無恙。於是彌補異途，寒溫殊用，痘家遂分為兩歧，執門戶之見。」（《四庫提要》卷一〇四）

這就是醫家的「門戶」。另一種更大的門戶之分，則是儒醫與道醫之不同。

所謂儒醫，就是醫術在宋以後，漸與儒業合流。據《宋史》，醫學初隸太常寺，崇寧間改隸國子監，分上舍內舍外舍，屬於太學，亦有科舉。且儒者從事醫學頗多，如今傳《蘇沈良方》八卷，即是沈括所集藥方，而後人又以蘇軾醫學雜說附之者。蘇軾有友人龐安時則著有《傷寒總病論》六卷。安時弟子張擴、侄孫張杲又著《醫說》十卷。②同時金張從正則撰有《儒門事親》

十五卷，謂醫道為儒者奉親必備之知識與技能。至元朱震亨，乃許謙門人，以醫為儒者格致之學，著《格致餘論》，為一代醫宗。嗣後如明朱崇正作《仁齋直指》附遺，崇正即字宗儒。儒者本其格物致知之態度以究探醫學，並藉以表達仁人愛物之意，醫儒一體。朱震亨與朱崇正這些例子，都具有典型的意義。後世「儒醫」成為一個常用詞彙，便是因此而來的。

但醫術在此之前，與神仙方伎或道教的淵源恐怕更為密切。孫思邈《千金翼方》卷二九《禁經上》說：「醫方千卷，未盡其性，故有湯藥焉、有針灸焉、有禁咒焉、有符印焉、有導引焉。」這些醫術方法，不僅禁咒、符印、導引與道教有關，湯液針灸也一樣。道教《太平經》中即已敘述針灸之法；採藥燒制為湯液，也往往與道教之觀念有關。如《千金翼方》中說雲實味辛苦，可止痛除寒熱，其花「主見鬼精物，多食令人狂走。殺精物，下水燒之致鬼。久服輕身，通神明」，列為草部上品之下。諸如此類，所在多有，孫思邈說：「原夫神醫秘術，至賾參於道樞」（〈序〉），是一點也不錯的。古之醫師，往往又被稱為巫醫，孔子所謂：「南人有言，人而無恒，不可以為巫醫。」醫術與巫祝關係密切，是有其歷史淵源的。

儒醫出現後，巫醫或道醫的傳統便屢遭質疑。像《四庫提要》一方面說「方藥之事，術家能習其技，而不能知其所以然，儒者能明其理，而又往往未經試驗」，把醫儒並論；一方面則把接近巫醫者貶為方伎術數，或別收入術數類中，不承認它屬於醫學論著（如《太素脈法》列入術數類雜技術之屬、王冰《玄珠密語》列入占候之屬），或雖仍視為醫書，卻持批判之立場。

例如說明李中梓《刪補頤生微論》四卷：「兼及道書修煉如去三尸、行呵吸等法，皆非醫家本術也」，說明吳正倫《養生類要》二卷：「上卷載導引訣、衛生歌及煉紅鉛秋石之法。下卷分春夏秋冬諸證宜忌合用方法，蓋兼涉乎道家之說者也。」又說陳會撰、劉瑾補輯的《神應經》：「前有宗派圖一頁，稱梓桑君席宏達九傳至席華叔、十傳至席信卿、十一傳至會。會傳二十四人，嫡傳者二人，一曰康叔達，一即瑾也。又有席宏達誓詞，謂傳道者必盟天歃血、立誓以傳，當於宗派圖下注其姓名。如或妄傳非人，私相付受，陰有天刑，明有陽譴云云，是道家野談耳」顯然都是嚴格地把醫家和道家區分開來，認為醫書中不應雜有那些道家方伎，如或有之，亦屬「兼涉」。如此一來，巫醫相關之關聯性就被切斷了。其實質相關的部分，要不就隱匿成為視而不見或無關宏旨的東西，要不就成為可批判的對象。

換言之，在西醫尚未對中醫傳統形成全面挑戰和巨大衝擊之前，中醫內部已出現了傳統的變遷。古重傷寒，宋以後重溫熱；古重針灸，宋以後重湯液；古為巫醫道醫，宋以後為儒醫；亦猶儒學之有漢宋也。至於河間丹溪瀉火滋陰之爭，則如漢學中有古今文之爭、宋學中有程、朱陸王之別。而其中涉及全面醫學觀念和體系變動的，當然仍應推巫醫、道醫和儒醫的區別了。[3]

（二）由巫醫到巫與醫

上古巫祝實施醫療工作，是普遍存在於世界各角落各民族中的事。其術法各不相同，但有一個基本觀念是相同的，那就是巫祝常以鬼神邪魔來解釋病因。故治病其實也就是驅邪趕鬼鎮煞的過程，此一過程既是巫儀，也是醫術。

孫思邈所說醫術的「禁咒」、「符印」，指的就是這類巫儀。古稱為祝由。

《內經・素問・移精變氣論》載：

黃帝問曰：「余聞古之治病，惟其移精變氣，可祝由而已。今世治病，毒藥治其內，針石治其外，或愈或不愈，何也？」岐伯對曰：「往古人居禽獸之間，動作以避寒、陰居以避暑，內無眷慕之情，外無伸宦之形。此恬淡之世，邪不能深入也。故毒藥不能治其內，針石不能治其外，故可移精祝由而已。當今之世不然，憂患緣其內，苦形傷其外所以小病必甚，大病必死，故祝由不能已也。」

說古人治病，僅用「祝由」。後祝由已無用，才採用湯液藥劑及針灸之法，原因則是古人淳厚，今人多虛耗。實情當然不是如此，而是：古治病以祝由為主，然祝由並非完全不用藥石針灸，只是其施藥用針均在一種巫祝的儀式中，共同構成療效（詳下文）。至《內經》則單獨使用藥石。治法不同，代表觀念不同。不同在於祝由療法對疾病起因的解釋，以鬼神邪魅為主；《內經》開始，把「邪」解釋為「邪氣」，包括內氣（五臟六腑之內的血氣），或外氣如寒暑燥濕風熱，若邪逆不順，身體就會生病。治病之法，遂僅是祛除病人之風邪而已，不必祝由。這是中國醫學上第一次大轉變，時間則正好在周秦之際，是整個古文化在春秋戰國發生劇變的一部分。④

經此變動後，《內經》所代表的「調經理氣醫學論」，成為醫術正宗。循其術者，竟漸不知祝由為何物。隋全元起注，乃謂「祝由，南方神」，竟誤以祝由為蚩尤了。

但祝由之法，畢竟不可磨滅，禁咒、符印，藥王孫思邈尚且不廢其道，民間傳習者當然不會斷絕。因此宋淳祐戊申十月，修理黃河堰時就掘出了一方石碑，上勒符篆，人皆不識，諭招能辨識者。有關內雲外道人張一槎出面辨認，說這是黃帝軒轅碑記醫學祝由十三科。碑當然是偽造的，但把祝由上推於黃帝，實有與《內經》一別軒輊之意。《內經》號黃帝內經，祝由也就說是黃帝祝由神科，方能分庭抗禮。據涵谷山人體真子《軒轅黃帝祝由科序》說：

> 昔神農嘗百草以治病、岐伯因病以制方，黃帝深原五行，詳察五臟，內因外因之感，人邪已邪之觸，慮病者一時不得其藥，醫者又不能詳乎脈理，以致病因藥深。又或貧不能辨參苓，更慮學道者不能廣修藥品以救沉痾。因仰觀天文、俯究人理，告于羲農，立為此法。以尚字為將，食字為兵，各字為先鋒，施之百病，無不應手立愈。此咒治百病之所由起也，故曰祝由科。

稱為科，是說它可以成為醫術中的一科，其實內含大方、諸風、胎產、眼目、小兒、口齒、痘疹、傷勞、耳鼻、瘡腫、金瘡、書禁、砭針十三科，涵括了幾乎所有醫療科目。其法僅用咒語和符字。凡治病時，向軒轅老祖祝禱，說明病由；醫者對症施咒，畫秘字元章一道。患者將之燒化，配合醫者所開的藥方一齊服用。其符多由尚、食兩字再搭配另一文字構成。例如頭病，畫一符：「⿱尚⿰飠益⿱尚⿰飠京⿱尚⿰飠置」，與川芎湯同服；喉痛，則書「⿱尚⿰飠乞⿱尚⿰飠歇⿱尚⿰飠星」，與薄荷湯同下。故曰尚字為將、食字為兵，各字為先鋒。

祝由雖重咒祝符章，但所用藥，確有道理。如治火眼目痛用黃連湯、治飽食傷胃用山楂湯、治飽脹氣鬱用陳皮配酒服下、治刀傷用血竭草搗和紙灰合搽顯然都會有療效。其為民間所信用，自非無故。但這是否代表了那一套咒祝符章伎倆只是炫人耳目或僅能提供病人心理慰藉之用，真正療效仍仰賴這些藥物呢？

那又不然。因為祝由科中頗多不用藥石，僅依禁咒章符者。例如患無名惡瘡，即念咒曰：「赫赫揚揚，日出東方，斷絕惡瘡，劈除不祥」，並書「⿱尚⿰食谷⿱尚⿰食巨⿱尚⿰食龠」三字於患處。祝由之秘字及符章用法多如此。故這是以咒術治病，藥石只是搭配著咒術來使用的。

所謂《軒轅黃帝祝由科》當然是宋朝以後的東西，所以其中才會敘及五雷天心正法。可是禁咒厭勝自然界的毒蟲猛獸或辟鬼驅邪、祓除一切災禍不祥，乃是古來成法。《後漢書・方術傳》載徐登、趙炳善禁咒越方。《抱朴子至理篇》亦記修行人如何利用禁咒辟除天災、防止山精鬼魅、趨避虎豹蜂蛇、治刀傷金瘡甚詳。這些禁咒，範圍至廣，並不限於醫療，但醫療占了重要部分，後世所謂「禁方」，其實正是指這些。

然禁咒治病既被儒者斥為無稽之談，醫書中所錄禁方，遂被去神聖化，予以解咒了。亦即原本是與禁咒配合使用之藥物或療法，被刪除了禁咒章符的部分，獨取其藥物及療法；「禁方」一詞，被等同於一般所謂的「秘方」。以致這些秘方所記載的藥物和療法往往十分怪異，難以索解。如《四庫提要》云：

《旅舍備要方》一卷，宋董汲撰。內如蚰蜒入耳，及中藥毒，最為險急，而所用之藥，至為簡易。其雜傷五方，古書中不少概見，今亦罕傳，尤見奇特。蓋古所謂專門禁方，用之則神驗。至求其理，則和扁有所不能解，即此類也。

《衛生十全方》三卷、《奇疾方》一卷，宋夏德撰。如肝脹離魂、眼見禽蟲飛走，及眼赤渾身生斑、毛髮起如銅鐵、鼻中毛長五尺、口鼻腥臭水流有鐵色魚等證，皆罕見之變怪，而治法甚為平近。蓋本于相傳之禁方，不主尋常之軌轍。

它所說的禁方，均指秘傳之藥方，殊不知此皆與古禁咒有關。祝由用藥，都極簡易，只一味兩味，甚或完全不用，因為主要的療效在其符咒。以符咒發藥，用之神驗。捨其符咒，而僅推求藥理醫理，當然就難以理解了。

今存最古老的禁方，乃是馬王堆出土的《雜禁方》。孫思邈《千金翼方》卷二十九、三十《禁經》上下論禁咒則最詳。它的前面兩卷就是針灸上下。以所占篇幅和編次來看，他是把針灸和禁咒放在差不多相當的位置的。其後《外台秘要》所收，也「多古來專門秘授之遺」，如以千年梳治虱瘕、以念珠取誤吞漁鉤之類，可見醫家之術尚存禁咒之遺。

禁咒所用，多為厭勝或物類感應原理，另有一些則涉及文字和語言崇拜，對鬼神精怪能惑人害人也深信不疑。《內經》雖提出了風邪致病說來解釋病因，但鬼物祟禍之觀念也並沒有從醫學中拔除，隋朝巢元方所編我國第一本病因論著作《諸病源候論》，便在風病諸證候中收錄了《鬼邪候》、《鬼魅候》兩種，將鬼魅害人論吸納進邪氣致病論的體系中去（卷二）。又其書卷二十三論《鬼擊候》、《猝魘候》、《魘不寤候》，卷二十四論《風注》、《鬼注》，卷二十五論《貓鬼》、《野道》，亦皆用鬼物致疾說。其他各處或不用此說明症候，但仍間采禁咒法，如卷二十七言欲治頭髮禿落，須於理髮時，向東方梳理之，叩齒九通，念咒曰：「太帝散靈，五老返真，泥丸玄華，保精長存。左拘隱月，右引日根，六合清煉，百神受恩。」咒畢，咽唾三次。卷二八說要治視力昏茫之病，在早晨起床後，把食指彎起來，摩眼而咒曰：「西王母女，名曰益暢，賜我目，受之於口。」這些，不就是祝由法嗎？卷三六更說：「蜂類甚多，唯地中大土蜂最有毒，諸藥治之，皆不能卒止，舊方都無其法。有禁術封唾，亦微效。」可見禁術仍在醫家施術的一般範圍之內。宋代醫學科考，以《素問》、《難經》、《針經》為大經，以《諸病源候論》、《千金翼方》為小經，禁咒之說，自然也仍被研讀醫科的準醫生們所承襲了，想要完全祛除，當然甚為困難。

也就是說，巫醫的禁咒章符治病法，到了秦漢間已喪失了它的典範地位，《素問》、《靈樞》、《傷寒論》所代表的調經理氣治病法取而代之。但所謂替代，可能更恰當的說法乃是融攝與分裂。舊傳統一部分被新傳統取代了，一部分保存下去，繼續發展，另一部分則被吸收進新的體系中。在體系中的禁咒章符，稱為醫學，在體系外的則被視為道家之方伎。醫巫分家，而又回應潛通，既是分裂的又是相融攝的。不過，既已分家，則兩邊相通的東西，在兩處終究是要有些不同的地位和分量，才能顯示出彼此的區別來。所以在醫家這邊，禁咒符章只能算是小傳統；在道教或民間巫俗那邊，祝由卻是大傳統了。

（三）經脈理論的形成

《素問・移精變氣論篇》載黃帝語云：「古之治病，惟其移精變氣，可祝由而已。中古之治病，湯液十日，以去八風五痹之病。十日不已，治以草蘇草荄之枝。今世治病，毒藥治其內，針石治其外。」所謂上古、中古、今世，其實就是說醫學的演變史。古以巫祝治病為主，其後則用湯醴草藥，又其後乃發展出針灸之法。《素問》、《靈樞》就是以闡述針法為主的。

運用針灸治病，與經脈的發現有密切之關係。在《素問》中，對十二經脈的描述已非常詳盡。與其搭配的《靈樞經》，闡釋針法，論脈尤其縝悉。據傳為戰國時期名醫秦越人所撰《難經》，原本即是為了解釋《內經》等書之疑難而作，故除了更加詳細地解說十二經脈之外，對「奇經八脈」也有充分的說明。

可是，從馬王堆出土了另一批經脈理論的文獻。其一，整理者題為「陰陽十一脈灸經」，另二本題為「足臂十一脈灸經」，有甲乙本。所說的經脈狀況卻與《內經》等書頗為不同。推測其原因，可能是時代的差異。馬王堆帛書所敘述的脈法與脈象，均較粗糙，或許是經脈理論初起時的東西。《內經》等則時代較晚，體系遂較詳晰。但也可能是流傳異地的緣故，經脈理論或許是在不同地區發展起來的，因此導致馬王堆醫書與《內經》之理論並不相同。當然，還有一種可能性，那就是由針法與由灸法分別發展出來的經脈說，導致了它們的差異：

《馬王堆陰陽十一脈灸經》		《馬王堆足臂十一脈灸經》（甲、乙本）		《靈樞》十二經脈		
肩脈	起於耳後，下肩，乘手背	臂太陽溫	出小指，循骨出肩，出項至目外眥	手太陽	小腸	起小指之端，出肩上，入缺盆絡心，循咽下膈，抵胃
齒脈	起於次指與大指上，出臂入肘中，穿頰入齒、夾鼻	臂陽明溫	出中指間，循骨上，之口	手陽明	大腸	起大指次指之端，入肘，上肩，下入缺盆，絡肺下膈
耳脈	起於手臂，出臂外兩骨之間，出肘，入耳中	臂少陽溫	出中指，循臂上骨，湊耳	手少陽	三焦	起小指次指之端，循手上肘，入膻中，下膈，循屬三焦
臂鉅陰脈	在手掌中，出內陰兩骨間，出臂，入心	臂太陰溫	循筋上廉，出腋，之心	手太陰	肺	起中焦，循胃口，出腋下，下肘中，出大指之端
				手厥陰	心	起胸中，出屬心包絡，下膈，歷絡三焦
臂少陰脈	起臂兩骨之間，出臑內陰	臂少陰溫	循筋下廉，出腋，湊眥	手少陰	心	起心中，下膈，絡小腸（起中指之端）
鉅陽脈	出外踝中，夾脊，出於項，入目內眥	足太陽溫	出自外踝，上貫目眥，之鼻	足太陽	膀胱	起目內眥
陽明脈	出脛骨外，穿乳，穿頰，環顏	足陽明溫	循小腿骨，由小腹上之鼻	足陽明	胃	起於鼻，入上齒中，循頰，上耳，至額頭
少陽脈	出於踝前，上出魚股，出目前	足少明溫	出於踝前，貫腋，出目外眥	足少陽	膽	起於目銳眥，上頭，下耳後，至肩上

大陰脈	是胃脈也，出魚股	足太陰溫	出大指內廉骨際，由膝內出股內	足太陰	脾	起大指之端，入腹，上膈，注心中
厥陽脈	出足大指叢毛之上。由足入小腹，止目大眥旁	足厥陰溫	循大指間，交太陰脈，由股內上入脞間	足厥陰	肝	起大指之際，循股，抵小腹，上貫膈，循喉，上入頭，與督脈會於頂
少陰脈	出內踝，穿脊，繫腎，夾舌	足少陰溫	出內踝，入腹，出眥繫舌根	足少陰	腎	起於小指之下，表足心，上股，貫脊

馬王堆的三份資料，很明顯可分為兩個系統，《足臂十一脈灸經》已與《靈樞》相似。除了缺少臂厥陰之外，基本上符合三陰三陽分屬手足的架構。

《陰陽十一脈灸經》則完全不同，只有臂鉅陰與少陰，其餘三陰三陽並不指明屬於足。其中，接近《靈樞》所說的足太陰脈，只稱為大陰，且明說它是胃脈。胃脈之說，又應與它談到的肩脈、齒脈、耳脈合看。如此，則其架構應是臂二陰，足二陰三陽，加上胃、肩、齒、耳，共十一脈。

這是架構的不同。其次，則為脈絡不同。由上表可以看到，對每一條脈絡的描述，彼此是不相同的。即使暫時撇開差異較大的《陰陽十一脈灸經》不說，馬王堆《足臂十一脈灸經》與《靈樞》也僅有表面的相似性。臂太陽，由小指到眼睛內側；手太陽卻由小指到胃；足太陽，或起於眼睛內側，或起於外腳踝，路線之差異極大。起止之處也常顛倒，如臂太陰是由手到心，手太陰卻說是由中焦到大拇指。足陽明，一說起於鼻，一說止於鼻；足少陽，一說止於目外眥，一說起於目外眥；足外陽，或起於足外踝，上貫目眥，入鼻，或說起於目內眥。這些都剛好顛倒了。

《陰陽十一脈灸經》所述肩脈，起於耳後者，更與其他經脈難以匹儷。

經脈數目不同，或十一，或十二；架構不同，或歸手與臂，或否；經脈路線也不同。此外，更有經脈與臟腑關係認定上的不同。

將五臟六腑與經脈相配合，是《內經》的傑作，馬王堆醫書顯然尚未如此處理。《素問・金匱真言論篇》說：「肝、心、脾、肺、腎五臟皆為陰。膽、胃、大腸、小腸、膀胱、三焦，六腑皆為陽。」但十一臟腑配十二陰陽經脈是配不起來的，因此心必須配兩脈。馬王堆兩類灸經都沒有談到臟腑與經脈相配的問題，也沒有手厥陰經，故無《內經》之配屬，亦無其困難。具體指明的胃脈，更與《素問》、《靈樞》所說的胃足陽明脈迥異。

至於奇經八脈，所謂陽維、陰維、陽蹺、陰蹺、沖、督、任、帶，不僅不見於馬王堆醫書，《素問》、《靈樞》亦罕道及。《靈樞》描述足厥陰脈循喉嚨上入頭，與督脈會於頂，可見已有督脈之觀念；但因其理論之重點在於三陰三陽之離合，故對奇經八脈並不強調。但馬王堆《足臂十一脈灸經》說厥陰所交會者乃太陰脈，根本不談督脈之問題。彼此差異，實極明顯。

由這六大不同看來，戰國之迄漢初，應當仍是經脈理論初起之際，或分流競進、或踵事增華，故彼此之間，尚莫衷一是。自古相傳，謂《素問》、《靈樞》來源甚古，《難經》則為戰國間秦越人所作，恐怕都不確。像《難經》那麼詳密的經脈理論，最早也要到西漢中葉才能完成。

當時的經脈理論，乃是與針灸相配合的。其基本原則，在於「補瀉」。馬王堆《脈法》云「治病者取有餘而益不足也」，《素問・調經論篇》云：「余聞刺法言，有餘瀉之，不足補之」，講的都是這個道理。先觀察受病部位屬於什麼脈，陽盛者濟之以陰，陰盛者補之以陽，而以針或灸作為補瀉的手段。以針灸補瀉，其方法是刺或灸經脈上的穴位。穴位之說，馬王堆醫書所無，始見於《素問》的《氣穴論》、《氣府論》、《骨空論》、《水熱穴論》等篇。穴、府、空，都是對於身體上這種特殊的空隙處之形容詞。在其他篇章中，也常以「陷」來描述。因此這個時候雖對全身三百六十五穴位已有定說，卻並未以「穴」來總稱，所以具體談到某某穴時，都直呼其名，如關元、湧泉、風府之類，或詳言其位置，而不說湧泉穴、風府穴等等。

至張仲景時，經脈陰陽補瀉之說，才運用到湯液方面。所謂「陽盛陰虛，汗之則死，下之則愈。陽虛陰盛，汗之則愈，下之則死」，發汗用神丹，下瀉用甘遂，與《素問》以針為主者不同。換言之，至張仲景《傷寒論》出，一套全新的醫學體系始建構完成。調經理氣之說，被全面運用到針灸湯液各個方面，成為醫學上的基本理論；經脈，成了我們對人體內部關係的主要解釋系統。而祝由之術，遂遭取代，其典範地位不復存在了。

（四）道醫傳統的出現

捨棄祝由之術，而以經脈來解釋身體內部之構造、以針灸來治療身體疾病，是戰國以迄秦漢間極重要的發展，醫學與巫祝傳統逐漸分離的軌跡明顯可見。

但在此同時，是否還有另一支醫學傳統在發展呢？馬王堆醫書對人體經脈的看法，既與《素問》、《靈樞》不同，是否暗示著當時醫術發展的多元性格？由《素問》這一面看，固然可以發現醫學脫離祝由而發展的現象，可是是否也另有一種與祝由等其他術法仍相結合而發展的醫學呢？

太平道的表現，正因如此而格外值得我們注意。

太平道本身即為一治病寓言，謂天地人均有疾，故它要來治療疾病，使天下太平、人民安樂長壽。其具體治病之法，甚為善巧複雜，有用草木禽獸為方藥者，也有用祝念之法的，更有以灸針治病的。其中《神祝文訣》云：

> 天上有常神聖要語，時下授人以言，用使神吏，應氣而往來也。人民得之，謂為神祝也。祝也，祝百中百，祝十中十。祝是天上神本文傳經辭也。其祝有可使神仁為除疾，皆聚十十中者用之，所向無不愈者也。但以言愈病，此天上神讖語也。良師帝王所宜用也，集以為卷，因名為祝讖書也。是乃所以召群神使之，故十愈也。十九中者，真神不到中神到，大臣有也。十八中者，人神至，治民有也。此者天上神語也，本以召呼神也。相名字時時下漏地道，人得知之，傳以相語，故能以治病。如使行人之言，不能治癒病也。夫變事者，不假人須臾。天重人命，恐奇方難猝成，大醫失經脈，不通死生重事，故使要道在人口中。此救急之術也。欲得此要言，直置一病人於前，以為祝文。又各以其口中秘密辭前言。能即愈者是真事也，不者盡非也。應邪妄言也，不可以為法也。或有用祝獨愈，而他傍人用之不決效者，是言不可記也。是者，鬼神之長，人自然使也，名為孤言，非召神真道也。

本段大旨有三，一是說祝念治病為救急之術；二是說祝念之所以能治病，是因咒語乃天上神聖之用語，可以召喚神吏來替人除疾；三則討論咒語祝念的效力。咒語其實就是神的名字，要真正懂得呼喚其名字，神才會來替人治病，若念錯了或念其他咒語，便無此效果。當然，神的大小及其神力各不相同，能召呼到大神，治病的效果自然也就會更好。這是太平道對咒語的獨特見解。它對它本身這套咒語也深具信心，因此它說此術可以實證，找一位病人來，祝念即愈者，是真正有效的咒語，若祝念無效，便是「應邪妄言」。

祝念在太平道中之重要性，由上引文獻即可充分得知。然此非其唯一治病之法，太平道亦用草木禽獸合成藥物，《草木方訣》說：

是乃救死生之術，不可不審詳。方和合而立愈者，記其草木，名為立愈方，一日而愈者名為一日愈方，二日而治癒者名為二日方，三日而治癒者名為三日方。一日而治癒者方，使天神治之。二日而治癒者方，使地神治之。三日而治癒者方，使人鬼治之。不若此者，非天神方，但自草木滋治之，或愈或不愈，名為待死方。慎之！慎之！此救命之術，不可易事，不可不詳審也。

草木能治人病，禽獸也一樣，它說：「生物行精，謂飛步禽獸跂行之屬，能立治病。禽者，天上神藥在其身中。比若鳳凰麒麟，著德其身；比若蜂蠆，著毒其身。」（《生物方訣》）⑤對於這些能治病的草木禽獸，平時即應多予注意，瞭解其療效。這是它與一般醫家相同之處。但用草木禽獸治病之術，在《太平經》中乃是與神靈信仰相結合的，如此便使得它和一般醫家極為不同。

以灸針治病也是太平道甚為強調的，其法則與其用神咒或草木藥類似：

灸刺者，所以調安三百六十脈，通陰陽之氣，而除害者也。三百六十脈者，應一歲三百六十日，日一脈持事，應四時五行而動。出外周旋身上，總於頭頂，內系於臟。衰盛應四時而動移，有疾則不應度數，往來失常，或結或傷，或順或逆，故當治之。灸者，太陽之精，公正之明也，所以察奸除害國也。針者，少陰之精也，太白之光，所以用義斬伐也。治百中百，治十中十，此得天經脈讖書也。實與脈相應，則神為其驅使。治十中九失一，與陰脈相應，精為其驅使。治十中八，人道書也。人意為其使。過此而下，不可以治疾也。反或傷神，甲脈有病，反治乙，名為恍惚。不知脈，獨傷絕，故欲樂知天道，神不神相應與否也。直置一病人前，名為脈本文，比若書經道本文也，令眾賢圍而議其病，或有長於上、或有長於下，三百六十脈，各有可睹。集眾行事，愈者以為經書，則所治無不解訣者矣。天道制脈，或外或內，不可盡得而知之也。所治處十十治訣，即是其脈會處也。人有小有大，尺寸不同，度數同等，常以陷穴分理乃應也。道書古今積眾所言各異，名為亂脈也。陽脈不調，反治陰脈，使人被咎，賊傷良民，使人不壽。脈乃與天地萬物相應，隨氣而起，周者反始，故得其數者，因以養性，以知時氣至與否也。（〈灸刺訣〉）

本段文字非常重要，它所顯示的經脈觀與《內經》頗不相同。一、論脈不論經。二、論脈亦非十一脈或十二脈的架構，乃三百六十脈。三、依《內經》，脈雖繫臟腑，外則繫於手足，亦不總會於頭頂。太平道反是，謂脈總於頭頂，而不繫屬於手足。可見它們對於脈的路線與臟腑聯繫關係，見解殊異。四、兼用灸與刺，說灸為太陽之精，針為少陰之精，與《內經》以針為主者不同，《內經》亦無針乃少陰之精的講法。五、太平道的脈理，除了用以治病之外，亦可用於養性。

以脈應四時五行之氣，呼應一年三百六十日的度數，便可以養生。此「調氣安脈以養生」之說，為《內經》所不及論。六、針灸，在此處並不視為純醫療技術問題，所以說針灸時「實與脈相應，則神為驅使。治十中九失一，與陰脈相應，精為其驅使」。針灸仍是與其精神信仰相結合的。它說它的治法效果好，其書為《天經脈讖》。「讖」這個名稱，就顯示了它具有與神相呼應的關係。

由本段文字，我們還可以發現當時用針灸、論脈象者，其實有非常多派別或類型。太平道主張博采兼蓄，找一位病人來，令各路醫者共議其病，集合其脈論及療法，並依其療效，取其應驗者，錄為經典。這固然與它本身的整體哲學立場有關（**太平道是主張「集議」的，這個辦法，通貫其各領域，不獨論醫法如此**），但亦可見彼時論脈實仍莫衷一是，對脈之理解亦無絕對的把握，故才會說：「天道制脈，或內或外，不可盡得而知之也。」

假若我們把《內經》視為由「巫醫」到「醫」的發展，那麼，太平道就可以當做「道醫」的代表。其論脈用針，俱與《內經》不同，且不廢祝由、兼用方藥，影響與《內經》同樣深遠。《道藏》太平部收有孫思邈《千金要方》、《急救仙方》、《仙傳外科秘方》等藥書多種。《道藏》之編次，夙稱淩雜，歸類尤多可議，但將此類藥書納入太平部，卻無形中透露了太平道和醫學的關聯。

事實上，太平部中還有《太上靈寶淨明天尊說禦瘟經》，以及模仿佛教維摩詰故事而作的《洞玄靈寶太上真人問疾經》等與醫學有關之書。太上真人問疾，而得治耳、眼、鼻、口、手、心諸疾之神通，更能體現道教與佛教宗旨上的差別。另外，《太玄真一本際妙經》亦云世人「應當聽受是經，識醫良術，乃能療諸妄惑之病，遇度成仙」，「此經非但能治惑病，亦能發生妙喜之法」。凡此均以醫為說，顯見太平部與醫藥之關係確然不淺。道醫傳統，自太平道以降，似乎也已是非常明晰的一大宗了。

（五）道醫流傳與發展

漢代道醫傳統應已形成，除了《太平經》以外，另一個輔佐性的證據，其實正是《內經》。《內經》在唐以前不顯，唐朝王冰予以修訂重編並加上注解後，才漸流通。但王氏傳本，本身便多可疑。一是修訂幅度太大，其自序云：「其中簡脫文斷、義不相接者，搜求經論，有所遷移以補其處。篇目墜缺、指事不明者，量其意趣，加意以昭其義。篇論吞併、義不相涉、缺漏名目者，區分事類，別目以冠篇首。」幾乎是全面重新整理過了。如此整理或整容以後，到底還保存有多少原貌，後人不無疑問。二是其中補了他自己師傳的七篇文字，宋林億《素問補注》說這七篇可能是《陰陽大論》的文字，並非《內經》原文，可見自宋以來，對其所補多不敢信任。

而正是這七篇，可以讓我們看到漢魏南北朝以迄隋唐這段期間醫學與道家道術間的關係。王冰所補七篇，是〈天元記論〉、〈五運行論〉、〈六微旨論〉、〈氣交變論〉、〈五常政論〉、〈六元正紀論〉、〈至真要論〉。其中〈五運行論〉說：「黃帝坐明堂，始正天綱，臨觀八極，考建五常，請天師而問之曰。」這裡講黃帝問天師，與其他各篇多說黃帝岐伯問雷公不同，而天師也者，當然立刻令人想起它與道教的關係。果然，接下去，文章描述黃帝與岐伯的對談，岐伯就談到他看《太始天元冊》，有丹天、蒼天、天、玄天、素天之說：「丹天之氣，經於牛女戊分。天之氣，經於心尾已分。蒼天之氣，經於危室柳鬼。素天之氣，經於亢氐昂畢。玄天之氣，經於張翼婁胃。」黃今天，就是黃天，太平道起事時曾有口號云：「蒼天已死，黃天當立。」此五天說，正表明了它與道教的聯繫。〈六微旨論〉則討論到「太一」的問題，說「太一，天符之會也」，又說六氣應五行，「天氣始於甲，地氣始於子，子甲相合，命曰歲立」，這些都顯然屬於道教之說。

這些篇章，王冰將之補入《素問》，自然是認為它們具有理論上的相關性，可是宋代林億等人卻覺得「所載之事，與《素問》餘篇略不相通」。為什麼會有這樣的落差呢？依我看，只能說《素問》的傳習，在漢魏南北朝間，往往與道教徒有關，故王冰師傳文獻，被認為足以與經文相發明相匹儷，甚且更可能另有一種道教傳本的《素問》。宋代以後，林億等人，代表醫與道分途的觀點，故認為王冰所補均與醫術無大關係。但在此同時，道教中仍沿續道醫傳統之觀點者，則似乎尚未完全遭到棄置。二者分流而進，足覘世變，故下文謹略述之。

漢魏南北朝間可能另有一種道教界傳本的《內經素問》，最直接的證據即是所謂「素問遺編」。王冰本中缺〈刺法論〉、〈本病論〉二篇，明趙簡王居敬堂刊本《素問》則有此兩篇。有些論者認為「刺法大義見〈六元正紀大論〉中，但彼則引而不發，至此二篇，始有下手處」，頗為推崇；有些則批評它：「辭理鄙陋，無足取者。」事實上，這兩篇文獻乃是道士所傳，故施沛跋云：「一日獨坐靜寄軒下，有羽士顧余而問所讀何書，答以：『《素問》。』乃備析疑義，因出逸篇二，以授余曰：『此長生訣、神現方也。』隨謝去。後訪之，不可蹤跡，始知異人也。」

本出於道流，其內容當然會與王冰所補之〈六元正紀大論〉等有關啦。

今考〈刺法論〉，除以針刺手足諸脈以外，並有淨神咽氣之法：「其刺已畢，又不須夜行及遠行，令七日潔，清淨齋戒，所有自來。腎有外病者，可以寅時面向南，淨神不亂思，閉氣不息。七遍。以引頸咽氣順之。如咽甚硬物，如此七遍後，餌舌下津，令無數。」這是在針療之後，輔助其療效的辦法，但也有單獨使用的療效。此即可見該文仍然肯定精神性的力量，故另有存思之法云：

欲將入疫室，先想青氣自肝而出，左行於東，化為林木。次想白氣自肺而出，左行於西，化作戈甲。次想赤氣自心而出，南行於上，化作焰明。次想黑氣自腎而出，北行於下，化作水。次想黃氣自脾而出，存於中央作土。五氣護身之畢。以想頭上，如北斗之煌煌，然後可入於疫室。

此乃藉存思法以避疫，是以精神性的力量來抵禦病疫。這種對精神的強調，導致它特別重視「守神」，說「人虛即神遊失守位，使鬼神外幹，是致夭亡」，「人病心虛，又遇君相二火，司天失守，感而三虛，遇火不及，黑屍鬼犯之，令人暴亡」。人患疾病，是因鬼怪干犯，乃古老之信仰，此處仍用此巫俗傳統之信念，但認為人只有在虛弱時、精神耗失時才會遭到鬼神的干犯。〈本病論〉說「人氣不足，天氣如虛，人神失守，神光不聚，邪鬼幹人，致有夭亡」，即是此意。另外，其說另一個特點，是參合了丹田的講法，說：「失神守位，即神游上丹田，在帝太一帝君泥丸君下。卻遇火不及之歲，有黑屍鬼見之，令人暴亡。」以上這三點，鬼神致邪說、守神卻病說、丹田泥丸說，都是由道教傳統中得來的。到底是採擷道教之見解而構撰此三篇文獻，抑或因其所述乃道教之談，故為道流所傳習呢？

〈刺法論〉又提到以小金丹祛疫之法，說：「小金丹方，辰砂二兩，水磨雄黃一兩，葉子雌黃一兩，此金半兩，同入盒中埋藥地下，七日取出，順日研之，三日，煉白沙蜜為丸。如梧桐子大，每日望東吸日華氣一口，冰水下一丸，和氣咽之，服十粒，無干疫也。」可見本篇對道教術法吸收極廣，存思、金丹、針灸、鬼神致疾、吞咽、守神諸法，靡不包攝。

這個例子，足以充分證明《素問》的傳習過程中，確有道教人士參與，且對該書有不甚同於一般醫家之見解與處理。據施沛說，逸篇二篇，乃羽士所傳；實則王冰亦為道流，其號為啟玄子。宋代以後，林億等人持醫道分途之見，不以道醫混同為然。但傳《素問》者仍多道教人士。邵博《見聞後錄》說：「郝允月夜行山間憊甚，憩一樹下。忽若大羽禽飛上其上。熟視之，一黃衣道士也。允拜手乞憐。道士曰：『汝郝允乎？』因授以醫術。晚遷鄭圃，世以神醫名之。」這位郝允就曾撰有《內經箋》。又《通志・藝文略》著錄沖真子《內經指微》十卷，亦是道教中人所為。《金史・劉完素》說劉氏字守真，「嘗遇異人陳先生，以酒飲守真，大醉。及寤，洞達醫術，若有授之者」，曾作《素問玄機原病式》，號通玄處士。其事蹟更是與郝允若合符節了。

《素問》是醫家最重要的典籍，也是巫與醫分途的里程碑。但是在《素問》問世及流傳之際，同時卻也存在著由巫醫發展來的道醫傳統。而且可能還不只是雙峰對峙、分流競進式的發展，而是頗有交集的，《素問》本身被道教人士傳習並予以發展之事實，足以讓我們對此狀況有所瞭解。今本《素問》顯得較為純粹，純為醫家之說，巫俗道術，不如《太平經》等道籍之多，焉知不是林億等人刪汰清理的結果?林本修改王冰本字六千多字,增注二千多條,足以使早期道與醫相融合的痕跡完全遭到抹殺。像「素問遺篇」那類道教素問,就更難見容於宋代以後聲勢漸大的儒醫傳統了。明吳昆《素問注》自序說:「最下異為一途,叛經行怪,類如《傷寒鈐法》《素問遺篇》,則妖氛爾、孛彗爾、白虹爾、薄蝕爾,非惟羲和憂之,具目者之所共憂也。」可以代表這些儒醫對巫醫道醫的鄙夷,一副道不同不相為謀的口吻。這在討論醫術時,固不妨有些堅持;若論史,那可就忽略了漢魏南北朝時期醫與道事實上仍難析分的境況了。

(六)道醫儒醫之糾葛

唐朝王冰注《黃帝內經素問》,多引道家道教語。如《上古天真論篇第一》引〈老子〉曰:「萬物負陰而抱陽,沖氣以為和」,「弱其志,強其骨」,「持而盈之,不如其已」,「物壯則老,謂之不道,不道早亡」,「知足不辱,知止不殆,可以長久」,「甚愛必大費」,「禍莫大於不知足,咎莫大於欲得故聖人曰:我無欲而民自樸」,「不見可欲,使心不亂」,「聖人為腹,不為目也」,「我獨異於人,而貴求食於母」,引莊子曰「全汝形,抱汝生,無使汝思慮營營」,「執道者德全,德全者形全,形全者聖人之道也」,「無為而性命不全者,未之有也」,「神全之人,不慮而通,不謀而當,精照無外,志凝宇宙,若天地然」,「體合於心,心合於氣,神合於無,其有介然之有,唯然之音,雖遠際八荒之外,近在眉睫之內,來於我者,吾必盡知之。夫如是神全，故所以能矣」，「聖人之於聲色滋味也，利於性則取之，害於性則捐之，此全性之道也」，又引〈老子河上公注〉曰：「有欲者亡身」，引《廣成子》曰「必靜必清，無勞汝形，無搖汝精，乃可以長生，故聖人先之也」，引《真誥》曰「常不能慎事，自致百症，豈可咎怨於神明乎」？

一篇文章，不過數百字，而注解引用了這麼多道家道教語來詮析文本，並不特別令人感到奇怪，因為整體《素問》所表現的人生態度，確實近於道家。不但其所用術語往往與道家相同，恬淡守樸、去世離俗、積精全神之主張，也正是道家所強調的。王冰引用道家乃至道教言論來詮釋它，應該說是頗能切合其肌理。

但只以老、莊來解釋《素問》並不夠。老、莊論陰陽甚少，大約只有「萬物負陰而抱陽」等語，又不論五行，不談音律，故為了說明《素問》「和於陰陽，調於四時」以及五臟配五行、五音、五方的理論架構，王冰又必須引用《易經》論陰陽乾坤、《尚書洪範》論五行，以及《禮記・樂記》的部分，來作些補充。

王冰注徵引儒家典籍者，僅此而已，引用《易經》時也是非常謹慎、非常有節制的，只有《金匱真言論篇》論五臟配屬說「西方白色，入通於肺，開竅於鼻，藏精於肺，故病在背，其味辛，其類金，其畜馬」時，才牽引易象云：「畜馬者，取乾也，《易》曰：乾為馬。」另外《天元記大論篇》說：「天有陰陽，地亦有陰陽，木火土金水，地之陰陽也，生長化收藏，故陽中有陰，陰中有陽。」他注：「陽中兼陰，陰中兼陽，《易》之卦，離中虛，坎中實，此其義象也。」論卦論象者，僅此而已。連漢人《易》學中流行的四正卦、十二月消息卦，在他討論人如何謂四時之氣時，本來是最容易徵引使用的，他也沒有這麼做。

王氏如此處理，在另一方面，也反映了《素問》與《易經》的關係。除了談陰陽的部分可與《易》關聯起來外，它與《易》卦《易》象都沒有太多干係。王氏偶爾引《易》之處，也都顯得牽強附會。如《陰陽離合論篇》：「帝曰：『原聞三陰三陽之離合。』岐伯曰：『聖人南面而立，前曰廣明，後曰太沖。』」所謂廣明，下文有解釋，云「中身而上，名曰廣明」，指身體正面的上半身。可是王冰注卻說：「南方丙丁，火位主之，陽氣盛明，故曰大明也。向南治物，故聖人南面而立，《易》曰：『相見乎離。』蓋謂此也。」這比用坎離來解說天地皆有陰陽之理，更為荒謬。

然而，這也可以看到一種趨勢：《素問》本身和《易經》沒什麼關係，可是卻有人總想替它們牽牽線、做個媒。這種傾向，在王冰之後越演越烈。

宋林億《重廣補注黃帝內經》即以《易緯乾鑿度》來解釋《素問》為什麼稱為「素問」，謂：「《乾鑿度》云：『夫有形者生於無形，故有太易、有太初、有太始、有太素。太易者，未見氣也。太初者，氣之始也。太始者，形之始也。太素者，質之始也。』氣形質具而疴由是萌生，故黃帝問此太素，質之始也。《素問》之名，義或由此。」這實在也是牽合附會之談。太素之說，起於《易緯》，黃帝時怎麼可能用此為書名？設若書名乃漢人所題，故用《易緯》之說，稱其書為《素問》，那麼書中又為何完全沒有講太始太素之類事？林億之所以會如此徵引，其實正顯示了他欲將《易經》與《素問》相關聯的用心。故《陰陽應象大論篇》說：「積陽為天，積陰為地，陰靜陽躁，陽生陰長，陽殺陰藏。」林氏等新校正便說：

陰長陽殺之義，或者疑之。按《周易》八卦布四方之義，則可見矣。坤者陰也，位西南隅，時在六月七月之交，萬物之所盛長也。安謂陰無長之理？乾者陽也，位戌亥之分，時在九月十月之交，萬物之所以殺也，孰謂陽無殺之理？以是明之，陰長陽殺之理可足矣。

以《周易》八卦分佈四方來解釋陰陽消息，實為王冰所不及論，但此風既開，四方八卦之說便氾濫於醫學之中了。《靈樞九宮八風》說「太一」在一年之中依次移居九宮，論者便以四方八卦來比附，表示為下圖：

太一」，是北極星，北極不動，北斗之斗杓則隨季節旋轉，古來均依斗杓所指十二辰來區分節氣，一年分為二十四個節氣。斗杓所指之辰，則稱為月建。例如冬至節，月建在正北。這是十二月與辰、方位、節氣的配合。另外，一年三百六十五日，分屬八個方位，稱為八宮，每宮得四十六日，天門地戶兩宮各僅四十五日。如果再將這八個方位跟上面所說的十二月、十二辰、二十四節氣配合起來，即是所謂太一移居，八宮各分配三個節氣；加上中央，共為九宮。

這種天文與節令的配合，本來是因醫學理論重在「調四時，合陰陽」而設，故八宮又配以八風。謂各節令有符合節氣的實風，主資長萬物；也有與時令節氣相反的虛風，主收殺萬物。所以人應注意驅避風邪。但它談八宮八方位，卻給了以四方八卦來論醫理者一個好機會，論者立刻將八宮和八卦結合起來，形成上面那樣一個圖表。

其實《靈樞》原文根本不曾談到八卦，八宮分別是葉蟄、天留、倉門、陰洛、上天、玄委、倉果、新洛。後人勉強以八卦與之配屬，遂只好刻意去解釋為什麼葉蟄宮是坎、新洛宮是乾。例如倪仲玉說艮居東北，主立春、雨水、驚蟄，「艮為山，正而不動」，故名天留宮。離居南，主夏至、小暑、大暑，「日月麗天，主離明在上之象」，故名上天宮。乾位西北，主立冬、小雪、大雪，「新者始也，洛書戴九履一，一乃乾之始」，故名新洛。凡此等等，都屬顯然可見之誤說。

換句話說，《素問》、《靈樞》可能在早期皆近於道家義，道家人士也是兩書的主要傳承者（日本多紀元胤《醫籍考》甚至認為：「《道藏》中有玉樞、神樞、靈軸等之經，而又收入是經。則『靈樞』之稱，意出於羽流者歟？曰靈樞、曰九虛、曰九靈，並是黃冠所稱，而九卷《針經》為其舊名也。」）。可是越到後世，它與儒家的關係就越來越緊密，由道醫逐漸發展為儒醫的軌轍也由此可見。

（七）道林養性與儒門事親

道教觀念具存於醫學中，而其後轉為儒家立場，其實是一種趨勢，並不僅表現在對《素問》、《靈樞》的解釋上。如隋太醫博士巢元方等所編《諸病源候論》，為我國第一部全面性的病因學專著，其中卷二十三即有《尸病諸候十二論》。什麼叫做「尸病」呢？

這完全是道教中的一個觀念，說：「人身內自有三尸諸蟲，與人俱生。而此蟲忌惡，能與鬼靈相通，常接引外邪，為人患害。」三尸，又稱三蟲。道教人士認為這三蟲不但會作祟讓人速死，更會窺人罪過，每逢庚申日就上天去打小報告。因此想修煉成仙的人，必須要「守庚申」「殺三尸」。唐張讀《宣室志》云：「凡學仙者，當先絕其三尸。如是則神仙可得。不然，雖苦其心，無補也。」講得非常明白。

其所謂守庚申者，正欲人斷除此三種情性，方可入道也。也就是說，把斷除不良情性的倫理要求，用一種宗教式語言來表達而已，身體內部是不可能有這樣三條蟲，也不可能因為有這三條蟲作祟而形成之疾病。

可是，在深受道教影響的醫學傳統中，三尸不但被認為是真實存在的三條蟲，也認定了有些病候即是三尸所引起的。巢元方《諸病源侯論》之所以會列出《尸病諸候》，就是由於這樣的背景。

據巢元方說，尸病包括諸尸、飛尸、遁尸、沈尸、風尸、尸注、伏尸、陰尸、冷尸、寒尸、喪尸、尸氣等各種情況，症候各異。這些症候，在其他醫書中可能會以邪風邪氣來解釋，但在此書中都以尸蟲作惡為說。其治療之法，除了湯熨針石之外，也採用道家的導引法，例如治伏尸法，即須叩齒二七次，咽氣二七次，反覆做三百通，做滿二十天。

採用道教導引法治病，不僅此一處，如治牙病，它主張於生日梳髮時，叩齒九通，默念咒云：「太帝散靈，五老反真。泥丸玄華，保精長存。左拘隱月，右引根。六合清練，百神受恩」，咒畢，咽唾三過（卷二九）。足見導引及咒術之治療功能，是它所充分肯定的。

這種情況，在孫思邈《千金要方》中一樣存在。孫思邈本人被道教尊為「藥王」、其著作收入《道藏》中，均非偶然幸致。卷一《大醫習業第一》開宗明義便說：

> 凡欲為大醫又須妙解陰陽祿命、諸家相法，及灼龜五兆、周易六壬，並須精熟，如此乃得為大醫。不讀老、莊，不能任真體運，則吉凶拘忌，觸塗而生。至於五行休王、七曜天文，並須探賾。

這是指醫生的修養方面，在醫法部分，他也很重視「養性」。卷二十七專就養性的問題，列了道林養性、居處法、按摩法、調氣法、服食法、黃帝雜忌法、房中補益等項。其內容則完全是道教觀點，認為養性才是無病長壽之本，去名利、除喜惡、戒聲色、絕滋味、存精神，然後再用存思、按摩、調氣等法。其說頗可與陶弘景《養性延命錄》之說互參。《千金翼方》中同樣保存了這個講法，卷十二《養性》、卷十三《辟穀》、卷十四《退居》、卷十五《補益》，可說即是《千金要方養性》的擴大與延續。卷二九及三十的《禁經》上下篇，更是咒禁治病的重要文獻。

宋朝以後，儒醫之說興起，「道林養性」逐漸不被醫家重視，醫生以「儒門事親」自附于儒林，對於鬼神致疾說大肆批評（如《儒門事親》卷一云：「瘧之甚者，則歸之怪祟，豈不大可笑耶？《內經》謂拘於鬼神者，不可與言至德，何世俗之愚而難化耶？」），也指責方士「謬說鬼疾，妄求符籙，神禱辟匿，法外旁尋，以致病人遷延危殆」。道林養性之說，概不敘及；按摩、調氣、服食、存思等法，亦極少採用了。

整體趨勢雖然如此，道教醫術仍間存乎其中。如金張從正《儒門事親》卷五談到治瘡癤腫瘤、瘡腫丹毒、金瘡、魚刺入喉，以及婦人乳痛、小兒身瘦肌熱、瘧疾不癒，乃至禁蠍，都用禁咒之法。其中治魚刺入喉之咒，明言出於《道藏》，是讓病人念：「吾請老君東流順，老君奉敕攝攝攝，攝法毒水，吾托大帝尊，不到稱吾者，各各現帝身，急急如律令，奉敕攝。」另外，最有趣的是，瘧病不癒則念禁果咒，請瘧鬼來吃桃子杏子棗子梨子。它原本是反對瘧鬼致疾之說的，可是在沒藥或久瘧不愈的情況下，也不得不採用禁咒之法。又，其書最末尾部分還談到辟穀絕食的方法，提供了一些辟谷的藥單。這些，都是它順著整個醫學傳統講下來，而尚未能以儒家觀點完全掃除道教醫術淵源的痕跡。它在理智面、醫理主張上，固然反對鬼神禁咒等法，儒門事親，也用不著辟穀絕粒，但終究不免仍有因循舊說的地方，道教醫術間或存身於其中。

情況類似的，是北宋元豐年間刊佈的《太平惠民和劑局方》。此書以方劑為主，其中即頗有道教祖師所傳之藥方，如純陽真人養臟湯、南嶽魏夫人濟陰丹之類。另有用符者，如催生符；用禁咒者，如產婦將生產時，用體玄子借地法，念咒向鬼神借地安產；又鋪產地草及床褥，念禁草咒；產時貯水念禁水咒。編者並相信方位宜忌之說，收錄了「胎神游方」、「推婦人行年法」、「逐日產母生子宜向方」、「逐月產母宜忌向方」、「逐日日遊神」等並非方劑的治法。

其後，政和年間奉敕編的《聖濟總錄纂要》後面也有三卷談神仙服餌之法，或烹煉砂石、或咀嚼松柏、或吐納、或斬三尸。情形亦略與《局方》相似。⑥

故真正能由道醫轉入儒醫，恐怕要遲到元朝的朱震亨。朱氏撰《格致餘論》，自序謂：「古人以醫為吾儒格物致知之一事，故名其篇曰格致餘論，未知其果是否耶？」雖推源於古人，語意上卻看得出是自立新說，故又云：「《素問》載道之書也，詞簡而義深。去古漸遠，衍文錯簡，仍或有之，故非吾儒不能讀。」句句扣緊儒家，將醫道納入儒者事業中來。

其《格致餘論》開宗明義，仿孫思邈《千金要方》，先談養性之要，但將道門養性之理論，轉為儒家的去嗜欲、收放心：

傳曰：「飲食男女，人之大欲存焉。」余每思之，男女之欲，所關甚大；飲食之次，于身尤切。世之淪胥陷溺於其中者，蓋不少矣。苟志於道，必先於此究心焉。因作飲食、色欲二箴。

這兩篇箴文，與稍後的《養老論》、《慈幼論》，把醫術和儒家的倫理觀完全結合起來了。

其書及《丹溪心法》也都全然不用禁咒、存思、服氣、辟谷、符籙諸說。影響所及，幾奪道醫之席。明成化年間程敏政替其《丹溪心法》作序，竟說：「醫之先，謂出神農、黃帝，儒者多不以為然。」對醫的傳統，儒者幾乎要重新構造了。

到了《四庫提要》，遂把醫家與神仙家的關係斷然切開，說：「《漢志》『醫經』、『經方』二家後有『房中』、『神仙』二家，後人誤讀為一，故服餌導引，歧塗頗雜，今悉刪除。」其實《漢書．藝文志》所載，乃將醫經、經方、房中、神仙合為「方伎」，說：「方伎者，皆生生之具，王官之一守也，太古有岐伯俞拊，中世有扁鵲秦和。蓋論病以及國，原診以知政。漢興有倉公。今其技術晻昧，故論其書以序方伎為四種。」明明說這四種都是治病生生之方伎。後世如南齊褚澄《遺書》一卷，論受形、本氣、平脈、津潤、分體、精血、除疾、審微、辨書，發揮人身血氣陰陽之理，《百川書志》就將之列為房中類，可見後人對於醫經經方和房中之分，也未必十分嚴格。

唐朝以後，醫書之涉於道術者，如《銀海精微》，舊題孫思邈撰，以目為銀海，乃道流之說，唐王燾《外台秘要》亦復如是，且多載服食鐘乳石法。宋以後，世傳師巫《顱顖經》，專論治小兒之法，而託名師巫，殆近於《銀海精微》之例，淵源所在，尤可征見。至於方劑之書，如《博濟方》，其中往往雜以方術家言，如云彭祖、夏姬、商山四皓曾煉杏仁為丹，服之可以長生飛仙。《聖濟總錄纂要》與此相同，亦有神仙服餌三卷。舊題東軒居士撰《衛濟寶書》則自稱其方傳自不老山高先生，與朱國楨《湧幢小品》謂許叔微夢見神人而通醫學，著《類證普濟本事方》者，亦復類似。然此僅謂其醫術由仙家術者傳授而已，另有鸞指方劑乃仙家降示者，如《急救仙方》六卷，收入《永樂大典》，其實即《道藏》太玄部中書也。

明朝醫籍，孫一奎《赤水玄珠》三十卷，顧名思義，本出於道家，故附論方外還丹，說以人補人采煉之法。其《醫旨緒餘》二卷，亦發明太極陰陽五行之理，以論心身臟腑，且引《黃庭經》以證朱震亨謂相火屬右腎之誤。熊宗立《素問運氣圖括定局立成》，亦為醫卜之書，以天符運會之說，用人生年甲子，觀得病之日，而推斷生死氣運吉凶，乃醫道之近於筮者也。董說《運氣定論》一卷，亦有此意味。

清魏之琇著《續名醫類案》六十卷，所載名醫，多屬道人。徐大椿著《神農本草經百種錄》《蘭台軌範》，則頗信服食之說。凡此之類，皆存道醫之遺跡者。又有陳士鐸《石室秘籙》六卷，自稱遇岐伯公等人於京師，親受其法，岐伯且自稱中清殿下宏宣秘籙無上天大帝真君，顯係道教中人扶乩所得。

另有《四庫提要》斷為依託者，如題杜光庭著《杜天師了證歌訣》、題太師劉真人著《大本瓊瑤發明神書》、題紫虛真人崔嘉彥著《崔真人脈訣》等等，亦均為醫學而涉於道術者。《四庫》所集醫書，限於清初以前，清代醫籍，似此者仍然不少。如祝登元《心醫集》即為道教養性功法之發揮。天休子《修崑崙證驗》，闡《內景黃庭》「子欲不死修崑崙」之說，主張以「揉」「曬」治病。而柏鶴亭等人所輯《神仙濟世良方》二卷，則全為神仙所傳醫方，凡一百二十七門病症方論，乃神授方系統中集大成之作，論道醫者，俱可取資。

四庫館臣之說，本諸儒醫的偏見，頗乖史實，故為辨正如上。

注釋

①劉完素傳張從正，稱為河間派。張元素、李杲、王好古則為易州派。兩派多在北方。南方朱震亨，號丹溪。

②宋許淑微曾仿《本事詩》之例，將所用藥方配合本事，編為《類證普濟本事方》十卷。

③以上所述，是對《四庫提要》的辯駁及補充。中國古無醫學史，《四庫提要》可視為第一部醫籍史論或醫學史論。且它以儒學發展史來架構醫學史，對後人啟發甚大。但四庫館臣論醫學，處處將儒醫並論，說「《漢志》醫經經方二家後，有房中與神仙二家。後人誤讀為一，故服餌導引，歧途頗雜，今悉刪除」，抑揚甚為明顯。不知儒學之中亦分漢宋，彼推揚漢學而沮抑宋學，正如論醫學時貶斥服餌導引等術，而稱舉儒醫也，僅得一偏，未為通方之論。且謂：「儒之門戶分於宋，醫之門戶分於金元。觀元好問《傷寒會要序》，知河間之學與易水之學爭。觀戴良作《朱震亨傳》，知丹溪之學與宣和局方之學爭」，不知此類爭執皆宋明理學中程、朱、陸、王之類，醫學史上更大的傳統變遷不只在這些小「門戶」上，而在從巫醫到儒醫的轉變上。

④唐代太醫署及尚藥局仍設有咒禁師，《新唐書．百官三》：「令掌醫療之法，其屬有四：一曰醫師、二曰針師、三曰按摩師、四曰咒禁師。」足證禁咒治病仍是正式被政府承認的醫術。

⑤我們不要忘了，太平道還有一個「身中神」的觀念。後來上清道以《黃庭經》、《上清大洞真經》為主，所發展的內視、服氣法，構成了道教養生學極重要的部分。這個部分，通常不視為「醫學」，但無可否認它具有明顯的醫療效果，可以祛病延年。因此，我認為這其實就是由太平道所開啟的道醫傳統之一部分，對身體采「內景」之說，而與用「經脈」理解身體的《內經》系統，分為兩條路子，但不能說只有用經脈解釋身體構造的才是醫學。

⑥明朝程敏政《丹溪心法序》刻意把巫與醫分立，說：「醫之與卜，並見於《周禮》，曰：醫師隸冢宰，筮人隸宗伯。並稱於孔子，曰：人而無恒，不可以作巫醫。巫，筮字，古通用也。然卜之先，實出於羲文周孔。則醫之先，謂出於神農黃帝，亦必有所從來。」

十五　以人為藥

（一）

以人為藥，自陶弘景以來，即載入《本草》。更早以前，則《太平經》中已經記錄了當時修道人士喝尿的風俗，可見由來已久。歷代流傳，迄今不絕，但爭論也很大。我在「人民網」上見一文，名《從本草綱目一書看古人治學的態度》，就痛批李時珍說月經水可以治病，母親眼淚滴入小孩眼中會生霧諸說，謂其缺乏科學實證精神。現代醫學大抵也都是這類觀點，不僅摒斥其說，亦基本上不采人體器官或爪甲液汁為藥。

然而，以人為藥，源流既久，至今亦仍盛行於民間，非可漠視；其與道教尤具淵源，似又不可不考。因就《經史證類備用本草》略為鉤稽其說，並粗考其事，以備餽聞。

採用《經史證類備用本草》，而不用上文所說的《本草綱目》，原因之一，是這本書徵引經史及宋代以前醫方中相關的資料最齊，且頗有考辨，可以看出各家對於以人為藥的不同觀點，與李時珍自成一家之言者不同，對我們反而較有用。二、此書乃擴充陶弘景《本草經集注》而來，引用經史文獻中，道書尤夥，如《三洞要錄》、《神仙秘旨》、《葉天師枕中記》、《道書八帝聖化經》等，皆足以觀知其與道教之淵源。

此書約編成於一〇九一至一一〇〇年間，北宋政和年間曹孝忠校刻。金又刻，乃稱《重修政和經史證類備用本草》。該書卷十五人部，凡列藥物二十五種，其目如次：

髮髲：味苦、溫、小寒，無毒。主五癃關格不通，利小便水道，療小兒癇、大人痓，仍自還神化。合雞子黃煎之，消為水，療小兒驚熱下痢。

亂髮：微溫。主咳嗽，五淋，大小便不通，小兒驚癇，止血鼻衄。燒之吹內立已。

人乳汁：主補五臟，令人肥白悅澤。

頭垢：主淋閉不通。

人牙齒：平。除勞，治瘧蠱毒氣。入藥燒用。

耳塞：溫。治癲狂鬼神及嗜酒。又名腦膏，泥丸脂。

人屎：寒。主療時行大熱狂走，解諸毒。宜用絕乾者搗末，沸湯沃服之。東向圊廁溺坑中青泥，療喉痹、消腫痛，若已有膿即潰。

人溺：療寒熱頭疼，溫氣。童男者尤良。

溺白涇：療鼻衄、湯火灼瘡。

婦人月水：解毒箭並女勞復。

浣汁：解毒箭，並女勞復亦善。扶南國有奇術，能令刀斫不入。惟以月水塗刀便死。此是污穢，壞神氣也。人合藥，所以忌觸之。此既一種物，故從屎溺之例。

人精：和鷹屎，亦滅瘢。

懷妊婦人爪甲：取細末置目中，去翳障。

天靈蓋：味鹹，平，無毒。主傳尸疰，尸，鬼氣伏連，久瘴勞瘧，寒熱無時者。此死人頂骨十字解者，燒令黑，細研，白飲和服，亦合諸藥為散用之。方家婉其名爾。

人髭

人血：主羸病人皮肉乾枯，身上麩片起。又狂犬咬，寒熱欲發者，並刺熱血飲之。

人肉：治瘵疾。

人胞：主血氣羸瘦，婦人勞損，面乾皮黑。腹內諸病漸瘦悴者，以五味和之，如餢飳法，與食之，勿令知。婦人胞衣變成水，味辛，無毒。主小兒丹毒、諸熱毒、發寒熱不歇、狂言妄語、頭上無辜髮立、虛痞等。此人產後時，衣埋地下，七八年化為水，清澄如真水。南方人以甘草、升麻和諸藥物，盛理之。三五年後拔去，取為藥，主天行熱病，立效。

婦人褌襠：主陰易病。當陰上割取，燒末服方寸匕。童女褌益佳。若女患陰易，即須男子褌也。陰易病者，人患時行，病起後合陰陽，便即相著，甚於本病。其候小便赤澀，寒熱甚者是。服此便通利。不爾灸陰二七壯。又婦人褌主胞衣不出，覆井口立下，取本婦人者即佳。

人膽：主鬼氣，尸疰，伏連。

男子陰毛：主蛇咬，口含三十條，咽其汁，蛇毒不入腹內。

死人枕及席：患疣，拭之二七遍，令爛，去疣。嘗有嫗人患滯冷，積年不瘥。徐嗣伯為診曰：此尸疰也，當以死人枕煮服之乃愈。張景年十五歲，患腹脹面黃，眾藥不解治。以問徐嗣伯，嗣伯曰：此石蛔蟲，極難療，當取死人枕煮服之。得大蛔蟲，頭堅如石者五、六升。病即瘥。沈僧翼患眼痛，又多見鬼物，嗣伯曰：邪氣入肝，可覓死人枕煮服之，竟，可埋枕於故處。如其言，又愈。王晏問曰：病不同，皆用死人枕而俱瘥，何也？答曰：尸疰者，鬼氣也，伏而未起，故令人沈滯，得死人枕治之，魂氣飛越，不復附體，故尸疰自瘥。石蛔者，醫療既癖，蛔蟲轉堅，世間藥不能遣，所以須鬼物馳之然後乃散。故令煮死人枕服。夫邪氣入肝，故使眼痛而見魍魎，須邪物以鉤之，故用死人枕之氣。因不去之，故令埋在塚間也。

夫衣帶：主難產。臨時取五寸，燒為末，酒下。褌帶最佳。

衣中故棉絮：主卒下血，及金瘡出血不止。取一握，煮汁溫服之。新棉一兩，燒為裡末，酒下，主五野雞病。

新生小兒臍中屎：主惡瘡，食瘜肉，除面印字盡。候初生，取胎中屎也。初生臍，主瘧。燒為灰，飲下之。

（二）

以上所列二十五種，說明極不規範，有些長、有些短；有些注明寒溫及有毒與否，有些則無；人髭一條，甚至根本沒藥效的說明，只講了太宗剪髭燒灰給李靖治腫瘡之故事。但宋仁宗也剪髭給呂夷簡治病，其病卻不知為何。

二十五種人藥中，也有不少並非人體之藥，而是人事藥，如衣中故棉絮、夫衣帶、死人枕、死人席、婦人褌襠、浣褌汁等。以此為標準，檢查其書，便會發現人部以外其他各卷也多有此類藥，例如卷四所收皆土石類，卻也有以下這些藥：

寡婦床頭塵土：主人耳上月割瘡，和油塗之效也。

正月十五日燈盞：令人有子，夫婦共於富家局會所盜之，勿令人知之，安臥床下，當月有妊。

富家中庭土：七月丑日，取之泥灶，令人富，勿令人知。卷三金石類藥中亦有下列各藥：

布針：主婦人橫產。燒令赤，納酒中七遍，服之。可取二七布針，一時火燒。粗者用縫布大針是也。

枷上鐵及釘：有犯罪者，忽遇恩得免枷了，取葉釘等，後遇有人官累，帶之除得災。

印紙：無毒，令主婦人斷產無子，剪有印處燒灰，水服之一錢，神效。

這些都是人事藥。人事藥其實類似感應巫術，東西本身皆非藥材，是靠它與人事間的關係構成感應狀況而產生療效的。但此類人事藥之療效，我甚以為疑。正月十五燈盞可令人有妊；小孩難產，用婦人褌蓋在井口催生；或把印書紙燒了吃，就會斷產無子。這類藥及和藥法，大概都不可究詰。存之以見當時之觀念則可，若真以為是藥學醫術，則不妥。換言之，此類資料，正是當日醫書采摭道書或援用道教觀念及術法之痕跡。後世道與醫分，醫亦與道漸分，只從醫學角度來看此等資料，自將斥為不經。

而人體藥的部分，乳汁、人胞大概是最常用且少疑義的了。人都喝人乳長大，《經史證類備用本草》說它可以「補五臟，令人肥白悅澤」，很少人會反對。不過，人乳到底性冷或性平，醫家猶有爭論，故該書注云：「臣禹錫等謹案：蜀本云人乳味甘，平，無毒。日華子云：人乳冷。」

人乳的功效，除可長人外，主要是治眼睛、治月經不通和治中風、解毒。

《聖惠方》說人中風不語，舌根強硬，可用陳醬五合、人乳五合，研和後用生布絞汁後服。乳汁治眼疾及月經不通，則《衍義》解釋道：「人心生血，肝藏血。肝受血則能視。蓋水入於經，則其血乃成。又曰：上則為乳汁，下則為月水。故知乳汁則血也，用以點眼，豈有不相宜者？血為陰，故性冷。臟寒人，如乳餅酪一類，不可多食。」連乳汁性寒都一併解釋了。

但《本草備要》記人乳之功能，與《經史證類備用本草》並不一致，云其性甘鹹，寒滑，可治風火症。或謂治老人便秘最佳。李時珍則做調和折衷之論，云：「人乳無定性。其人和平，飲食沖淡，其乳必平。其人躁暴，飲酒食辛，或有火病，其乳必熱」，看來食了有益或無益，仍待進一步研究。不過《本草備要》提到制人乳粉的辦法，卻是唐氏書所沒有的。

人胞則是俗稱的紫河車，小孩的胎衣。除上文所引各種藥效之外，注引《梅師方》云亦可暴乾為末，治草蠱、蛇蠱。《本草備要》對此藥之療效，推崇過於唐氏書，謂其甘鹹性溫，大補氣血，治一切虛勞損極、恍惚失志、癲癇。用法是洗乾淨後用酒蒸焙，乾後研末，或煮爛搗碎入藥，亦可調和煮食。

李時珍對於用胞衣入藥並不很贊成，他認為胞衣乃小兒身體的一部分，所以它的命運應與該小兒連繫在一塊兒。引崔行功《小兒方》的記載，說小孩的胞衣若被狗吃了，小孩會癲狂；若螻蟻吃了，小孩會瘡癬。因此人其實不該吃這種東西：「雖曰以人補人，然食其同類，獨不犯崔氏之戒乎？以故本集如天靈蓋等，概不入錄。」

立場與李時珍相似者，為何鎮《本草綱目必讀類纂》，其序曰：「人為萬物之靈，古人惟采剩餘，他置勿用。茲亦凜遵遺意，只列河車乳汁數種。」乳汁與胞衣，乃是勉強列入的，基本上並不贊成吃。

連胞衣都如此勉強，唐氏書中所列人血、人肉、人膽、天靈蓋，爭議就更大了，除了何鎮的說法外，《神農本草經》注也說該經之用人髮，是用刑人或童男之髮，「不忍取人髮用之，故用剩餘也。方家至用天靈蓋，害及枯骨，卒不能治病，古人所無矣」。

持此說者，是因《神農本草經》只列人髮一種，其餘諸人體藥均不用，故如斯云云。《本草備要》則收了髮、人牙；人血、人肉、人膽、頭蓋骨等，也同樣未收。因此比較起來，唐氏書受方家影響比較大，其論頭蓋骨及人膽之作用，亦輒與鬼事有關。云天靈蓋可治鬼氣伏連，人膽亦然。此當為方士語，非盡為醫術也。

人體藥除上舉各項之外，就是所謂的剩餘了。如頭垢、耳屎、大小便、月水、精液等，皆人之排泄或分泌物，也就是剩餘。

頸垢耳屎，他書所未載；云耳屎可治癲狂鬼神，且名泥丸脂、腦膏，當亦是方家所慣用者。

人屎則《本草備要》僅列人中黃，並不直接以糞便入藥。人中黃有兩說，一是糞缸邊上的陳年積垢，煆性存用；一是用竹筒塞甘草末，塞緊後，於冬天放入糞缸中浸泡，春天取出洗曬，取甘草用。功能與人屎其實略同，都是解熱劑。該書另載糞清一目，功能亦同。法用棕皮棉紙，上鋪黃土，淋了糞以後，放入甕中，埋進土裡一年。據說清若泉水，全無穢氣，可治痘瘡痰火。

屎之功用如此，尿亦有大用。尿，一是用人中白。與人中黃相似，或云即尿桶上的陳年穢垢。據說以蒙館童子尿桶、山中老僧尿桶上刮下來的最好。原因不難瞭解。煆性後研用，可治肺瘀、勞熱消渴、痘瘡、牙疳、口瘡，降火散瘀。

另法是直接用尿。若是自己尿了自己喝，就名輪迴酒或還元水。若用他人尿，則最好是用童子尿。其效解降火滋陰，潤肺散瘀，與人中白差不多，但似更有效。《本草備要》說：「治肺痿失音，吐衄損傷，胞胎不下。凡產後血暈，敗血入肺，陰虛久嗽，火蒸如燎者，惟此可以治之。」注又引晉褚澄《勞極論》云：「降火甚速，降血甚神。飲溲溺非無一死，服寒涼藥百無一生。」功效勝過其他的降火藥。因此注又說：「凡跌打損傷，血悶欲死者，擘開口以熱尿灌之，下嚥即醒。一切金瘡受杖，並宜用之，不傷臟腑。若用他藥，恐無愈者，反致誤人矣。」

用童尿之法，是指十二歲以下男童。若不食葷、腥、酸、鹹者為尤佳。去頭尾，只用中間一段，熱飲。也可配薑汁、韭汁，以散痰。

若不直接用童尿，就可煉成秋石。其法是每月收集童尿注入缸中，每缸用石膏七錢，以桑條攪動，澄後倒掉液水。兩三次後，再加入秋露水攪澄。幾次以後，倒在重紙鋪灰上，曬乾，刮掉底下重濁者，獨取上邊清輕者，便稱為秋石。

據《保壽堂方》說，童男女之尿均可製為秋石，但須分開煉。煉成後，呈白色粉末狀，和勻了，加上乳汁，日曬液露，乾了再加乳，四十九日後，收貯配藥。可是也有醫書主張直接食用，例如腫脹忌鹽的人，就可以秋石拌飲食。故其用不止於配藥。

秋石是著名的藥，《本草備要》說它滋腎水、潤三焦，養丹田、安五臟、退骨蒸，治虛勞咳嗽、白濁遺精，為滋陰降火之聖藥。不過，也有人認為尿一旦煅煉之後，真元已失，效用實不如童尿。所謂煅煉，是說一般煉秋石並不採用上面所說的方法，而是雜收人尿，以皂莢水澄之，日曬火煉。日曬是陰煉，火煅為陽煉。煉成的秋石，若服用得多了，虛陽妄作，反而會生燥渴之病。另外，《備用本草》載煉秋石之法又不同，乃是用鍋煮，乾後細研，再放入盒內，入炭爐中煅之。如此，秋石便成了大補之暖藥，謂可悅色、進食、益下元。它又鼓勵人服食，云：久服，臍下常如火暖，諸般冷疾皆癒。

人屎人尿，除此之外，尚有諸多功能。例如人頭痛、小兒不生牙齒、被蛇狗咬了，都可用尿來治療；尿且可明目益聲，潤肌膚，詳見《備用本草》。人屎又治小兒陰瘡，產後陰下脫等，亦詳該書。總之，乃聖藥也。

人的排泄物，除了屎尿以外，尚有男精女血，這也是大有作用的。精液可以和鷹屎白作藥用，減瘢去痕。此法也可以像煉小便為秋石一樣，把精液用青竹筒裝了，在火上煅冶為汁。若不煉或和鷹屎為藥，也可直接塗，治金瘡血不止。

女人月水則較男人精液更神奇，凡虎狼瘡傷、骨刺被毒、箭鏃在身，以經血塗或燒末服用，都可痊癒。《備用本草》注引《博物志》云：「交州夷人，以焦銅為鏃，毒藥塗於鏃鋒上，中人即沸爛，須臾骨壞。以月水、屎汁解之。」

女人的洗內褲水（其實是沾了經血的作用）、懷孕女人的指甲，也有類似的功能，後者可治翳障、催生、治婦人淋。

另一類，非排泄物，乃分泌物，如耳屎頸垢等均是。頸垢可治噎，療勞復，治中蠱毒、蕈毒、馬肝或鳥獸自死之肝中毒、蜈蚣毒、竹木刺傷。唐氏書引《服氣精義方》云淮南王劉安，燒己髮合頸垢等分合服，如大豆，三丸，名曰「還精」，令頭不白。耳垢，則可治癲狂及嗜酒。

還有一種髮髲（音被）。它到底是什麼，諸家說法不一，陶弘景云不知它為何物，疑是老人斑髮，又或謂為童子髮。唐本注云為髮根。髮根非毛囊即頭皮屑，焉得有如許多髮根可用，實在不易明白，但總之也是剩餘之一種。所謂剩餘，都是人體不需要或排泄於體外的東西。牙齒頭髮之類，固非身體所不需，但它會脫落，故亦等於剩餘放棄之物。頭髮可治咳嗽、大小便不通、小兒驚癇，止血。亦可合藥煎膏，涼血去瘀長肉。牙齒則唐氏云其性平，除勞治瘧，亦可治蠱毒、箭毒。《本草備要》卻說它鹹溫有毒。李時珍更認為某些病伏毒在心，若誤服此藥，反而鬱悶聲啞，難以救治。可見牙齒的藥用功能尚有疑議。

《備用本草》中另有與此相關而不見於其他醫典的，是新生小兒臍中屎，謂其主治惡瘡、瘜肉，可除去臉上的金印字，燒臍為灰飲之。此外就是男子的陰毛，此亦毛髮一類。主蛇咬。云口食二十條陰毛，咽其汁，就可令蛇毒不入腹內。

（三）

依上所述，以人為藥，略分三類：一為人肉、人血、人胞、人膽、天靈蓋等，屬於人身體上的某一部分；二為剩餘物，如毛髮、牙、乳、頭垢、耳塞、屎、尿、精、月水、指甲等；三為人事藥，指浣褌汁、死人枕、夫衣帶、衣中故絮、婦人褌襠等。

這三類，許多是有長期醫療實踐，證明是有療效的，例如喝童尿可活血，治傷甚驗，精液去斑除瘢，亦具功效。但大部分仍多爭議，如人乳雖然小孩都吃，可是作為藥用，其性到底是平是冷，迄無定論。秋石則或為降火藥，或為暖藥。牙齒或云性平，或云其鹹溫有毒。至於人肉人血人胞人膽人的頭蓋骨，是否宜於入藥，更多爭端。這些爭端，一部分是倫理及心裡的原因，一部分也是醫學效用上的原因。

就算醫學上確具治療效果，倫理或心理上的爭議仍在。像童尿人屎這些排泄物，吃起來不噁心嗎？何以用藥竟會採及剩餘？按理說，剩餘物排泄物，當然都是已經沒用的東西，為人體所不能吸收，故排泄了出來，為什麼反而可以用做藥物使用呢？

這些疑問，未必不能解釋。因為以鄙穢物為藥，而且是聖藥、好東西，在中醫體系中是普遍現象，並非對人體特別採此觀點。

例如麝，是一種鹿類動物。在牠的臍下接近陰部處，有種分泌物，小如金橘、大若雞卵、剝之有兩層，膜中藏有液體。新鮮時稠厚如膏，乾了就像大小不等的顆粒，氣味馥烈。自古以來，稱為麝香，是著名的興奮劑香料。據說驚悸將死者，用麝香和醋灌救，都能聞泌通竅。故不僅可供化妝打扮之用，亦可作藥用。

另有一種龍涎香，是鯨魚腸及膀胱所分泌的凝結物。功用與麝香相同，也是著名的香料、興奮劑及回甦藥。

龍涎香與麝香，均生於隱鄙之處，原本是臭不可攖之物，但在中醫體系中卻都是奇珍，奉為聖品。

另有一種聖品叫做牛黃。牛黃傳說可分四種，角中黃、心黃、肝黃、生黃。都是牛有病所生長出來的。據稱凡牛有黃者，入夜身上有光，時時吼鳴。在牠吼鳴時以大盆水置其前，讓牠吐出者，是生黃。死後刺得者是肝黃或角中黃。牛黃也有香氣，但主要不是用為香料，而是用來解毒、清熱。牛黃解毒散，即為著名之中藥。

情況與牛黃類似者，為馬寶、狗寶。馬寶又名赭丹，乃病馬腹中所結，小者如豆，大者如雞蛋，甚或大如西瓜，主治癲癇、驚悸、毒瘡。黃協塤《鋤經精舍零墨》云：「馬黑者，生馬腎間，一名赭丹，又名鮓答。凡番兵事急，持之念咒，輒能致風雨，突圍而出。」則竟有巫術般的效果了。狗寶，生癩狗腹中，可治癰疽瘡瘍。

這些東西都是動物身上的瘡疣病痛，類乎結石。牛馬身上長得這種東西，大抵命都活不長了。情況正如蚌裡面生的珍珠。蚌因病而有珠，病癒甚，珠愈大愈美，所以珍珠有點像蚌的淚珠，是在痛苦中孕育出采的。牛黃馬寶等物，也是牛馬身上熱毒所招。

人取珍珠以為美飾，割牛黃馬實以治毒化痼。所取者，在牛馬蚌介來說，乃其贅物、穢物、瘡疥之疾。然人取之則名之為「寶」。斯則與麝香、龍涎香為陰部分泌物相似，以臭為香、以疥為寶，蓋已久矣。

為何要如此以臭為美，以疥為寶？

我們不妨說人類文明之創造性即在此。蕭艾即是芳草、穢物即是靈物，端看怎麼個用法。能用之，牛溲馬涬，皆有其大用妙用；不善用之，黃寶結在身上，徒然痛苦憔悴以至死，毫無用處。何況，香穢一也，疾疹即是物寶，更有點道家哲學意蘊存乎其間。

因為這些穢物，不但有藥效，更具有避邪等神聖功能。頭垢可以去「百邪鬼魅」，耳垢可治「顛狂鬼神」，人尿可治「鬼氣疰疾」。

其中尤以女人的月經水最神奇。平時大家認為女性「不潔」的主要原因，即因女人會有月事。月事來了，稱為不乾淨。若有婚喪嫁娶、神祀賽會、開光啟航等禮儀，也都不准有月事的女人參加，以免犯忌諱。但此所謂犯忌諱，既是由於它的污穢，也是因為它的神奇。什麼神、什麼鬼，一旦碰到了月經水，就都會破功，所以才須避忌。《政和備用本草》中說「扶南國舊有奇術，能令刀斫不入。惟以月水塗刀便死，此是污穢壞神氣也」，或清《螢窗異草》載，康熙間一位吳縣婦女為了保護貞操，用月水抵禦鬼神的侵犯：「婦猶懼神來，以清水漬其穢汙，如紅泉赤浪，貯於溺器，以備不虞。而神道絕跡。」這類故事，在筆記及小說中是極常見的。

污穢即是神聖，這個邏輯也表現在語言上。例如：人尿又名還元湯、輪迴酒，稀釋過的大便又叫黃龍湯，月經水又稱為天癸，鶡糞便又稱五靈脂，蚜蟲的大便則稱為甘露（唐代文宗時引發的「甘露之變」，即指此物。文宗曾親自採嚐）。穢物而有嘉名，既是忌諱，又是敬重。

此不只是高下相形、美惡相生，且是一物同時既神聖又污穢，同出而異名，與我國文字的特色恰好相符。這項特色，叫做正反合義。也就是一個字同時兼有完全相反的兩個意思。例如輕薄短小的薄，誰不曉得是稀少單薄的意思。可是「國慶佳節，薄海勝歡」的薄，卻是普遍、龐大之義。與薄字相關的一些字，如溥或大氣磅礴之礴，亦都有大義。所以，薄既是少又是多，既是大又是小。

又像離，分離之離，當然是指分開、離別。但它同時也指會合，故《楚辭・離騷》，應劭、班固、顏師古都說《離騷》即「遭憂」之意，騷為牢騷，離即遭逢。天文學上說的「月離於畢」《尚書・洪範》，也不能理解為月離了畢星，而是月附麗靠近於畢宿。

止，也是如此。它是停止之止。然其字象形，指腳趾之趾。從止之字，輒有行走之意。《論語先進篇》：「以道事君，不行則止。」也不是說以道事君，君若不聽就算了，苟且從事即可；而是說國君若不願行道，我們就走人不幹了。止，就是走的意思。這就像武字。武乃是一個人荷著戈去打仗，故字從止從戈。可是《左傳》裡又說「止戈為武」，能不打仗、止戰才真稱得上是武。可見止既是走又是停。

這樣的例子，舉來簡直無窮無盡。如《論語》裡說：「余有亂臣十人。」亂臣其實是治臣，亂就是治，故《廣雅》說：「料、亂、紕、督、雉、敕、伸、摞、撩、統，理也。」不但亂就是治理，紕漏之紕、撩亂之撩也都有治理條理之意。又如讓當然有謙退之意，不過它同時也指批評、詰難。像劉歆寫過一篇罵人的文章就叫《讓太常博士書》。那可不是遜讓，而是責難太常博士哩。矜，則既是憐憫矜惜他人，又是自我尊大驕矜之矜。戾，既是乖戾暴戾，又是美好，《詩經・小雅・采菽》說：「優哉遊哉，亦是戾矣。」而那乖戾的乖字，不也既乖巧柔順又逆忤乖張嗎？

乖就是不乖，治就是亂，廢就是大，歸就是去，危就是正，厭就是滿意，嗇就是貪，戲就是怒，窕就是大凡此等等，都是隨手可得的例字。

這是非常特殊的語文現象，非常容易讓初學中文的老外一個頭兩個大。可是，在我們社會中，除了少數正反合義字須用破音改讀或加形符（如厭與饜）來區別之外，一般人通常並不會覺得有什麼辨識的困難。沒有人會在看見「超薄型」衛生棉廣告時，以為那是超大型；也絕不會把薄海騰歡誤以為是大家都不快樂。為什麼呢？

因為這很符合我們中國人對這個社會、對生活、對人生的理解。在中國人看來，福兮禍所伏，禍兮福所倚，有無相生、高下相形，一件事也總有正反兩面。所以治就是亂，亂就是治，難說得很。

由於世事禍福相倚、有無相生，所以繁華退散的花落之際，才是成就之時。落既是消降，也是完成。我們說「大廈落成」就同時指工程結束與樓宇建成。人在花落時節，總不免感傷以為那代表了生命中的消亡與殞滅；卻不能不瞭解到花落蓮成，繁華落盡見真淳，才是人生真正有所成就的境界。

更進一步說，爭什麼大小，比什麼繁盛與散落？大即是小，落即是成。眇目之眇、藐視之藐，不都是小的意思嗎？但它又皆是極大，《楚辭》「神高馳之邈邈」，《詩經》「藐藐昊天」。眇即是渺，《楚辭》「路眇眇之默默」，《管子》「眇眇乎如窮無極」。此正如薄同時是極小也是極大。莊子《逍遙遊》講的那條鯤：「北冥有魚，其名為鯤，鯤之大，不知其幾千里也。」也是如此。古人老早指出，鯤本指小魚卵。魚卵是極小的，但極小也就是極大。知小大一如，乃知逍遙。

此非玄談，世事本來如此。據《廣雅・釋詁》說，同儕即為敵讎，辛勞就是惰怠，妄誕就是誠懇可信，虔敬即是殺戮，從容即是從恿。一切均是非相形，同時具有正反兩面的。

造字命義時，意義世界即本於我們對現實生活世界的真實體會而來，故若仔細思量這些字，或許能幫我們悟道。而整個中醫體系，亦與文字一樣，體現著我們的感情觀念，神聖與污穢，乃同一體事，也是正反合義的。

（四）

以穢物為藥用妙品，不但符合中國人的人生體會，尤其是符合道家哲理；整個用藥治病的描述，包括對疾病的理解，對療效之說明或治藥之方法，也都帶有濃厚的道家道教色彩。

前文說過，《備用本草》中徵引道書甚多。但徵引此類道書時常常不是現代醫學式的談藥效藥用，旨在治病，而是服食或保養性質。例如亂髮條，引《服氣精義方》：「劉君安曰：欲髮不脫，梳頭滿千遍。」此即非治疾，乃是養生之法。同理，頭垢，亦引《服氣精義方》云：「燒己髮合頭垢合服，名還精，令頭不白。」這也是服食之法，又謂秋石「久服去百病，強骨髓補精血，開心益志」，亦屬服食。

另有一部分，是厭勝。如云：「人髮掛果樹上，烏不敢來食其實。又人逃走，取其髮緯車上卻轉之，則迷亂不知所適矣」，「狂見鬼者，絞人屎汁，飲數盒」，「治鬼舐頭，取兒類，臘月豬脂和傳，舍瘡未愈而交接，血出不止，取與交婦人衣帶：寸燒研末，水服，尸瘡者，兒氣也，伏而未起，故令人沈滯，得死人枕治，魂氣飛越，不復附體」等，都是厭勝之術。所以女患陰易，便須男子褌，男患陰易，則用女褌；婦女難產，又要用夫之褲帶燒來下酒。

治藥之法，則重陰陽相發。如天靈蓋，取得後，要用煻灰火掩一夜，待穢氣出盡，再用童子尿在瓷鍋中煮一伏時滿，漉出：屋下掘一坑，深尺許，仍將它放入其中一伏時，這樣，天靈蓋才能「魂歸神妙，陽人使陰，陰人使陽」。秋石則因要讓它具有火性，所以要刮在新瓦上，用火逼乾，入麝香，用酒下。或用鍋煮，入炭爐中煅，「其藥末常近火收，或時復養火三、五日，功效大也」。

重服養之法、講厭勝之術、煉藥之時強調陰陽水火，都具有道教色彩，非尋常所謂醫藥之事也。所用藥及所欲療之疾，多涉鬼物，亦非一般醫術範圍，尤其特別的是神化之說。

在解釋髮髲之作用時，《神農本草經》謂其「療小兒癇、大人痓，仍自還神化」，陶弘景對此已不能瞭解，說「神化之事，未見別方」，《備用本草》有「臣禹錫等按蜀本云：《本經》云仍自還神化。李云：神化之事，未見別方」。

按《異苑》云：「人髮變為鱔魚，神化之事，應此者也」。《本草備要》則考證道：「髮入土，千年不朽，以火煅之，凝為血質。煎煉至枯，復有液出。誤吞入腹，化為症蟲。煅煉服食，使發不白。故《本經》有自還神化之稱，陳藏器曰：生人髮掛果樹上，則鳥鳥不敢來；又人逃走，取其髮緯車上縛之，則迷亂不知所適。此皆神化。」這樣的說解，看來仍是莫名其妙，或指人髮變化，或指人髮很神奇，千年不朽、火煆凝血，煎煉出液；或謂具厭勝作用，十分神秘。但不管如何，這種神化之說在醫學上並無意義，只具有宗教性的人髮崇拜性質。

對人血、人肉、人胞、天靈蓋之藥用功能描述，大約也都具有身體崇拜性質。我們別忘了，像人血這類物事，許多民族都認為它具有靈性神性，古人殺俘祭旗，歃血為盟，其作用便與殺牛羊，以其血釁鐘相似，要以血來令對象產生靈性。鍛劍時，滴血入爐，亦是此意。

視血為具靈性之物固同，吃不吃血卻可能完全相反。古代中國人是吃血的，習俗上說吃腦補腦、吃血補血，就是此意。日常生活中，豬血、雞血、鴨血，食用甚為普遍，灌腸時也有做血腸來吃的辦法。人血以其難得，雖不常用，但入藥食用，邏輯上並無特殊之處。

不過道教祭祀，本分二路，一種是依循傳統的，也就是古代宗廟血食的傳統，祀人鬼及山川諸神，均須殺牲為祭。鬼神是要血食的，所以祭品叫做犧牲。另一種卻是反傳統的，例如早期天師道上清道就主張不殺牲為祭。

《正一指教齋儀》有戒十二法，其一即為：「不得食食血有生氣之物。」其後發展成茹素、不殺生的路數。

在醫典中呈現出來的，主要是前一路。但對於用人身藥，歷來都有爭論，反對者其實也就代表著道教中後一路的觀點，故《備用本草》在天靈蓋一條下有按語云：「《神農本經》，人部唯髮髲一物外，餘皆出後世醫家或禁術之流，奇怪之論，殊非仁人之用心。世稱孫思邈有大功於世，以殺命治命，尚有陰責，沈於是也。近數見醫家用以治傳尸病，未有一效者。殘忍傷神，又不急於取效，苟有可易，仁者宜盡心焉。設云非此不可，是不得已，則宜以年深塵土所漬朽者為良，以其絕尸氣也。」此雖僅論天靈蓋，但所指包括所有人體藥。訴求的，固然是道德，卻明顯批評著「禁術者流」，亦即其他利用人體骨肉胞血之神靈性質以進行禁咒的道派。

反對殺命治命且不太用人體藥者，還反對飲小便、煉秋石，謂其為小道旁門。他們與強調小便經水如何如何神妙的人，看起來確實頗不相同。但是，不主張用天靈蓋人血人便人尿的道派，也不能說他們就不重視或不採用身體藥，只不過他們食用的身體藥是另外一批罷了。

前文已提過，在《備用本草》中已記載了不少服食煉養的資料。把這些人體藥拿來服食煉養和只以它們做醫病之藥，可以是兩回事，但道教往往將之並為一談。因為治病與保養乃一體的兩面，在道教「貴生」思想底下，兩者本應合論。故醫方藥典固以治病為主，依然不廢服食養生。而服食者，一方面服食草木之藥，一方面也把人身之藥這個觀念竭力發揮著。

陶弘景《養性延命錄》開宗明義，《教誡第一》就把老子「谷神不死，是謂玄牝，玄牝之門，是謂天地根」解釋為：「天食人以五氣，地食人以五味，入為刑骸骨肉血脈，故鼻為玄，口為牝。」因此，養性延命之道，便是服氣與服食。可是兩者之中，吃氣又更優於吃穀吃肉，所以說：「不食者，不死而神。傳曰：雜食者百病妖邪所重。所食愈少，心愈開，年愈益。」但人怎能真不吃呢？他遂提倡吃自己的唾液：「飲食自然。自然者，則是華池。華池者，口中唾也。呼吸如法咽之，則不饑也。」此是以津液為食。《雜誡忌禳害祈善篇第三》云：「玉泉者令人延年，除百病。玉泉者口中唾也。」則是以津液為藥。

這個觀念爾後大為流行，強名所注《真氣還元銘》曰：「靈芝在身，不在名山。靈芝，草也，在身。在人身中也，指元氣是也。」亦即運用身體本身的元氣或津液或什麼做藥服食修煉便可，不必再去餌草木金石之藥啦。

內丹一路，所發展的就是這種思維，陳虛白《規中指南》說得明白：「夫採藥者，採身中之藥物也。身中之藥者，採之之法，謂之收拾身心，斂藏神氣。心不動，則神氣完，乃安爐立鼎，烹煉神丹。」

藥乃身中藥，鼎爐則是身體軀殼，李清庵《三天易髓》所謂「外象為鼎爐，中間是藥材，誠能收拾得，即刻結靈胎」，即此之謂。丹家對於這身中之藥究竟指什麼，見解很不一致，因此派別法門甚雜，但其基本理論便是采身中藥。整個修煉的過程，也是模仿採藥烹煉。如何安爐、如何入藥、如何起火、如何攢簇火候、如何溫養，這些製藥的譬喻，充斥於各類丹經中。

服氣或內丹這一類道士，都不主張餌草木金石之藥。他們所說的人身中之藥，早期說唾液，還勉強可說是有物質性的實物，與人血人屎人溺相去不遠，性質相同，可是後來就愈來愈虛化，講精氣神或身中之水火鉛汞。但不論如何，此亦人身藥這個觀念之發展與運用。形態上似乎與講人身藥，吃小便、煉人中黃人中白者相反，而實是秘響潛通、條理一貫的。

（五）

舍普《非正規科學》一書曾記載他去採訪伯努瓦，討論人種醫學和醫學人類學的問題，伯努瓦談到許多病都與文化有關，病人按其文化教給他的編碼來描述疾病的意義，因此他說每個社會都有一種英語稱做culture-bound syndromes（與文化有關的綜合症的疾病）。這種病，只能放在特定社會裡考察（第六章，萬佚等譯，三聯書店，二〇〇〇）。這個通理，非常易懂，比如中國人講腎虧、肝火上升，推崇割股療親，就屬於此類。藥的情況也一樣。把什麼當藥、把什麼不當藥，也是與文化有關的。在我們的藥書中，把人歸入一類，跟草木金石蟲魚鳥獸相同，是從《神農本草經》已然的，歷代相沿弗替。現代醫學中才漸不講這一套，但在民間及方術界使用卻仍然非常頻繁，可說是中醫體系中文化特徵非常明顯的一環。

這個特徵，又與道家道教關係密切。道教養生，從餌草木金石之藥，並把人體藥當成本草的一部分開始，逐漸放棄一切草木金石之藥，不假外求，認為只要煉身中藥便可成仙不死，實是人身為藥這個觀念充極盡致的發展。人身藥在藥的性質和作用上，高踞鼇頭，非其他任何藥所能比擬，所以又稱「大藥」或「至藥」。

醫方藥典中，雖然對人身藥推崇不如此之高，只列為其中一部而已，但紫河車、還元湯、破棺湯、泥丸脂之類稱呼，仍說明了它們地位非凡。某些惡疾，非它們不能治，在解毒、治鬼方面尤具奇效，平日服食，亦具補益之功。

許多道教人士也發展這類藥，倚為術法，此即《備用本草》所指禁術之流。其流源遠流長，起碼《太平經》中就提過當時修道人「或飲小便，或倒懸」。其後煉小便為秋石，或煉女人月水為紅鉛者，踵事增華，門派繁多，亦學道人所不甚諱言者。

我認為談中醫史及道教者，均不能忽略這個問題，但前文《道教的身體觀》尚未論及於此，故為之補論如上，僅供學界教界先進參考焉。

十六　道教與書法

（一）缺乏研究的論域

道教與書法藝術的關係，歷來研究者均不注意。發掘此一論題者，始於陳寅恪先生《天師道與濱海地域之關係》一文。

但陳先生此文並非專論道教與書法之關係。其論旨有六，一考黃巾之起源，謂起自東方濱海地域；二論東晉孫恩之亂，云其主因在於皇室中心人物係天師道人物；三考劉劭之弒逆，知彼亦有道教背景；四辨北朝寇謙之、崔浩家族之奉道，亦與濱海地域有關；五則歷數南北朝天師道世家；六才是談天師道與書法的關係。因此，陳先生此文乃是文化地理學式的研究，重點在於運用「濱海地區」這個地理因素，去對南北朝許多道教信仰及活動現象進行解釋。書法和天師道的關係，只是談及當時人奉道活動時附筆及之而已。①

不僅如此，陳先生大文實有根本性的錯誤。因為他把南北朝所有奉道人士都視為天師道徒，又把所有道教活動都牽合到濱海地域去談，完全忽略了南北朝間天師道以外尚有許多道派，且除了濱海地域有道教，其他地區也有道教在創立在發展。所以他文中所舉以說明天師道與書法之關係者，幾乎全都不是天師道的事例。②

這當然是令人遺憾的事。只不過大家對道教及道教與書法藝術之關係，均不甚了了，所以也沒有人注意到這些錯誤，更沒有人去深化陳先生的論述。

既然如此，讓我來試試。題旨雖大，不妨簡略言之。

（二）信仰文字的宗教

周朝時已有道士，漢朝更多，其方術各異，但大多與書法無甚關聯。如呼吸、導引、求海上仙方、煉丹砂為黃金、祠太一、祭灶、存想、飲小便、倒立、乃至房中術，都和書法無涉。

這些術法方技，並不能稱之為宗教。正如今日許多人練外丹功、香功、甩手、游龍功等等，用以袪病延年而已，並不能徑視之為某教之教民。由道法發展成為道教，其重要步驟就是超越這些「法術」型態，轉成「教義」型態。太平道之崛起，即代表了這個意義。

太平道的經典《太平經》多達一百七十卷。其體例深受漢代儒家經學章句之影響，也常採用漢代經學師法中「問難」的論述方法。而更重要的，是它認為天地宇宙之所以會不太平不安定，就是因為世人奉用了邪偽的經文。因此真正的道法，不是什麼呼吸吐納、煉丹、吃小便、性交而是破除一切迷信，不再信仰巫祝鬼神、不再殺豬宰羊祭拜妖邪，而是全心全意相信並誦讀我這部經典。只要大家有了正信，信從真正的經文，天地一切災病就都可以去除了。

所以它解釋天下不太平的原因，是經文不正，「使賢者共疑迷惑，不知何從何信，遂至失天心，因而各從其忤」（《校文正邪法》）。故天遣天師宣告世人這部真經：「今，天遣吾下，為上德道君更考文教名為皇天洞極政事之文也。乃後天地病一悉除去也。」（《拘校三古文法》）此所謂「信我得永生」也。但信的依據在於經典；天師教化，也依賴經典。教民不必再修其他法門，只需「誦讀此書而不止，凡事悉且一旦而正」（《解師策書訣》）。這樣的經典，不是人造的，而是「天書」。因為它顯露了天地的常法，且是經由輯校古今道書善文辭而成，故為無為自然之文。

太平道這種文書信仰，對道教發展有關鍵性的影響。天師道與靈寶道，均由此形成了他們特殊的文書觀念和術法。以下分別說明之。

天師道的術法，特點在於章奏與符籙。事實上漢人本已有用符用印的風俗，如《後漢書・禮儀志》云：「仲夏之月，陰氣萌作，以桃印長六寸、方三寸，五色書文如法，以施門中，以儺止惡氣。」當時善用符法的術士也不少，如同書〈方術傳〉載：「河南有曲聖卿，善為丹書符劾，厭殺鬼神而使命之。」又，費長房能劾鬼，「後失其符，乃為群鬼所殺」。這些都是漢人用符印之例。但太平道將符書納入其思想體系中，謂：「字者，言天文上下字，周流遍道是也，傳者，信也，故為作委字元信以傳之也。」（《解師策書訣》）符，就是書寫一些天書文字以傳信；人一旦接受符字，也等於與大道訂立了契約，人必須守信不背，道則祛除人的災病、保佑人的安全。

符書的各種作用，例如辟邪、祛疾等，其原理都建立於此。故《要訣十九條》云：「欲除疾病而大開道者，取訣於丹書吞字也。」服符，並非吞「符」，乃是吞字。吞字而構成一種符信符契的關係，因此重點在字，不在符紙。據說，「太平道者，師持九節杖為符祝，教人叩頭思過，因以符水飲之」（魚豢《魏略》），其實除了吃符水外，可能還有用符書招貼及佩帶之法。《太平經》卷一〇四至一〇七曾收「複文」四卷。係字與字組合而成，被稱為太平複文，共九五章，大約就是當時的符書，後來則被發展成更龐大的系統，如《要修科戒律鈔》卷一引《太真科》即云張道陵有符圖七十卷之類。

與書寫文字以示信相彷彿者，為上章。凡人有病災，皆可向天奏呈文章，承認罪過，請求赦免，這就是上章。《太平經》即有〈大聖上章訣〉。天師道張陵「製作科條，章文萬通」（見《三天內解經》）。上章之法極為繁複，一切火、雨、旱、瘟、蟲災、保胎、催生、乞子、解穢、安魂、卻病都可以上章。什麼狀況上什麼章，也都有規定。天師道進入四川以後，又吸收了張修的辦法：「書病人姓名，說服罪之意，作三通。其一上之天，著山下；其一埋之地；其一沈之水。謂之三官手書。」（見《典略》）因為其請禱法與上章有異曲同工之妙。同理，以印文治劾鬼神，因顯示了文書信仰的性質，所以也被天師道沿用了。

在靈寶道方面，《太平經鈔》戊八上：「至神聖貴人，於是作無上靈寶誥。」誥，就是告，文告之意。漢末出現的靈寶五符及五篇真文，正標榜著它們是上天神聖的文告，是不折不扣的天書。

所謂真文，正是《太平經》所批判的「邪文」的對立物，代表真實、真正的文書。而且，從來源上說，也是最早的文書，是一切天文地文人文及所有文的「原型」。其說法大略謂：在宇宙未開闢之前，天地未分、日月未光，幽幽冥冥，無主無宗。此時忽於空洞之中、元始之先，出現了文字。這些字乃氣化自然形成，文勢曲折，八角垂芒，字方一丈。空洞幽冥之中出現了自然的紋理紋路，所以天地日月等一切天文地文人文才逐漸得到發展與安頓。這些始源文字，就是天地一切創生演化的原型奧秘，故只要能掌握它，即可掌握創生的秘鑰，可使枯骨復生。

後來靈寶經的「度人」思想，即由此而來。以真文為「三才之元根，生立天地，開化人神萬物之由」。因此誦念或服佩此真文便可超度一切亡魂，或登真飛玄，所謂「開度生死，朽骨還人」。真文為什麼能有如此玄妙的法力呢？因這是一切天地人的根源，故靈寶道強調：「無文不生，無文不度，無文不成，無文不立，無文不明，無文不光。」

此一思想，與天師道有相合之處，天師道之符篆，被認為即源出於天書真文，所以靈寶道也用符。但靈寶運用真文度化更生的思想，發展出了許多齋醮祭度之法，則為天師道所無。後世道教各派齋醮超薦度化的科儀，其實均出於靈寶。靈寶之法，極其繁複，然其核心，實在於此。③

（三）對於書寫的講究

道教是非常特殊的宗教，它反對祭祀、反對講鬼神附身降靈、反對擇日、不拜一切神祇，太上老君說一百八十戒第一百十八戒所謂：「不得祠祀鬼神以求僥倖」。它是一種知識份子的宗教，講究經典、信任文字，所有術法，其實都環繞著文字信仰而來。

太平道的道士，必須要拘校古今各類文書，參稽考校，以類相從，進行編輯校訂取捨斟酌的工作；必須要窮究字義，推類比況，做著經師們章句釋解經典的工作；還要抄寫複文符字，以治病宣信。天師道的道士，承受「真經」，奉行教法，固然不必再考校文字了，但他們製作科條，亦非易事。向天庭上章奏行文書，更不能草率將事，肚子裡沒幾點墨水，如何謅得出一篇章奏？章奏的字跡，若是書法潦草，料想天宮不會喜歡；符書假如寫得零亂，效果自然也怕會大打折扣。重視書法的風氣，即是在這種情況下萌生的。

據陸修靜《道門科略》記載：「奉道之家，靖室是其致誠之所。其中清虛，不雜餘物唯置香爐、香燈、章案、書刀四物而已。」這即是道士們的主要法器。在漢魏南北朝間，民眾識字率甚低。能抄校經典、上奏、書符的這些道士，無疑地均為群眾中的知識份子，負擔著教化的責任。天師道在各地教區設置了許多男女「師」，這些師，顯然就肩負了古代師儒般的職務；且不只需教化知識與道德，還要解決民眾生理的病痛災難、心理的終極信仰問題，任務可說是極為沉重的。

正因太平天師靈寶諸道的道士們基本上是知識人、是文人，這些道教又以文字信仰為核心，因此他們所構想的天庭，也是個文書世界的文官體系。如《靈寶淨明天樞司法院須知法文》所列天樞院都司官格，分文職官為上元中元下元三品，上品「以考行道術奏慎行法有功人充真君、天君、元君、真人、仙佐、仙人」，其次「三等帶動，有曰學士、有曰釋文、有曰謄籍」，再其次「三等閣職，有曰學士，有曰謄籍，有曰釋文」。武職，則「以捉殺有功，如伐壇破廟之類，及在生為各將人充。或係文職，於文字有過人降入」。可見這種體制雖模仿朝廷文官制度，實際上卻與任何朝代都不相同，刻意突出文職的地位，文職官又以奏牘文書作為主要的官階升黜依據。文字有功者，列位上元，有過者謫入武職。其他官稱，如學士、釋文、謄籍等，也明顯地以文書為主。《太上淨明院補奏職局太玄都省須知》謂「太玄都省者，乃玉皇上帝專達之府，府有文林武林二官。文林掌文章簿書禮儀之事，武林掌誅邪殺伐之事。正授委任各有品第，歲有稽考。一歲則入於洞神文堂」云云，也表現了相同的主張。

天官「文字有過」尚且曾遭降謫，人間的道士對此章奏書符自然就更不能馬虎了。《上清天心正法》卷三說：「筆為利刀，墨為百藥，邪精斷卻，百魅摧落。」又說：「神墨靈靈，改死注生，神筆一啟，萬鬼滅形。」「筆為神劍，墨為戈戟，筆法治病，萬鬼伏匿。」道士，尤其是天師道士，別無術法，完全要靠文字信仰。所以章案書刀為其僅有之法堂佈置，筆墨則為他主要的法器。

要讓筆墨發揮它應有的神秘力量，書符時必須有些講究：「凡書符，先齋心、定慮、行神、布氣、存雷火燒身，變形為天師，頭頂朱雀，足踏八卦靈龜，左有青龍，右有白虎，左右有捧印童子。」（同上）或：「當擇庚子之日，天色晴爽，備香案，朝天門，雙手掏上帝訣，變神為真人之狀。先行五步超脫走，用黃羅以雌雄黃和朱砂研書符入於朱砂之內，並書沐浴解穢符，吞服諸符。書符執筆，叩齒存玄元始氣降筆中。」（《靈寶玉鑒》卷十八「書符式」）

這些存想、步定、叩齒、掐訣、齋心、布氣等辦法，是否存有實際功能不可知，但必定足以增強書寫者的信心，且表示虔誠與慎重，在宗教立場上看，也唯有如此敬慎將事，符書才能發揮它神秘的文字力量，誅精斷魅。

上章也是如此。據《靈寶玉鑒》卷十七所載，上章醮主人不得殺生，章醮信物不得假借於人，有些時日不能上章（如正月初二、二月初二、三月初十、五月十一等，每月十五亦不可上章）。上章要擇吉時且要知功曹值日所在，一如文書送達官府須送對衙門，否則官府不會受理。卷十八《飛神謁帝門》又載有三洞玄科十二條，詳細規定了上章的注意事項，如「章紙皆當精潔，不得穿破」，「章上細字長寸二分，出四分亦不合上」，「書章清淨筆硯，以章案擎儀，然後可治，勿以羅身及放著床上」之類。又《書章法則》言：「章紙高准一尺九分，每幅一十二行，每行闊一寸二分或二寸四分」，「臣字不為頭，鬼字不為首，不得懸生露死，魂魄之字、表亡之類，並須迴避，不令上頭」。此外尚有《正一書章四十五條令》、《章信論》等等，不贅敘。一般道士上章或書符時或許無法遵用這麼多科戒，但念念淨水咒，祝筆祝紙祝墨一番，才開始書符上章，仍是必要的。

對書符與上章敬慎其事，自然就更會使他們重視書法之良窳了。道書中對於道士們該如何增進其書藝，雖少說解，但我們不妨舉個反面的批評來看。

陸修靜《道門科略》曾指責當時的道士「把持刀筆，遊走村里」，「愚偽道士，唯有誤敗故章，繆脫之符，頭尾不應，不可承奉，而率思臆裁，妄加改易，穢巾垢硯，辱紙汙筆，草書亂畫，葷以酒肉」。草書亂畫、不按舊章規矩的道士既如此遭人詬病，道士們的書藝當然就應有個起碼的標準。據《雲笈七籤》卷三九所載太上老君說一百八十戒，其中第十一戒即為「不得作草書與人」，另《無上秘要》卷四五有玉清下元戒品，亦謂「道學不得為草書」，「道學不得教人為草書」，卷四四有洞真中元品誡，謂「學士及百姓草書偽意，罪」。均可與陸修靜所說相印證，對於「草書亂畫」，道教是懸為戒禁的。

《太微仙君功過格》更規定了：「薦亡符簡文字等，一字差錯為一過。脫漏一字為一過。符文差錯脫漏為十過。修寫書篆不如法為五過。」對書寫章符可謂極其敬慎。

換言之，由於道教是以文字信仰為基幹的宗教，在所有宗教中，只有它與書法藝術有著本質上的類同性。它重視經典，要人誦念經文；它的術法以上章、書符為主，也使奉道者對書寫文字不敢隨便。這些雖未必即是書法藝術發展的直接因素，卻是漢魏南北朝書藝發展非常重要的輔助條件。

除此之外，便是鼓勵抄經。《太微仙君功過格》認為「自己注撰救眾經法一宗為三十功，贊道之文一篇為一功」，「以文章詩詞誡勸於眾，一篇為一功」，《雲笈七籤》卷三八十善勸戒則說：「勸助治寫經書，令人世世聰明，博聞妙賾，恒值聖世，見諸經教，能誦章句。」抄經、注經、讚頌各道經之義理與經德，都是積善有功德的事，而抄經當然也不會馬虎，書藝之進步，自亦將得益於此。④

（四）關於書寫的觀念

有了以上的說明，陳寅恪先生所談的一些問題就好懂了。如陳先生引《雲笈七籤》卷一百七《華陽隱居先生本起錄》：「父真寶善稿隸，家貧以寫經為業，一紙值四十。」又引《太平御覽》卷六百六十六引《太平經》：「郗愔性尚道法，密自遵循，善隸書，與右軍相埒。自起寫道經，將盈百卷。」陳氏僅謂此可見南朝著名能書世家即奉道之世家，且道家寫經及畫符必以能書者任之。其實這些地方更可以看出當時寫經主要是用隸書。故《真誥》卷十九說：「三君手跡，楊（羲）君書最工，不古不今，能大能細，大較雖祖郗法，筆力規矩並於二王。掾（許翽）書乃是學楊，而字體勁利，偏善寫經。長史（許謐）章草乃能，而正書古拙，符又不巧，故不寫經也。」⑤

此所謂正書，即指隸書。寫經以隸為主，善草書的人就不能寫經了。且不僅寫經用隸，像楊羲他們那樣，錄記仙真降靈時的言說，用的也是隸書，因此《真誥》辯護道：「真誥者，真人口授之誥也。當言真人之手書跡也，若以手書為言，真人不得為隸字。」（卷十九）如其書跡非以隸書為主，陶弘景便不應做此語。又《顏氏家訓・雜藝》：「江南閭里間有《書畫賦》乃陶隱居弟子杜道士所為。其人未甚識字，輕為軌則，託名貫師，世俗傳信，後生頗為所誤也。」盧文弨《補注》引林罕《字源偏旁小說序》云此書名為《隸書賦》。未知孰是，但由此也可發現陶弘景等道士們是較重視隸書的。陶弘景所收集到的楊羲手跡中，亦有草行者，但被認為「皆是受旨時書，既匆遽貴略，後更追憶前語，隨復增損之也」，亦即在仙真降誥時隨手匆忙寫下。可見道教人士基本上並不以草書為然。他們也可能善草書，如許謐擅章草、崔浩也擅長章草之類，但寫經與書符時必不以草書為之。

由此，我們也可以再談些陳先生未觸及的地方。例如道士書符，曾被陶弘景等人從「規矩鋒勢」、「巧」等方面予以評論，可見道士書符本身即被視為一種書法藝術。至於道士之戒作草書，則應與他們對書法的觀念有關。

《真誥》卷一〈運象篇〉開宗明義即詳加闡釋：

書跡之示，則揮形紙札，文理曷注，粗好外著，玄翰挺煥，而範質用顯，默藻斯坦。……今請陳為書之本始也。——造文之既肇矣，乃是五色初萌，文章畫定之時。秀人民之交，別陰陽之分，則有三元八會，群方飛天之書，又有八龍雲篆明光之章也。其後逮二皇之世，演八會之文為龍鳳之章；丁拘省雲篆之跡，以為順形……乃為六十四種之書也……校而論之，八會之書是書之至真，建文章之祖也。雲篆光明，是其根宗所起，有書而始也。今，三元八會之書，皇上太極高真清仙之所用也，雲篆明光之章，今所見神靈符書之字是也。爾乃見華季之世，生造亂真，共作巧末，趣徑下書，皆流尸濁文淫僻之字，舍本效假，是罝穢死跡耳。

這一大段，必須稍加解說。所謂三元八會、雲篆明光，可詳《雲笈七籤》卷七〈三洞經教部〉、道藏洞真部神符類《三洞神符記》諸書。這是道教的文字觀，認為宇宙起始，始於真文，後世一切天地人文均起於此。初始成文，是分判天地陰陽；陰陽初分之後，三元五德八會之氣形成三元八會之文，以及八龍雲篆，開化人神萬物。所以這是書之始，也是文字文章文化的宗根。從字體上說，此為仙真所用之文，非凡人所能知能曉，乃是天文。人文則始於倉頡所造之古體。其後史籀變古體為大篆，程邈變大篆為小篆，程邈或其他人又變小篆為隸書。此四體，合天文二體，則稱為「六書」。

道教所承認的書體，只此六者。一般經書，以隸寫之，故《雲笈七籤》卷七云：「今經書相傳皆以隸字解天書。」目的是通解天文之含意。符，則法效雲篆天文，故云：「雲篆光明之章，今所見神靈符書之字也。」隸書以後的字體，被指為「生造亂真，共作巧末，皆流尸濁文淫僻之字」，不願採用。

道教戒人書草，即本於此一觀念而來。且此一觀念中，有強烈反本復始的傾向，所以它要談「為書之本始」。在這種觀念影響下，書法的審美趣味，便曾趨向古法、強調規矩，一切都要有根據有來歷，試看《真誥》稱讚楊羲，就說他「筆力規矩並於二王」。卷二十注批評樓惠民、鍾義山「雖各摹符，殊多粗略，唯以加意潤色滑澤取好，無復規矩鋒勢，寫經文多浮謬」云云，也是如此。這是很容易理解的。書符寫經，都需要端靜凝攝；草書縱放，與其精神意態亦不相合。且勢體潦草，不易辨識，恐怕也容易出差錯，造成「浮謬」的毛病，故多戒禁之。

強調「為書之本始」，還會導生出另一個有關書法寫作的觀念。那就是《真誥・運象篇》所說的：

> 夫人在世，先有能書。善為事者，得真仙之日，外書之變，亦忽然隨身而自反矣。

一切書體，都是從本源真文發展變化來的，所謂：「分破二道，壞真從易，配別本支，乃為六十四種之書。」因此從本末的區分來看，真文是本，又稱為本文，其他世間各種書是末。所以末異也都源出於本真，故云：「天尊造化，具一切法。」（《雲笈七籤》卷七）既然如此，只要掌握了本源，末趣世俗書法又何必學呢？由此形成的書法觀，就是：「夫得為真人者，事事盡得真也。奚獨於凡末之粗術，淫浮之弊作而當守之而不改、玩之而不遷乎？」「夫真仙之人，曷為棄本領之文跡，手畫淫亂之下字耶？」（《真誥》）

這種書法觀念，乃是超越摹寫體式、講究筆法趣味之「作品寫作」層次，由寫作者的角度，談如何使自己成為真人。成為真人之後，世俗書法（所謂「外書」）的各種變態，自然也就能擁有了。因為，作者已經擁有了本源，掌握了「本領之文跡」。

當然，《真誥》只談到了一個原則，說只要人成為真人，便能掌握真書；外書之變，亦能忽然自具。卻未說明人須如何方能成真，方能掌握真文。這方面，類似《三洞神符記》所載的書符要訣恰好可作一補充，它說：

收視返聽，攝念存誠，心若太虛，內外貞白。元始即我，我即元始，意到運筆，一氣成符。若符中點畫微有不同，不必拘泥，貴乎信筆而成，心中得意妙處也。

靠著收視返聽等工夫，使自己等同於元始天尊，「天尊造化，其一切法」，故意到筆隨，無之而不可。此道教之書法創作論也。

（五）漸行漸疏的關係

書法，在漢魏南北朝間，是新興的藝術門類，也是當時地位崇高的藝術。宗炳〈畫山水序〉說他之所以要寫這篇文章，就是因為當時「工篆隸者自以書巧為高」，故他企圖「欲其並辯藻繪、核其攸同」，想說明繪畫與書法有同樣的價值。可見書法之地位在當時是最高的。

而這也是道教正式形成教團、普遍傳教的時期。書法大家，多屬奉道人士，是時代構成的歷史事實。但這種事實，就像清末民國亦不乏書畫家信天主教基督教之事，因為此時正是二教在中國傳教事業發達之時期。可是我們能不能因此便說書畫藝術與基督教天主教有內在的關聯呢？

陳寅恪先生的研究即是如此。他舉出了一些南北朝書法世家信奉道教（未必是天師道）的例子，便告訴我們二者有關係，且其關係是：「書法之藝術實供道教之利用」，「宗教之傳播，亦多倚藝術為資用」。這在研究方法上是講不通的。為何奉道者多精於書法，這是時代機率偶合的關係？是單純信仰問題，與學行藝事無關？還是其中有內在之關聯？而此種關聯所構成的，又是一種宗教利用書法的關係嗎？

我想說的，就是這個問題的答案。

我的看法與陳先生完全不同。我認為道教根本沒想到要發展書藝，也未曾想利用書法。道教所關心的是人的死亡問題、生命的安頓問題。為了安頓生命，貴生惡死，想出了尊奉真經、掌握真文，抄寫誦讀之，並上章、釋表、用符，以祛病除魅。這些都不為提倡書法而發，但其效果，卻對書藝之發展甚有幫助。

從這方面看，道教與書藝的關係是間接的、曲成的。然而，由於道教這些方術內部含有文字信仰這個核心觀念，它與書藝的關聯，便不只限於上述那種間接曲成之型態。

由人們對文字的信仰，會形成「文字通神」的觀念，這一觀念在道教經符中表現得淋漓盡致。而書法作為一門藝術，它必然不只是字的形體線條而已，更要讓字顯現出一種生命力，使字能令觀者洞達存有的奧秘。因此，書法與道教在本質上有類同性。道教視一切存有均為文字的態度，放在書法藝術中說，一樣可以成立。

一切存有都是文字的開顯，所以書寫者必須將自己提舉起來，放在一切存有之先的地位，來展開創造。這方面，書法寫作者與書符道士也是一致的。而道士所運用之「齋心、定慮、行神、布氣、存雷人燒身，變形為天師」或「收視返聽，攝念存誠，心若太虛，內外貞白，元始即我，我即元始」的工夫，亦正是藝術精神主體的呈現。是忘我、喪我，然後通過藝術的想像，使自己與天地精神往來，與最高之存有者合一。書法家要寫好字，即須進行同樣的工夫。⑥

因為道教是一種文字教，所以在這一點上走得比書法藝術快。漢魏及南北朝前期，書法是以筆勢論為主的，重點在於討論各體書之體勢，後期乃漸發展出筆法論。前者審其形勢之美感，後者歸納體勢用筆之法則。偶有一二逸出體勢筆法之講究者，才講「書之妙道，神彩為上，形質次之」，「必使心忘於筆，手忘於書，心手達情」（見王僧虔《筆意贊》），然亦鳳毛麟角耳。直到唐初虞世南〈筆髓論契妙篇〉才具體指出：「欲書之際，當收視返聽，絕慮凝神，心正氣和，則契於妙。」這豈不與道士書符時之工夫若合符契嗎？⑦

事實上，「有真人而後有真詩」這樣的藝術創作主體論，在詩文書畫中都出現得並不早。於此，道教的表現很值得注意。它強調文字之本原起始，而輕視後世書法形體的變化。在唐朝書論家張懷瓘那裡也可以發現類似的聲音。張氏追究文字之本原，舉出「道家相傳，則有天皇地皇人皇之書」，「夫道之將興，自然玄應，前聖後聖，合矩同規，雖千萬年，至理斯會」（見《書斷》），不也與道教的講法相似嗎？⑧

不過，道教與書法畢竟為兩道。道教的文字觀，鄙視隸書以下之淫僻巧末書體，一心追攝持受本文真經，戒禁學道人書作草字。可是漢魏南北朝最能顯示書法是門藝術的卻是草書。文字脫離了它的固定形體與實用性，尋找美的姿態，正為時人費力經營之處，所謂「匆匆不暇草書」。道教則是「文字」教，視草書為亂畫、解散文字，毫無根據。

據《全梁文》卷六七庾孝威《論書》云，草書「己巳莫分，東柬相亂，貧省愛異，濃頭纖尾，斷腰頓足。一八相似，十小難分」，用這種書體去上章拜表，天庭上一定不認得，也難怪道教會反對它。書法則無此顧慮，賞其筆姿韻趣即可。此為其大不相同之處。南北朝奉道世家中許多人仍然精擅草書，恐怕是出於藝術的追求，而非宗教上的信持。

南北朝以後，道教和書法關係漸淡，即與此一態勢有關。當時道教與書法有關聯，是因為兩者有原理上的同類性，道士集團與文士集團多所重疊，道教提倡抄經及上章符鑲，又促進了社會上重視書藝的風氣，所以其關係較為密切。可是道教所關心者畢竟不在藝術方面，只想到用齋心定慮等工夫去畫符，不曾想用此法去寫書法，也反對作草，此則不免使其與書寫漸生隔閡。

隋唐以後，道教本身亦發生了變化，上清道講存思服氣的道法大行；浸假又出現內丹之說，南北各家都在烹煉爐火，靜養鼎內金丹。文字信仰在這些道派中並不重要，上章拜表乃至符籙之法對之可有可無。剩下的一些道派，如靈寶、正一等，亦只能抱殘守缺，無大進展。文字信仰本身既無發展，它要與書法藝術間對話互動自然也就較為困難了。⑨縱有些個別的道士精於書字造墨，亦不影響大局。迄元遺山論詩絕句出現「兒輩從教鬼畫符」的句子時，我們便曉得文人階層對畫符的原理及其藝術性質已不再能夠瞭解與認同了。二者關係漸疏，良有以也。

注釋

①陳先生文收入《陳寅恪先生論文集》，九思出版社，一九七九年。

②詳見龔鵬程《陳寅恪先生研究道教的成果與檢討》，一九九三年淡江大學第一屆道教文化研討會論文。載《道教文化》雜誌五卷八期。

③如《太上洞玄靈寶紫薇金格高上玉皇本行集經闡微》中即有「赤文妙蘊草」、「雲篆功用章」、「玄根妙德章」、「真文顯運章」、「玉篇秘受章」、「帝誥御世章」、「濟生度死章」等。且引長春杜真人曰：「寶教明明闡赤書，儒家惟此是工夫，五經四子皆天道，玉軸瓊編是帝符。」引文昌帝君曰：「儒典佛經總是書，天王秘授更同符，昌明文教遵經寶，貝葉文傳護帝都。」「五老宣揚傳道妙，萬方歸極仰皇謨，先天景象從茲見，混沌赤文存太無。」引孚佑帝君曰：「當年曾讀數行書，歸宿玄門也不殊。實證先天赤氣顯，秘傳口訣玉文符。」這些言論，不但說明了道教是文字教的性質，也可以看出它正努力地把一切文書典籍及文人都歸入到這個文字教中。儒佛都有經書，既然是書，那就與道教可以相通了；讀書人更不能不讀書，只要讀的是書，則也可以歸入教下。以此會通三教，甚堪注意。

④抄經的風氣，亦盛行於佛教界，但這可能是受到道教的影響。

⑤陶弘景本人也擅長隸書，故《華陽隱居先生本起錄》云其「善隸書，不類常式，別作一家，骨體勁媚」。

⑥有關藝術創作所需要的主體修養工夫，本文不擬多談，徐復觀先生《中國藝術精神》論之甚詳，尤其第二章與本文更有關涉。

⑦筆意論的發展，詳見龔鵬程《文學與美學》第四章第一節，業強出版社，一九八七年。

⑧詳《文化符號學》第一卷第三章第四、五節。

⑨南北朝間善書之道教人士多於佛教，唐朝則僧人善書者已多於道教，詳細的統計，可參看黃緯中《唐代書法社會研究》第八章，一九九三年文化大學史學研究所博士論文。

十七　張三丰武學論考

（一）依託張三丰的內家拳

論武術者，莫不稱少林武當。少林以達摩為初祖，武當則奉張三丰。兩說均屬依託，而且依託的年代都起於明末。

達摩駐錫少林，傳《易筋》、《洗髓》兩經，說見偽託李靖、牛皋兩人為《易筋經》所撰的序。張三丰的事，則見於黃宗羲所作〈王征南墓誌銘〉云：

有所謂內家者，以靜制動，犯者應手即仆。故別少林為外家，蓋起於宋之張三丰。三丰為武當丹士。徽宗召之，道梗不得進。夜夢玄帝授之拳法，厥明單丁殺賊百餘。三丰之術，百年以後，流傳於陝西，而王宗為最著。溫州陳州同從王宗受之，以此教其鄉人，由是密傳溫州。嘉靖間，張松溪為最著。松溪之徒三四人，而四明葉繼美近泉為之魁，由是流傳四明。四明得近泉之傳者，為吳昆山、周

雲泉、單思南、陳貞石、孫繼槎。皆各有授受。……思南之傳，則為王征南。……凡搏人皆以其穴，死穴、暈穴、啞穴，一切皆如銅人圖法。

本文首先提出內家拳起於張三丰之說，並著明其傳授源流。張松溪事，又見雍正年間曹秉仁《寧波府志・張松溪傳》，也說其法起於張三丰。但顯然曹氏此文即依據黃宗羲的敘述而來，故黃文為最早說內家拳與張三丰有關的文獻。但宋代這位張三丰，是位名不見經傳的人物，宋元亦無任何人談過這麼一號人物。因此徐震《國技論略》認為黃宗羲大概是弄錯了。

《明史・方伎傳》裡有一位「張全一，名君寶，張三丰與其徒游武當山，創草廬居之。明太祖聞其名，於洪武十四年遣使覓訪而不得」，黃宗羲誤把此歸為宋徽宗時事，所以才出現一位宋代的張三丰（上編《辨偽辨黃宗羲王征南墓誌銘有關張三峰時代之誤》）。

沈壽《太極拳法研究》則認為〈王征南墓誌銘〉、〈張松溪傳〉所說的都是「張三峰」而非「張三丰」，後人將峰改為「丰」或「豐」，才會跟明初那位武當道士混為一談（福建人民出版社，一九八四，第一〇四頁）。

黃兆漢《明代道士張三丰考》也說：「宋代是否有一位技擊家張三峰不可確知。若有，則自然不是元末明初的張三丰。我們所討論的張三丰大概是不懂技擊的，因為在我讀到的張三丰的文獻裡也沒有提到他懂技擊的。這個技擊家張三峰亦可能只是偽託。」（學生書局，一九八八年，壹之四）AnnaSeidel則推測作此依託的人就是張松溪（見A Taoist Immortal of the Ming Dynasty :ChangSam-feng 收入Wm.The odorede Bary編 Self and Society in Ming Thought，哥倫比亞大學，一九七〇）。

按：張三丰在明初是位傳奇人物，其傳說越來越多，時代也就越推越早。如陸深《玉堂漫筆》、何喬遠《名山藏》都說他是金朝人，且說他曾在寶雞縣金台觀修煉，弄得後來清朝修《陝西通志》、《鳳翔府志》，民初修《寶雞縣誌》時也都如此說。黃宗羲講張三峰內家拳百年後流傳於陝西，即是跟這個傳說有關的。同時，以上兩本書也提到了另一個傳說，說張三丰是元朝初年人，元初曾與劉秉忠同師於沙門海雲，陸西星《張三丰傳》便相信了這個說法。陸氏乃道教內丹東派之大宗師，他既採信此說，其說在道流中必已極為流行。此時，張三丰已是元初人了。徐禎卿《異林》更推而上之，說有位張刺達，曾為成祖所訪，又說他「相傳是宋人」，曾至華山謁陳摶。張刺達，與張三丰之號為邋遢道人的「邋遢」音近，故世又以張為宋代人，曾見過陳摶。

這就是明代張三丰故事越增衍越繁富、越傳年代越早的狀況。技擊家依附於這位傳奇人物，以神化自己的拳技，也起於這個時代。嘉靖間的張松溪，或活動於天啟崇禎間的王征南，都可能是依託者。雖然如此，依託也有依託的原則。技擊家所說，均言張三峰，以自別於丹道家之言張三丰。丹道家論張三丰，俱如黃兆漢所說，是「沒有提到他懂技擊的」，張三丰只不過是一位邋遢遊戲人間的神仙罷了。「張三峰」與「張三丰」之不同，恰如「達磨」與「達摩」。禪宗文獻，通稱達磨；技擊家依託，則稱達摩，以別畛域。後人再予混一之以後，這個區分便蕩然了。

張松溪之術，今已不可考。《寧波府志》所載，摭拾傳聞，未必可據。可確考者，厥為王征南。

征南之法，黃宗羲強調其「以靜制動，犯者應手即仆」，又說他「凡搏人皆以其穴。死穴、暈穴、啞穴，一切如銅人圖法」。似乎一是說他應付攻擊時擅長借力使力，以靜制動；二是說他攻擊時著重打穴；三是說他打穴時是將醫學上以銅人認穴的辦法挪用於技擊，故穴有可暈可啞可死之分。

黃宗羲之子黃百家曾從王征南習藝，述其學尤詳於宗羲。「略謂其法有五不傳：心險者、狂酒者、輕露者、好鬥者、骨柔質鈍者。有應敵打法色名若干：長拳滾斫、分心十字、擺肘逼門、迎風鐵扇、異物投光、推肘、捕陰、彎心杵肋、舜子投井、剪腕點節、紅霞貫日、烏雲掩月、猿猴獻果、綰肘裹靠、仙人照掌、彎弓大步、兌換抱月、左右揚鞭、鐵門閂、柳穿魚、滿肚疼、連枝箭、一提金、雙架筆、金剛跌、雙推窗、順牽羊、亂抽麻、燕抬腮、虎抱頭、四把腰等。」所謂應敵打法色名，就是後來所說的招式。用於應敵，故應屬散手。招式串連，則為套路。王征南之拳，又有六路與十段錦。六路歌訣云：「佑神通臂最為高，斗門深鎖轉英豪，揚鞭左右人難及，煞錘沖擄兩翅搖。」十段錦云：「立起坐山虎勢，回身急步三追，架起雙刀斂步，滾斫進退三回，分身十字急三追，架刀斫歸營寨，紐拳蹍步勢如初，滾斫退歸原路，人步韜在前進，滾斫歸初飛步，金雞獨立緊攀弓，坐馬四平兩顧。」

對這些歌訣，黃百家有注釋甚詳。其中可以看出來王氏很重視斫法。斫法為其三十五種練手法中第一種。百家並說：「拳家惟斫最重。斫有四種：滾斫、柳葉斫、十字斫、雷斫，而先生另有盤斫，則能以斫破斫。此則先生熟久智生，劃焉心開而獨創者也」，對之推崇備至。可是何謂斫法，至今殊難明瞭。大概屬於掌劈，故形容如刀斧之斫。柳葉斫，也可能類似後來拳家所謂柳葉掌。但滾斫、十字斫、雹斫、盤斫之法，終不得而知。

王氏所擊穴法，據黃百家說有死穴、啞穴、暈穴、咳穴、膀胱、蝦蟆、猿跳、曲池、鎖喉、解頤、合谷、內關、三里等。綜合其法，則有五字訣法為：敬、緊、徑、勁、切。

王征南這套拳法，只有黃百家這一位傳人，但百家後來並未繼續學拳，所以說：「先生之術所授者唯余，余既負先生之知，則此術已為廣陵散矣。」號稱傳自張三丰的內家拳，至此業已失傳。

（二）依託張三丰的太極拳

張三丰武學之再現於江湖，是與太極拳相關聯的，時間則在清末。

萬本太極拳譜（**因抄在萬縣興隆街裕興昌印的十行紙上，故稱萬本**）所錄王宗岳《太極拳論》之後，加了行注語云：「左係五當張三丰老師遺論，欲天下豪傑延年益壽，不徒作技藝之末也。」楊澄甫《太極拳使用法》（**文光印務館，一九三一**）、陳微明《太極拳術》（**上海中華書局，一九二五**）、徐致一《太極拳淺說》（**上海文華圖書印刷公司，一九二七**）均抄錄了這段話，而改為「武當山」「張三丰」。可見太極拳本於張三丰，已成為這些拳師的「共識」，陳微明《太極答問》且說太極拳可斷定是張三丰所傳無疑。

陳微明之說，唐豪曾有駁議，認為王征南拳法與太極拳名色顯然不同，不能混為一談（**《少林武當考》下編之五**）。另外，光緒七年李亦畬《太極小序》及抄本王宗岳《太極拳論》都不作此依託，反而明言「太極拳不知始自何人」。唐氏也論斷：「太極拳附會於張三丰，乃光緒七年

以後事。」（《行健齋隨筆》）

考王宗岳《太極拳論》，萬本作《山右王宗岳先生太極論》。我認為這個題目是較妥當的，因為這篇文章只是王宗岳對自己拳術的闡明，以「太極者，無極而生，動靜之機、陰陽之母也」來說明拳理。並不意味這套拳就叫太極拳。所以底下說：「長拳者，如長江大海，滔滔不絕也。」李亦畬抄本才在「長拳者」上面加上「太極拳，一名長拳，又名十三勢」，李氏姨甥馬印書抄本同。但仍無「太極拳」三字。其餘萬本、陳微明本、徐致一本、楊澄甫本則都沒有這一段。可見王宗岳說拳理，固然由太極講起，以說八卦五行，但其拳本應稱為長拳。現在通行的太極拳，傳自河南陳家溝，亦與山西王宗岳無關，更不用說王氏拳論與武當張三丰原本也是毫無關係的了。

太極拳出現甚晚，陳長興（一七七一至一八五三）、楊露禪（一七九九至一八七二）之後始顯於世，光緒間始大盛。興盛之後，推源溯祖，也是越扯越遠。許禹生《太極拳勢圖說》甚至提出了唐許宣平、武當道士李道子以及張三丰所傳諸說。其中講張三丰的部分，云：「元世祖時，有西安人王宗岳者，得其真傳，名聞海內。」不知王宗岳乃乾隆時山西人，咸豐時人武禹宇始獲其拳譜，其弟武禹襄因學拳於楊露禪，始將此譜傳出，與張三丰何干?王氏也非元世祖時人。此即可見太極拳家推源溯始時，有將一切久遠化的傾向。論張三丰如此，論王宗岳也是如此。

但自光緒初年有人把王宗岳《太極論》說成是「張三丰老師遺論」，並逐漸獲得太極拳師們的認可後，太極拳與張三丰的關係越來越被坐實，竟形成了武學上的武當派。金一明一九三〇年出版《武當拳術秘訣》，論列了武當拳術源流、張三丰生平事蹟與內家拳之名稱及其源流、內外兩家拳術不同點等。狄兆龍、高飛一九六〇年又出版《武當秘傳八卦掌》。一九八五年湖北丹江口市更創辦了《武當》專業武術期刊，以宣揚武當武術。

（三）依託張三丰的道派

張三丰在清代持續走老運，在被技擊家奉為宗師、形成宗派之同時，在道教煉丹人士間，也有了相類似的際遇。

清道光時期四川人李西月崇奉張三丰，經常以扶乩方式與張三丰唱和，逐漸把張氏以前一些高道列為前幾代祖師，把張氏同時代及其後一些人列為他的弟子，一代代形成譜系，稱為隱仙派或猶龍派。李西月曾解釋這個道派的名稱說：「大道淵源，始於老子。一傳尹文始……文始傳麻衣、麻衣傳希夷、希夷傳火龍、火龍傳三丰。或以為隱仙派者，文始隱關令、隱太白；麻衣隱石堂、隱黃山；希夷隱太華；火龍隱終南；先生（張三丰）隱武當，此隱仙派之說也。」（《張三丰全集》，卷一）因其認為該派源於老子，故稱猶龍派；又因認為該派最善隱，故稱隱仙派。

張三丰在這一派中被稱為「玉虛右相參法天師猶龍六祖昆陽先生」。此派又稱西派。因為在講內丹修煉的道派中，北派全真、南派由紫陽真人所傳，均形成於宋代；東派為明代陸西星所創，流行於江浙；西派則為李西月所創，流衍於四川，故稱西派。它與東派喜說男女雙修不同，主張單修。而李西月之主張，多藉由注解張三丰著作，或與張三丰扶乩時發之，今傳《張三丰全集》也是李氏編的。

在李西月之前，民間已經流傳不少託名張三丰之著作，因此他說：「近來傳本多所混雜俗抄，有比張、鄧刻本全備者，又多以呂祖詩混入其中。」（卷一）但李編本中，據黃兆漢之考證，依託仍然甚多。尤其值得注意的是：《全集》第六冊是幾種經咒，如《文昌帝君開心咒注釋》、《准提心經》、《斗姥大法語》、《大悲神咒》等。這一冊，黃兆漢認為是李西月之後的人加入，而於光緒三十二年刊入成都二仙庵《道藏輯要》的《張三丰全集》中的。若然，則張三丰著作之增飾偽託，在李西月之後仍在進行中。

光緒間，拳家喜歡將拳術推源於張三丰，應與張三丰在這個時代的聲望有關。有道派專力推崇闡揚其道法、有人不斷托依創造他的著作，當然武術界也就樂於攀附這樣一位有體面的聞人。

而且這兩方面也是有關係的。張三丰創太極拳，這樣一個說法，不但為太極拳找到了一個發明人，事實上也將太極拳拉進了道教的脈絡中，讓人從道教的角度去理解太極拳。

太極拳本於《易》理，當然未必即是道教之物，儒家不就曾贊《易》宗經嗎？可是，若說太極拳係道士張三丰所創，意義便不同了，太極拳的拳理似乎就該與道家道教有關才是。此即太極拳之道家道教化。轉化後的太極拳，當然也就與修身煉養頗有關係了。

所謂張三丰武學，所指就是這樣一種與道家道教煉養修真結合起來，而以太極拳為其論述核心的武學。這樣一路武學，其實研究者尚少，武術界也還對之不甚了然，因此我準備從幾篇文獻介紹起。

（四）納入道教體系中的太極拳

蕭天石先生《重刊太極煉丹秘訣前序》說：「張三丰真人者，道家丹鼎派中新派之開山祖也。此派又稱太極派，其太極拳尤盛傳於世。」（《道藏精華》第二集之五，自由出版社，一九九八年）

此書據稱乃太乙山人所藏，蕭先生曾引其「拳通太極風雲外，道在陰陽造化中」、「形勢千般皆下品，神氣運化亦非真」二語，謂其：「殆亦拳家而修真者」。然所藏《張三丰太極煉丹秘訣》實為民國以後依託杜撰之作，蕭先生輯入《道藏精華》，殊覺不倫不類；所述張三丰為太極派、創太極拳等，更是無一不誤。蕭先生於道教道學為大行家，何以妄謬至此，令人不解。

本書凡六卷，一傳紀、二太極長生訣、三修道篇、四煉丹篇、五煉丹歌訣、六水石閒談。蕭先生所說，集中於第二卷。但其中《太極拳論》乃將武禹襄《十三勢說略》與王宗岳《太極拳論》並湊而成；而《太極拳歌》則為王宗岳《十三勢行功歌》。蓋光緒七年以後，張三丰創太極拳之說漸漸盛行，此書遂以清人著作冒充為祖師傳本也。

不過，作此偽託、弄此狡獪，也不曾毫無用意。此書是將太極拳納入修道煉丹的體系中去的作品。早先有人說太極拳為張三丰所創，只是從淵源上認定太極拳與道家道教的關係，現在它則更想從理論上結合這層關係。由這個角度看，此書便頗有值得注意之處。

《太極長生訣》這一卷，就很明顯地是以太極拳為養生術之一術。首列《重陽祖師十論》；次為《運用周身筋脈訣》，教人早起咽太陽氣、中午靜坐運氣入丹田、晚上也咽氣吞津；再則為《打坐淺訓》，教人呼吸調息之法；《打坐歌》教人打通玄關一竅，修成金丹；《積氣開關說》教人九轉真氣，以通玄關；接下來才是《太極拳論》。但太極拳論依王宗岳之說而立論，僅屬技擊，尚非修真，故底下立刻補了一篇《學太極拳須斂神聚氣論》、一篇《太極行功歌》、一篇《太極行功說》。

這幾篇東西，是技擊家所傳太極拳各譜錄中所沒有的。歷來論太極拳者也不知道有這些文獻。它們的特點，是在太極之外強調無極，云：「太極之先，本為無極，鴻蒙一氣、混然不分，故無極為太極之母，即萬物先天之機也。迨入後天，即成太極。太極之位定。其象既成，其位既定，氤氳化生，而演為七十二之數。然後混七二之數，渾然成無極。」（《學太極拳須斂神聚氣論》）意思是：無極為先天，太極為後天。若練它那七十二路太極拳，練到陰陽二氣相交，還其混化，就可以回歸到渾成無極的境界了。此說抬高了無極的地位，且將太極拳工具化，視為人回返渾成無極境界的一個手段，因此它說：「學太極拳為入道之基」。

其次，它認為拳法只不過是這無極太極修煉法門之一。太極妙道，本不限於拳法，所以也可以利用打坐來達成同樣的功效。《太極行功說》所說即指此。

其法謂：「太極行功，功在調和陰陽、交合神氣，打坐即為第一步下手功夫。」須神斂氣聚、冥心兀坐、保元守真、盤膝曲股、足跟緊抵命門，然後兩手掩耳，用指彈耳根骨、用手擦摩面部；以舌攪口、吞津、叩齒、指鼻等等。其實仍是古來相傳各導引法之運用，與靜坐調息者不同。但它很重視此法，云：「長生不老之基，即胎於此。若才得太極拳法，不知行功之奧妙，棄置不顧，此無異煉丹不採藥。莫道不能登長生大道，即外面功夫亦決不能成就。必須功拳並練。」

換言之，拳法不僅只是修煉的法門之一，更是必須與打坐並練的法門，只學太極拳是不行的。如此論太極行功，功法之要，其實便在功而不在拳。故接著它又有《太極行功歌》說：「兩氣未分時，渾然一無極。陰陽位既定，始有太極出。人身要虛靈，行功主呼吸。」如何行功呢？它用的是道教沿用已久的「呵、噓、呼、呬、吹、嘻」六字法，教人「持此行內功，陰陽調胎息」。

這樣講，則它底下接著談的《行功十要》、《行功十忌》、《行功十八傷》當然也就與太極拳無關，而是指擦臉、揩目、彈耳、叩齒、咽津、勿久坐濕地、勿冷著汗衣、勿子時行房、勿陰室納涼、久視傷精、久臥傷氣、久立傷骨一類事了。

這是把太極拳納入道教修道煉丹體系中去的結果，與技擊家論太極拳頗為不同。世人言太極拳，也有注重它的養生價值的，說練太極拳有助於保健。其說固與拳術本為技擊而設之旨有所差異，宗趣不同；但也不過是說練拳可以鍛煉筋骨、調理臟腑、有益於健康、可以延年而已。《太極煉丹秘訣》卻更要由此說無極，要將拳與功（運氣入田、積氣通關、斂神聚氣）合併起來，教人修真成仙。所以它講的不是一般意義的養生保健，而是在道教思想及修煉體系中，為太極拳安立一個地位。其書在《太極長生訣》這一卷後面，列了《修真篇》、《煉丹篇》兩卷，就是這個意思。

歷來論太極拳者不知有此一書，或知其書而不予討論，大約也即由於它與技擊家並不同調的緣故。

（五）拳道合一的張三丰武術

但是，這種講法也未必定與技擊武術無關，由此種講法，事實上可形成另一路與太極拳相近而不盡相同的武術。

這些武術不見得都本於《張三丰太極煉丹秘訣》，但它們源於一種類似的思路，均是將練拳與修道結合起來，且強調無極。

1. 被轉化的太極拳

其一是直接掛在張三丰名下的武術，如徐雍輯注的《張三丰武術匯宗》，又名《武當派仙俠真傳》。內分九章：導言、仙家八段錦、仙家易筋經、太極拳譜、導引心術、運氣仙術、接命仙術、柔術、劍仙紀聞。此書將太極拳與導引成仙並列，宗趣顯然與《太極煉丹秘訣》相同。

此書謂太極拳之流別有五：一為唐朝許宣平所傳，凡三十七式，傳宋遠橋。一為俞氏所傳，為先天拳，受自李道子，傳俞清慧。一為韓拱月傳程靈洗，至程氏改名小九天，共十四手。一為殷利亨所傳，為後天法，傳胡鏡子，再傳宋仲舒，共十七式。張三丰十三式則為第五派，集其大成，後衍為百餘手，世稱為太極長拳。

它所傳的張三丰太極拳譜，則說：「道家之言曰：道體之本原，曰無極。無極而生太極，太極生兩儀，兩儀生四象，四象生八卦。如吾心寂然無思，一念不起，是無極也。然此心未發，自有昭然不昧之本體，是太極也。始靜則柔、極靜則剛。三丰真人之創太極拳、太極劍，即由斯理而發明者也。」

依此，下列《太極圖》、《無極歌》、《太極歌》、《學太極拳須斂神聚氣論》、《太極行功說》。後面這兩篇，顯然采自《太極煉丹秘訣》，它與該書的關係，也不言可喻。

據它說，太極拳「有河南派、溫台派、開合太極之分，與三丰真人之原譜，遂有出入」。它所載張三丰拳式共四十一式，河南派則有九十手。這卻與《太極煉丹秘訣》所敘的太極拳七十二路圖勢並不一樣。

其書論太極，大要如此。現在我們來考察一下：

（1）它論拳法源流，完全根據許禹生《太極拳勢圖說》，但較為簡略。

（2）說太極現有河南派、溫台派、開合太極之分，並不確實。現今太極拳流派大約有五，陳、楊、吳、武、孫，而都出於陳家溝。拳架有大有小、有快有慢，卻無溫台派之說，也無所謂開太極合太極。其中楊式大架有八十五式、八十八式、八十一式、一〇五式之不同，亦無所謂九十式者。

（3）《無極歌》、《太極歌》兩篇，前者僅見於姚馥春、姜容樵於一九三〇年合編的《太極拳講義》，上海武學書局出版。據姜氏說，此本得之於湯士林，「其原文較世所傳者多三分之一，皆太極之要訣」，可見此《無極歌》為歷來各太極拳譜所無。《太極歌》，亦僅見於姚譜及一冊以「萬縣興隆街裕興昌印」十行紙抄寫的《太極拳功解》（一九九一，沈壽整理的《太極拳譜》稱為萬本）中。可見它代表一種特殊的觀點，非一般太極拳家通行之經典，與各派拳術也沒有直接的關係。

（4）這個特殊的觀點，具見於它所傳的太極拳譜中。底下我就準備談這一點。

該譜直接引「道家之言曰：道體之本原，曰無極，無極而生太極」。此與太極拳之拳理其實已有了絕大的差異。按，在太極拳史上，王宗岳《太極拳論》已將太極與無極合論，說：「太極者，無極而生，動靜之機，陰陽之母也。」太極者無極而生，是什麼意思呢？是說無極在前，生出太極嗎？若如是，太極拳豈不應稱為無極拳才更高妙些、更合理些？但太極若為陰陽之母、動靜之機，則太極便是本源，此一本體豈能又是無極所生？

這個爭論，要回到《太極圖》上去探究才能明白。太極圖之傳，自周敦頤之後始著，《張三丰武術匯宗》所載的也就是這一幅圖。宋朝朱震《進周易表》曾提出一種說法，謂該圖乃由陳摶、種放、穆修傳來。後來在清朝初年黃宗炎、朱彝尊進而發展此說，云該圖原於道教，只不過周敦頤把原先由下而上的煉氣過程顛倒了過來，以講天地生化罷了。朱熹對朱震之說不以為然，認為乃周氏自作，非受諸穆修等人。這個辨明，對於《太極圖》宗旨之確定，甚為重要。因為朱熹與陸九淵九韶兄弟辯論時，陸九淵就說：「將『無』字搭在上面，正是老氏之學。」

無極一詞，見《老子》二十八章，《莊子》、《列子》、《淮南子》也都有這個詞，所以陸九淵認為它是道家之學。可是朱熹並不承認周敦頤說無極是受了道家或道教的影響，故謂圖乃周氏自作，對「無極而太極」一語，亦有他的解釋。

按陸九淵兄弟的看法，《易經》只說「易有太極，是生兩儀」，太極之上不應再說無極，因為太極就是「萬化之根」。朱子則主張太極是理，這個理，「無方所，無形狀。以為在無物之前，而未嘗不立於有物之後。以為在陰陽之外，而未嘗不行乎陰陽之中」（文集卷三六〈答陸子靜第五書〉），故以「無極」來形容之。其注《太極圖》說云：「上天之載，無聲無臭（原注：是解無極二字），而實造化之樞紐、品匯之根柢也（原注：是解太極二字）。故曰：無極而太極，非太極之外，復有無極也。」說得甚為明白。無極，只是對太極的描述語。

王宗岳所講的太極，正是由《易》理體會出來的拳理，其云太極，實即本於朱子之說。所以他說：「太極者，無極而生，動靜之機，陰陽之母也。動之則分，靜之則合。雖變化萬端，而理唯一貫。」

太極者，無極而生，用朱子的話來說即是：「非無極之後，別生太極，而太極之上，先有無極也。」（文集卷四五〈答楊子直第一書〉）動靜陰陽，理唯一貫云云，用朱子的話來說，即是：「太極者，本然之妙也。動靜者，所乘之機也。謂太極含動靜則可、謂太極有動靜則可」（同上），「靜即太極之體，動即太極之用」，動靜均是這個理（《語類》卷九四），「太極即在陰陽裡。若論其生則俱生，太極依舊在陰陽裡。但言次序，須先有這實理，方始有陰陽也」（同上）。此所以王宗岳云太極為陰陽之母、動靜之機，而變化萬端、理唯一貫。

陳鑫（一八四九至一九二九）《太極拳推原解》賡述此義，其說也很明顯本於此類哲學。它說：「斯人父天母地，莫非太極陰陽之氣（言氣而理在其中）醞釀而生。天地固此理（言理而氣在其中），三教歸一亦此理。即宇宙（太極是體，陰陽是體中之氣）之萬事萬物，又何莫非此理？況拳之一藝，焉能外此理而另有一理？此拳之所以以太極名也。」陳氏論拳，強調主敬；所撰拳論，頗有理學家氣味，淵源脈絡，正不可掩。因此，我認為太極拳的拳理，所根據的，其實是理學家式的《易》理，受朱子影響尤其深遠，與道家道教並無干係。

《太極煉丹秘訣》、《張三丰武術匯宗》一類著作，則不同，它們要把太極拳歸入道家教譜系中，理論上便要改變朱子式的太極圖解釋，說：「道體之本原，曰無極，無極而生太極。」「太極原生無極中，混元一氣感斯通，先天逆運隨機變，萬象包羅易理中」，「參透虛無根蒂固，渾渾沌沌樂無涯」，「太極之先，本為無極。鴻蒙一氣，混然不分，故無極為太極之母，即萬物先天之機也。」這裡，都是把無極、混元一氣視為本體，並由此生出太極。太極非實理，而是虛無之氣，強調無極、強調虛、強調氣，以此論太極，恰好成為朱子的對反，成為陸九淵所說的「老氏之學」。

故此乃對太極拳的轉化。經此轉化後的太極拳，事實上已是無極拳了。而此時也確實就有了一種號稱為張三丰祖師所傳的無極拳出現於世。

2. 創造出的無極拳

一九三五年廖璜、呂一素合編《無極拳譜圖說》，說北平一位李先生傳這套拳，共一百二十八式。並謂：「無極拳者，張三丰祖師最後之組織，與太極八卦合為一部大道者也。按八方四時五行，實以一百二十八手，圖寫一圖，而為一周天也。謂之先天拳可，謂之天地人本源之象亦無不可者也。老子重柔，三丰祖師致柔，道道相傳，故我拳之運動純任自然，緩緩以行之。」

這套拳，來歷不明。因為述者只說它傳自張三丰，而未說明張三丰之後授受之經過。且傳者僅云為「北平李先生，隱其名。飄忽來往於陽羨梁溪之間。嘗為薛星使福成所延以課子弟」，連他的名字都不曉得。又，所傳拳式，又是「由李君弟子口述大意，廖君子玉演繹為詳備之」。這個講法也極為模糊，似乎拳式實際上乃由廖氏依李氏弟子所述大義演繹而成。演繹而成的這個拳譜，則又是由「河北霸縣抱道氏」、「藏諸篋笥有年」，再予發表的。故我推測此拳譜若非由這位抱道氏故弄狡獪構造出來，即是由廖氏編成的。編出後，故意神秘其說，晦其授受流傳之跡，才會如此雲煙模糊。

同時，這套拳的結構也很不明晰。它宣稱是與太極八卦合成一部大道，無極拳、太極拳、八卦拳各一百二十八手，合為三百八十四手，宛若三八四爻。可是今所傳僅無極拳一百二十八手，它如何與太極八卦合成一部大道，邈焉難曉。而其太極，「手法步法宛有三角之朕兆，實以一百二十八手圖寫一畫，為無極而太極也」，更令人莫名其妙。因為太極也者，以五行八法為其基本原理。所謂八法，指四正四隅。所以是一個八卦八方位的架構。怎麼可能出現一個三角的型態？三角的太極拳，有違太極拳拳理，亦不知它將如何體現無極而太極之義。他的八卦拳，則自稱「立不易方，令人易迷，實以一百二十八手圖寫一點而為大地團團人王法地之象也」，同樣使人不知究竟在說啥。八卦拳手法步法取象八卦，游走於八方位上，焉能立不易方，站在一個定點上？站一個定點而面向八個方位使拳，縱或也能稱為八卦拳，它與「大地團團人王法地」又有什麼關係？此種八卦拳，與其無極拳又怎麼配合組織？

創造出如此悠繆無稽的拳法，也許是個大玩笑。因為太極拳固然已有創自張三丰的傳說可供依附，八卦拳卻是誰都曉得創於清朝中葉的。硬把它們跟所謂無極拳結合起來，說此乃「張三丰祖師最後之組織」，非開玩笑為何？世人好古、好將拳理玄學化，講得彷佛甚為玄奧，它就故意跟人開玩笑，造出一套這樣的拳來。

這樣的拳，我不以為它有實際搏擊功能。它自己也只說其用「但覺身體輕捷、神氣清閒、夜臥酣適而已」，效不在攻敵禦侮。可是，無疑地，它是歷來最喜歡講道理的一部拳譜。它用這一套拳，來講一套糅合三教的道學，稱此為重玄之道。每一式，其實就是對這個道理一步步地說明。從無極而太極，太極生兩儀，兩儀生四象，四象生八卦，到萬法歸一居中心、居中本來是元神、一動一靜在居中、居中六賊戰魔君、真空無相的真，拳式顯然即是一套修道之功法。作者在每一式中大談玄理，例如「領神抱太」一式，它的解說是這樣的：

北極之北辰又號太乙之象。蓋河圖是此無極拳之外層，洛書是此無極拳之內層。起手無極圈向南請來。轉身分太極，以兩大拇指先分，而分手於面前，而大著於領神抱太之北極觀。太乙尊神行於洛書九宮，即為洛書坤宮為一之一。而稍稍作勢向東去者，之復陽機兆也。夫神，不疾而速、不行而至，遂感而應。誠以求之，自然隨機赴感。昔者三丰祖師自北往汴京，中道為賊所阻，夢玄帝授以拳法，乃人莫能敵，盜賊辟易，而出重圍，後乃棲隱武當，創此大拳三套。三百八十四手連成一氣，以合六十四卦之三百八十四爻。此無極拳為中字之一圈，太極拳為中字向東西安放之一豎，八卦拳為中字平放一圈之上下一豎。三百八十四爻，以為閏年之日。而此無極拳中四個領神抱太、四個轉轉無極，各有三手，實應二十四氣之數。又轉無極前後，有無極兩半，領神抱太不過兩姿勢，而以第三姿勢寓於第二，故如以兩個無極兩半合為一無極觀。則四抱太、四轉無、四領神、四兩半。實為邵康節先生四象相交成十六事之旨，亦即八卦之倍。為此則將兩手上下抱持之，左右手捧勢如分開，上下手撫持如合攏。領神之末即為抱太，故二者不分別命名也。下丹田在臍下一寸三分，上丹田在眉目之間，又可云在山根之上。此是玄珠密語，道家每秘而不肯說出者，勿輕褻也。道家於下丹田，則凝神注想之。而於上丹田，則有窮想山根之說。是靜中動之法也。此無極拳等則動中靜之法也，領神抱太，即表示此義。

全書均如此。將佛、道、中庸、易卦、河圖、洛書，穿插鉤合之，在各拳譜中可謂獨樹一幟。自謂：「能修道者便是教，能修身者便是教。無極拳等，修道而修身之動功夫也。」已自道其宗旨所在。

拳名無極，是強調它的渾沌。而以太極為無極之作用，本在無極中，分而為太極。又說無極拳是〇，太極拳是一橫，八卦拳是一豎。說理均未瑩澈，語多附會。故此拳不但結構有問題，其玄理亦不高明。

然而，太極拳之後，出現這樣一種依託於張三丰、高揭無極之名、合修身於修道的拳術，卻是值得重視的。它比《太極煉丹秘訣》、《張三丰武術匯宗》一類著作更進一步。那些作品將太極拳歸入道教道家譜系中，並在太極之外，強調無極，都仍只能借著太極拳來說話，以轉化太極拳之方式為之。此則迅速越過了太極拳，逕自構作一套屬於道教的無極拳來表達它的觀念，完成它修身合道的宗旨。

3.自然門武學探源

無極拳之外，另一個值得注意的，是自然門武術。自然門武術，顯名亦甚晚，而其淵源也不詳，萬籟聲著《武術匯宗》，自述其自然門拳術淵源時說：「本門淵源不得詳考。然綜其手法用勁，亦不出少林武當之淵源耳。」《中國武術百科全書》則謂此派「據傳為四川人徐矮師（一名徐師）首傳予湖南慈利縣人杜心武（一八六九至一九五三）。徐矮師如何學得，或為其所創，不可考」（中國大百科出版社，一九九八）。

今考趙避塵《性命法訣明指》卷首載：「師弟杜心五，名慎愧，湘之慈利人也，家世業儒，祖父修道歸山。所投名師不下十餘位，修道師了然了空，武術師江湖大俠名徐矮子者，自創自然門派。迄今仍浮沉各都市中，修養性命真功，大偉人屢聘不就，專喜修養性命。自言二十年後，身外有身，明現於世界，看我三教有真傳否。」對杜心五之道脈淵源，說明甚詳。則可知所謂自然門，真正的創派者，其實是杜心五而非徐矮子。徐氏僅擅武術，杜氏則融武術與修真為一爐，所以才有所謂自然門。

西江派中，據日人吉岡義豐《道教の研究》所考，內中有十個支派，包括自然派、三丰祖師自然派、王屋山自然派、三丰自然派等。杜心武自稱其術為自然門，會不會與此有關呢？其徒萬籟聲晦其淵源，只說其手法用勁不外少林武當，或即暗指此一層關係而言。但萬氏敘述本門武學時，亦因晦其與道術之關係，故對於自然門何以自然、如何自然，不免語焉不詳，只是一些手法步法的技術而已，非能技進於道。

然而其道究竟如何？依趙避塵所述考之，蓋本於了空禪師所述柳華陽語，謂：「守竅靈慧自然生，生出真慧，下與氣穴真命相接，即為金丹。」此即為其自然之法。此語講得隱晦。蓋修道人對其秘訣，不得不如上處理。若由我明白說來，乃是趁子時陽氣生，男子陽具漲大舉起時，以凝心及呼吸法，使其收縮。再運用呼吸，提尾閭，將精液升入丹田，還精補腦。有歌贊云：「流珠爍爍照崑崙，九轉丹成隻自然，一粒自從吞入腹，始知世有活神仙。」（卷十一）杜心五殆習此類道法，故自言二十年後身外有身。此為張三丰道學武學之另一支派也。

4.再創內家拳

無極拳或《張三丰武術匯家》所載太極拳，雖屬拳功，實為道法，技擊之意少而修仙之意重，近於太極拳而又不盡相同。自然門武術，則為道學與武術並重。可見依此一路向發展者，也並非無技擊家言，倪清和《內家拳技擊篇》、《內家拳拳法篇》即屬這樣的著作。

倪氏為永嘉人，自稱其術乃「浙東嫡傳」，凡有《拳法篇》、《技擊篇》、《禪理篇》、《工夫篇》四部，今僅見《技擊篇》一冊。據他說禪理篇「深入於性理，直入於道」；工夫篇「盡性命之窮際，以見真道」，大概也是偏於說道的。技擊篇則不然，旨在教人以技擊之法。故所述以十三種黏手、十段聯手（十套散手拆招對練法），入白刃法、擊眾法、倒仆法、穴法為主，頗為實用。

它稱為內家拳，且自認浙東嫡傳，當然是取義於黃宗羲、黃百家對內家拳的描述。古無稱內家外家者，有之，自黃宗羲〈王征南墓誌銘〉黃百家《內家拳記》始。倪氏把自己這套技擊法推源於浙東，又只說是內家拳而不說是太極拳，正是繞開河南陳氏傳出太極拳這一脈絡，截斷眾流，直接接上更早的內家拳這一稱呼。他雖自道：「外界學者所注意者二事，一為內家拳究否為今之太極拳，二為內家拳究否比今之太極拳為完善。此二者，非余之職責。」（十二章）可是實有以此與太極拳分庭抗禮之意，表示我比你更早、更正宗。

但察其所謂內家拳，其實仍與太極拳大同小異。例如它名為「內家長拳」，而太極拳本來也就叫做長拳，見王宗岳《太極拳論》。其拳理，重在虛靈、致柔、舍己從人，亦與太極拳相符。其手法，強調黏、用鬆勁，更與太極拳若合符節。蓋即從太極拳變化而出，而依託浙東內家拳之名以自張一軍者也。

不僅如此，他所謂的浙東嫡傳，不只是傳黃宗羲、張松溪之法而已，他更要說此法乃由更早處傳來，誰傳的呢？張三丰。

該書第一章《陳州同內家意旨心傳》，先以張三丰的口氣寫了一篇文章，內容包括序以及所傳之法。其法，實即《老子》摘抄，但分成若干段，以述為作，分別是：太極本始、反其道而周、當法天之致虛靜與致常、棄暴力、氣之生化及用氣之道、不可盈、悠久之法、在精神不在骨肉、致靜之要、消敵力於未形、舍己從人因敵制宜、致柔之道、居下之訣、曲中求直蓄而後發之法、中正之妙、勝敵在志、借敵之力，合稱為《老子內家意旨心傳》一卷，表明此乃張三丰所傳。

據它所載明正德十五年陳州同的跋文說，這一卷書，他得自其師王岳峙先生，岳峙先生得自玄玄子張全一、玄玄子得自馮一元、馮氏得自臧性初、臧氏得自逍遙道人單真、單氏得自陳中規、陳氏得自龍嘯天、龍氏得自張三丰，「乃吾門歷代命脈所系」。

這個傳法譜系當然也經不起推敲，因為玄玄子張全一就是張三丰，如何六傳之後才由張三丰傳到張全一？編故事的人，只看到兩個名字，卻不曉得張氏名全一，字玄玄，號三丰（據《大嶽太和山志》），遂鬧了個大笑話。

因此，我認為這是依內家拳之傳說、記載，參考太極拳而發展出來的拳法，所傳五訣，為「敬、緊、徑、勁、切」。敬指精神、緊指時間、勁指勁力、徑指直接、切指位置，倒是承襲自王征南。所謂十段聯手，也是依王征南十段錦而造，故稱為十段連錦功打法名色。但斫法終不可見。征南之藝，禁犯遲緩之病，手法又甚繁，凡三十五種，卻無粘。粘法及遲緩柔軟，乃是太極拳之法，倪氏由太極拳發展變化而成的所謂浙東內家拳，在這些地方均與王征南之術不合。至於將拳與道結合起來說「當知內家拳者，道也。今以拳言者，不離身心，而更有超乎身心者。惟當絕欲修煉，方可致正大之果」云云，更是王征南不曾有過的想法，符合張三丰道學武術的型態。

龔鵬程學・思・俠・遊特輯

三教論衡之 道教新論

作者： 龔鵬程
發行人：陳曉林
出版所：風雲時代出版股份有限公司
地址：10576台北市民生東路五段178號7樓之3
電話：(02) 2756-0949
傳真：(02) 2765-3799
執行主編：劉宇青　校閱：林保淳
美術設計：吳宗潔
行銷企劃：林安莉
業務總監：張瑋鳳

初版日期：2023年3月
版權授權：龔鵬程
ISBN：978-626-7025-75-8

風雲書網：http://www.eastbooks.com.tw
官方部落格：http://eastbooks.pixnet.net/blog
Facebook：http://www.facebook.com/h7560949
E-mail：h7560949@ms15.hinet.net
劃撥帳號：12043291
戶名：風雲時代出版股份有限公司

風雲發行所：33373桃園市龜山區公西村2鄰復興街304巷96號
電話：(03) 318-1378
傳真：(03) 318-1378
法律顧問：永然法律事務所 李永然律師
　　　　　北辰著作權事務所 蕭雄淋律師

行政院新聞局局版台業字第3595號 營利事業統一編號22759935

定價：600元

國家圖書館出版品預行編目資料

龔鵬程學.思.俠.遊特輯. 2, 道教新論 / 龔鵬程著. --
臺北市：風雲時代出版股份有限公司, 2022.02
面；　公分

ISBN 978-626-7025-75-8（平裝）

1. CST: 道教

230　　111000835